Gerd Kommer

CLEVERES BANKING
Profi-Know-how für Klein- und mittelständische Unternehmen

UEBERREUTER

Die Deutsche Bibliothek – CIP-Einheitsaufnahme

Kommer, Gerd:
Cleveres Banking für kleine und mittlere Unternehmen / Gerd Kommer. –
Wien : Ueberreuter, 1999
ISBN 3-7064-0528-8

Für A. R.

S 0452   1   2   3 / 2001   2000   1999

Alle Rechte vorbehalten
Redaktion: Verlagsbüro Dr. Andreas Gößling und Oliver Neumann GbR
Umschlag: INIT, Büro für Gestaltung
unter Verwendung eines Bildes der Bildagentur Mauritius, Mittenwald
Copyright © 1999 by Wirtschaftsverlag Carl Ueberreuter, Wien/Frankfurt
Printed in Hungary

Vorbemerkung

Im Interesse der Lesbarkeit des Textes verzichte ich darauf, die weiblichen Substantivformen wie „Firmenkundenbetreuerin" oder „Geschäftsführerin" zu verwenden. Selbstverständlich sind Damen in die maskulinen Bezeichnungen stets mit eingeschlossen. Im Text wird – je nach Zweckmäßigkeit – entweder die Währung D-Mark oder der Euro (€) verwendet. Ein Euro entspricht 1,95583 DM, eine DM sind 0,5113 Euro.

Anregungen und Kritik, die in eine mögliche spätere Auflage einfließen können, nehme ich sehr gerne entgegen. Bitte wenden Sie sich hierzu an den Wirtschaftsverlag Carl Ueberreuter in Frankfurt am Main.

Folgende Freunde und Kollegen habe jeweils Teile des Manuskriptes durchgesehen und verbessert: Dr. Siegfried Braun (München), Guido Dernehl (Dessau), Dirk Juran (Leipzig), Christoph Haack (Gera), Stefan Haber (München), Gerd Hetzner (München), Ralph-Jürgen Koch (München), Thomas Leipner (Leipzig), Roland Leuschel (München), Claudia Meyer (München), Claudia Mund (Frankfurt am Main), Inge Luppold-Raff (San Francisco), Mathias Püschel (Augsburg), Christoph Raithelhuber (Zürich), Heinz Riesen (München), Andreas Sehr (München), Gabriele Seliger (Wien), Linda Wilhelm (München). Gerlinde Schmid gab mir den kleinen Schubs, den ich brauchte, um mit dem Buch anzufangen. Ihnen allen möchte ich für ihre Hilfe danken. Es versteht sich, daß die Verantwortung für verbleibende Fehler allein bei mir liegt.

Allerdings können weder Autor noch Verlag eine Gewähr für die Richtigkeit der in diesem Buch gemachten Angaben geben. Ebenso übernehmen Autor und Verlag keine Haftung für mögliche Schäden, die sich aus der Verwendung der hierin enthaltenen Informationen und Empfehlungen ergeben.

München, im Januar 1999 Gerd Kommer

Inhalt

- **I. Über dieses Buch** 11
- **II. Banken – Klischees und Realität** 15
- **III. Wie Ihre Bank und Ihr Firmenbetreuer „funktionieren"** 21
  1. Der Firmenbetreuer 21
  2. Die Organisationsstruktur der Banken 29
  3. Überziehungs- und andere Listen 33
  4. Beeindrucken Sie Ihren Banker durch Äußerlichkeiten 38
- **IV. So finden Sie die richtige Bank** 49
- **V. So beurteilen Banken die Bonität ihrer Firmenkunden** 69
  1. Das Rating-System 69
  2. Rating des Jahresabschlusses durch Kennzahlenanalyse (Hard Facts) 74
  3. Rating der weichen Faktoren (Soft Facts) 96
  4. Rating der Branche 97
  5. Bedeutung von Sicherheiten für das Rating 98
  6. Sonderfaktoren für das Rating 99
  7. Engagementverbund und Kreditnehmereinheit 105
- **VI. Bilanzpolitik** 111
  1. Wozu Bilanzpolitik? 111
  2. Handels- und steuerrechtliche Ansätze für die Bilanzpolitik 115
  3. Realwirtschaftliche Ansätze für die Bilanzpolitik 123
  4. Warum Ihre Bank will, daß Sie einen guten Steuerberater/Wirtschaftsprüfer haben 131

VII. Unverzichtbares Basis-Know-how im Kreditgeschäft ... 137
1. Wie läuft ein Firmenkundenkreditantrag ab? ... 137
2. Welche Unterlagen braucht die Bank? ... 144
3. Auf welche zusätzlichen Fragen müssen Sie gefaßt sein? ... 154
4. Sonderfall Projektfinanzierung ... 157
5. Welcher Kredit für welchen Zweck? ... 159
6. Umschuldungen und vorfristige Tilgungen ... 200
7. Kreditlaufzeiten und Kündigungsrechte ... 202
8. Kredit- und Anlagekonditionen richtig beurteilen ... 208
9. Beteiligungsfinanzierungen als Kreditalternative ... 225
10. Das leidige Thema Sicherheiten ... 229

VIII. Liquiditätsmanagement und Anlagegeschäft ... 265
1. Fixe oder variable Guthabenverzinsung für das laufende Konto ... 268
2. Tagesgeldanlagen im Inland oder am Euromarkt ... 273
3. Termingeldanlagen im Inland oder am Euromarkt ... 276
4. Geldmarktfonds im Inland oder am Euromarkt ... 279
5. Sonstige Wertpapier- und Fondsanlagen ... 281
6. Wichtiger als Guthabenverzinsung: Debitorenmanagement ... 284

IX. Unscheinbar, aber wichtig: Kontoführung, Zahlungsverkehr, Electronic Banking ... 291
1. Die Basis für eine einfache Zahlungsverkehrsanalyse ... 294
2. Electronic Banking: Die Zukunft des Zahlungsverkehrs ... 300

3. Zankapfel Wertstellungen und Banklaufzeiten 307
4. Spezialtips zu Kontoführung und
   Zahlungsverkehr 314

X. Derivative Zins- und Währungsinstrumente 319
  1. Was sind Derivate? 319
  2. Derivate zur Risikobegrenzung einsetzen 325
  3. Worauf Sie bei Derivaten besonders
     achten müssen 348

XI. Langfristige Trends im Bankgeschäft 357

XII. Schlußfolgerungen 364

Glossar 366
Verzeichnis empfehlenswerter Bücher 384
Index 388

I.
Über dieses Buch

Cleveres Banking für klein- und mittelständische Unternehmen ist für Sie das richtige Buch, wenn Sie Geschäftsführer oder Finanzverantwortlicher eines Unternehmens mit einem Jahresumsatz von bis zu 50 Millionen € sind und sich in einer der folgenden Situationen wiedererkennen:

1. In den letzten Jahren hat es für Ihr Unternehmen bei der Zusammenarbeit mit den Banken wiederholt „Zitterpartien" gegeben. Gleichgültig, ob sie bislang immer glücklich ausgegangen sind oder nicht: Für die Zukunft haben Sie die Absicht, Ihrem Unternehmen und Ihrem Nervenkostüm solche kritischen Momente zu ersparen.

2. Zwar gab es in Ihrem Unternehmen in der Vergangenheit keine Zitterpartien, aber Sie haben dennoch das Gefühl, daß die Bankbeziehungen Ihres Unternehmens in vielerlei Hinsicht professioneller, langfristiger orientiert, bedürfnisgenauer und vor allem strategischer gestaltet werden könnten.

3. Sie befinden sich noch nicht lange in Ihrer jetzigen Funktion, die die unternehmerische Zusammenarbeit mit Banken mit sich bringt. Doch Sie haben bereits erkannt, daß die Bankbeziehungen für das Wohlergehen des Unternehmens wichtig sind und daß man hier vieles falsch machen kann. Sie wollen deshalb so wenig wie möglich dem Zufall überlassen und von Anfang an das Maximum für Ihr Unternehmen herausholen.

Cleveres Banking für klein- und mittelständische Unternehmen möchte Ihnen zeigen, wie Sie (1) bedrohliche Zitterpartien für Ihr Unternehmen vermeiden, (2) zu einem bedürfnisgenauen strategischen Management Ihrer Bankbeziehungen gelangen und (3) mehr für Ihr Unternehmen herausholen.
Gesichtspunkt Nr. 2 ist besonders wichtig. Mit „strategischem Management der Bankbeziehungen" ist folgendes gemeint: Banken (und damit meine ich auch Sparkassen und Genossenschaftsbanken) sind aufgrund ihrer Funktion als Kapitalgeber, Abwickler Ihres Zahlungsverkehrs, Anleger, Auskunftsquelle über Ihre Bonität gegenüber Dritten und allgemeiner Finanzberater für das Überleben und den Erfolg Ihres Unternehmens von enormer Bedeutung. Zugleich hängen sie viel weniger von ihren einzelnen Firmenkunden ab als umgekehrt. Diese große Bedeutung der Bank und das prekäre Machtverhältnis zwischen Bank und kleinen und mittleren Firmenkunden erfordert von den Finanzverantwortlichen im Unternehmen eine strategische Herangehensweise. „Strategisch" heißt:

- Alle für das Unternehmen relevanten Aspekte der Bankbeziehungen, z. B. Kosten, Qualität, Risikokontrolle (Reduktion der Abhängigkeit von einzelnen Banken), fließen in die Gestaltung der Bankbeziehungen mit ein.
- Dabei werden sowohl Vergangenheit als auch Zukunft berücksichtigt.
- Emotionale oder rein augenblicksbezogene Faktoren bleiben strikt außen vor.
- Die Bankinteressen bezüglich Risiko und Ertrag der Geschäftsbeziehung zu Ihrem Unternehmen werden in die Gestaltung der Bankbeziehungen mit einbezogen, weil dies indirekt auch Ihnen nützt.

Mit geringem Aufwand lernen Sie in diesem Buch Hintergründe, Maßstäbe und Tips kennen, die Ihnen helfen werden, strategisches Banking zu praktizieren. Diese Informationen und Methoden waren bisher nur den versierten Finanzprofis von Großunternehmen bekannt.

Am Ende stellen Sie auf diese Weise „Waffengleichheit" zwischen sich und den Experten der Banken her. Ihnen wird klar, wie Ihre Bank funktioniert. Sie werden wissen, wann es sich lohnt, hart zu bleiben, und wann Sie besser Kompromisse schließen. Und Sie werden beurteilen können, was Sie von Ihrer Bank erwarten können und was sie tatsächlich für Sie leistet.

Dabei beantwortet dieses Buch auch diejenigen Fragen zu Bankgeschäften, vor deren Beantwortung sich die meisten Firmenkundenbetreuer wohl drücken würden, z. B.:

- Was versteht die Bank unter einem professionellen Auftritt und Erscheinungsbild eines Geschäftsführers?
- Wie ermittelt die Bank die Bonität Ihres Unternehmens?
- Was können Sie tun, um Ihre Bonität zu verbessern?
- Welcher der vielen Kredittypen ist wirklich (nicht nur optisch) der günstigste für Ihren Zweck?
- Wann sollten Sie feilschen und wann nicht?
- Was genau hat es mit dem Kreditkündigungsrecht der Bank auf sich?
- Wie bewertet die Bank Ihre Sicherheiten?
- Welche Sicherheitenforderungen Ihrer Bank sind angemessen, welche nicht?
- Wann muß die Bank Sicherheiten freigeben?
- Was ist bei persönlichen Bürgschaften besonders zu beachten?
- Wann dürfen Sie, wann darf die Bank einen Kredit kündigen?
- Wie erwirtschaften Sie ein Maximum an Rendite aus Ihrer Liquidität?
- Wann macht der Einsatz von Zinsderivaten für Sie Sinn, wann wird er zum gefährlichen Vabanque-Spiel?

- Wie beurteilen Sie Konditionen, Features und Preise Ihrer Bank im Zahlungsverkehr?
- Welche Begriffe aus der Bankenwelt sollten Sie kennen?

Neben Antworten auf diese Grundfragen gibt Ihnen *Cleveres Banking* zahlreiche Tips, die in den „subjektiven" Bereich fallen. Empfehlungen zu diesen „weichen" Faktoren (beispielsweise worauf Sie achten sollten, wenn Ihr Firmenbetreuer Sie in Ihren Räumen besucht) werden Sie vermutlich nirgendwo sonst finden.

In allen wesentlichen Feldern wird Ihr Bewußtsein dafür geschärft, wie wichtig ein professionelles Management der Bankbeziehungen Ihres Unternehmens ist. Die Anwendung der konsequent praxisorientierten Vorschläge und Instrumente aus diesem Buch wird die Beziehungen zu Ihrer Bank spürbar verbessern – ganz gleich, ob die Bonität Ihres Unternehmens „erste Sahne" oder „Sauermilch" ist, ob Sie zusätzliche Kredite brauchen oder nicht. Ihr Unternehmen wird als attraktiverer Kunde erscheinen (und in vielerlei Hinsicht auch sein). Sie werden in den Verhandlungen mit den Banken über Kredit, Anlagen und Zahlungsverkehr mehr erreichen als in der Vergangenheit. Die Geschäftsverbindung zwischen Ihnen und Ihren Banken wird rationaler, rentabler und streßfreier werden.

Bald nach der Lektüre dieses Buches werden Sie feststellen, daß Ihr altgedienter Bankbetreuer einen erstaunlichen Effizienzschub erfährt. Die Ursache für ein solches Phänomen beschrieb schon der große florentinische Staatstheoretiker (heute würde man sagen *Policy Consultant*) Machiavelli: „Ein Fürst, der nicht selbst klug ist, kann nicht klug beraten werden ... Gute Ratschläge entspringen aus der Klugheit des Fürsten und nicht die Klugheit des Fürsten aus guten Ratschlägen."[*]

---

[*] Niccolò Machiavelli: *Der Fürst*. Insel Taschenbuch. Frankfurt a. Main 1990 [Orig. 1513], S. 114.

II.
Banken – Klischees und Realität

Machen wir uns nichts vor: Banken sind nicht die Caritas. Sie als Kreditkunde tun gut daran, nicht darauf zu hoffen, daß Ihre Bank und Ihr persönlicher Betreuer (zu dem Sie vielleicht ein in vielen guten und schlechten Jahren gewachsenes Vertrauensverhältnis haben) hier eine Ausnahme sind. Auch dann nicht, wenn Ihre Hausbank eine Sparkasse, der man einen wirtschaftspolitischen Auftrag nachsagt, oder eine Volksbank ist, die sich Ihren Mitgliedern (Genossen) gegenüber vermeintlich generöser zeigt. Banken sollen und müssen das von ihren Eigentümern in sie investierte Kapital mehren. Ihren Fremdkapitalgebern – Sparern und Anlegern – gegenüber haben sie eine strenge Treuhänderpflicht. Diese Gläubiger der Banken stellen rund 90% des Kapitals bereit, das Banken als Kredite verleihen. Bei dieser Betrachtungsperspektive leuchtet ein, daß die Reihenfolge der Interessen, denen Banken sich im Zweifel verpflichtet fühlen, so ist:

1. Eigentümer
2. Bankgläubiger (Sparer/Anleger)
3. Schuldner (Kreditnehmer)

Deswegen sind Werbeslogans wie „Die Bank an Ihrer Seite" oder „Vertrauen ist der Anfang von allem" im Grunde Unsinn. Tatsache ist, wenn es Ihrem Unternehmen wirklich schlecht geht, werden sich die Interessen der Bank nicht mehr mit den Ihren decken (wie noch während der sonnigen Zeiten). Viel schlimmer: Sollte die Bank Kredite an Sie ausgereicht haben, dann wird sie das Gegenteil von dem wollen, was Sie sich wünschen, und Ihnen Liquidität *entziehen,* statt zusätzliche Mittel bereitzustellen.

Dies zu bedauern wäre nicht redlich, auch dann nicht, wenn der Unternehmer selbst davon betroffen ist. Marktwirtschaft bedeutet Wettbewerb. Täglich entscheiden die Geschäftsführer von Unternehmen als gewerbliche Nachfrager nach Gütern und Dienstleistungen, aber auch als private Verbraucher über Wohl und Wehe anderer Unternehmen. Banken tun nichts anderes. In Wirklichkeit sind sie nach den Käufern von Gütern sogar erst das zweitwichtigste Vehikel des Wettbewerbs. Ihr Unternehmen und Sie als privater Konsument profitieren jeden Tag von den Segnungen dieses Wettbewerbs, den der Wirtschaftsnobelpreisträger Friedrich von Hayek treffend *das* „Entdeckungsverfahren für Effizienz" nannte (wohlgemerkt nicht für Mitleid).

Warum sollte der Wettbewerb gerade dann kritisiert oder gar ausgeschaltet werden, wenn er die Schwächen eines Unternehmens offenlegt? Es ist ein magerer Rechtfertigungsversuch vieler gescheiterter Unternehmer, wenn sie die Schuld am Konkurs auf die Banken schieben, die angeblich nicht erkennen wollten, daß man sich bereits knapp vor dem rettenden Ufer befunden habe (neue Aufträge usw.). In Wahrheit sind die Banken nur oft diejenigen, die bei einem bereits lang andauernden, vielleicht verdeckten wirtschaftlichen Auszehrungsprozeß den Schlußpunkt setzen.

Diesen Prozeß hatten die *Kunden* des Unternehmens vorangetrieben, nicht die Banken, und die *Unternehmensleitung* hat ihn nicht verhindert oder verhindern können. So sieht die Realität bei objektiver Betrachtung aus.

Selbst in dem eher seltenen Fall, daß sich eine Bank tatsächlich überzogen oder grundlos ängstlich verhält, träfe den Unternehmer noch eine Mitschuld, denn er hätte dies vorhersehen müssen. Die Hauptbank ist für ein kleines oder mittleres Unternehmen (mindestens) ebenso wichtig wie der größte Kunde. In einer solchen Beziehung überläßt man nichts dem Zufall, man gestaltet sie *strategisch*. Das Unternehmen hätte die Abhängigkeit von einer solchen Bank also rechtzeitig als falsch erkennen und konsequent reduzieren müssen. Dann wäre die Katastrophe vielleicht vermeidbar gewesen.

Doch diese Konstellation ist ohnehin selten. Tatsächlich handeln Banken aus gutem Grund und langer Erfahrung erstaunlich berechenbar und homogen. Überdies ist keine Bank bekannt (und es gibt über 3.400 Institute mit über 44.000 Zweigstellen und 730.000 Mitarbeitern allein in Deutschland), die durch eine andere, „großzügigere" Kreditpolitik erkennbar erfolgreicher geworden wäre – eher trifft das Gegenteil zu.

Das Bankgeschäft ist eine der ältesten Branchen der Welt und erfüllt in jeder Volkswirtschaft die eminent wichtige Funktion, Kapital dorthin zu lenken, wo die Aussicht auf die bestmögliche Risiko/Rendite-Kombination besteht. Und es gibt nicht wenige Fachleute, die die deutsche Bankbranche im ganzen gesehen als eine der leistungsfähigsten der Welt einstufen – die Schneider-Pleite der Deutschen Bank hin oder her.

Diese Einschätzung läßt sich zwar kaum beweisen, jedoch gut belegen: In den wichtigsten anderen Industrieländern (mit Ausnahme der Schweiz) durchliefen die Banken in den letzten Jahren und Jahrzehnten fundamentale Krisen (USA, Japan, Südkorea, Frankreich, Großbritannien, Italien, Schweden, Tigerstaaten usw.). Diesen Krisen war gemeinsam, daß der Steuerzahler vom Staat in teilweise kaum noch vorstellbaren Größenordnungen zur Kasse gebeten wurde und so für die Folgen von Fehlleistungen in privaten und öffentlichen Banken geradestehen mußte. In allererster Linie bestanden diese Fehlleistungen darin, daß bei der Kreditvergabe an Unternehmen nicht ausreichend auf Sicherheit und Rentabilität geachtet worden war. In der deutschen Bankbranche wäre das in diesem Ausmaß kaum möglich.

Es schadet nicht, sich im Kontext der jetzt modernen Bankenschelte den Zustand des deutschen Bankwesens vor der Weltwirtschaftskrise 1923 in Erinnerung zu rufen. Damals befanden sich die deutschen Banken wegen mangelnder Ertragskraft und zahlreicher Kreditausfälle in äußerst schlechter finanzieller Verfassung, was sie dazu zwang, ihre Kreditausreichungen drastisch zu drosseln – in einer Phase, als die volkswirtschaftliche Nachfrage aus einer Vielzahl von Gründen ohnehin dramatisch schrumpfte. So verstärkten die angeschlagenen Banken ungewollt den fatalen Wirtschaftsabschwung.

Die gesunde deutsche Bankbranche sollten wir daher nicht als Problem, sondern als Chance sehen. Unterliegen Sie nicht der Verlockung, in die Bankenschelte einzustimmen, die mehr von Schlagworten als von Argumenten bestimmt ist.

Auch Mark Twains berühmte „Regenschirmtheorie" („Wenn die Sonne scheint, reicht dir deine Bank einen Regenschirm, und wenn es regnet, dann nimmt sie ihn dir wieder.") ist ein drolliges Bonmot, mehr nicht. Ihre Kunden könnten im übrigen dasselbe über Sie sagen – Sie liefern ja auch nicht mehr auf Rechnung an Abnehmer, von denen Sie befürchten, daß sie bald zahlungsunfähig sind.

Die Grundvoraussetzung für eine professionelle Beziehung zwischen Geschäftspartnern, von denen jeder dem anderen ganz selbstverständlich zubilligt, eigenen Interessen zu folgen, ist, die bestehenden Vereinbarungen zwischen den Partnern genau zu kennen. Das primäre Eigeninteresse der Bank ist und muß sein, das Vermögen ihrer Eigentümer zu schützen und zu vergrößern. Nicht mehr und nicht weniger. Lesen Sie deshalb *jeden* Vertrag (auch scheinbar banale Kontoeröffnungsverträge), den Sie mit der Bank abschließen, genau durch. Insbesondere gilt das natürlich für Kredit- und Sicherheitenverträge. Auch die unscheinbaren Allgemeinen Geschäftsbedingungen

(AGB) – das berühmte „Kleingedruckte" – sollten Sie nicht außer acht lassen. Die AGB sind Vertragsbestandteil jedes Rechtsgeschäftes zwischen Bank und Kunde, soweit nichts anderweitiges vereinbart ist.*)

In der Kommunikation mit Ihrer Bank können Sie sich wohltuend von der Masse der kleinen und mittleren Firmenkunden abheben, wenn Sie darauf verzichten, sie mit abgedroschenen und aussichtslosen Argumenten zu Zugeständnissen zu bewegen. Gehen Sie, in Ihrem eigenen Interesse, den erfrischend anderen Weg. Betrachten Sie Ihre Bank als Geschäftspartner, dem Sie selbstverständlich zugestehen, eigene Interessen zu verfolgen. Pflegen Sie die Beziehungen zu Ihren kreditgebenden Banken ähnlich wie ein Großunternehmen seine *Investor Relations*. Lassen Sie sich regelmäßig von Ihrem Banker über die wirtschaftliche und strategische Entwicklung der Bank berichten, und gratulieren Sie ihm zu einem besonders guten Jahresergebnis. Organisatorische Veränderungen innerhalb der Bank, die Sie als Kunde negativ tangieren könnten, versuchen Sie auch einmal aus der Perspektive der Bank zu betrachten. Sie werden überrascht sein, wie wohltuend dieser „andere" Grundton auf das Verhältnis zwischen Ihrem Unternehmen und seinen Banken wirkt.

---

*) In den AGBs (kostenlos erhältlich bei allen Banken) sind viele der wichtigsten Grundtatbestände des Bankgeschäftes geregelt, so z. B. Bankgeheimnis, Haftung der Bank für eigenes Verschulden, Bestellung, Verstärkung oder Freigabe von Sicherheiten, Pfandrecht zugunsten der Bank, Kreditkündigungsrecht der Bank, Einlagensicherung usw.

III.
Wie Ihre Bank und Ihr Firmenbetreuer „funktionieren"

1. Der Firmenbetreuer

Zum strategischen Management der Bankbeziehungen gehört, wie wir gesehen haben, daß Sie die Interessen der Bank bei der Geschäftsbeziehung mit Ihrem Unternehmen in Ihre Überlegungen mit einbeziehen. Das können Sie als Finanzverantwortlicher aber nur leisten, wenn Sie eine gewisse Vorstellung von Organisation, Arbeitsmethoden und Zielen Ihrer Bank besitzen.
Es ist ein nützliches Gedankenexperiment, für einen Augenblick zwischen der Bank und dem sie vertretenden Firmenbetreuer zu unterscheiden.
Grob gesagt, hat ein Firmenbetreuer drei Ziele, die er möglichst alle erreichen will:

1. Er will mit seinem Kundenportfolio das ihm von seinem Vorgesetzten gesteckte Jahresertragsziel erreichen, besser noch übertreffen.
2. Dabei will er ein möglichst geringes *konkretes* Risiko (Wertberichtigungen, das heißt Kreditabschreibungen) und ein möglichst geringes *statistisches* Risiko (die bloße Möglichkeit, daß seine Kunden ihre Verpflichtungen gegenüber der Bank nicht erfüllen könnten) eingehen.

3. Er will nicht gegen geschriebene und ungeschriebene Regeln und Vorschriften der Bank verstoßen; insbesondere bedeutet das: Er will möglichst selten Überziehungen, die es eigentlich nicht geben dürfte, tolerieren müssen.

Firmenbetreuer, die noch andere Ziele haben, z. B. jungen, interessanten Unternehmen zu „helfen" oder dem Kunden gegenüber nett und großzügig zu sein, handeln im Grunde irrational und können sich dieses Verhalten nur in Ausnahmefällen erlauben. Sonst werden sie weniger Erfolg haben. Ein Firmenkunde kann daher von seinem Betreuer nicht erwarten, daß er seinetwegen eines oder mehrere der genannten Kardinalziele aufgibt. Das würden Sie an seiner Stelle auch nicht tun.

Erfahrungsgemäß entstehen die meisten Konflikte zwischen Bank/Firmenbetreuer auf der einen und Firmenkunden auf der anderen Seite im Kreditbereich, und dort zunächst beim Informationsbedürfnis der Bank. Bei der Suche nach Maßnahmen, die hier Abhilfe schaffen, ist es nützlich, zunächst die Grundkonstellation zu analysieren. Banken sind für die meisten Unternehmen der größte Kapitalgeber, das heißt, sie haben der Mehrzahl der deutschen Unternehmen mehr Kapital bereitgestellt als der Unternehmer selbst. Eine vereinfachte, typische Bilanz eines kleinen Unternehmens könnte z. B. so aussehen:

Aktiva	(€)	Passiva	(€)
Umlaufvermögen	600.000	Fremdkapital	
Anlagevermögen	400.000	Lieferanten	200.000
		Sonstige	100.000
		Bankkredite	**500.000**
		Eigenkapital	200.000
Summe	1.000.000	Summe	1.000.000

Doch selbst wenn die Bank nicht der größte einzelne Kapitalgeber des Unternehmens ist, sollte dem Firmenkunden das Informationsbedürfnis der Bank verständlich erscheinen. Die Frage müßte also lauten, warum die Bank als wesentlicher oder wichtigster Financier des Unternehmens mit so *wenigen* Unterlagen auskommt, obwohl der Firmenkundenbetreuer nicht einmal ins Tagesgeschäft eingebunden ist und auch sonst kaum nennenswerte Branchenkenntnisse hat.

Der Banker steht vor einem noch gravierenderen Problem: Sollte es einem seiner Firmenkunden irgendwann einmal schlecht gehen, wird er es vermutlich als letzter erfahren, da er der am weitaus wenigsten in das operative Geschäft involvierte Kapitalgeber ist. Die Wahrscheinlichkeit ist hoch, daß Firmenkunden bei sich verschlechternden Marktverhältnissen systematisch alle wirklich wichtigen Informationen über die Probleme ihres Marktes und ihrer Unternehmensorganisation von ihm fernhalten.*) Vielleicht hat er ja auch nie danach gefragt, er versteht ohnehin wenig von der Branche und muß sich vermutlich noch 50 bis 100 anderen Unternehmen widmen. Sollte er Sie bereits länger als ein Jahr betreut haben, dann wird man vermutlich jedes Problem mit Ihnen (vor allem Kreditausfälle) ihm persönlich anlasten. Sein Leistungsbonus, seine Beförderung, vielleicht sein Job könnten vom Schicksal Ihres Unternehmens abhängen. Wundern Sie sich also nicht über das Informationsbedürfnis Ihres Bankers …

Es sollte für Sie kein Problem sein, z. B. alle drei Monate eine vernünftige Debitorenliste oder eine mit wenigen Worten handschriftlich kommentierte, betriebswirtschaftliche Abrechnung in ein Kuvert zu stecken und unaufgefordert an Ihre Bank zu verschicken. Wenn die Bank als Kreditgeber auf die „harte Linie" umschwenkt, kann sie den Kunden zwingen, diese Unterlagen bereitzustellen. Als Kreditgeber sitzt sie einfach am längeren Hebel. Sie hat Justizia auf ihrer Seite, nämlich § 18 des

---

*) Die Ökonomen nennen dieses Phänomen „asymmetrische Informationsverteilung", hier zu Lasten der Bank, die diesen Nachteil mit Zinsrisikozuschlägen, Sicherheiten und Kreditierungsauflagen auszugleichen versuchen wird.

Gesetzes über das Kreditwesen (KWG). Diese Bestimmung schreibt den Banken vor, sich von privaten und gewerblichen Kreditnehmern ab einer Kreditsumme von 500.000 Mark die wirtschaftlichen Verhältnisse durch dazu geeignete Unterlagen/ Informationen offenlegen zu lassen (Ausnahme: das gesamte Kreditvolumen ist zu 100 % – nach Bankbewertungsmaßstäben – voll werthaltig besichert). Dazu kommen noch die entsprechenden Bestimmungen der Banken-AGBs und der jeweiligen Kreditvereinbarungen.

Es gibt noch andere gute Gründe, mit Informationen und Unterlagen nicht zurückhaltend zu sein. Mißtrauen, auch unbegründetes, entsteht am ehesten dort, wo es an Informationen mangelt, während ein steter Fluß von Informationen beruhigt und vielleicht sogar einlullt. Wenn der Banker die *kurzfristige Erfolgsrechnung* (KER) monatlich oder vierteljährlich zugeschickt bekommt, wird ihn das wilde Auf und Ab der unterjährigen Umsätze und Ergebnisse viel weniger beunruhigen (weil er es schon oft erlebt hat), als wenn er nur alle zwölf Monate nach mehrfacher Anmahnung Zahlen erhält.

Manche Firmenkunden mögen an dieser Stelle einwenden, daß lediglich diejenige Bank, die nennenswerte Kredite an sie ausgereicht hat, von ihnen Informationen bekommen sollte. Doch mit dieser Auffassung schaden Sie sich selbst. Jede der zwei, drei Nebenbanken, mit denen das Unternehmen zu diesem Zeitpunkt zusammenarbeitet, kann in der Zukunft an Bedeutung gewinnen, eventuell sogar gleichbedeutend neben die Hausbank treten. Das gute Verhältnis zur Hausbank könnte aus vielen Gründen von heute auf morgen Schaden nehmen. Auch kann ein engagierter Firmenbetreuer seine Aufgabe, das Unternehmen in *allen* (nicht nur in kreditmäßigen) Finanzangelegenheiten zu beraten, nur erfüllen, wenn das Unternehmen ihm hilft, sich ein adäquates Bild von sich und seinem Markt zu machen: Information ist selten eine Einbahnstraße.

Oder man stelle sich vor, ein guter Hausbankbetreuer wird plötzlich durch eine Niete ersetzt. Oder die Hausbank erklärt, das Kreditobligo des Unternehmens habe aus Risikogründen seine Obergrenze erreicht (wenn das Unternehmen das Glück haben sollte, daß man ihm dies explizit mitteilt). Oder das Unternehmen selbst will nicht alle Eier in einen Korb legen und seine Bankschulden gleichmäßig auf mehrere Schultern verteilen (keine schlechte Idee). Oder es will schlicht bessere Konditionen bei seiner Hausbank aushandeln – oder oder oder. Es kann hundert weitere gute Motive geben, zu den Nebenbanken ein enges und offenes Verhältnis zu pflegen.

Alles in allem sollte Ihre Informationspolitik dem Bankbetreuer gegenüber vom folgenden Grundsatz geprägt sein: Man informiere die kreditgebende(n) Bank(en) *unaufgefordert* von allen nennenswerten Veränderungen im Unternehmen – entweder mündlich, besser schriftlich, je nach Sachverhalt. Dabei müssen die eingereichten schriftlichen Unterlagen bei einer eingespielten Geschäftsbeziehung keineswegs wie ein Hochglanzprospekt aussehen. In vielen Fällen genügen sogar handschriftliche Dokumente.

In die Kategorie der nennenswerten Veränderungen fallen z. B.

- Einführung neuer Produkte/Produktlinien, Einstellung bestehender Produkte/Produktlinien,
- Aufnahme oder Beendigung von Unternehmensbeteiligungen (Kopie Gesellschaftsvertrag an die Bank),
- Veränderungen im Gesellschafterkreis (Kopie Handelsregisterauszug und Gesellschafterliste an die Bank),
- alle wesentlichen Veränderungen der Kapitalausstattung (sowohl Eigen- als auch Fremdkapital), soweit sie sich nicht aus der Gewinn- und Verlustrechnung ergeben,
- alle wesentlichen Investitionen (auch wenn die endgültige Entscheidung noch offen ist),
- nennenswerte Veränderungen der Fertigungsverfahren,

- wichtige Verbesserungen im Rechnungswesen,
- bedeutende Veränderungen in der Geschäftsleitung,
- außergewöhnlicher Personalabbau,
- Veränderung der Vertriebswege,
- strategische Neuorientierungen,
- Unternehmensberatungsprojekte im Unternehmen,
- Zertifizierungen des Unternehmens usw.

Es genügt nicht, wenn die Bank als Kreditgeber und strategischer Partner von derartigen Veränderungen im nachhinein aus Ihrem Jahresabschluß, aus der Zeitung, im Rahmen der jährlichen Bilanzbesprechung (sofern es eine solche gibt), von Wettbewerbern oder sonstwie durch Zufall erfährt. Unklug wäre es auch, nur positive, nicht aber negative Informationen an die Bank weiterzuleiten, oder die negativen Informationen erst zu verkünden, nachdem sie „ausgesessen" sind. Wenn der Betreuer merkt, daß man dieses Spielchen mit ihm treibt, schmilzt der „Vertrauenskredit" wie Schnee in der Frühlingssonne. Dieser Schaden läßt sich nur schwer und langsam reparieren. Der einzige Bereich, wo das Unternehmen „frisieren" darf, ohne daß es der Banker übelnimmt, ist überraschenderweise die Bilanz – ein Hauptelement der Bonitätsprüfung. Vermutlich liegt das daran, daß die Bilanzpolitik – sofern sie sich innerhalb des gesetzlichen Rahmens bewegt – letztlich eine von der Betriebswirtschaft mit akademischen Weihen versehene Disziplin ist (s. dazu Kapitel VI., „Bilanzpolitik").

In vielen Situationen kann es sogar sinnvoll sein, auch die nicht-kreditgebenden Banken in die oben beschriebene strategische Informationspolitik mit einzubeziehen. Beispielsweise aus folgenden Motiven:

- Das Unternehmen will mittelfristig eine neue Kreditbeziehung zu einer bisherigen Nebenbank aufbauen.

- Es arbeitet im Zahlungsverkehr und im Liquiditäts-Management-Bereich intensiv mit einer nicht-kreditierenden Bank zusammen.
- Es wickelt in nennenswerter Größenordnung dokumentären und nicht-dokumentären Auslandszahlungsverkehr mit einer nicht-kreditierenden Bank ab.
- Es will prüfen, ob die Nebenbank besser ist als die Hauptbank, und deshalb beobachten, ob der Betreuer „den Ball aufnimmt", den es ihm zuspielt, sprich: aus diesen Informationen interessante Beratungs- und Geschäftsansätze generiert.

Je intensiver der Firmenkunde den oder die Betreuer auch der nicht-kreditgebenden Bank mit Informationen füttert, desto weniger muß das Unternehmen ihm später bei eventuellen Finanzierungsgesprächen erklären, desto leichter ist es, ein Vertrauensverhältnis herzustellen, und desto weniger unliebsame Überraschungen erlebt das Unternehmen von seiten der Bank.

Darüber hinaus gibt es eine ganze Reihe von weiteren bankinternen Zwängen und Zielen, die das Verhalten von Firmenkundenbetreuern beeinflussen, und es kann sehr nützlich sein, diese zu kennen:

- Praktisch jeder Kundenbetreuer kann in seinem Kundenportfolio die sogenannte „80/20-Regel" beobachten. Sie besagt, daß in den meisten Portfolios 80% der Erträge mit nur 20% der Kunden gemacht werden. Jeder Betreuer versucht deshalb (und wird von seinem Vorgesetzten dazu ermahnt), seine knappe Betreuungszeit auf die 20% zu konzentrieren, die „besten Pferde im Stall". Durch die Konzentration Ihrer Bankgeschäfte bei einer Hauptbank können Sie eventuell dazu beitragen, wenigstens bei einer Bank zu den Top-20% zu zählen. Das sollte sich in der Betreuungsqualität, die Ihnen zuteil wird, niederschlagen.

- Kredite „binden" Eigenkapital, was heißen soll, daß nach einer wichtigen Vorschrift im Gesetz über das Kreditwesen (KWG) Banken in Deutschland nur in begrenztem Volumen Kredite ausreichen dürfen.
  Diese Grenze ist, vereinfacht gesagt, das 18fache des buchmäßigen Eigenkapitals der Bank. Bestimmte Kredite, z. B. Darlehen an Gebietskörperschaften, werden hierbei gar nicht oder nur vermindert angerechnet, Eventualverbindlichkeiten, wie Bürgschaften und Garantien, zum Teil nur zur Hälfte.
  Aus dieser Bestimmung ergibt sich: Banken sind ungern „nur" Kreditgeber. Wenn sie schon Risiken für einen Kunden tragen, dann wollen sie auch am risikolosen (nichteigenkapitalbindenden) Geschäft partizipieren (Anlagegeschäft, Zahlungsverkehr, Investment Banking usw.).
- Warum scheinen Firmenkundenbetreuer an „kleineren" Geschäften oft kaum interessiert zu sein? Mancher kleine Firmenkunde hat sich diese Frage schon gestellt und mit der Annahme beantwortet, daß Banken wohl zu gut verdienten und dadurch satt und bequem geworden seien.
  Der wirkliche Grund liegt eher in gewissen Besonderheiten des bankinternen Rechnungswesens. Die meisten Banken verfügen inzwischen über eine recht weit entwickelte Kundenkalkulation, die die Geschäfte und Deckungsbeiträge für jeden Kunden gesondert abbildet. Der einzelne Betreuer wird an der Summe der Erträge aus allen seinen Kundenkalkulationen gemessen. In dieser Kalkulation wimmelt es aber oft auch von leistungsunabhängigen Gemeinkostenumlagen (insofern ist es eine Vollkostenrechnung).
  Bei Geschäften kleineren Volumens kann es passieren, daß in der Kundenkalkulation sozusagen nichts mehr hängenbleibt, weil die Umlagen den Bruttoertrag völlig „auffressen". Die denkbare Lösung, nämlich die Konditionen so hochzusetzen, daß das Geschäft dennoch profitabel ist, läßt sich am

Markt nicht durchsetzen. Damit erklärt sich das besagte „Desinteresse" mancher Firmenbetreuer.

2. Die Organisationsstruktur der Banken

In den letzten Jahren haben sich die Organisationsstrukturen der großen Banken stark gewandelt, und mit Veränderungen ist auch in Zukunft zu rechnen. Dafür sorgen der technologische Wandel, der steigende Wettbewerbsdruck und die tendenzielle Liberalisierung der Finanzmärkte.

Die einzelnen Banken besitzen eine spezifische (hierarchische) Struktur, deren genaue Ausgestaltung sie aus Wettbewerbsgründen nicht offenlegen; aber die Grundmuster sind bekannt und ähneln sich. Bei nur lokal tätigen Banken wie Genossenschaftsbanken oder Sparkassen sind sie einfacher, doch im wesentlichen analog.

Praktisch alle mittleren und großen Banken haben mindestens zwei getrennte Geschäftssparten, die unabhängige (wiederum in sich hierarchisch gegliederte) Profit Center repräsentieren. Diese beiden Sparten sind das Firmen- und das Privatkundengeschäft. Zu letzterem zählen oft noch die kleinen Firmenkunden (manchmal „Geschäftskunden" genannt, bis maximal zehn Millionen Mark Jahresumsatz). Bei den großen Banken existieren weitere kundengruppenspezifische Unternehmensbereiche, z. B. für öffentlich-rechtliche, gewerbliche Immobilieninvestoren und institutionelle Kunden (andere Banken und Versicherungen).

Innerhalb der für uns relevanten Sparte Firmenkundengeschäft wird wiederum zwischen verschiedenen Kundengrößenordnungen (nach Jahresumsatz) unterschieden. Am meisten verbreitet ist eine Zweiteilung in „reguläre" Firmen- und Großkunden; manche Banken stufen auch drei- bis vierfach ab.

Großkunden sind in der Regel durch rund 500 Millionen Jahresumsatz oder mehr definiert. Durch die strikte Trennung von Firmenkunden- und Privatkundengeschäft ist es üblich, daß ein Unternehmer in privaten Geldangelegenheiten einen anderen Kundenbetreuer bei seiner Bank hat als in geschäftlichen.

Nicht an jeder kleinen Zweigstelle halten die Banken einen Firmenbetreuer vor. Vielmehr ist das Firmenkundengeschäft in der Regel an einem größeren Ort zentralisiert. Diese Betreuungseinheit aus sechs bis zehn Personen deckt dann ein Gebiet mit bis zu 20 Zweigstellen ab. Eine solche Konzentration an größeren Orten hat den Vorteil, daß die „Know-how-Diffusion" zwischen den einzelnen Betreuern besser funktioniert, eine gewisse Spezialisierung nach Branchen denkbar ist, Vertretungsregelungen einfacher sind und die gemeinsamen Overhead-Kosten (Assistenz, Miete usw.) sich besser verteilen. Der Nachteil der Konzentration besteht in der größeren räumlichen Entfernung zu vielen Kunden. Selbst in Städten mit 100.000 oder mehr Einwohnern verfügen die Großbanken häufig nicht über eine Firmenbetreuungseinheit, so daß die Betreuung der dort ansässigen Firmenkunden aus der nächstgelegenen größeren Stadt geschehen muß. Viele Unternehmen gehen allerdings keine Geschäftsbeziehung zu Banken ein, die keinen Kundenbetreuer vor Ort haben.

Neben diesen Grundmustern der Organisationshierarchie sind noch einige weitere Organisationsprinzipien im Firmenkundengeschäft verbreitet:

Betreuerprinzip: Jeder Firmenkunde ist einem bestimmten Firmenkundenbetreuer innerhalb der Bank fest zugeordnet. Wie viele weitere Kunden der Banker betreut, hängt in erster Linie von der Größe seiner Kunden ab, manchmal auch davon, ob er zusätzlich noch Führungsaufgaben wahrzunehmen hat oder nicht. Die Funktionsbezeichnungen für den Firmenkundenbanker variieren von Bank zu Bank. Es finden sich alle

möglichen Kombinationen: Firmenkundenbetreuer oder nur Firmenbetreuer, Firmenkundenberater/Firmenberater, Geschäftskundenberater, Gewerbekundenberater und so fort. Einen Bedeutungsunterschied zwischen „Beratern" und „Betreuern" gibt es in der Regel nicht. Manche Banken bezeichnen ihre kleinen Firmenkunden (Existenzgründer, Freiberufler, Handwerker), wie gesagt, als „Geschäftskunden" oder „Gewerbekunden".
Firmenkundenbetreuer sind üblicherweise Generalisten, also für alle Sparten des Bankgeschäftes *der* generelle oder erste Ansprechpartner des Kunden innerhalb der Bank. Die Kunden sind ihnen nach einem räumlichen Prinzip (alle Kunden der Betreuungseinheit aus einem bestimmten Gebiet/Stadtteil) oder nach dem Branchenprinzip (alle Kunden aus bestimmten Branchen in einem Gebiet) zugeordnet. Erstaunlich viele Banken arbeiten allerdings noch immer so rückständig, daß sie die Kunden nach dem völlig nutzlosen Prinzip der Anfangsbuchstaben des Firmennamens an die einzelnen Betreuer verteilen.

Vieraugenprinzip: Wegen der besonderen Risiken sind innerhalb der Sparte Kredit ein Kreditspezialist (Kreditsachbearbeiter) und der Firmenbetreuer für alle nennenswerten Entscheidungen *gemeinsam* verantwortlich. Kreditverlängerungen oder -erhöhungen sind nur bei Einvernehmen zwischen den beiden möglich. Das Vieraugenprinzip gilt in der Bank allerdings noch in einem weiteren, umfassenderen Sinne: Der allergrößte Teil des externen Schriftverkehrs trägt zwei Bankunterschriften – häufig selbst offenkundig banale Mitteilungen. Diese Regelung hängt zum einen mit den besonderen Risiken des Bankgeschäftes zusammen. Zum anderen ist sie in manchen Bereichen auch ein Anachronismus, der den Beteiligten dabei hilft, das unselige Spielchen der Verantwortungsdiffusion zu betreiben.

Spezialistenprinzip: Ohne Frage kann ein Firmenbetreuer als Generalist und Vertriebler nicht auf allen Gebieten wirklich tiefgehendes Fachwissen besitzen. Für besondere Fachgebiete wie Electronic Banking, das anspruchsvolle Wertpapiergeschäft, den Außenhandel, Derivate (auf Zinsen, Devisen oder Wertpapiere), Leasing und anderes holt er sich deswegen bei Bedarf Spezialisten hinzu. Diese Arbeitsteilung zwischen Generalisten und Spezialisten ist in den größeren Banken heute üblich. Die Spezialisten agieren entweder nur im Back-Office (der Kunde bekommt sie also nicht zu Gesicht) oder übernehmen für einzelne Geschäfte innerhalb einer Sparte die Betreuungs- und Vertriebsaufgabe in Absprache mit dem Generalisten. Trotzdem bleibt der Firmenbetreuer der Gesamtverantwortliche für die Kundenbeziehung, was man als *Relationship Banking* oder *one face to the customer* bezeichnet.

Kompetenzprinzip: In unserem Zusammenhang bedeutet „Kompetenz" nicht „Fachwissen", sondern „Kreditentscheidungsvollmacht". Ein Betreuer mit einer Kompetenz von zwei Millionen Mark darf über Kredite bis zu dieser Höhe entscheiden. Fast immer kann diese Kompetenz nur gemeinsam mit einem Kreditsachbearbeiter ausgeübt werden. Die Kompetenz bezieht sich stets auf die *gesamte* Höhe des Kreditengagements, nicht nur auf den einzelnen Neukredit oder die Erhöhung, die hinzukommt. Falls die Genehmigungskompetenz der beiden direkt zuständigen Mitarbeiter in einem konkreten Fall nicht ausreicht, ist die nächsthöhere Instanz gefragt – bis hinauf zum Vorstand, wenn die Kredithöhe es erfordert. Daß einzelne Ebenen übersprungen werden, ist die Ausnahme. Da die höheren Instanzen nicht immer am gleichen Ort ansässig sind, ergeben sich hieraus of unerfreuliche Verzögerungen.

Regionalprinzip: Eine bestimmte Betreuungseinheit (je nach Bank: „Zweigstelle", „Filiale", „Niederlassung", „Marktteam", „Betreuungseinheit" usw.) betreut alle Firmenkunden der Bank, die ihren Firmensitz oder den Ort der maßgeblichen Unternehmensaktivität innerhalb dieses Einzugsgebietes haben.

Für eine andere Betreuungseinheit ist es mehr oder weniger verboten, in diesem Gebiet zu „wildern". Insofern macht es selten Sinn, bei einer räumlich anderswo gelegenen Einheit derselben Bank anzuklopfen, wenn man mit der nächstliegenden Einheit nicht zurechtkommt.

Kontostellenprinzip: Bei den meisten Banken sind alle Konten einer bestimmten Filiale zugeordnet, wo in der Regel die Kontounterlagen (unterzeichneter Kontoeröffnungsvertrag, Unterschriftsprobenblatt, Vollmachten, Gesellschaftsverträge, Handelsregisterauszüge usw.) archiviert sind. Salopp könnte man sagen, jeder Kunde hat *seine* Filiale. Dieses Kontostellenprinzip ist im Grunde genommen ein Anachronismus und wird von den Großbanken stückchenweise abgeschafft. Längst gilt es als Selbstverständlichkeit, daß der Kunde seinen (beleghaften) Zahlungsverkehr von jeder beliebigen Filiale aus abwickeln kann. Das Unterschriftsprobenblatt wird dann per Fax von der kontoführenden Filiale angefordert (für den Online-Zahlungsverkehr braucht der Kunde ohnehin nicht in die Filiale zu kommen.)

Jede Filiale hat ihren eigenen Kontonummernkreis, der Filialname ist also zur unmißverständlichen bankinternen Identifikation eines Kontos nicht mehr notwendig.

Die Kontounterlagen werden immer häufiger an zentralen Stellen verwahrt und in naher Zukunft mittels *Online-Image-Retrieval-Systemen* von überall abrufbar sein. Aus diesem Grund wird das Kontostellenprinzip über kurz oder lang bedeutungslos werden.

3. Überziehungs- und andere Listen

Fast könnte man sagen, Banker sein heiße, dazu verdammt zu sein, Listen zu lesen. Ein Firmenbetreuer wird im Laufe einer

typischen Arbeitswoche mit ungezählten computergenerierten Listen konfrontiert, die zur Risiko- und Ertragssteuerung dienen.
Die vier vermutlich wichtigsten Listen für einen Firmenbetreuer möchte ich Ihnen kurz vorstellen. Die drei ersten hier genannten Listen dienen der Risikokontrolle – auf ihnen sollte Ihr Unternehmen möglichst nicht erscheinen. Die vierte Liste zeigt dem Betreuer potentielle Geschäftsansätze bei dem betreffenden Kunden auf.

- Überziehungsliste (täglich),
- Abgelaufene-Kredite-Liste (monatlich oder halbmonatlich),
- Kontoführungs-Checkliste (monatlich),
- Umsatzüberwachungsliste (täglich).

Die **Überziehungsliste** ist dasjenige Arbeitsinstrument, mit dem sich ein Betreuer jeden Morgen zuallererst befaßt. Sie nennt ihm alle seine Kunden, bei denen ein oder mehrere Konten überzogen sind. „Überzogen" heißt, der Kontosaldo vom Vortag ist negativ (sofern keine Kreditlinie eingegeben ist), oder der negative Saldo übersteigt die eingegebene Kreditlinie. Viele Kunden – vor allem, wenn sie lange Jahre bei der betreffenden Bank sind –, betrachten ein überzogenes Konto als Lappalie. Aber das trifft nicht zu. Jede Überziehung ist für den Betreuer ärgerlich, da sie ihm (a) unproduktive Zeit abnötigt (er *muß* sich aktiv um den Ausgleich kümmern) und er sich (b) schriftlich oder mündlich von einem Kreditsachbearbeiter oder seinem Vorgesetzten praktisch jede einzelne Überziehung absegnen lassen muß.
Im Normalfall wird der Betreuer Sie deswegen noch am selben Morgen anrufen, an dem eines Ihrer Konten erstmals auf dieser Liste auftaucht, um Sie zum Kontoausgleich aufzufordern. Dann sollten Sie sofort in der Lage sein, ihm glaubwürdig aufzuzeigen, wie Sie den Ausgleich kurzfristig bewerkstelligen. Es ist von kaum zu überschätzender Bedeutung, daß Sie in dieser

Situation nur Ankündigungen machen, die Sie auch sicher einhalten können. Wenn ein erwarteter Zahlungseingang nicht absolut gewiß ist, dann bringen Sie das auch zum Ausdruck. Eine ordentliche Kontoführung ist eines der wichtigsten Bonitätsmerkmale überhaupt und wird in jedem Kreditantrag positiv vermerkt. Für Kunden, die mit Liquiditätsproblemen kämpfen und deswegen Gefahr laufen, Kontoüberziehungen zu produzieren, ist es wichtig, daß ein fähiger Mitarbeiter bereits um sechs oder sieben Uhr morgens den Kontostand abfragt, damit genügend Zeit bleibt, entsprechende Maßnahmen einzuleiten und Recherchen zu betreiben, *bevor* sich der Firmenbetreuer meldet.

In manchen Fällen wird der Betreuer bei einer Überziehung einen oder zwei Tage mit dem Anruf warten, weil er annimmt, daß Sie von sich aus den Ausgleich schnellstens vornehmen. Sein ausbleibender Anruf bedeutet also keineswegs, daß die Bank mit der Überziehung einverstanden ist. Das gelegentlich von Kunden ins Feld geführte Argument, die Bank verdiene doch an der Überziehung, ist Unsinn. Auf die paar Mark „Zitterprämie", die ohnehin von dem Abstimmungsaufwand, den Überziehungen verursachen, aufgezehrt werden, würden Firmen- und Privatkundenbetreuer gerne verzichten. Widerstehen Sie also der Versuchung, dieses abgedroschene Argument zu benutzen.

Soweit die Überziehung aus Lastschriften und Scheckbelastungen resultiert, kann der Betreuer die betreffenden Lastschriften oder Schecks (nach Rücksprache mit Ihnen, aber auch ohne diese) bis ungefähr elf Uhr mangels Deckung zurückgehen lassen. Dann werden diese Retouren dem Konto nach einem bis vier Werktagen wieder gutgeschrieben. Ganz allgemein sollten Sie selbst kleine Überziehungen – auch wenn Sie nur eventuell entstehen – unbedingt durch einen kurzen Anruf bei ihrem Betreuer einen oder zwei Tage im voraus ankündigen (im Bankerjargon „avisieren").

Die zweite Liste, die ich hier kurz vorstellen will, ist die **Abgelaufene-Kredite-Liste**, die monatlich oder halbmonatlich erscheint. Sie stellt alle befristet zugesagten (genehmigten) Kredite dar, die in Kürze ablaufen werden oder bereits abgelaufen sind. Dabei handelt es sich vorwiegend um die üblicherweise für zwölf bis 24 Monate zugesagten Betriebsmittelkreditlinien (Kontokorrentkredit, Bürgschaftskredit, Wechseldiskontkreditlinie). In vielen Fällen sind diese Linien auch unbefristet, das heißt, *bis auf weiteres zugesagt.* Dann kann die Linie zwar nicht ablaufen wie eine befristete Kreditlinie. Trotzdem muß aus risikopolitischen Gründen (und um § 18 des Gesetzes über das Kreditwesen zu entsprechen) alle zwölf Monate eine Bonitätsprüfung durchführt werden. (Wie eine solche abläuft, erfahren Sie in Kapitel V., „So beurteilen Banken die Bonität ihrer Firmenkunden".)

Bei ausreichender Bonität kann die Prolongation („Verlängerung") bestehender oder die Genehmigung neuer Kredite erfolgen. Sollten sich die wirtschaftlichen Verhältnisse (z. B. Ertragssituation, Liquiditätssituation, Eigenkapitalausstattung) dagegen über einen gewissen Punkt hinaus verschlechtert haben, wird die Bank Konsequenzen ziehen – z. B. indem sie die Sollzinssätze erhöht *(risikoorientiertes Pricing),* eine Sicherheitenverstärkung anstrebt oder den Kredit kündigt und die Rückführung fordert (in dieser Situation natürlich selten erfolgreich). Langfristige Darlehen können zwar aus den gleichen Gründen wie kurzfristige Kredite gekündigt werden, sind aber ex definitione nicht auf ein oder zwei Jahre befristet und tauchen deshalb auf dieser Liste nur mit Wiedervorlageterminen (wegen der routinemäßigen Bonitätsprüfung alle zwölf Monate) auf.

Die dritte Liste ist die **Kontoführungs-Checkliste** – bisweilen auch „Frühwarnliste" genannt –, die monatlich erscheint. Ihr Zweck ist es, möglichst frühzeitig Warnsignale auf eine sich eventuell verschlechternde Bonität von Kontokorrentkreditkunden zu liefern. Dahinter steckt folgende Logik: Bis die unterjährigen kurzfristigen Erfolgsrechnungen (KER) beim Firmenbetreuer auf dem Schreibtisch landen, sind sie schon wieder zwei oder drei Monate alt. Noch dazu geht dieses Zahlenmaterial ohnehin in den wenigsten Fällen wirklich regelmäßig an die Bank. Bevor somit die Verschlechterung der wirtschaftlichen Verhältnisse des Kreditkunden aus diesen Zahlen abgelesen werden kann, ist es für viele sinnvolle Gegenmaßnahmen der Bank oft schon zu spät. Diese Verschlechterung deutet sich allerdings in vielen Fällen bereits früher in einer „steifen" Kontoführung an.

Damit ist gemeint, daß die Inanspruchnahme der Kontokorrentlinie praktisch permanent an der „Oberkannte Unterlippe" liegt, wie manche Banker salopp sagen. Da kein Firmenbetreuer alle Konten permanent beobachten kann, übernimmt der Bankrechner diese Aufgabe und wirft monatlich die Konten aus, bei denen eine steife Kontoführung vorliegt, z. B. jene, bei denen die Durchschnittsinanspruchnahme über die vergangenen drei Monate hinweg 80% der Kreditlinie überschritten hat.

Bei vielen Banken wird dieses Filterkriterium noch durch das Unternehmensrating (s. Kapitel V.) und das Branchenrating verfeinert. Das bedeutet, nur jene Kunden mit steifer Kontoführung werden ausgeworfen, deren Unternehmensrating „befriedigend" oder schlechter ist und/oder die einer „befriedigend" oder schlechter geratenen Branche angehören. Wird nun ein bestimmtes Unternehmen auf der Liste genannt, suchen der Betreuer oder der Kreditsachbearbeiter nach den genauen Ursachen.

Dabei werden sie den Kunden in einigen Fällen mit einbeziehen, in anderen nicht. Nach der Prüfung wird entweder Entwarnung gegeben, oder man leitet zweckmäßige, risikobegrenzende Maßnahmen ein.

Eine vierte Liste firmiert bei den meisten Banken unter dem Titel **Umsatzüberwachungsliste**. Auch sie liegt allmorgendlich auf dem Schreibtisch des Betreuers. Auf dieser Liste sind alle größeren Einzelumsätze (Zugänge und Abgänge) auf allen Konten der Kunden im Kundenportfolio des jeweiligen Betreuers genannt. Die Schwellengröße kann bei 50.000, 500.000, einer Million Mark oder bei einem anderen Betrag liegen – je nach Bank und Kundensegment. Diese Liste dient dazu, die Aufmerksamkeit des Betreuers auf signifikante Umsätze zu lenken, die entweder Geschäftsansatzpunkte darstellen oder wichtige Vorgänge/Veränderungen innerhalb des betreffenden Unternehmens anzeigen könnten. Wundern Sie sich also nicht darüber, wie aufmerksam Ihr Firmenbetreuer ist, wenn er Sie nach einem größeren Zahlungseingang auf Ihrem Konto prompt anruft.

4. Beeindrucken Sie Ihren Banker durch Äußerlichkeiten

Fast alle Geschäftsleute würden die Frage, ob sogenannte „Äußerlichkeiten" (z. B. bezüglich Büro, Kleidung und Kommunikation) im Umgang mit Geschäftspartnern wichtig sind, jederzeit energisch bejahen. Trotzdem zeigt die Erfahrung, daß erschreckend viele kleine und mittlere Firmenkunden in dieser Disziplin buchstäblich durchfallen und so einen schlechteren Eindruck bei Ihrer Bank hinterlassen als nötig. Im folgenden erfahren Sie, worauf Banker bezüglich Räumlichkeiten, Kleidung und Form der Kommunikation Wert legen.

Ihr Büro

Banker wollen regelmäßig, aber nicht ständig von Ihnen hören (und wenn möglich nicht via Überziehungsliste). Laden Sie

Ihren Betreuer mindestens einmal pro Jahr, besser zweimal in Ihre Räume ein, und führen Sie ihn bei dieser Gelegenheit auch über das Firmenanwesen (besonders dann, wenn eine neue Investition zu präsentieren ist). Wenn Ihr Firmenbetreuer Sie besucht, kann es zweckmäßig sein, folgende Vorkehrungen zu treffen:

- Ihr Schreibtisch und der Ihrer Sekretärin sollten aufgeräumt sein. Zettelwirtschaft macht einen unprofessionellen Eindruck. Daß ein mit Papieren und Akten übersäter Schreibtisch intensive und umfangreiche Arbeit zum Ausdruck bringe, ist eine Ausrede von Menschen, die keine Ordnung halten können.
- Vermeiden Sie bunte, auffällige Möbel in Ihrem Büro (insbesondere ausrangierte Wohnzimmerschrankwände).
- Stellen Sie Ihr Telefon auf Ihre Sekretärin um, und lassen Sie sich nur in wirklich dringenden Fällen beim Gespräch mit Ihrem Banker stören.
- Verkneifen Sie sich in Gegenwart Ihres Firmenbetreuers Kaugummis und Zigaretten (es sei denn, er oder sie raucht auch). Kaugummi kauen halten manche für ein Zeichen von Arroganz oder Desinteresse.
- Bieten Sie keine Kekse, Häppchen oder Alkoholika an (ausgenommen, es gibt etwas zu feiern) – das lenkt nur ab, verlangsamt das Gespräch unnötig und vermittelt den Eindruck, als könnten Sie es sich leisten, Ihre Arbeitszeit mit Knabbern zu verschwenden.
- Sorgen Sie dafür, daß Ihre Sekretärin Kaffee, Mineralwasser und Orangensaft in ordentlichem, elegantem Geschirr auf einem Tablett inklusive Servietten serviert. Die Details machen den Unterschied: das separate kleine Zuckerlöffelchen, die Schale mit den Eiswürfeln.
- Sofern Sie in Ihrem Büro Fachliteratur aufbewahren, stellen Sie sie sichtbar in einem aufgeräumten Regal auf. Entfernen

Sie jedoch allgemeine Titel wie *Einführung in die Betriebswirtschaftslehre* oder völlig veraltete Bücher. Sofern Ihr Betreuer in den zurückliegenden fünf Jahren die Uni verlassen hat, können Sie Ihn sehr wahrscheinlich mit drei, vier Büchern von „Management-Gurus" wie Peter Drucker, Michael Hammer, Alfred Rappaport, Michael Porter, Tom Peters u. a. beeindrucken.

- Grundsätzlich gilt: Als Geschäftsführer sollten Sie mit Blick auf Ihre Mitarbeiter und Kunden keinen Dienstwagen fahren, der über Ihren Verhältnissen liegt. Für den Firmenbetreuer ist ein teures Auto womöglich ein subtiler (wenn auch vielleicht falscher) Hinweis auf Ihre „Entnahmepolitik" und Ihr Führungsverständnis. Wenn Sie also ein teures Auto fahren, dann muß es der Firmenbetreuer ja nicht unbedingt wissen. Ausgefallen darf das Auto sein, aber nicht zu teuer für Ihre Verhältnisse.
- Daß Ihr gesamtes Betriebsanwesen bei einem Rundgang mit Ihrem Firmenbetreuer tadellos aufgeräumt und sauber erscheinen sollte, ist so selbstverständlich, daß es kaum der Erwähnung bedarf.
- Sofern für Ihr Unternehmen Unternehmensleitlinien *(Mission Statement)* existieren, sollten Sie sie in Ihrem Büro und an anderen Orten in Ihren Betriebsräumlichkeiten in einem geeigneten Display oder Rahmen aufhängen.
- Nicht nur Sie als Geschäftsführer oder Leiter der Finanzabteilung sollten Ihren Banker kennen. Machen Sie ihn mit Ihren wichtigsten Mitarbeitern (zumindest den repräsentativen) bekannt, auch mit Ihrer Sekretärin und Familienmitgliedern, die in Ihrem Unternehmen arbeiten. Loben Sie Ihre Mitarbeiter gegenüber dem Firmenbetreuer – es muß ja nicht in deren Anwesenheit geschehen. Kommunizieren Sie, daß im Unternehmen eine Reihe kompetenter Mitarbeiter finanzielle und andere Verantwortung tragen und beileibe nicht alle Verantwortung auf Ihren Schultern ruht.

Die Kommunikation

Bekanntlich sollte man kein wichtiges berufliches Gespräch beginnen, ohne sich vorher darüber Gedanken gemacht zu haben, was man erreichen will. Das gilt natürlich auch für die Gespräche und Telefonate mit Ihrem Banker. Zweckmäßig ist z. B. ein Raster mit den drei Kategorien

(a) Minimalziele. Wenn Sie diese Ziele nicht erreichen, ist das Gespräch als klarer Mißerfolg zu werten.
(b) Mediumziele. Wenn Sie diese Ziele erreichen, ist das Gespräch als zufriedenstellend zu werten.
(c) Maximalziele. Wenn Sie diese Ziele erreichen, ist das Gespräch als außerordentlicher Erfolg zu werten.

Für alle wichtigen Gespräche mit Ihrer Bank sollten Sie, wenn möglich, einen sachverständigen Mitarbeiter hinzuziehen. Eine Gesprächskonstellation 2:1 gibt Ihnen in mancherlei Hinsicht offene und verdeckte Vorteile. Sie haben während des Gespräches – da Sie zu zweit sind – eher die Möglichkeit nachzudenken, und einer von Ihnen beiden kann das Zimmer bei Bedarf verlassen, um schnell notwendige Unterlagen zu holen. Besonders bei Krisengesprächen dürfte es Ihr Firmenbetreuer schwerer haben, im nachhinein (bewußt oder unbewußt) unrichtige Behauptungen über die Gesprächsinhalte aufzustellen. Zudem lernt der Banker eine zusätzliche Person aus dem Unternehmen kennen. Nach Möglichkeit sollten Sie es auch vermeiden, in Unterzahl zu geraten. Ziehen Sie also besonders dann einen kompetenten Mitarbeiter zum Bankgespräch hinzu, wenn auch die Bank mit mehreren Repräsentanten auftritt.
Im Normalfall sollten Sie Unterlagen bereits in das Gespräch mitbringen, statt dem Gast – wie oft üblich – postalisch hinterherzuschicken. So sieht Ihr Banker, daß Sie sich vorbereitet haben und daß es Ihnen ernst ist. Machen Sie sich während des Gespräches reichlich Notizen. Am Ende sollten Sie von sich

aus – auch das signalisiert Professionalität – wesentliche Ergebnisse mündlich kurz rekapitulieren und eine „Hausaufgabenliste" mit klaren Fristen und Zuständigkeiten für Sie und den Betreuer formulieren. Egal, ob Sie das Gespräch allein oder mit Kollegenverstärkung führen, Sie sollten die Ergebnisse stets protokollieren oder unmittelbar nach dem Gespräch in einer Notiz festhalten. Manchmal kann es sinnvoll sein, dem Firmenbetreuer eine Kopie zur Kenntnis zu schicken.

Immer mal wieder findet man sich als Firmenbetreuer in der Rolle der Jerusalemer Klagemauer. Für manchen Firmenkunden scheint das Dasein buchstäblich ein Jammertal zu sein, geprägt von ruinösem Wettbewerb, Dumpingpreisen der Konkurrenz, unfähigen Mitarbeitern, unerträglichen Abgabenlasten, Dauerattacken der Staatsbürokratie und risikoscheuen Banken. Machen nicht auch Sie diesen Fehler. Wer die Welt so sieht, sollte sein Unternehmen verkaufen und sich zur Ruhe setzen – wird Ihr Banker denken.

Am anderen Ende des Spektrums stehen die notorischen „Weichzeichner". Von diesen Kunden hört der Firmenbetreuer niemals Unworte wie „Schwierigkeit", „Problem", „Rückgang". Weniger aus überzeugtem Optimismus heraus als vielmehr, um alles zu vermeiden, was den Betreuer auf weniger als optimale Umstände für das Unternehmen schließen lassen könnte, verschweigen diese Firmenkunden alles Negative. Solchen Kunden glaubt man, wen wundert's, bald nichts mehr. Der richtige Ansatz liegt in der Mitte: Jammern Sie Ihrem Betreuer nicht fortwährend die Ohren voll. Daß Sie's schwer haben, weiß er. Aber gaukeln Sie ihm genausowenig die Insel der Seligen vor. Sprechen Sie Ihre speziellen betrieblichen Schwierigkeiten und die konjunkturellen oder strukturellen Probleme Ihres Marktes offen an. Benutzen Sie Termini wie „vorsichtiger Optimismus", „Worst-case-Szenario", „konservative Pläne". Zeigen Sie im Gespräch, daß Sie eine systematisch durchdachte unternehmerische Antwort auf die von

Ihnen genannten Widrigkeiten parat haben. Nennen Sie – auch ungefragt – konkrete Maßnahmen in Ihrem Unternehmen, die für Sie selbstverständlich sein mögen, die Ihr Betreuer aber im Leben nicht erwartet hätte, vielleicht weil sie als zu trivial oder zu exotisch erscheinen. Strahlen Sie in dieser Dreiviertelstunde, die Sie mit Ihrem Firmenbetreuer verbringen, Optimismus aus. Lächeln Sie.

Manche Firmenbetreuer haben die an sich unangenehme Angewohnheit, dem Kunden unangekündigt Grundsatz- oder Detailfragen zu stellen. Beispiele für Grundsatzfragen: Welche neuen Produkte oder Innovationen hat Ihr Unternehmen in den vergangenen zwei Jahren realisiert? Was ist Ihre Unternehmensstrategie für die nächsten drei Jahre? Beispiele für Detailfragen: Was ist das aktuelle Volumen der Leasing-Verbindlichkeiten? Wie setzen sich die sonstigen betrieblichen Erträge von 67.000 € auf Seite 19 in Ihrem letzten Jahresabschluß zusammen? Welchen Umsatzanteil soll Produkt X in zwei Jahren haben?

Selten können solche Fragen aus dem Stegreif beantwortet werden. Doch wenn Sie an der sofortigen Beantwortung scheitern, erweisen Sie sich als unnötig schlecht informiert. Lassen Sie sich deshalb (besonders bei Gesprächsterminen, die auf Initiative Ihres Firmenbetreuers stattfinden) rechtzeitig vorab eine genaue schriftliche Agenda (eventuell mit einem Fragenkatalog) geben.

Wenn Ihr Betreuer Sie mit einer derartigen Frage dennoch mal auf dem falschen Fuß erwischen sollte, spielen Sie den Ball doch listig zurück – stellen Sie *ihm* die gleiche Frage, bezogen auf die Bank.

Sie können auf die Antwort gespannt sein, wenn Sie ihn fragen, welche neuen Produkte die Bank in den vergangenen Jahren auf den Markt gebracht oder welches Volumen an Leasing-Verbindlichkeiten sie habe. Oder stellen Sie ihm andere „banale" Fragen, etwa: Was war das Jahresergebnis Ihrer Bank in den letzten zwei Jahren? Wie hoch liegt der heutige Börsenkurs (sofern es sich um eine Aktiengesellschaft handelt)? Was war der Höchst- und Tiefstkurs in diesem Jahr? Mit einiger Wahrscheinlichkeit wird Ihr Firmenbetreuer die Antworten darauf nicht wissen. Mit dieser Gesamtstrategie vermeiden Sie, daß Sie als „zahm", unvorbereitet und passiv wahrgenommen werden. Was Ihre briefliche Kommunikation mit der Bank betrifft, besteht ein etwas unkonventioneller Trick darin, Geschäftsbriefbogen zu verwenden, welche nur jeweils die betreffende Bank aufführen, an die der Brief geht. Das könnte für eine gewisse Zeit den eventuell gewünschten Eindruck vermitteln, daß das Unternehmen vorwiegend mit der angeschriebenen Bank zusammenarbeitet. Leider verpufft die Wirkung nach einiger Zeit, wenn keine Fakten folgen, und könnte sich ins Gegenteil verkehren.

Wie alle Menschen sind auch Firmenbetreuer dadurch zu beeindrucken, daß man Ihre Sprache spricht, also in diesem Fall den passenden, „banküblichen" Ausdruck verwendet. Daher wartet am Ende dieses Buches eine kleine Sammlung von „Powerwords" auf Sie – sozusagen der moderne Grundwortschatz des Firmenkundengeschäfts aus der Sicht des Bankers. Versuchen Sie, diese Begriffe in Ihren aktiven Wortschatz zu übernehmen. Eine Maßnahme, die Ihre Wirkung nicht verfehlen wird.

Kleidungsfragen

Natürlich wollen wir hier keine Mode-, Image- oder Stilberatung praktizieren. Wir wissen auch, daß Kleidung eine Frage des Geschmacks ist, über den sich bekanntlich streiten läßt. Trotzdem gibt es auch in diesem Bereich einige allgemeine Kriterien, die Sie sich im Umgang mit Ihrer Bank zunutze machen können. Die folgenden Ratschläge sind strikt auf einen

Busineß-Kontext bezogen. Hier gilt: „Wenn Sie erfolgreich erscheinen wollen, müssen Sie dynamisch aussehen. Eine lebhafte Sprechweise, ein zügiger, zielstrebiger Gang, kurze Haare und schlichter, aber hochwertiger Kleidungsstil."*) Wie Sie sich *außerhalb* der beruflichen Sphäre kleiden, ist natürlich allein Ihre Sache.

Basis unserer Überlegungen sind drei einleuchtende Erkenntnisse: Erstens, unsere Kleidung und unser Habitus senden zwangsläufig Signale an unsere Mitmenschen, ob uns das paßt oder nicht. Zweitens, unsere Kommunikationspartner interpretieren diese Signale mit einer gewissen Regelhaftigkeit bewußt oder unterbewußt. Drittens, Firmenkunden-Banker sind an ein sogenanntes „konservatives" oder „förmliches" Umfeld gewöhnt, das Sie deswegen – bewußt oder unterbewußt – mit Solidität, Seriosität und Vertrauenswürdigkeit assoziieren. Und sie sind ständig auf der Suche nach äußeren Anzeichen für Verläßlichkeit, Kompetenz und Seriosität.

Von diesen drei Grundtatbeständen ausgehend, gebe ich Ihnen im folgenden einige Tips, die Ihnen helfen, einen Gleichklang zwischen Ihrer Message („Ich bin ein verläßlicher, kompetenter, vertrauenswürdiger Kunde mit Entwicklungspotential, es lohnt sich, mich intensiv zu betreuen.") und Ihrem Habitus herzustellen. Da es in Sachen Kleidung und Mode schwierig ist, zeitlose positive Empfehlungen zu geben, finden Sie hier statt dessen lediglich aufgeführt, was ich für „Todsünden" wider den guten Geschmack halte.

Zunächst zu den Herren. Folgendes Outfit kann im persönlichen Gespräch mit Ihrem Firmenkundenbetreuer schaden:

- Sandalen, Birkenstockschuhe, Mephistoschuhe, Turnschuhe, Kunstlederschuhe, mehrfarbige oder hellgraue Schuhe;
- weiße Socken zu Anzug oder dunkler Hose;

---

*) Drummond, Helga: *Power: Creating and Using it Effectively*. Kogan Page Ltd. London 1991, Seite 187 (eigene Übersetzung).

- Socken oder andere Kleidungsstücke mit Comic-Motiven oder Aufschriften;
- Socken, die auf den Knöchel herunterrutschen (Ersparen Sie Ihrer Umwelt den Anblick Ihrer behaarten weißen Unterschenkel und tragen Sie lieber dunkle Kniestrümpfe wie britische Gentlemen!);
- Lederhosen;
- Jeans (Es sei denn, Sie besichtigen eine Baustelle oder eine Werkshalle.);
- Hosen, die zu lang sind (In Deutschland ist es eine weitverbreitete Unsitte, so lange Hosen zu tragen, daß die Hosenbeine wie eine Zieharmonika auf den Schuhen aufliegen.);
- Hosen ohne Gürtel;
- Gürtel in einem von den Schuhen abweichenden Farbton oder mit auffälligen, massiven Schnallen und Beschlägen;
- Hemdärmel, die nicht über die Sakkoärmel hinausreichen (Sehr oft ist das Sakko eine Nummer zu groß.);
- durchscheinende Unterhemden unter einem weißen Oberhemd. Tragen Sie statt dessen ein weißes T-Shirt darunter;
- Seidenhemden, ungebügelte Hemden, Hemden mit diffusen oder großformatigen Mustern;
- offene Zweireiher (Ein Zweireiher wird immer geschlossen getragen. Ein offen getragener Zweireiher sieht aus wie ein mexikanischer Poncho.). Zweireiher wirken im übrigen fast immer „overdressed" und passen nur zu förmlichen Anlässen oder sehr gesetzten Herren;
- hochgeschlagene Sakkoärmel;
- Sakkos oder Anzüge in den Farben hellrot, weinrot, lavendel, lila, hellblau, hellgrün, lindgrün;
- Leinenanzüge (grundsätzlich immer verknittert);
- Krawatten mit undefinierbaren, verschwommenen Mustern oder Comic-Motiven, Lederkrawatten; Krawattenklammern oder -kettchen;

- Krawatten, die zu kurz oder zu lang gebunden sind (Die Krawattenspitze endet korrekt genau in Höhe der Gürtelschnalle.);
- geöffnete Hemdkragen mit Krawatte „auf Halbmast" (ausgenommen an extrem heißen Tagen);
- folgende Arten von Jacken: Strickjacken, Lederjacken, Thermojacken, Anoraks (Ausgenommen, Sie inspizieren eine Baustelle.). Sollten es die Temperaturen erfordern, tragen Sie einen qualitativ hochwertigen Pullover über dem Hemd und/oder einen Wollmantel oder eine Barbour-Jacke über dem Sakko;
- lange Haare (ausgenommen in ganz bestimmten Branchen, wie Medien, PR, Kunst usw.), aber auch extremer Kurzhaarschnitt. Faustregel: Je weniger Haare man hat, desto kürzer sollten sie sein. Perücken oder Toupets für Männer sind lächerlich. Stehen Sie zu Ihrer (Halb-)Glatze!
- Goldkettchen um Hals oder Handgelenk;
- Herrenhandtäschchen am Handgelenksriemen.

Nun zu den Damen: Da Damenkleidung traditionell vielfältiger ist und häufigeren Veränderungen unterliegt als Herrenkleidung, fällt es hier schwerer, die „Todsünden" in wenigen prägnanten Worten zu formulieren. Es gibt einfach sehr viel mehr Ausnahmen und weniger allgemein anerkannte Regeln fürs stilsichere Kleiden. Zum Glück besitzt die Damenwelt in Deutschland ein besseres Stilbewußtsein als die Herrenwelt ... Ich versuche auch hier, die schlimmsten Stilsünden aufzuzählen. Vermeiden Sie in Anwesenheit Ihres Firmenkundenbetreuers oder Ihrer Betreuerin die folgenden Stilfehler:

- weite Ausschnitte (bei Zweifeln ist der Ausschnitt zu weit);
- kein Büstenhalter;
- Blusen, durch die sich der Büstenhalter deutlich abzeichnet;
- Stretch-T-Shirts oder sichtbar getragene Body-Oberteile (ohne beispielsweise wenigstens einen Blazer darüber);

- Miniröcke, die deutlich oberhalb des Knies enden;
- nackte Beine – verzichten Sie auf Nylonstrümpfe nur, wenn Sie sicher sind, daß Sie es sich erlauben können;
- Nylonstrümpfe mit auffälligen Mustern;
- Hosen oder Röcke, durch die der Slip zu sehen ist;
- Kunstledergürtel in Silber, Gold oder schrillen Farben;
- Jeans mit Fransen oder „Designer-Rissen";
- Lederhosen und Motorradlederjacken;
- Strickjacken und Trachtenjacken;
- Leinenkostüme oder -hosen, wenn Sie (wie fast immer) verknittert und ausgebeult sind;
- Kleidungsstücke mit Bildmotiven, wie etwa Comic-Figuren, Teddybären oder Landschaften, Städte-Skylines oder Sprüchen wie „*I love Ibiza!*";
- Kleidung, für die Sie eigentlich zehn Jahre zu alt sind;
- schwarz oder blau lackierte Fingernägel;
- jede Art von grellem Make-up;
- Modeschmuck aus großen oder kitschigen Motiven wie Herzchen, Clown-Figuren, Monden, Smilies usw.;
- Stöckelschuhe mit extrem hohen Absätzen, Turnschuhe, Birkenstockschuhe;
- starke Parfümierung.

Fazit: Ihre äußere Erscheinung während der Arbeitszeit sollte dem gleichen Qualitätsanspruch genügen, den Sie auch an die Produkte oder Dienstleistungen Ihres Unternehmens anlegen. Es mag abgedroschen klingen, doch nach wie vor gilt: Kleider machen Leute ...

IV.
So finden Sie die richtige Bank

Nur wenige kleine und mittlere Firmenkunden machen sich systematisch Gedanken darüber, mit welcher Bank sie auf welchen Gebieten zusammenarbeiten wollen. Häufig schreiben die Finanzverantwortlichen einfach passiv die Historie fort, ohne darüber nachzudenken, ob sie auch mit den am besten geeigneten Banken kooperieren. Die Argumente für diese Trägheit sind schwach und lauten etwa: „Banken unterscheiden sich nicht voneinander", „Man kann unseren Kunden nicht zumuten, sich auf eine neue Bankverbindung umzustellen", „Es bedeutete für uns einen enormen Aufwand, die Bankverbindung zu wechseln" und so fort. Wenn Unternehmen eine neue Bankverbindung etablieren *müssen* (Unternehmensneugründungen, Standortverlagerungen usw.), überlassen die Verantwortlichen die Auswahl der Bank oft dem Zufall oder ein, zwei Argumenten, die im Grunde von untergeordneter Bedeutung sind (beispielsweise, welches die räumlich nächstliegende Bankfiliale ist).
Es ist unbestritten, daß sich Banken untereinander weniger unterscheiden als z. B. Autohersteller oder Altersheime. Obwohl sich die Geldinstitute sehr darum bemühen, Nischen zu besetzen, und in ihrer Werbung ein eigenständiges Profil betonen, sind die angebotenen Dienstleistungen nach Art, Qualität und Preis immer noch erstaunlich homogen. Erfreulicherweise führt der seit einigen Jahren wachsende Wettbewerb zwischen den Banken aber zu einer allmählich zunehmenden Differenzierung, ganz einfach deshalb, weil er sie zwingt, sich

auf die eigenen Stärken zu konzentrieren und schwache Produktfelder zu verbessern oder zu verlassen. Die zunehmende Emanzipation der privaten und gewerblichen Bankkunden und die verbesserte Transparenz des Marktes tun ein übriges.

Kriterien für die Entscheidung

Zwar sind die Qualitäten und Eigenschaften unterschiedlicher Banken bis zu einem gewissen Grad von den vor Ort agierenden Personen abhängig, doch gibt es ein Reihe von Zielsetzungen, für die eine Bank besser geeignet ist als eine andere. Um die Suche nach der für Ihr Unternehmen richtigen Bank nicht dem Zufall zu überlassen, sollten Sie sich die folgenden Fragen stellen.

Welche Anzahl von Banken ist für unser Unternehmen angemessen?
Kein Unternehmen ist so klein, als daß es nur eine Bankverbindung haben sollte. Andererseits bringen zu viele Verbindungen keinen Nutzen. Zwei bis drei Banken sind im Normalfall angemessen. Das hilft Ihnen, ein Gefühl für das „Übliche" und „Unübliche" zu bekommen, und verhindert, daß eine einzelne Bank aus Mangel an Konkurrenz zu bequem wird. Bei drei Banken macht es eventuell Sinn, zwischen zwei Hauptbanken und einer Nebenbank zu differenzieren. Letztere bekommt weniger Geschäft zugewiesen.

Ist es empfehlenswert, eine „Hausbank" zu haben?
Der etwas diffuse Begriff „Hausbank" ist eine auf den deutschsprachigen Raum begrenzte Erscheinung und betrifft eigentlich nur die kleine und mittelgroße Firmenkundschaft. Im Großkundengeschäft spricht man längst nicht mehr von Hausbanken, allenfalls von Haupt-, Kern- und Nebenbanken. Mit dem verstärkten Bankenwettbewerb und der Emanzipation der

Kunden hat der Begriff „Hausbank" in den letzten Jahren auch im mittelständischen Geschäft an Bedeutung verloren. Ich halte ihn für überkommen, und er führt kurioserweise gelegentlich zu Problemen für Firmenkunden. Eine Hausbank soll wohl nach allgemeinem Verständnis diejenige Bank sein, die unter allen Banken der Hauptfinancier des Unternehmens ist und in der Regel eine langjährige Verbindung zum Kunden unterhält. Viele Firmenkunden glauben deshalb, ihre Hausbank würde auch in schlechten Zeiten eine besondere Verantwortung für sie übernehmen. Wenn diese Tage schließlich kommen und das nicht passiert, sehen sie sich getäuscht. Wäre den Kunden bewußt gewesen, daß dies eine Illusion war, hätten sie vielleicht frühzeitig die Weichen anders gestellt. Legen Sie die Bezeichnung „Hausbank" also besser ad acta. Wenn Ihr Betreuer sie noch benutzt, dann wohl nur, weil er Ihnen ein bißchen schmeicheln will, um mehr Geschäft mit Ihnen zu machen.

Sollten alle Geschäftssparten (Kredit, Anlage, Zahlungsverkehr, Außenhandel usw.) zugleich auf alle Banken verteilt werden, oder empfiehlt sich eine spartenbezogene Zuweisung?
Im allgemeinen dürfte die erstgenannte Vorgehensweise die bessere sein, möglicherweise mit Ausnahme des Außenhandels, den ein kleines Unternehmen besser auf eine Bank konzentriert. Wie schon erwähnt, sehen sich Banken ungern ausschließlich in der Rolle des Kreditgebers (also Risikoträgers). Für die Bereitschaft, Risiko zu übernehmen, erwarten sie, auch in den risikolosen Sparten (Zahlungsverkehr, Sichtguthaben, Anlagen usw.) mit dem Unternehmen zusammenarbeiten zu dürfen. Die Kreditmarge allein reicht vielen Banken nicht. Dazu kommt, daß der Zahlungsverkehr der Bank nebenbei auch einen besseren Einblick in das Unternehmen selbst bietet.

Brauche ich eine Großbank?
Vermutlich ja, wenn für Ihr Unternehmen heute oder in der Zukunft einer der folgenden Bereiche wichtig ist/wird: Außen-

handelsberatung und -abwicklung, Investitionen an anderen, entfernt gelegenen Standorten oder im Ausland, Zins- und Devisenkurssicherungsinstrumente, Börsengang, Beschaffung von Fremd- oder Eigenkapital über Beteiligungsgesellschaften, Unternehmenskauf oder -verkauf, Standortverlagerung. Über diese Sachgebiete sollten Sie mindestens mit einer Großbank sprechen, was nicht heißt, daß eine Sparkasse, Volksbank oder private Regionalbank hier nicht auch Kompetenz besitzen kann.

Falls Sie noch keine Geschäftsbeziehungen zu einer Großbank unterhalten, sollten sie beizeiten welche knüpfen, und nicht erst dann, wenn das Thema virulent wird.

Die zehn größten (nach der Bilanzsumme) Banken in Deutschland (Stand: Ende 1997):

Bank	Bilanzsumme (Mrd. €)	Mitarbeiter	Eigentümerstruktur/ Bemerkung
Deutsche Bank AG, Frankfurt a. Main	533	78.100	privat
HypoVereinsbank AG, München	415	40.100	privat
Dresdner Bank AG, Frankfurt a. Main	347	48.200	privat
Westdeutsche Landesbank, Düsseldorf	311	10.100	staatlich; Spitzeninstitut und Girozentrale der nordrheinwestfäl. Sparkassen
Commerzbank, Frankfurt a. Main	265	28.700	privat
Bayerische Landesbank, München	222	7.300	staatlich; Spitzeninstitut und Girozentrale der bayerischen Sparkassen

Bank	Bilanz-summe (Mrd. €)	Mit-arbeiter	Eigentümerstruktur/ Bemerkung
Südwest LB/ Landeskreditbank Stuttgart/ Landesgirokasse Stuttgart, Stuttgart	220	9.400	staatlich; Fusion der drei Banken für Anfang 1999 geplant
DG Bank, Frankfurt a. Main	193	12.000	privat; Spitzeninstitut der Volks- und Raiffeisen-banken
Bankgesellschaft Berlin AG	181	16.900	staatlich
Norddeutsche Landesbank, Hannover	145	7.100	staatlich; Spitzeninstitut und Girozentrale der nord- und nordost-deutschen Sparkassen

Deutlich kleiner, jedoch im überregionalen Firmenkundenge-schäft operierend:

- BHF-Bank AG, Frankfurt a. Main (privat);
- BfG Bank für Gemeinwirtschaft AG, Frankfurt a. Main (privat);
- IKB Deutsche Industriebank AG, Düsseldorf (privat; nur Langfristfinanzierung).

Weitere große, im traditionellen Firmenkundengeschäft arbei-tende Banken sind folgende regional operierende (öffentliche) Landesbanken:

- Hessische Landesbank Hessen Thüringen, Frankfurt a. Main;
- Landesbank Schleswig-Holstein, Kiel;
- Hamburgische Landesbank, Hamburg;
- Landesbank Rheinland-Pfalz, Mainz;

- Bremer Landesbank, Bremen;
- Sachsen Landesbank, Leipzig.

Die bundeseigene Postbank (ungefähr Position 20 in der Rangliste der großen Banken) bietet für Firmen derzeit lediglich Dienstleistungen im Zahlungsverkehr und Anlagegeschäft an. Die größten regional zuständigen Genossenschaftsbanken sind die SGZ Bank eG (Frankfurt a. Main und Karlsruhe), die WGZ Bank eG (Düsseldorf) und die Genossenschaftliche Zentralbank AG (Stuttgart). Ferner existieren eine Reihe von großen, überwiegend privaten Hypothekenbanken, die überregional das gewerbliche Immobilienfinanzierungsgeschäft betreiben und zumeist zu einer der großen privaten Geschäftsbanken gehören.

Für eine Reihe von Gebieten, wie das gewerbliche Baufinanzierungsgeschäft, die Wohnungswirtschaft, das Außenhandelsgeschäft in bestimmten Weltregionen, Arztpraxen und Apotheken, die Land- und Forstwirtschaft, existieren kleinere, spezialisierte Banken, die ausfindig zu machen sich lohnt. Eine Möglichkeit, solche „Fachbanken" an Ihrem Standort aufzustöbern, ist ein Anruf bei der entsprechenden berufsständischen Organisation. Oder Sie fragen den Leiter des Firmenkundengeschäftes einer Filiale oder Niederlassung, ob in seiner Betreuungseinheit Fachkenntnis für Ihre Branche vorhanden ist.

Unterscheiden sich Sparkassen und Genossenschaftsbanken von den sogenannten Geschäftsbanken?
Sparkassen sind bekanntlich staatliche Banken, die einer Gebietskörperschaft (Gemeinde, Stadt, Landkreis, Land) gehören. Sie unterscheiden sich in ihrer praktischen Geschäftspolitik – zumindest was kleine und mittlere Firmenkunden betrifft – heutzutage kaum noch von privaten Geschäftsbanken. Das heißt, ihr vermeintlicher wirtschaftspolitischer Auftrag wird Ihnen als kleinem oder mittlerem Firmenkunden vermutlich kaum in irgendeiner Weise nützen, es sei denn, Ihr Unterneh-

men ist im Marktgebiet der Sparkasse ein bedeutender Steuerzahler oder Arbeitgeber. Alles in allem wäre es aber naiv zu erwarten, daß Sparkassen eine „großzügigere" Kreditpolitik fahren als private Banken. Das gilt im Grunde genommen auch für Genossenschaftsbanken, die zwar formalrechtlich private Banken sind, sich aber eher mit Sparkassen vergleichen lassen. Die Tatsache, daß Firmenkunden Genossen (und damit Miteigentümer) einer Genossenschaftsbank sind, wird den Unternehmen kaum kalkulierbare Vorteile bringen. Folgende Aspekte können Sparkassen und Genossenschaftsbanken gegenüber privaten Geschäftsbanken aber interessant machen:

- Ihre Mitarbeiter kennen die Verhältnisse vor Ort oft besser.
- Unter Umständen bestehen kürzere Entscheidungswege bei Kreditgenehmigungen.
- Die Mitarbeiterfluktuation ist geringer.
- Sie führen die Konten von vielen Ihrer Kunden und Mitarbeiter, woraus sich kürzere Banklaufzeiten ergeben.

Andererseits bestehen folgende mögliche Nachteile:

- Sparkassen und Genossenschaftsbanken sind nur lokal oder regional begrenzt tätig – für Unternehmen mit mehreren Standorten und/oder Außenhandelsgeschäft kann das ein Nachteil sein.
- Größere oder komplexere Geschäfte müssen sie an ihr überregionales Spitzeninstitut (Landesbank) abgeben, das heißt: neue Ansprechpartner für Sie.
- Aus rechtlichen und betriebswirtschaftlichen Gründen haben sie niedrigere Kreditobergrenzen.
- Sie verfügen nicht immer über das notwendige, hausinterne Spezial-Know-how, das heißt über Spezialisten für Außenhandel, Derivate, Gewerbeimmobilien, Projektfinanzierungen usw.

- Das Know-how der Mitarbeiter ist manchmal (durchaus nicht immer) schlechter als das der Geschäftsbanken.
- Die Vertraulichkeit Ihrer Bankgeschäfte ist – da hier mit einer höheren Wahrscheinlichkeit Verwandte und Freunde Ihrer Mitarbeiter oder Wettbewerber tätig sind – eventuell geringer.

Wie wichtig ist es, einen bestimmten, festen Ansprechpartner in der Bank zu haben?
Sehr wichtig. Aber viele Banken praktizieren im kleinen und mittleren Firmenkundengeschäft eine andere Vertriebsorganisation. Bei diesen Banken hat der Kunde für jede Produktsparte einen anderen Ansprechpartner. Er muß also für seinen Betriebsmittelkredit, für Leasinggeschäfte, für Immobilienfinanzierungen, für Zahlungsverkehr und Electronic Banking, für Anlagegeschäfte usw. jedes Mal mit einer anderen Person verhandeln. Das ist für den Kunden mühsam und ineffizient, mag die Bank dies auch rechtfertigen, wie sie will („Sie haben auf diese Weise stets mit Experten für die betreffende Sparte zu tun!"). Hat eine Ihrer Banken eine solche Spartenvertriebsorganisation, und entstehen dadurch Nachteile und Reibungsverluste, überlegen Sie sich lieber einen Wechsel. Bei der Suche nach einer neuen Bank sollten Sie dieses Kriterium von Anfang an berücksichtigen.

In welche Kundentypschublade (Kundensegmentierung) fällt mein Unternehmen?
Wie alle großen Unternehmen segmentieren Banken ihre Kunden aus Marketinggründen. Jedem Kundensegment wird ein unterschiedlich teurer Vertriebsweg (das heißt in erster Linie Betreuungsart) zugeordnet.
Für jeden Bankkunden, ganz besonders aber für Unternehmen, ist es nützlich zu wissen, in welchem Kundensegment er sich befindet, denn daraus läßt sich im Gesamtkontext manche nützliche Schlußfolgerung ziehen. Die folgende Tabelle stellt

ein Beispiel für die Kundensegmentierung dar. Der ausführliche Kriterienkatalog, anhand dessen die Zuordnung zu den einzelnen Segmenten erfolgt, kann hier aus Platzgründen nicht abgedruckt werden.

Neben dem genannten Segmentierungskriterium „Umsatz/Umsatzerwartung" können noch eine Reihe von anderen Kriterien ausschlaggebend sein, z. B. welche Bankprodukte der Kunde nutzt, sein Ertragspotential für die Bank, wo das notwendige Betreuungs-Know-how innerhalb der Bank vorhanden ist, ausdrückliche Kundenwünsche usw. Es versteht sich, daß jede Bank ihre eigene Kundensegmentierung hat und das nachfolgende Schema nicht zu verallgemeinern ist. Auf jeden Fall kann es nicht schaden, wenn Sie Ihren Betreuer nach der bei Ihrer Bank üblichen Segmentierung und der Gruppe, zu der Ihr Unternehmen gehört, befragen.

Kundensegment	Segmentierungskriterium	Bemerkung
„Kleine Firmenkunden"	Firmen mit einem Umsatz/Umsatzpotential von unter 2,5 (bei manchen Banken unter fünf) Millionen € jährlich, Existenzgründer, Freiberufler	Dieses Segment ist bei manchen Banken auch im Privatkundengeschäft angesiedelt. Die Kunden nutzen überwiegend Standardprodukte.*) Der Betreuer hat rund 250 bis 400 Kunden.**)

*) Als „Standardprodukte" gelten hier alle Bankprodukte, ausgenommen die folgenden: Derivate, Außenhandelsgeschäft, komplexe Electronic-Banking-Systeme, Projektfinanzierungen, Fondsfinanzierungen, Immobilienleasing, syndizierte Finanzierungen, komplexe Vermögensanlagen und anderes.

**) Mit „Kunde" ist hier eine „wirtschaftliche" Firmenkundeneinheit gemeint. Eine wirtschaftliche Kundeneinheit kann rechtlich aus mehreren Einzelkunden bestehen. Beispiel: ein Unternehmen mit einer klassischen steuerlichen Betriebsaufspaltung. Die Betriebsimmobilie gehört privat den geschäftsführenden Gesellschaftern (oft ein Ehepaar). Das Ehepaar hat die Immobilie über die Bank finanziert und an seine eigene GmbH vermietet. Sowohl die Eheleute sind (Kredit-)Kunden der Bank als auch die GmbH. Rechtlich also zwei Kunden, wirtschaftlich nur einer.

Kundensegment	Segmentierungskriterium	Bemerkung
„Mittlere Firmenkunden"	Unternehmen, unabhängig von der Rechtsform, mit einem Umsatz/Umsatzpotential von 2,5 (bzw. fünf) bis 50 Millionen €	Die Kunden nutzen überwiegend Standardprodukte. Ein solcher Firmenkundenbetreuer hat rund 100 Kunden.
„Große Firmenkunden"	Firmenkunden mit einem Umsatz/Umsatzpotential von über 50 Millionen €	Die Kunden nutzen regelmäßig Nicht-Standard-Produkte. Der Betreuer hat rund 25 Kunden.
Multinationale Firmenkunden	Firmenkunden mit einem Umsatz/Umsatzpotential von deutlich über 500 Millionen €, die in mehreren Ländern geschäftlich aktiv sind	Die Kunden nutzen regelmäßig Nicht-Standard-Produkte. Der Betreuer hat rund fünf bis zehn Kunden.
„Gewerbliche Immobilienkunden"	Firmen, unabhängig von ihrer Größe, wenn Sie Wohnungsgesellschaften, -genossenschaften oder Bauträger sind (Bauträger vertreiben von ihnen für Verkaufszwecke gebaute und zwischenfinanzierte gewerbliche und wohnwirtschaftliche Immobilien)	Für dieses Segment, das sich stark vom herkömmlichen Firmenkundengeschäft unterscheidet, ist spezifisches Betreuungs-Know-how erforderlich. Spezifische Produkte aus dem Immobilienfinanzierungsbereich. Der Betreuer hat rund 50 Kunden.
„Institutionelle Kunden"	Gewerbliche Finanzinstitutionen wie Banken, öffentliche Sozialversicherungen, private Versicherungen, Kapitalanlagegesellschaften und andere Kapitalsammelstellen	Segment mit weitgehend eigenständigen Gesetzmäßigkeiten. Erfordert spezifisches Betreuungs-Know-how. Die Anzahl der Kunden des Betreuers hängt von den spezifischen Umständen ab.

Kunden-segment	Segmentierungs-kriterium	Bemerkung
„Öffentliche Kunden"	Kunden mit öffentlich-rechtlichem Hintergrund (Gebietskörperschaften, Sondervermögen der Gebietskörperschaften, kommunale Eigenbetriebe, öffentliche Unternehmen in privater Rechtsform usw.)	Segment mit weitgehend eigenständigen Gesetzmäßigkeiten, in dem insbesondere das konventionelle, gewerbliche Kreditausfallrisiko nicht besteht. Die Anzahl der Kunden des Betreuers hängt von den spezifischen Umständen ab.

Diese Kriterien werden freilich im Einzelfall nicht strikt angewendet; es gibt zahlreiche Ausnahmen. Erwartet die Bank ein außerordentliches Wachstumspotential für einen Kunden, wird sie ihn in das nächst-„höhere" Segment einordnen. Umgekehrt werden „sterbende Schwäne" – also große Kunden, bei denen die Bank kein Potential mehr sieht – trotz hohen Umsatzes in ein niedrigeres Segment eingestuft. Die Komplexität des Produktnutzens, die lokal vorhandenen Ressourcen oder besondere Bindungen zwischen dem Kunden und einem bestimmten Bankmitarbeiter mögen ebenfalls eine Abweichung von obigem Schema bedingen.

Da die Leser dieses Buches zugleich Privatkunden von Banken sind, folgt an dieser Stelle auch für das Privatkundengeschäft eine Segmentierung. Hier gilt ebenfalls: Das Schema kann nicht verallgemeinert werden. Fragen Sie Ihre Bank, wie die Segmentierung dort konkret aussieht und wo Sie persönlich eingruppiert sind. Gerade bei kleineren Banken dürfte die Kundensegmentierung weniger ausdifferenziert sein.

Kundensegment	Segmentierungskriterium	Bemerkung
„Schalterkunden"	Alle Privatkunden mit einem (vermuteten) Haushaltsnettoeinkommen von unter 2.500 € monatlich und liquidem Vermögen (ohne Immobilien) unter 10.000 €.	Die Kunden dieses Segments werden in der Regel ausschließlich vom Schalterpersonal betreut und haben keine fest zugeschlüsselten Ansprechpartner in der Bank. Auf den einzelnen Schaltermitarbeiter entfallen durchschnittlich 500 bis 800 Kunden.
„Individualkunden"	Privatkunden mit einem (vermuteten) Haushaltsnettoeinkommen zwischen 2.500 und 7.500 € monatlich oder einem liquiden Vermögen (ohne Immobilien) zwischen 10.000 und 250.000 €	Der Kunde hat einen oder mehrere fest zugeschlüsselte Ansprechpartner in der Bank. Betreuung durch den „Privatkundenbetreuer", der ein Portfolio mit 300 bis 500 Kunden hat.
„Gehobene Individualkunden"	Privatkunden mit einem (vermuteten) Haushaltsnettoeinkommen über 7.500 € monatlich oder einem liquiden Vermögen (ohne Immobilien) über 250.000 €	Oberstes Kundensegment in der Bank. Kunden werden sehr aktiv von speziell geschultem Personal oder vom Filialleiter betreut. Der Betreuer hat ein Portfolio von rund 50 bis 100 Kunden.
„Solo-Immobilienfinanzierer"	Privatkunden, die nur eine einzelne Wohnimmobilie bei der Bank finanzieren und keine weitere Geschäftsbeziehung (z. B. Gehaltskonto) zu ihr unterhalten	Immobilienfinanzierungsgeschäft „von der Stange", das zumeist von Baufinanzierungsspezialisten gemacht wird. Die Anzahl der Kunden im Portfolio des Betreuers hängt von den spezifischen Umständen ab.

Kunden-segment	Segmentierungs-kriterium	Bemerkung
„Private Bauträger"	Privatpersonen und kleinere Gesellschaften bürgerlichen Rechts, die sich als Bauträger betätigen	„Gewerbliches" Immobiliengeschäft im kleineren Rahmen. Die Betreuer sind oft die, die sich auch um die „Solo-Immobilienfinanzierer" kümmern.

Welche Bedeutung soll ich meinem Firmenkundenbetreuer zumessen?
Über diese Frage läßt sich trefflich streiten. Zum einen ist die Qualität Ihres Betreuers ohne Zweifel die wichtigste einzelne Variable, die die Qualität der gesamten Geschäftsbeziehung beeinflußt. Zum anderen ist es gefährlich, sich zu sehr auf den Betreuer zu konzentrieren, denn der kann, ehe Sie sich's versehen, versetzt werden oder die Bank ganz verlassen. Haben Sie die Bankbeziehung nur seinet-/ihretwegen aufgenommen, stehen Sie nun, salopp formuliert, dumm da. Auf verbale Zusagen des Betreuers, er habe keine Wechselabsichten, ist keinerlei Verlaß. Sie können zwar fragen, wie lange er plant, in seiner Stelle zu bleiben, sollten seine Antwort aber keinesfalls unkritisch glauben. Einen gewissen Anhaltspunkt, wenngleich keine Garantie, bieten Indikatoren wie Familie mit Kindern vor Ort, Eigenheim vor Ort, langjährige Zugehörigkeit zur Bank vor Ort.

Wie beurteile ich die Qualität meines Firmenbetreuers?
Am einfachsten geht dies zweifellos, wenn Sie lange genug Erfahrung mit ihm sammeln konnten und/oder eine Vergleichsmöglichkeit mit den Betreuern anderer Banken haben. Bedenken Sie dabei aber, daß Firmenbetreuer in gewisser Weise ähnlich wie Computer nach dem „GIGO-Prinzip" funktionieren: *garbage in, garbage out* – (Daten-)Müll rein, (Daten-)Müll raus. Wenn Sie ihm also nicht genau sagen, was Sie wollen, und

seine Fragen und Informationswünsche nur widerwillig erfüllen, wird seine Leistung dies reflektieren.
Wollen Sie eine neue Bankbeziehung aufbauen, können Sie natürlich nicht auf eigene Erfahrungen mit dem Betreuer zurückblicken. Bevor Sie sich endgültig entscheiden, sollten Sie ihm in lockerem Ton die üblichen Fragen stellen, die Sie auch an einen Bewerber richten würden:

- Welche Ausbildung hat er?
- Wie viele Jahre Erfahrung in welchen Geschäftssparten hat er?
- Wie lange plant er, auf dieser Stelle, an diesem Ort zu bleiben?
- Welchen Kundenkreis hat er (Branchenschwerpunkte, Kundenanzahl, minimale und maximale Unternehmensgrößen)?
- Hat er Prokura oder eine leitende Funktion?
- Welche Kreditgenehmigungskompetenz hat er?

Nehmen Sie die Antworten auf diese Fragen (insbesondere, wenn kein Kollege von ihm anwesend ist) aber nicht unbedingt für bare Münze. Wenn er will, wird er selbstverständlich geschönte Angaben machen.

Welches ist der richtige Zeitpunkt, eine neue Bankverbindung aufbauen?
Kurz gesagt: jeder. Etablieren Sie eine neue Bankverbindung – sofern möglich – nicht erst dann, wenn Sie eine neue Investitionsfinanzierung brauchen. Ein Beispiel: Sie planen, in den nächsten zwei Jahren eine neue Betriebsimmobilie zu bauen, wofür Sie eine Bankfinanzierung benötigen. Im Augenblick haben Sie nur eine Bankverbindung. Dann ist bereits jetzt der richtige Zeitpunkt, eine zweite Verbindung aufzubauen und über das neue Konto zunächst einmal einen gewissen (nennenswerten) Teil des Zahlungsverkehrs abzuwickeln. Die späteren Finanzierungsgespräche werden von dieser – wenn auch kur-

zen – Historie profitieren. Wenn Sie wollen, können Sie über die Finanzierung sicherheitshalber immer noch mit einer dritten, neuen Bank sprechen.

Man könnte sich dieses Konzept von der „präventiven" Knüpfung einer Bankverbindung beinahe wie die Gründung einer Mantel-GmbH vorstellen, also einer fertigen juristischen Hülle für ein neues Unternehmen. Diese frühzeitig, quasi „auf Vorrat" geschaffene Hülle kann bei Bedarf sofort aktiviert werden, so daß zeitraubende Rechtsformalitäten den Start des wirtschaftlichen Vorhabens nicht unnötig erschweren und verzögern.

Ganz ähnlich könnte die Aufnahme einer neuen Bankverbindung einfach nur den Zweck haben, daß Sie sie bei einem potentiell in der Zukunft entstehenden Bedarf (und erst dann) aus dem Dämmerschlaf erwecken. Solange es nicht soweit ist, brauchen Sie nur wenig Zahlungsverkehr (5 bis 10% Ihrer Umsätze) über das Konto abwickeln. Wird nun eines Tages die „Erweckung" notwendig (das heißt, Sie wollen eine „richtige" Bankverbindung daraus machen), ist die Verbindung aus Sicht dieser Bank bereits *time tested*. Etwaige Finanzierungsgespräche führen Sie nicht als Neu-, sondern als Bestandskunde.

Die richtige Bank für den Außenhandel

Für Unternehmen, die Außenhandel betreiben, sind bei der Auswahl einer Bank noch einige besondere Gesichtspunkte von Bedeutung, die einerseits mit den Eigenheiten des Außenhandels zusammenhängen und andererseits damit, daß manche kleinere Banken diesbezüglich oft nicht ausreichend Kompetenz besitzen.

Daß der grenzüberschreitende Waren- und Dienstleistungsverkehr besonderen Risiken unterliegt, die es im inländischen

Handelsverkehr nicht gibt, wird die Leser dieses Buches nicht überraschen. Die Ursachen dieser Zusatzrisiken liegen in Wechselkursschwankungen, politischen Veränderungen, andersartigen Rechtssystemen und komplexeren Transportwegen. Aufgrund dieser spezifischen Konstellation ist das Außenhandelsgeschäft auch eine eigene Sparte im Bankvertrieb. Die meisten Banken beschäftigen hierfür Außenhandelsspezialisten, die die üblichen „Feld-, Wald- und Wiesen-Firmenbetreuer" in Außenhandelsangelegenheiten unterstützen. Was konkret können Banken nun für kleine und mittlere Unternehmen auf dem Gebiet des Außenhandels leisten?

- Beratung und Unterstützung bei Anbahnung, Konzeption und Ausgestaltung der Zahlungsbedingungen von Auslandsgeschäften;
- Abwicklung des Zahlungsverkehrs mit ausländischen Geschäftspartnern, einschließlich der Beschaffung der gegebenenfalls erforderlichen Auslandswährung;
- Absicherung des Wechselkursrisikos;
- Sicherstellung und Einzug von Auslandsforderungen mittels bestimmter Instrumente;
- Erstellung von Garantien, z. B. im Auftrag deutscher Importeure, Überprüfung ausländischer Garantien;
- Finanzierung von Außenhandelsgeschäften (Export, Import, Transithandel).

Da das Außenhandelsgeschäft nur für einen Teil der Leser dieses Buches von Belang, außerdem recht komplex ist und eine angemessene Darstellung viel mehr als ein Kapitel erfordern würde, beschränke ich mich auf die Schilderung einiger grundlegender Gesichtspunkte. Sie richten sich vor allem an Unternehmen, die bisher noch nicht aktiv im Außenhandel tätig waren, dies aber für die Zukunft erwägen. Ihnen empfehle ich, sich ein gutes Fachbuch zum Außenhandel zu besorgen (wie z. B. Werner Pepels *Außenhandel*). Lesen Sie die relevanten

Kapitel, *bevor* Sie in detaillierte Verhandlungen mit Ihren ausländischen Geschäftspartnern treten, und möglichst auch vor dem Gespräch mit Ihrem Firmenbetreuer bzw. Außenhandelsspezialisten. Fast alle größeren Banken bieten mehr oder weniger gelungene Broschüren zum Außenhandel an. Lassen Sie sich diese Informationen von der Bank geben, über die Sie Ihr Außenhandelsgeschäft abwickeln. Manche Broschüren zeigen detailliert, wie die bankeigenen Außenhandelsformulare ausgefüllt werden. Ein gutes Fachbuch können sie freilich nicht ersetzen.

Da die meisten Banken ihr risikoarmes Dienstleistungs- und Provisionsgeschäft (wozu auch der Außenhandel gehört) im Vergleich zum risikobehafteten Kreditgeschäft ausweiten wollen, befinden sich Unternehmen, die Außenhandelsdienstleistungen bei Banken nachfragen, von Haus aus in einer guten Position. Andererseits können längst nicht alle Banken – das gilt besonders für kleine, nur lokal aktive Institute wie manche Genossenschaftsbanken oder Sparkassen – an jedem Standort die Außenhandelsexpertise bereithalten, die Importeure oder Exporteure brauchen. Prüfen Sie deswegen die Außenhandelskompetenz Ihrer Bank(en) frühzeitig (wenn Sie nicht bereits diesbezügliche Erfahrungen gesammelt haben) anhand der folgenden Kriterien, da z. B. im Export die Art der Finanzierung oder finanziellen Abwicklung eines Geschäfts oft genug entscheidet, welcher Exporteur den Auftrag erhält:

- Vergewissern Sie sich, daß Ihr Betreuer erstens bereit und zweitens in der Lage ist, Ihnen Zugang zu einem Außenhandelsspezialisten innerhalb seiner Bank zu verschaffen. Der Außenhandelsspezialist sollte jederzeit erreichbar und in der Nähe sein. Ein persönliches Gespräch ist unerläßlich, um ihn kennenzulernen.
- Lassen Sie sich von Ihrem Firmenkundenbetreuer oder vom Außenhandelsspezialisten genau erläutern, wie die Außen-

handelssparte in der Bank organisiert ist. Soweit Ihr Firmenbetreuer Ihr (künftiges) Außenhandelsgeschäft selbst abwickelt, fragen Sie ihn, welche Außenhandelsausbildung er selbst hat, und welche anderen Kunden mit Außenhandelsaktivitäten er außerdem betreut.

- Für Ihre Vorhaben im Bereich des Außenhandels gilt noch mehr als im herkömmlichen Bankgeschäft: Führen Sie Gespräche mit der Bank frühzeitig und im Vorfeld – nicht erst, wenn Sie kurz vor Vertragsunterzeichnung stehen. Besonders als Exporteur sollten Sie sich des erhöhten Risikos von Außenhandelsgeschäften bewußt sein, deren Absicherung Ihren ausländischen Geschäftspartner vermutlich herzlich wenig kümmert.
- Erkundigen Sie sich, mit welchen Korrespondenzbanken Ihre inländische Bank im für Sie relevanten Ausland zusammenarbeitet. Korrespondenzbanken sind ausländische Banken vor Ort, mit denen Ihre deutsche Bank ein Kooperationsabkommen zur Vereinfachung der Außenhandelsabwicklung abgeschlossen hat. Fast immer benötigt man sie für Import- oder Exportaktivitäten, denn selbst die großen deutschen Geschäftsbanken haben nur in einigen wenigen anderen Ländern eigene Tochterbanken, Niederlassungen oder Repräsentanzen.*) (Die Firmenkundenbank mit dem weltweit größten Netz an eigenen Niederlassungen im Ausland ist die holländische ABN Amro Bank, die auch in vielen deutschen Großstädten präsent ist.) In Europa und Nordamerika verfügen die deutschen Banken über ein besonders dichtes Netz an Korrespondenzbanken. Günstig wäre, wenn zwischen Ihrer inländischen Bank und der Hausbank Ihres ausländischen Geschäftspartners ein Korrespondenzbankenverhältnis bestünde.

---

*) Eine Repräsentanz ist eine reine Interessensvertretung ohne eigene Banklizenz.

- Im Außenhandel sind die nachstehend genannten, kodifizierten Regularien von Bedeutung. Diese Texte sollten Sie für Referenzzwecke im Unternehmen vorliegen haben, sofern Sie im- oder exportieren. Abschriften davon wird Ihnen jede im Außenhandel versierte Bank zur Verfügung stellen.
  - Einheitliche Richtlinien und Gebräuche für Dokumentenakkreditive (Internationale Handelskammer Paris).
  - Einheitliche Richtlinien für das Inkasso von Handelspapieren (von der Internationalen Handelskammer Paris).
  - *Incoterms (International Commercial Terms)* – ebenfalls von der Internationalen Handelskammer in Paris herausgegebene Definitionssammlung der gebräuchlichen Lieferklauseln.
  - Genfer Abkommen über die Vereinheitlichung des Wechsel- und Scheckrechts von 1930/31.
  - Außenwirtschaftsgesetz (AWG) der Bundesrepublik Deutschland.
  - Außenwirtschaftsverordnung (AWV) zum Außenwirtschaftsgesetz der Bundesrepublik Deutschland.

In Kapitel VII., „Unverzichtbares Basis-Know-how im Kreditgeschäft", sind die Abschnitte „Wechseldiskontkredit und Akzeptkredit", „Eurokredit zur Kurzfristfinanzierung", „Factoring und Forfaitierung" sowie „Währungskredite" zum Teil auch für den Außenhandel relevant. Bitte lesen Sie bei Bedarf dort nach.

V.
So beurteilen Banken
die Bonität ihrer Firmenkunden

1. Das Rating-System

Jede Bank besitzt im Prinzip ein eigenes System, um die Bonität (die Kapitaldienstfähigkeit) ihrer Firmenkunden zu ermitteln. Weil dazu ein großes Maß an bankeigener Erfahrung, Fachwissen und Programmierer-Manntagen investiert wurde, halten die Banken die Details ihres jeweiligen Bonitätsanalysesystems schon aus Wettbewerbsgründen geheim. Dazu kommt, daß ein in seinen Einzelelementen bei der Kreditkundschaft bekanntes System zum Teil zu überlisten und damit wirkungslos wäre. Doch die Grundzüge dieser Verfahren, die ich im folgenden erläutere, sind bekannt und branchenweit identisch. Für eine Reihe von Sonderkonstellationen existieren spezielle Ratingverfahren, z. B. für sogenannte Projektfinanzierungen, Bauträgergesellschaften, kurzfristige Einzelgeschäfte mit Selfliquidating-Charakter usw. Auf diese Ausnahmefälle gehe ich hier nicht weiter ein.

Das Rating soll die Ausfallwahrscheinlichkeit eines Unternehmens innerhalb der kommenden zwölf bis 36 Monate ausdrücken (Genaueres zu dem quasi um das Rating herumgebauten Kreditentscheidungsprozeß finden Sie in Kapitel VII.1., „Wie läuft ein Firmenkundenkreditantrag ab?"). „Ausfall" heißt hier, der Kapitaldienst für einen Kredit wird dauerhaft nicht mehr planmäßig erbracht. Ratings werden nicht nur einmalig anläßlich der Neuausreichung eines Krediteś ermittelt, sondern routinemäßig in mindestens jährlichen Abständen – sozusagen, um die kurz- und mittelfristige Kapitaldienstfähigkeit von Firmenkunden möglichst kontinuierlich einzuschätzen. Verschlechtert sich das Rating für einen Bestandskunden (ohne daß dieser einen Neukredit wünscht), prüft die Bank, ob und welche Gegenmaßnahmen sie einleiten kann. Doch dazu später mehr.

Die meisten Banken besitzen in der Komplexität ihres Firmenkunden-Ratingprozesses eine Abstufung: (a) ein einfaches Verfahren für kleine Gesamtkreditvolumina, z. B. unter 75.000 € Mark und/oder sogenannte nicht-bilanzierende Firmenkunden, und (b) ein komplexes Verfahren für Gesamtkreditvolumina über 75.000 €. „Gesamtkreditvolumen" bedeutet in diesem Zusammenhang, daß das gesamte bestehende Kreditvolumen, nicht nur die gewünschte Krediterhöhung zur Entscheidung steht. Ein Beispiel: Hat ein Unternehmen bisher langfristige Darlehen von zwei Millionen € sowie eine Kontokorrentkreditlinie von 250.000 € in Anspruch genommen und wünscht jetzt die Erhöhung der Kontokorrentlinie auf 500.000 €, stehen nunmehr 2,75 Millionen € zur Kreditentscheidung an, nicht etwa nur 250.000 €, wie manche Kreditkunden meinen. (Auf die spezielle Problematik, unter welchen Umständen Kredite bei verbundenen Kreditnehmern zusammengefaßt werden, gehe ich im letzten Abschnitt dieses Kapitels ein.)

Mit nicht-bilanzierenden Firmenkunden sind Ärzte, Rechtsanwälte, Steuerberater, andere Freiberufler und kleine Gewerbetreibende gemeint, die in der Regel keinen handels- oder steuerrechtlichen Jahresabschluß, sondern eine Einnahmen-Überschußrechnung (EÜR) nach § 4, Absatz 3, EStG erstellen. Eine solche EÜR hat gegenüber einem Jahresabschluß für den Unternehmer zwei wesentliche Vorteile: Erstens ist ihre Erstellung wesentlich billiger und einfacher, zweitens bietet sie dem

Steuerpflichtigen mehr Gestaltungsmöglichkeiten bei der Zuordnung von Aufwendungen und Erträgen (eigentlich müßte man hier sagen: Einnahmen und Ausgaben) auf einzelne Wirtschaftsjahre, was in einzelnen Perioden Steuerersparnisse (zumeist nur Steuerstundungen) und Liquiditätsvorteile zur Folge haben kann. Man darf allerdings auch die Nachteile der EÜR nicht übersehen: Sie liefert dem Unternehmer weniger Informationen über den Erfolg oder Mißerfolg seiner wirtschaftlichen Betätigung in einem Wirtschaftsjahr. Das mag für ihn selbst noch tragbar sein, da er ja Insider ist. Aber Außenstehende, wie z. B. Banken als Kreditgeber, tun sich mit einem „richtigen" Jahresabschluß natürlich leichter, da dieser zumeist ein aussagekräftigeres Bild der Vermögens-, Finanz- und Ertragslage des Kreditkunden liefert.

Für alle übrigen Fälle (ein „richtiger" Jahresabschluß liegt vor, Kreditvolumen über „Bagatellgrenze") gilt das komplexe Verfahren. Auf das einfache Verfahren will ich hier nicht weiter eingehen, da es sich dabei letztendlich um eine „verwässerte" Version des komplexen Verfahrens handelt. Wenn Sie das ausführliche Verfahren kennen, sind Ihnen Philosophie und Technik des vereinfachten automatisch vertraut.

Die meisten Banken stellen die Bonitätseinschätzung ihrer Firmenkunden auf ein Gesamt-Rating ab, welches wiederum aus gewichteten Teil-Ratings besteht. Wie Sie aus der folgenden Grafik ersehen können, betreffen die Teil-Ratings

- die Zahlen des Unternehmens (letzter Jahresabschluß, eventuell unterjährige Zahlen),
- die „weichen" Faktoren (Qualität des Managements usw.),
- die Branche, in der das Unternehmen operiert,
- weitere Faktoren, wie bespielsweise die Sicherheitssituation und den erwarteten Deckungsbeitrag aus dem Einzelgeschäft oder der Gesamtkundenbeziehung.

72 So beurteilen Banken die Bonität ihrer Firmenkunden

Rating der Hard Facts
(objektive Faktoren, vergangenheitsorientiert)
Jahresabschlußanalyse, Kontoführung*)

Kreditpolitik der Bank bzgl.
Unternehmens-Rating, Branchen-Rating, Besicherung, Sonderfaktoren, Deckungsbeitrag

Rating der Soft Facts
(subjektive Faktoren, zukunftsorientiert)
Ertragsperspektiven, Kapitaldienstfähigkeit, Management, Rechnungswesen, Produkt, Vertrieb, Wettbewerbssituation etc.

Unternehmens-Rating
(2 gewichtete Komponenten)

+

Branchen-Rating
Entwicklungsperspektiven der Branche auf Basis branchenbezogener Prognosemodelle

+

Sicherheiten
(nach Bewertung)

+

Sonderfaktoren

+

Deckungsbeitrag

*) Eine steife Kontoführung bedeutet, daß über einen langen Zeitraum (z. B. 3 Monate) die Inanspruchnahme der laufenden Kreditlinie nie unter 75 % des Limits fiel. Allerdings spielt hierbei auch das Gesamtvolumen der über das Konto abgewickelten Umsätze eine Rolle.

Kreditentscheidung (vier mögliche Entscheidungen):
- Krediterhöhung/-prolongation möglich – auch gegen nicht voll werthaltige Sicherheiten;
- Krediterhöhung/-prolongation nur gegen voll werthaltige Sicherheiten;
- Krediterhöhung/-prolongation nicht möglich;
- Krediterhöhung/-prolongation nicht möglich, außerdem ist Abbau des Blankoanteils notwendig.

Die Gewichtung der fünf Kriterienfelder (Hard Facts, Soft Facts, Branche, Sicherheiten, Deckungsbeitrag) ist von Bank zu Bank unterschiedlich.

Das Rating-System als Kernelement des Kreditentscheidungsprozesses

Die Gewichtung der beiden Teilkomponenten im Unternehmensgesamt-Rating liegt zumeist im Bereich 50/50, kann aber auch davon abweichen. Dazu kommt das Rating der Branche mit einem geringeren Gewicht. Das nächste Kriterium auf dem Weg zur Kreditentscheidung ist die Sicherheitensituation. Nach Abgleich des effektiven Sicherheitenwertes mit dem Kreditvolumen ergibt sich ein sogenannter *Blankoanteil,* also ein nicht durch (aus Banksicht) werthaltige Sicherheiten abgedeckter Kreditteil. Schließlich werden eventuell noch einzelfallbezogene Sonderfaktoren und der erwartete Ertrag berücksichtigt.

Aus diesem strukturellen Prozeß ergibt sich eine relativ kleine Anzahl von denkbaren Kombinationen aus Unternehmens- und Branchen-Rating. Nach Abgleich mit der Größe des Blankoanteils entsteht ein Kreditentscheidungsrahmen, innerhalb dessen sich die tatsächliche Kreditentscheidung bewegen muß. Dieser Rahmen kann, etwas vereinfacht gesagt, eigentlich nur vier Entscheidungspfade vorgeben, nämlich:

1. Krediterhöhung/-prolongation möglich – auch gegen nicht voll werthaltige Sicherheiten.
2. Krediterhöhung/-prolongation nur gegen voll werthaltige Sicherheiten.
3. Krediterhöhung/-prolongation nicht möglich.
4. Krediterhöhung/-prolongation nicht möglich, außerdem ist Abbau des Blankoanteils notwendig.

Die Bedeutung des Ratings für den Firmenkunden liegt nicht nur darin, daß eine gewünschte Krediterhöhung oder -prolongation erst ab einem bestimmten Rating möglich wird, sondern auch in den Kreditkonditionen, die ihm die Bank im Falle einer Kreditgewährung einräumt. Seit einigen Jahren verstärken praktisch alle Banken den Zusammenhang zwischen dem Rating und der Höhe der in die Kreditkondition hineinkalkulierten Risikoprämie. Dieser Trend ist unter den Bezeichnungen *risikoorientiertes Pricing* oder *Konditionenspreizung* bekannt. Das geht mitunter so weit, daß ein Kunde mit guter Bonität sogar im Zahlungsverkehr und auf der Anlageseite bessere Konditionen eingeräumt bekommt, obwohl diese beiden Sparten an sich keinen Zusammenhang mit der Kreditbonität aufweisen.

2. Rating des Jahresabschlusses durch Kennzahlenanalyse (Hard Facts)

Wie aus der Abbildung hervorgeht, wird die Bank sich von gewerblichen Kreditkunden deren Jahresabschluß und unterjährige („aktuelle") Zahlen vorlegen lassen (sofern es sich um ein bilanzierendes Unternehmen handelt), um sie in die Bonitätsanalyse einfließen zu lassen. Die Bank tut dies aus risikopolitischem Eigeninteresse heraus, aber auch, weil § 18 des Gesetzes über das Kreditwesen sie dazu zwingt.

Die Methode für die Jahresabschlußprüfung ist die Kennzahlenanalyse – eine alte, etablierte Disziplin der Betriebswirtschaft, über deren Grundzüge jeder Geschäftsführer oder Finanzprokurist informiert sein *muß*. Die Fachveröffentlichungen hierzu sind Legion. Besorgen Sie sich ein gutes Buch zur Bilanz- und Kennzahlenanalyse (beispielsweise Peter Kraliceks *MBA Pocket Guide),* und lesen Sie dort, soweit erforderlich, die Erläuterungen zu den im folgenden genannten Kennzahlen nach.

Es ist wichtig, daß Sie die in diesem Abschnitt genannten Kennzahlen *jederzeit* (auch unterjährig) selbst ermitteln, in einem Zeitreihentableau systematisch dokumentieren, verstehen und die Entwicklung der Werte für Ihre Bank schlüssig interpretieren. Zu den hier genannten Kennzahlen können selbstverständlich weitere branchenspezifische oder andere Kennzahlen hinzukommen, auf die Sie selbst oder Ihre Bank besonderen Wert legen.

Vereinfacht gesagt, hat die Kennzahlenanalyse den Zweck, die in einem Jahresabschluß enthaltenen Informationen nach einer durchgängigen Methode systematisch zu verdichten (vereinfachen) und möglichst schnelle und zuverlässige Bonitätsurteile zu formulieren. Zuverlässig heißt in diesem Zusammenhang, daß die Prognose der Bank (das Bonitätsurteil) in der Zukunft auch tatsächlich eintrifft. Das gilt sowohl für positive Prognosen (Bonität ist ausreichend für die Kreditgewährung) als auch für negative (Bonität ist nicht ausreichend für Kreditgewährung).

Kein Banker wird behaupten wollen, daß die Kennzahlenanalyse unfehlbar sei und jedem Unternehmen gerecht werde. Allerdings hat bisher noch niemand eine leistungsfähigere Methode entwickelt. Die Auswahl der absoluten und relativen Kennzahlen, die die Banken dabei für die Zwecke von Bilanzanalyse und Bonitätsrating berücksichtigen, ist nicht allgemein festgelegt, wird aber nur wenig differieren. Sehr wichtig: Sie sollten sich auf alle Fälle von Ihrem Betreuer erläutern lassen, welche Kennzahlen in welcher Gewichtung Ihre spezielle Bank verwendet. Vielleicht machen Sie ihm damit sogar eine Freude, denn viele Betreuer beklagen sich über ein Desinteresse ihrer Firmenkunden für dieses außerordentlich wichtige Fachgebiet. Um die gewünschten Kennzahlen in möglichst vergleichbarer Weise zu errechnen, muß die Bank den Jahresabschluß in der bankeigenen Bilanzdatenbank erfassen. Hierfür wird er nach bankeigenen Gesichtspunkten „umgegliedert". Bei der Umgliederung orientiert sich die Bank stärker an rein betriebswirtschaftlichen und haftungsbezogenen Kriterien, als dies bei einem nach handels- und/oder steuerrechtlichen Bestimmungen erstellten Jahresabschluß der Fall ist. So gruppiert die Bank die einzelnen Aufwendungen und Erträge nach betriebswirtschaftlichen Gesichtspunkten in die Grundkategorien „ordentliche" und „außerordentliche" Vorgänge. Das gilt analog auch für unterjährige, vorläufige Zahlen. Ziel ist es, die Aussagekraft des Zahlenmaterials für die Bank zu erhöhen und schneller erfaßbar zu machen.

Eine Reihe der „sonstigen betrieblichen" Erträge nach dem HGB gliedern die Banken als außerordentliche (a.o.) Erträge, wodurch das von ihnen errechnete „Betriebsergebnis" gedrückt wird. Beispiele für solche Umgliederungen von *betrieblich/ordentlich* nach HBG zu *außerordentlich* nach Bankschema:

- Buchgewinne aus Anlagenabgang (inkl. Versicherungsentschädigungen),
- Zuschreibungen zu Anlagen,
- Erträge aus Auflösung von Rückstellungen,
- Erträge aus Auflösung von Wertberichtigungen,
- staatliche Zuschüsse und Subventionen.

Genauso gliedern Banken auch eine Reihe von handelsrechtlich *betrieblichen/ordentlichen* Aufwendungen in den A.o.-Bereich, was das von der Bank errechnete Betriebsergebnis wieder hebt, darunter:

- Vergütungen an geschäftsführende Gesellschafter (bei manchen Banken nur der Teil, der deutlich über den „normalen" Bezügen eines angestellten Geschäftsführers liegt),
- steuerliche Sonder-Afa,
- Buchverluste aus Anlagenverkauf,
- Abschreibungen auf Umlaufvermögen (inkl. Wertpapiere),
- Teilwertabschreibungen,
- Abschreibungen auf den aktivierten Firmenwert und aktivierte Aufwendungen für die Ingangsetzung und Erweiterung des Geschäftsbetriebes,
- Währungsverluste,
- Abfindungen,
- Steuernachzahlungen für frühere Geschäftsjahre,
- Einstellungen in den Sonderposten mit Rücklagenanteil u. a. m.

Insgesamt kann man wohl sagen, daß diese Umgliederungen Sinn machen, denn bei den hier aufgezählten wirtschaftlichen Vorgängen (eventuell mit Ausnahme des Sonderfalls *Gehälter für geschäftsführende Gesellschafter*) handelt es sich ja wirklich um Aspekte, die man schwerlich als regelmäßig zu erwartendes Resultat des eigentlichen Geschäftszweckes betrachten kann.
Will man, wie die Bank, herausfinden, was das Ergebnis der eigentlichen betrieblichen Aktivität war (und was dementsprechend auch in der Zukunft von diesem Unternehmen erwartet werden kann), muß man diese betrieblichen Vorgänge von den außerordentlichen, nämlich unregelmäßigen und nicht geschäftszweckbezogenen Vorgängen separieren. Die Hypothese dabei ist, daß sich diese A.o.-Vorgänge mit einer viel geringeren Wahrscheinlichkeit in der Zukunft wiederholen werden.
Im nächsten Schritt der Bonitätsanalyse ermittelt die Bank mit einer bankspezifischen Analyse-Software ein Bilanz-Rating. Welche Kennzahlen in dieses Rating einfließen, läßt sich nicht allgemeingültig sagen, aber die unten genannten dürften bei jeder Bank eine mehr oder weniger große Bedeutung besitzen.
Einige wenige Kreditinstitute benutzen für ihr Bilanz-Rating bereits hochentwickelte statistische Verfahren wie die *multivariate Diskriminanzanalyse* oder EDV-Expertensysteme sowie neuronale Netzwerke. Doch unabhängig vom Verfahren – weder einfache noch komplexe Analyseverfahren können das Hauptmanko der Bilanz- und Kennzahlenanalyse beseitigen: Bilanzen reflektieren die Vergangenheit. Bei der Bonitätsbeurteilung geht es jedoch einzig um die Zukunft. Dieses altbekannte methodische Problem wollen wir hier nicht vertiefen. Es gilt übrigens auch für subjektive Bonitätseinschätzungen nach der „Bauchmethode".
Ferner sollten Sie (genauso wie Ihre Bank) im Hinterkopf behalten, daß Kennzahlen Ihre Aussagekraft vor allem durch Vergleiche erhalten – den Vergleich mit den Werten früherer Perioden oder mit den Werten anderer, vergleichbarer Unterneh-

men (vergleichbar heißt hier ähnlich in Branchenzugehörigkeit und Unternehmensgröße).

Als Brancheninsider haben Sie möglicherweise Zugang zu branchenspezifischen „Benchmark-Kennzahlen" (Durchschnitts- oder Zielwerte)*), mit denen sich die relative Leistung Ihres Unternehmens eventuell besser einschätzen läßt. Insbesondere wenn Sie das Gefühl haben, daß die Bonitätseinschätzung der Bank im negativen Sinne nicht zutrifft, sollten Sie die mögliche Ursache mit ihr erörtern. Es ist zweckmäßig, wenn Sie der Bank Ihre Vergleichswerte zur Verfügung stellen. Auch wenn es ein solches Problem zwischen Ihnen und Ihrer Bank nicht gibt, dürfte Ihnen Ihr Firmenbetreuer äußerst dankbar sein, wenn Sie ihn mit diesen Daten versorgen. Das wirft ein positives Licht auf Ihr Informationsverhalten und Ihre Managementfähigkeiten.

Beim Errechnen der hier genannten Kennzahlen oder beim Nachrechnen solcher, die Ihre Bank ermittelt, müssen Sie allerdings beachten, daß die Bank zunächst – wie bereits erwähnt – die Bilanz umgliedert und daher viele Kennzahlen-Input-Größen (Betriebsergebnis, Umlaufvermögen, Eigenkapital usw.) einen anderen Wert als in Ihrer eigenen Betrachtung annehmen können. Das ist ein weiterer guter Grund, sich eine Hardcopy der von der Bank gegliederten Bilanz geben zu lassen.

Eine ganze Reihe von Kennzahlen lassen sich durch bilanzpolitische Maßnahmen in gewissen Grenzen beeinflussen. Über diese Hebel sollten Sie Bescheid wissen und sie, wo es sinnvoll ist, auch betätigen (mehr dazu in Kapitel VI., „Bilanzpolitik"). Man unterscheidet zwischen relativen und absoluten Kennzahlen. Absolute Kennzahlen sind praktisch alle quantifizierbaren wirtschaftlichen Größen im Unternehmen, z. B. Stückabsatz, Eigenkapital, Umsatz, Cash-flow oder Anzahl der Mitarbeiter.

---

*) Industrie- und Handelskammern, Branchenverbände, Fachzeitschriften, Statistikbehörden und andere Institute veröffentlichen solche Kennzahlen.

Absolute Kennzahlen machen für Vergleiche zwischen Unternehmen verschiedener Größe wenig Sinn. Dieses Manko haben relative Kennzahlen nicht. Sie sind Verhältnisgrößen (Bruchzahlen).

Im folgenden werden die aus Sicht der Banken wichtigsten relativen und absoluten Kennzahlen vorgestellt. Bitte beachten Sie dabei, daß es nicht für alle Kennzahlen eine strikte Übereinkunft hinsichtlich der „richtigen" Definition gibt. In anderen Quellen werden Sie unter Umständen auf geringfügig abweichende Definitionen stoßen. Die nachfolgend genannten Kennzahlen dürften in den meisten Rating-Systemen von Banken die dominierende Bedeutung einnehmen.*)

- Cash-flow (in unterschiedlichen Definitionen),
- Veränderungsrate des Cash-flows,
- Cash-Rendite,
- konventionelle Eigenkapitalquote,
- wirtschaftliche Eigenkapitalquote,
- Gesamtkapitalrendite,
- Gesamtkapitalumschlag,
- Betriebsleistungsrentabilität.

Der Cash-flow

Der Cash-flow (abgekürzt CF), zu deutsch „Finanzmittelfluß", ist eine „absolute" Kennzahl, also eine einzelne betriebswirtschaftliche Größe in Geldeinheiten. Über die zweckmäßigste Definition des CF streiten sich die Gelehrten seit jeher. Obwohl in diesem Buch aus Platzgründen eine akademische Diskussion über jede einzelne Kennzahl nicht stattfinden kann, will ich beim Cash-flow eine Ausnahme machen, da er ein

---

*) In speziellen Branchen (z. B. Bau, Arztpraxen usw.) können Kennzahlen, die hier nicht genannt sind, an vorderer Stelle hinzukommen.

außerordentlich hohes Gewicht im Rating-Prozeß hat, erstaunlicherweise aber von vielen Bankern und mehr noch von deren Firmenkunden nur unzureichend verstanden wird.

Warum ist das Konzept des Cash-flows so wichtig? Ganz offensichtlich deswegen, weil er von allen Kennzahlen die Zahlungsfähigkeit (Solvenz) eines Unternehmens – unter anderem auch für den Schuldendienst an die Bank – am besten und zuverlässigsten beschreibt.

Der Cash-flow ist zudem weniger durch buchhalterische Manöver *(Creative accounting)* und ökonomisch fragwürdige Rechnungslegungsvorschriften manipulierbar als das Betriebs- oder Jahresergebnis*). Eine Auseinandersetzung mit dem Thema unterschiedliche Cash-flow-Konzepte ist an dieser Stelle erforderlich, weil Bank und Firmenkunde häufig aneinander vorbeireden, wenn es um die für die Bank so wichtige Größe Cash-flow geht.

Die Zahlungsfähigkeit ist der wichtigste einzelne Indikator für die kurz- *und* langfristige Überlebensfähigkeit eines Unternehmens. Ein Unternehmen, das nicht mehr zahlungsfähig ist, erleidet binnen kurzer Zeit den wirtschaftlichen Erstickungstod, sprich Konkurs. Es kommt sogar vor, daß Unternehmen, die schwarze Zahlen schreiben, an Illiquidiät zugrunde gehen. Hingegen kann ein Unternehmen unter gewissen Umständen über viele Jahre hinweg „unbeschadet" Verluste ausweisen.

Aus der Sicht der Bank zeigt der Cash-flow (in der üblicherweise ermittelten Form) an, ob ein Kreditkunde in Zukunft ausreichend liquide Mittel für seinen jetzigen Kapitaldienst bzw. einen erhöhten Kapitaldienst (durch eine kreditfinanzierte Investition) wird erwirtschaften können. In der Regel meinen Banken, wenn sie Cash-flow sagen, den sogenannten einfachen Cash-flow (Cash-flow 1) der sich folgendermaßen zusammensetzt:

---

*) Das kommt anschaulich in dem Wall-Street-Bonmot „*Profit is opinion, cash is fact!*" zum Ausdruck.

> Cash-flow 1: CF1 = Betriebsergebnis nach Finanzierung[*]) +
> + Normal-Afa + Zuweisungen zu Pensionsrückstellungen

(Wie bereits dargelegt, wird das von der Bank ermittelte „Betriebsergebnis" in der Regel nicht mit dem in Ihrer kurzfristigen Erfolgsrechnung oder ihrer GuV ausgewiesenen Betriebsergebnis identisch sein.)
Wichtig ist dabei zu erkennen, daß dieser Cash-flow 1 allenfalls zufällig dem tatsächlichen gesamten operativen Cash-flow in einer Periode entspricht, da z. B. Cash-Generierung aus dem Abbau von Forderungen aus Lieferungen und Leistungen nicht im CF1 enthalten sind. Die unterschiedliche Zusammensetzung von CF1 und dem operativen Cash-flow ersehen Sie im Detail, wenn Sie die o. g. CF1-Definition und die nachfolgende Darstellung des operativen Cash-flows vergleichen. Der CF1 ist eine viel einfachere und enger definierte Größe. Er stellt letztlich nur einen auf die operative Tätigkeit im engsten Sinne ausgerichteten „Liquiditätsgenerierungsindikator" dar, der die mittelfristige operative Liquiditätserzeugungskraft des Unternehmens anzeigen soll. Somit ist er ein reines *Prognose*instrument.
Dagegen ist die in einem gut aufbereiteten Jahresabschluß enthaltene Kapitalflußrechnung *(Cash-flow Statement)* eine *vergangenheitsbezogene* Ermittlung der Liquiditätsströme. Diese Ermittlung veranschaulicht, wo die in der Berichtsperiode generierten liquiden Mittel herkamen und wo sie hinflossen. Eine solche Kapitalflußrechnung und die in ihr ermittelten Cash-flow-Größen sind für die unternehmensinterne rückblickende Beurteilung und gegebenenfalls die Verbesserung des Finanzmanagements von großer Bedeutung.
Für die Bank ist dagegen der einfachere CF1 als Prognoseinstrument nützlicher. Dabei geht sie von folgender Überlegung

---

[*]) Saldo aus Finanzaufwendungen und -erträgen.

aus: Der von ihr ermittelte CF1 muß mindestens die Höhe der (künftigen) jährlichen Tilgungsverpflichtungen des Unternehmens erreichen. Ist dies in rückblickender Betrachtung *(retrospektiv)* nicht der Fall, muß das Unternehmen ex definitione aus anderen Quellen zusätzliche Liquidität bezogen haben, z. B. aus einer Absenkung seines Forderungsbestandes oder einer Erhöhung seiner Kontokorrentinanspruchnahme. Ansonsten wäre es ja zahlungsunfähig geworden.

Probleme bei dieser Vorgehensweise entstehen dann, wenn ein Unternehmen regelmäßig in beträchtlicher Größenordnung einen positiven Cash-flow aus dem (nach Banksicht) außerordentlichen *(a.o./neutralen)* Bereich erzielt. Ist dies wiederkehrend wegen gleicher oder ähnlicher Vorgänge der Fall, müßte die Bank die entsprechenden Geschäftsvorfälle eigentlich dem betrieblichen/ordentlichen Bereich zuordnen, wodurch die Diskrepanz zwischen CF1 und Tilgungsverpflichtungen wieder verschwinden würde.

Auf alle Fälle sollte ein gut geführtes Unternehmen jährlich oder halbjährlich eine Kapitalflußrechnung nach dem unten aufgeführten Schema durchführen.*) Das gilt sowohl für eine rückwirkende CF-Ermittlung anhand von Ist-Zahlen (Bilanzanalyse) als auch für eine Soll-Cash-flow-Rechnung im Rahmen der Investitionsplanung. Das Schema (das auf den ersten Blick komplizierter erscheint, als es ist) untergliedert den Gesamt-Cash-flow eines Unternehmens in drei Hauptkomponenten: den operativen (ordentlichen) Cash-flow, den Cash-flow aus Investitionsaktivitäten und den Cash-flow aus Finanzierungsaktivitäten.

Hier nun das Schema zur Ermittlung des Gesamt-Cash-flows (Kapitalflußrechnung/Cash-flow Statement):

---

*) Dieses Schema entspricht weitestgehend dem der DVFA (Deutsche Vereinigung für Finanzanalyse und Anlageberatung) und dem aktuellen Stand der amerikanischen Generally Accepted Accounting Principles (GAAP).

Rating des Jahresabschlusses durch Kennzahlenanalyse

1.		Jahresergebnis nach Ertragssteuern
2.	+	Abschreibungen zu Gegenständen des Anlagevermögens (Afa)
3.	−	Zuschreibungen zu Gegenständen des Anlagevermögens
4.	+	Zunahme der Pensionsrückstellungen und anderer lfr. Rückstellungen
5.	−	Abnahme der Pensionsrückstellungen und anderer lfr. Rückstellungen
6.	−	Zunahme der Vorräte, geleisteten Anzahlungen und aktiven RAP
7.	+	Abnahme der Vorräte, geleisteten Anzahlungen und aktiven RAP
8.	+	Zunahme der erhaltenen Anzahlungen und der passiven RAP
9.	−	Abnahme der erhaltenen Anzahlungen und der passiven RAP
10.	−	Zunahme der FLL, der sonst. Forderungen und der sonst. Vermögensgegenstände
11.	+	Abnahme der FLL, der sonst. Forderungen und der sonst. Vermögensgegenstände
12.	+	Zunahme der VLL und der kurzfristigen Verbindlichkeiten
13.	−	Abnahme der VLL und der kurzfristigen Verbindlichkeiten *(Soweit nicht in den Zuflüssen aus Investitions- und Finanzierungstätigkeit enthalten.)*
14.	+	Zunahme Sonderposten mit Rücklagenanteil
15.	−	Abnahme Sonderposten mit Rücklagenanteil
16.	+	Zunahme der kurzfristigen Rückstellungen
17.	−	Abnahme der kurzfristigen Rückstellungen
18.	−	Gewinne aus Anlagenabgang
19.	+	Verluste aus Anlagenabgang
20.	+	Andere nicht zahlungswirksame Aufwendungen
21.	−	Andere nicht zahlungswirksame Erträge
C	=	Cash-flow aus operativer Tätigkeit
22.	−	Abflüsse für Investitionen in das Anlagevermögen
23.	+	Zuflüsse aus Abgängen aus dem Anlagevermögen
D	=	Cash-flow aus Investitionstätigkeit
24.	+	Einzahlungen aus Kapitalerhöhungen
25.	−	Auszahlungen an Gesellschafter/Eigentümer
26.	+	Einzahlungen aus Zuschüssen, Subventionen usw.
27.	+	Zuflüsse aus kurzfristiger Kreditaufnahme
28.	+	Zuflüsse aus langfristiger Kreditaufnahme
29.	−	Abflüsse für Tilgungen kurzfristiger Kredite
30.	−	Abflüsse für Tilgungen langfristiger Kredite
E	=	Cash-flow aus Finanzierungstätigkeit
F	=	C + D + E = Gesamter Cash-flow (Änderung liquide Mittel)

FLL = Forderungen aus Lieferungen und Leistungen
VLL = Verbindlichkeiten aus Lieferungen und Leistungen
RAP = Rechnungsabgrenzungsposten

Wie Sie wahrscheinlich erkannt haben, handelt es sich bei einigen Positionen um Vorgänge aus der GuV, bei anderen um Positionen aus der Bilanz. Falls Sie den Gesamt-Cash-flow nach diesem Schema selbst ermitteln wollen, beachten Sie bitte, daß Vorgänge, die sich in Bilanz und GuV zugleich niederschlagen, nicht doppelt gezählt werden (Beispiel: Zunahme Pensionsrückstellungen).

Rein formal müßte der Gesamt-Cash-flow (Position F) der Veränderung der liquiden Mittel zwischen Anfang und Ende der betrachteten Periode entsprechen. Bei der Ermittlung nach dem oben genannten Schema bleibt natürlich die Bilanzposition liquide Mittel (Bankguthaben, Kasse, Wertpapiere des Umlaufvermögens usw.) unberücksichtigt, da es ja gerade darum geht, die *Veränderung* (Cash-flow) zwischen Anfangsbestand und Endbestand der liquiden Mittel zu ermitteln.

Was die reinen Bilanzvorgänge betrifft, gelten die folgenden Zusammenhänge:

Aktivzunahme	→	Cash-flow ↓
Aktivabnahme	→	Cash-flow ↑
Passivzunahme	→	Cash-flow ↑
Passivabnahme	→	Cash-flow ↓

Betrachtet man das Schema zur Ermittlung des Gesamt-Cashflows, dann leuchet ein, daß dieser Gesamt-Cash-flow des Unternehmens in der Realität vermutlich ein anderes Volumen haben wird als der in gewisser Weise „primitive" CF1, den viele Banken ermitteln. Insofern ist es sicher „falsch", den allgemeinen Begriff Cash-flow zu verwenden, wenn man tatsächlich vom Cash-flow 1 spricht. Falls notwendig, weisen Sie Ihren Firmenbetreuer höflich darauf hin.

Zweifellos ist der Cash-flow eine der wichtigsten betrieblichen Kennzahlen und verdientermaßen ein Hauptelement innerhalb der Firmenkunden-Bonitätsanalyse der Banken. Jeder Unternehmer sollte die unterschiedlichen Cash-flow-Konzepte verstehen und CF-Werte für sein Unternehmen kontinuierlich ermitteln. In allen Gesprächen mit der Bank über die Entwicklung des Unternehmens im Zeitablauf sollte der Cash-flow mindestens den gleichen Stellenwert einnehmen wie das Betriebs- oder Jahresergebnis. Benutzen Sie den Begriff in der Kommunikation mit Ihrem Firmenbetreuer so oft wie möglich statt der Alternativen „Ertrag" und „Gewinn". Ein Unternehmen muß Cash-flows generieren, um seinen Kapitaldienst und andere Zahlungsverpflichtungen erbringen zu können. Außerdem bestimmen die künftigen Netto-Cash-flows den Gesamtwert des Unternehmens. Daher sind Cash-flows – nicht nur für Banker – weitaus wichtiger als Umsätze und Gewinne.

Als Fazit dieses Abschnittes fassen wir noch einmal zusammen:

- Der von vielen Banken verwendete CF1 ist eine nützliche Kennzahl, die jedoch kaum zur retrospektiven Analyse der Liquidität während einer vergangen Periode taugt. Fehlschlüsse der Bank, die die Kapitaldienstfähigkeit eines Kreditnehmers unterzeichnen, könnten besonders im Falle eines dauerhaften positiven A.o.-Ergebnisses geschehen. Hier sollten Sie darauf hinwirken, daß diese Cash generierenden Aktivitäten von der Bank in den ordentlichen Bereich der Gewinn- und Verlustrechnung gegliedert werden und dadurch den rechnerischen CF1 erhöhen.
- Eine wirklich aussagefähige Analyse des gesamten Mittelflusses (Kapitalflußrechnung) eines Unternehmens muß sich am oben angeführten oder einem ähnlichen Schema orientieren. Sie darf sich nicht in der alleinigen Ermittlung des CF1 erschöpfen. Die Zusatzkosten, die der Steuerberater für eine solche Kapitalflußrechnung innerhalb des Jahresabschlusses

berechnet, sind in vielen Fällen eine sinnvolle Aufwendung. Eine andere Frage ist, ob Sie diese Berechnung in den Jahresabschluß, der an Ihre Bank geht, einfügen lassen wollen (in den allermeisten Fällen dürfte nichts dagegen sprechen). Unterjährig können Sie den Gesamt-CF ohne weiteres selbst ermitteln.

- Bei sämtlichen Cash-flow-Berechnungen – gleichgültig, wie differenziert – wird oft vergessen, daß diese Kalkulation den Mittelfluß immer für ein bestimmtes, abgegrenztes Zeitintervall ausdrückt, typischerweise für ein Jahr. Die unter Umständen enormen Schwankungen der vorhandenen liquiden Mittel oder der Cash-flow-Erzeugung innerhalb dieses Zeitintervalls kann der CF pro Jahr nicht erfassen. Es ist denkbar (wenn auch nicht wahrscheinlich), daß ein Unternehmen zwar auf das Jahr gerechnet einen positiven Cash-flow erwirtschaftet, aber zwischendurch immer wieder kurzzeitig illiquide und dadurch bestandsgefährdet ist.

Wenn Sie sich über die Zusammenhänge und Hintergründe des Cash-flows im klaren sind, besitzen Sie für Ihren betriebswirtschaftlichen Entscheidungsprozeß wie auch für das Gespräch mit Ihrem Banker ein überaus wertvolles Argumentarium, um Fehler und Mißverständnisse zu vermeiden oder aufzuklären.

Veränderungsrate CF1

Die Veränderung des CF1 im Vergleich zur entsprechenden Vorjahresperiode. Eine simple, aber wichtige Kennzahl. Im Branchenvergleich läßt sich feststellen, ob und inwieweit das Unternehmen von der allgemeinen CF1-Entwicklung positiv oder negativ abweicht. Wenn möglich, sollte es daher Ziel der Bilanzpolitik sein, die CF1-Entwicklung im Zeitablauf zu verstetigen.

Eigenkapitalquote

Die Eigenkapitalquote ergibt sich aus dem Eigenkapital geteilt durch die Bilanzsumme. Es kann kaum überraschen, daß sie neben den Cash-flow-bezogenen Kennzahlen die aus Banksicht vermutlich wichtigste Bilanzkennzahl ist.
Sie zeigt, in welchem Umfang sich das Unternehmen selbst an der Finanzierung und am Risiko des Unternehmens beteiligt. Je höher die Eigenkapitalquote, desto größer die wirtschaftliche Stabilität (die Wahrscheinlichkeit, Ertragskrisen zu überstehen).
Da die EK-Quote als eine Stichtagsgröße von den speziellen, möglicherweise nicht repräsentativen Verhältnissen am Jahresultimo (z. B. außergewöhnlich hoher Lagerbestand) verzerrt sein kann, wird sie manchmal auch als Durchschnittswert auf Monatsbasis berechnet. Um diese Kennzahl noch aussagekräftiger zu machen, modifizieren viele Banken sie, indem sie statt des haftenden (rechtlichen) Eigenkapitals das wirtschaftliche Eigenkapital verwenden.
Dann würde die Formel folgendermaßen aussehen:

Wirtschaftliche Eigenkapitalquote = WEK ÷ Bilanzsumme

Unter wirtschaftlichem Eigenkapital verstehen Banken das um bestimmte Positionen korrigierte, konventionelle (rechtliche) Eigenkapital (auch *haftendes Eigenkapital* genannt). Im WEK sind eigenkapital*ähnliche* Mittel, z. B. Darlehen von nicht persönlich haftenden Gesellschaftern, enthalten, die im Konkursfall allen externen Forderungen an das Unternehmen im Rang nachgehen und daher aus Sicht der Bank praktisch wie Eigenkapital wirken. Andererseits werden einige „Scheinaktiva" abgezogen.
Im einzelnen wird diese für Banken sehr wichtige Größe folgendermaßen ermittelt:

1.		Haftendes Eigenkapital (HEK), siehe Bilanz
2.	+	Darlehen nicht persönlich haftender Gesellschafter (wenn diese nicht innerhalb von zwölf Monaten fällig sind oder die vertragliche Kreditkündigungsfrist für den Darlehensgeber mindestens zwölf Monate beträgt)
3.	+	50% des Sonderpostens mit Rücklagenanteil (nur unversteuerte Rücklagen)
4.	–	Forderungen an nicht persönlich haftende Gesellschafter und ausstehende Einlagen
5.	–	Ausstehende Einlagen
6.	–	Bilanzierungshilfen, z. B. aktiviertes Damnum, Aufwendungen für Ingangsetzung und Erweiterung u. ä.
7.	–	Nicht passivierte Pensionsverpflichtungen (die nicht auf der Passivseite der Bilanz aufgeführt sind)
	=	Wirtschaftliches Eigenkapital (WEK)

Bei der Ermittlung der WEK-Quote ist auch die Bilanzsumme (Nenner der Kennzahl) um diese Abzugs- bzw. Additionsposten zu korrigieren. Manche Banken addieren zusätzlich die langfristigen Rückstellungen zum Zähler und subtrahieren die gesamten Rückstellungen vom Nenner (was bei Rückstellungen die WEK-Quote verbessert).

Eigenkapitalrendite

Die Eigenkapitalrentabilität (engl. Return on equity, ROE) errechnet man, indem man das Jahresergebnis vor Ertragssteuern durch das haftende Eigenkapital (oder das wirtschaftliche Eigenkapital) dividiert.

Die Kennzahl zeigt an, wie sich das in die Unternehmung investierte (buchmäßige) Eigenkapital in der Betrachtungsperiode verzinst hat. Die Eigenkapitalrendite sollte höher sein als die Gesamtkapitalrentabilität.

Gesamtkapitalrendite

Die Gesamtkapitalrendite – auch *Return on Assets (ROA)* oder *Return on Investments (ROI)* genannt – ermittelt man wie folgt:

$$\text{Jahresergebnis vor Ertragssteuern} + \text{Zinsaufwand} \div \text{Bilanzsumme}$$

Diese Kennzahl drückt aus, wie das in das Unternehmen investierte gesamte Kapital (Eigen- und Fremdkapital) verzinst wird. Da die Gesamtkapitalrentabilität von der Zusammensetzung des Gesamtkapitals weitgehend unabhängig ist, eignet sich diese Kennzahl auch gut zum Unternehmensvergleich. Liegt die Gesamtkapitalrentabilität eines Unternehmens nicht deutlich über den durchschnittlichen Fremdkapitalkosten, dürfte die Ursache entweder im schlechten Management oder in Überkapazitäten zu suchen sein.

Eine Abwandlung der Gesamtkapitalrendite ist die *Cash-Rendite:*

$$\text{Cash-Rendite} = \text{Cash-flow 1} \div \text{Bilanzsumme}$$

Die Cash-Rendite zeigt an, wieviel Mark Finanzmittel ein Unternehmen je DM Kapitaleinsatz in der Betrachtungsperiode durch die operative Tätigkeit erwirtschaftet hat.

Betriebsleistungsrentabilität

Die Betriebsleistungsrentabilität errechnet sich wie folgt:

> Betriebsergebnis vor Finanzierung ÷ Betriebsleistung

Die Betriebsleistung besteht aus

> Umsatz ± Leistungsbestandsveränderungen (bei Produktionsunternehmen) + aktivierte Eigenleistungen

Die Betriebsleistungsrentabilität (= Umsatzrentabilität für Nicht-Produktionsunternehmen) zeigt an, welche Rohmarge in Mark das Unternehmen aus jeder Geldeinheit Umsatz erwirtschaftet. Selbstverständlich sind die absoluten Werte für das Jahresergebnis vor und nach Steuern und für das Betriebsergebnis im Rahmen der Bonitätsprüfung ebenfalls von großer Bedeutung. Da diese Größen jedoch in die oben genannten relativen Kennzahlen einfließen und ihre Zusammensetzung intuitiv klar ist, bedarf es an dieser Stelle keiner Erläuterung.

Kapitalumschlagshäufigkeit

Auch Gesamtkapitalumschlag oder Gesamtvermögensumschlag genannt. Definition:

> Betriebsleistung bzw. Umsatz ÷ durchschnittliche Bilanzsumme (Jahresanfang, Jahresende)

Diese auf den ersten Blick etwas undurchsichtige Kennzahl läßt sich so interpretieren: Je höher der Kapitalumschlag ist, desto niedriger kann die Gewinnspanne (Marge) sein, um eine gegebene Gesamtkapitalrentabilität zu erreichen. Oder anders formuliert: Ein niedriger bzw. ein im Zeitablauf sinkender Wert signalisiert ungünstigerweise, daß die Kapitalbindung des Unternehmens schneller wächst als der Umsatz.

Weitere Kennzahlen

Neben diesen Hauptkennzahlen existieren noch viele andere, die gleichwohl im allgemeinen von untergeordneter Bedeutung sind. Allerdings können einzelne davon – abhängig von den spezifischen Umständen des analysierten Unternehmens – Bedeutung erlangen. Die folgenden möchte ich kurz erläutern:

- Veränderungsrate Umsatz (Betriebsleistung),
- Veränderungsrate Betriebsergebnis und Jahresergebnis vor Steuern,
- Wareneinsatzquote,
- Personaleinsatzquote,
- Anlagendeckung II,
- relative Liquidität II,
- durchschnittliche Debitorenlaufzeit,
- durchschnittliche Kreditorenlaufzeit,
- durchschnittlicher Lagerumschlag,
- Entschuldungsdauer.

Veränderungsrate Umsatz (Betriebsleistung bei Produktionsunternehmen)

Die Veränderung der betrieblichen Umsätze im Vergleich zur entsprechenden Vorjahresperiode. Eine simple und in mancher Hinsicht fragwürdige Kennzahl (Umsatz kann kein eigentliches Unternehmensziel sein, sondern nur Mittel zum Zweck), der jedoch bei Banken allgemein hohe Bedeutung zugemessen wird. Im Branchenvergleich zeigt die Kennzahl, wie stark das Unternehmen von der allgemeinen Umsatzentwicklung der Branchen abweicht. Soweit möglich, sollte es daher Ziel der

Bilanzpolitik sein, die Umsatzentwicklung im Zeitablauf nach oben gerichtet zu verstetigen.

Veränderungsrate Betriebsergebnis und Jahresergebnis vor Steuern

Die Veränderung des Betriebsergebnisses im Vergleich zur entsprechenden Vorjahresperiode. Auch dies ist eine einfache, aber dennoch beachtete Kennzahl. Soweit möglich, sollte es daher Ziel der Bilanzpolitik sein, die Ertragsentwicklung im Zeitablauf zu verstetigen.

Wareneinsatzquote

> Wareneinsatzquote = Materialaufwand +
> + Fremdleistungen ÷ Betriebsleistung

Bei Handelsunternehmen entspricht der Handelswareneinsatz dem Materialaufwand. (Fremdleistungen fallen dort ex definitione nicht an.) Im Zeitreihenvergleich zeigt die Quote an, ob und wie sich Erlöse und Materialaufwand parallel entwickeln. Insbesondere bei sprunghaften Veränderungen will die Bank von Ihnen präzise Erklärungen für die Ursachen, da die Materialaufwandsquote sich auch aufgrund veränderter Bewertungsansätze bei Ihrem Umlaufvermögen verschieben kann. In diesem Punkt sind Banker sehr empfindlich, denn eine springende Quote kann für einen Außenstehenden den gesamten Jahresabschluß in Frage stellen.

Personaleinsatzquote

> Personal- und Sozialaufwendungen + Zuweisungen zu
> Pensionsrückstellungen ÷ Betriebsleistung

Besonders bei laufender Verschlechterung der Quote oder bei deutlicher Abweichung vom Branchendurchschnitt wird die Bank nach den Gründen fragen. Eine unter dem Branchenschnitt liegende Quote muß nicht notwendigerweise positiv sein, da sie ausdrücken könnte, daß Sie Ihr Personal schlecht bezahlen – mit all den damit einhergehenden nachteiligen Langfristfolgen. Gelegentlich werden ergänzend Betriebsleistung bzw. Umsatz pro Mitarbeiter oder Personalaufwand pro Mitarbeiter als Mittel zur Messung der Produktivität errechnet.

Anlagendeckung II

> Eigenkapital + Pensionsrückstellungen + mittel- und langfristiges Fremdkapital ÷ Anlagevermögen (ohne Geschäfts- und Firmenwert)

Diese Liquiditätskennzahl drückt auch den Grad der sogenannten *Fristenkongruenz* aus. Demzufolge sollte langfristig gebundenes Vermögen (Anlagevermögen + eiserner Vorratsbestand) auch langfristig finanziert sein *(Goldene Finanzierungsregel)*.
Statt des rechtlichen Eigenkapitals arbeiten Banken oft mit dem *wirtschaftlichen* Eigenkapital (s. o.). Eine hohe Quote signalisiert finanzielle Stabilität des Unternehmens. Ein unter 1 liegender Quotient zeigt an, daß Teile des Anlagevermögens kurzfristig finanziert sind.

Relative Liquidität II

> Umlaufvermögen – kurzfristiges Fremdkapital ÷ Bilanzsumme

Diese Kennzahl stellt quasi das Spiegelbild der Anlagendeckung II dar. Insofern ist es müßig, beide zugleich zu ermitteln; dennoch sind beide Kennzahlen verbreitet.

Eine negative relative Liquidität II heißt, Teile des langfristig gebundenen Vermögens (Anlagevermögen) sind kurzfristig finanziert – ein unerfreulicher Zustand, weil zumeist unnötig teuer (kurzfristige Kontokorrentkredite sind in der Regel teurer als langfristige) und liquiditätsmäßig möglicherweise destabilisierend (langfristig gebundenes Vermögen sollte mit langfristig zur Verfügung gestelltem Kapital finanziert sein). Diese Kennzahleninterpretation stellt ebenfalls auf die Goldene Finanzierungsregel ab.

Durchschnittliche Debitorenlaufzeit in Tagen

$$\text{FLL} \times 360 \div \text{Jahresumsatz}$$

Da hier eine Stichtagsgröße, Forderungen aus Lieferungen und Leistungen (FLL), mit einer Stromgröße ins Verhältnis gesetzt wird, müssen wir die Stichtagsgröße mit der Anzahl der Tage, die auch der Stromgröße zugrunde liegen, multiplizieren.

Die Kennzahl drückt das durchschnittliche Zahlungsziel der Kunden des Unternehmens aus. Einen unüblich hohen Wert könnte die Bank als Indikator für ein schlechtes Mahnwesen, einen überalterten Forderungsbestand, eine schlechte Zahlungsmoral der Abnehmer oder für einen erhöhten Betriebsmittelfinanzierungsbedarf betrachten.

Durchschnittliche Kreditorenlaufzeit in Tagen

$$\text{VLL} + \text{Wechselverpflichtungen} \times 360 \div \text{Materialaufwand} + \\ + \text{Fremdleistungen (oder nur Handelswareneinsatz} \\ \text{bei einem Handelsunternehmen)}$$

Da auch hier eine Stichtagsgröße, Verbindlichkeiten aus Lieferungen und Leistungen (VLL), mit einer Stromgröße ins Verhältnis gesetzt wird, müssen wir wieder die Stichtagsgröße mit der Anzahl der Tage, die der Stromgröße zugrunde liegen, multiplizieren. Die Kennzahl drückt das durchschnittliche Zahlungsziel des Unternehmens bei seinen Lieferanten in Tagen aus. Je niedriger die Zahl, desto besser. Vor allem bei Handelsunternehmen stimmt ein deutlich über der üblichen Skontofrist liegender Wert bedenklich, da das Unternehmen dann anscheinend unfähig ist, sich zusätzliche Bankmittel zu beschaffen, um sich die großen Kostenvorteile des Skontos zu sichern.

Durchschnittlicher Lagerumschlag

$$\text{Durchschnittlicher Lagerumschlag in Tagen} = \text{Warenbestand} + \text{unfertige Erzeugnisse} \times 360 \div \text{Umsatz}$$

Da hier wieder eine Stichtagsgröße (Bestände) mit einer Stromgröße ins Verhältnis gesetzt wird, müssen wir erneut die Stichtagsgröße mit der Anzahl der Tage, die der Stromgröße zugrunde liegen, multiplizieren. Eine steigende Lagerumschlagsdauer könnte ein Anzeichen für neuartige Absatzprobleme sein (Ladenhüter im Bestand?). Ebenso können Bewertungsänderungen der Vorräte die Kennzahl beeinflussen. Wie bereits bei der Kennzahl Wareneinsatzquote erwähnt, machen ergebnisverbessernde Bewertungsänderungen einen außerordentlich negativen Eindruck auf die Bank – also nur vornehmen, wenn ein solcher Verdacht nicht entstehen kann.

Entschuldungsdauer in Jahren

$$\text{Fremdkapital} \div \text{CF1}$$

Die Liquiditätskennzahl sagt aus, wie viele Jahren das Unternehmen unter sonst gleichen Bedingungen brauchte, um alle Schulden zu tilgen, wenn der gesamte CF1 dafür eingesetzt würde.

3. Rating der weichen Faktoren (Soft Facts)

Was das Bilanz-Rating aus prinzipiellen Gründen nicht leisten kann, versucht die Bank durch die mehr oder weniger subjektive *zukunftsbezogene* Bewertung aller aus Bankensicht wichtigen „weichen" Faktoren in den Griff zu bekommen. Für gewöhnlich stellt Ihr Betreuer diese Bewertung zusammen mit einem Kollegen aus der Kreditabteilung an – einer der vielen guten Gründe, auch den Kreditsachbearbeiter kennenzulernen und bei ihm einen guten Eindruck zu hinterlassen.

Die folgenden Beurteilungsfelder sind eine Auflistung solcher weicher Faktoren, wie sie bei einer Reihe von Banken zur Anwendung kommen. Die Bank vergibt für alle Felder eine subjektive Note, woraus wiederum eine Gesamtnote resultiert, die dem gewichteten Durchschnitt der Teilnoten in den Beurteilungsfeldern entspricht. Die wesentlichen Beurteilungsfelder sind:

- *erwartete Geschäftsentwicklung aus Sicht der Bank* (Kriterien z. B.: erwarteter Umsatz, Jahresergebnis, Auftragsbestand, Kapazitätsauslastung);
- *Management* (Kriterien z. B.: kaufmännische Qualifikation, technische Qualifikation, Zusammenarbeit innerhalb der Führungsriege, Nachfolgeregelung, gesundheitlicher Zustand des Managements, Entnahmepolitik, private Vermögenssituation);
- *Kontoführung* (Kriterien z. B.: Elastizität der Kontoführung, Häufigkeit von Überziehungen, Ankündigung von Überziehungen, Entwicklung der Konto-Habenumsätze);
- *Investitions-/Finanzierungsverhalten* (Kriterien z. B.: Angemessenheit der Ersatzinvestitionen, zu erwartende, unangemessen steigende Gesamtverschuldung);
- *Produkte/Leistungen/Marktkonzept* (Kriterien z. B.: Abhängigkeit von einem oder mehreren Produkten, Preisverfall

auf dem Absatzmarkt, Abhängigkeit von einem oder mehreren Kunden, Aktualität des Produktprogramms, Qualität des Marketingkonzeptes);
- *Rechnungswesen und Unternehmensplanung* (Kriterien z. B.: Vorlagegeschwindigkeit des Zahlenmaterials, Vollständigkeit und Aussagekraft des Zahlenmaterials, Qualität und Nutzung des Controllings zur Unternehmenssteuerung; Treffsicherheit abgegebener Prognosen);
- *Beschaffung/Vorratswesen* (Kriterien z. B.: Abhängigkeit von einem oder wenigen Lieferanten, Werthaltigkeit der Vorräte);
- *technische Ausstattung/Zustand Sachanlagevermögen* (Kriterien z. B.: Zustand und technischer Stand des Sachanlagevermögens, Standortqualität);
- *Ökologischer Status* (Kriterien z. B.: umweltgefährdende Produktion/Produkte, Altlasten).

Für die einzelnen Gesichtspunkte innerhalb eines Beurteilungsfeldes hat die Bank Tatbestände definiert, die auf eine bestimmte Benotung hindeuten, damit es möglichst nicht zu einer „Bauchentscheidung" von Betreuer und Kreditsachbearbeiter kommt.

Besitzen die beiden keine zuverlässigen Informationen zu einem bestimmten Gesichtspunkt – also weder positive noch negative –, werden sie (je nach Mitarbeiter oder Bank) keine, eine mittlere oder eine schlechte Note vergeben.

4. Rating der Branche

Immer wieder hat die Wirtschaftsstatistik bewiesen, daß die wirtschaftliche Entwicklung innerhalb einer klar definierten Branche verblüffend homogen ist. Dies mag um so erstaunlicher erscheinen, als die konkreten Umstände der Unternehmen (Größe, Alter, Kundenklientel, Mitarbeiterstamm, Produktionsanlagen, Management usw.) stark variieren. Ausgehend von dieser Branchenabhängigkeit der wirtschaftlichen Entwicklung des einzelnen Unternehmens liegt es für Banken auf der Hand, Branchen-Ratings zu erstellen und in die Bonitätsanalyse ihrer Firmenkunden einzuflechten. Diese Branchen-Ratings basieren in erster Linie auf wirtschaftlichen Prognosemodellen, in die konjunkturelle Größen wie branchenbezogene Auftragsbestände, Kapazitätsauslastungen, Meinungsklimaindizes usw. einfließen.

Fragen Sie Ihren Firmenbetreuer nach dem Rating für Ihre Branche. Bei dieser Gelegenheit erfahren Sie dann auch gleich, ob man Ihr Unternehmen in die richtige „Branchenschublade" gesteckt hat, was oft genug nicht der Fall ist.

Das Ihr Unternehmen betreffende Branchen-Rating der Bank können Sie naturgemäß nur als gegeben hinnehmen. Es gibt allerdings zwei Konstellationen, bei denen dieses Rating im Rahmen der für Ihr Unternehmen durchgeführten Bonitätsprüfung ignoriert oder modifiziert werden sollte: zum einen, wenn Sie nachvollziehbar und unwiderlegbar aufzeigen können, daß die für Sie geltende lokale oder regionale Branchenkonjunktur von der durch die Bank gerateten „Makrobranche" abweicht, zum anderen, wenn Ihr Unternehmen mehreren unterschiedlichen Branchen angehört. Dann kann ein einzelnes Rating zu Fehlschlüssen führen. In diesem Fall müßte man aus sämtlichen Einzel-Ratings der für Sie relevanten Branchen ein Gesamt-Rating ermitteln. Die wenigsten Banken dürften dazu jedoch in der Lage sein. Fragen Sie Ihren Firmenbetreuer gegebenenfalls, wie er dieses Problem angeht.

5. Bedeutung von Sicherheiten für das Rating

Wie aus der Übersicht am Anfang dieses Kapitels hervorgeht, haben Sicherheiten mit dem Rating und damit mit der Bonität eines Firmenkunden im engeren Sinne an sich nichts zu tun. Das Rating soll die aus der Ertragskraft resultierende erwartete Kapitaldienstfähigkeit des Kreditnehmers abbilden, während Sicherheiten eine Art Versicherung darstellen für den Fall, daß die angenommene Kapitaldienstfähigkeit unerwartet endet. Die Sicherheit ist also das Netz, das einen abgestürzten Kredit auffängt – allerdings ein Netz, das oft reißt.

Junge Kreditsachbearbeiter bekommen am Anfang ihrer Ausbildung auf die Frage, welche Rolle Sicherheiten bei der Kreditentscheidung spielen, folgende „Regel" zu hören: „Kein Kredit *wegen* der Sicherheiten, aber auch kein Kredit *ohne* Sicherheiten." Eine Handreichung, die nur als Empfehlung, jedoch nicht als unumstößliche Vorschrift zu verstehen ist (sonst gäbe es ja keine Blankokredite). In der Praxis läuft es ganz einfach darauf hinaus, daß Sicherheiten zwar nicht das gleiche wie Bonität sind, einen Bonitätsmangel aber kompensieren können. Insbesondere liquide Sicherheiten wie etwa Festgelder oder Wertpapiere können Bonität (die erwartete Kapitaldienstfähigkeit) auch komplett ersetzen. Es leuchtet ein, daß es weder eines besonderen Sachverstandes noch einer intelligenten Bonitätsprüfung bedarf, um einen zu 100%-Festgeld-gedeckten Kredit auszureichen. Eine Darstellung der banküblichen Sicherheiten und ihrer Bewertung finden Sie im Abschnitt „Typen von Sicherheiten" in Kapitel VII.10.

6. Sonderfaktoren für das Rating

Ein Rating-System, und sei es auch noch so ausgefeilt, wird der spezifischen Umstände eines einzelnen Unternehmens kaum vollkommen gerecht werden.

Auch haben viele Branchen besondere Gesetzmäßigkeiten, die sich nicht mit den verallgemeinerten Maßstäben der Bonitätsanalyse einfangen lassen. In solchen Fällen wird die Bank diese Sonderfaktoren im eigenen Interesse in ihr übliches Rating-System mit einfließen lassen oder es im konkreten Fall überhaupt nicht anwenden.

Jedenfalls können und müssen eine Vielzahl von im vorhinein nicht bestimmbaren Zusatzfaktoren bei der endgültigen Bonitätseinschätzung und damit der Kreditentscheidung berücksichtigt werden. Die folgende Aufzählung ist beileibe nicht vollständig.

Einige Faktoren tauchen jedoch immer wieder auf:

Nachfolgeproblematik

Dieser Aspekt ist so wichtig, daß Sie sich auf jeden Fall Gedanken darüber machen müssen. Wenn Sie über 50 Jahre alt oder gesundheitlich angeschlagen sind, sollten Sie der Bank explizit einen Nachfolgekandidaten (oder Stellvertreter) präsentieren – selbst dann, wenn Sie nicht daraufhin angesprochen werden oder Zweifel haben, ob die betreffende Person die richtige ist. Bei sehr kleinen Unternehmen sollte ein solcher Nachfolger auch reale Aussichten auf eine Kapitalbeteiligung haben. Ferner muß er im Falle Ihrer krankheitsbedingten Abwesenheit ein akzeptabler Ersatzmann für Sie sein.

Überschaubarkeit der Unternehmensstrukur

Immer wieder werden Firmenbetreuer selbst bei kleinen Unternehmen mit rechtlich und wirtschaftlich komplexen Firmengebilden konfrontiert, die aus der Sicht der Bank die Bonitätsprüfung und -überwachung dieser Unternehmen ungemein erschweren. Die Bank sieht sich im Extremfall vor das Problem gestellt, daß sie bei einer Kreditgewährung de facto nicht genau sagen kann, wen sie im Endeffekt finanziert. Mir ist ein Fall bekannt, in dem eine „Firmengruppe" aus der Baubranche mit einem konsolidierten Gruppenumsatz von nur drei Millionen €

p. a. aus vier rechtlichen Einheiten bestand. Sämtliche Mitarbeiter der Gruppe waren bei einem einzelnen der vier Unternehmen beschäftigt und wurden an die anderen Unternehmen verliehen. Es fanden weitere für die Bank kaum nachvollziehbare Innenumsätze (Materiallieferungen, Anlagenverkäufe) zwischen den Gruppenmitgliedern statt (ohne daß Anlaß bestand, Unregelmäßigkeiten zu vermuten). Eines der Unternehmen hatte ein abweichendes Geschäftsjahr. Nachdem der Niederlassungsleiter der Bank gewechselt hatte, hielt die Bank die Bonitätsprüfung und selbst das computerbasierte Bilanz-Rating mit vertretbarem Aufwand nicht mehr für möglich. Sie kündigte die bis dahin bis auf weiteres *(b. a. w.)* eingeräumten Kontokorrentkredite und lehnte eine ihr angetragene Investitionsfinanzierung ab, obwohl es der Unternehmensgruppe allem Anschein nach überdurchschnittlich gut ging.

In Ihrem eigenen strategischen Interesse empfehle ich Ihnen daher, entsprechenden verlockenden Vorschlägen Ihres Steuerberaters nicht zu folgen. Alles, was über eine simple steuerliche Betriebsaufspaltung nach dem Strickmuster „Immobilienvermögen im Privatbesitz der Gesellschafter des Betriebsunternehmens" hinausgeht, sollte für Unternehmen unter 10 Millionen € Jahresumsatz tabu sein. Die ungewissen Vorteile solcher Gebilde (mögliche Steuerersparnis) wiegen die sicheren Nachteile nicht auf: Mißtrauen der Bank und anderer Fremdkapitalgeber, stärkere Volatilität der Betriebskennziffern (und damit weitere Bonitätsverschlechterung), mehr Administrationsaufwand für Sie, Extrakosten für zusätzliche Jahresabschlüsse und Rechtsberatung usw. Ihre private Haftung der Bank gegenüber werden Sie auf diese Weise ohnehin nicht begrenzen können. Wenn Sie an einer solchen eventuell bereits bestehenden Komplexität nichts ändern können oder wollen, dann tun Sie der Bank wenigstens den Gefallen, die Innenumsätze zwischen den einzelnen Unternehmen transparent zu machen. Eine noch bessere, aber auch aufwendige Lösung wäre die Erstellung eines konsolidierten „Konzernabschlusses" für alle Ihre Unternehmen.

Kernkompetenzen versus sinnvolle Diversifizierung

Der Volksmund sagt: „Schuster, bleib bei deinem Leisten." Eine banale, doch oft mißachtete, wichtige Erkenntnis – im kleinen wie im großen Rahmen, wie das Beispiel zahlreicher „rückdiversifizierter" Großkonzerne zeigt. In Deutschland war der Irrglaube, es mache für ein Unternehmen risikopolitisch Sinn, horizontal oder vertikal zu diversifizieren, noch bis Anfang der 90er Jahre erschreckend weit verbreitet, obwohl die Betriebswirtschaftslehre diesen gefährlichen Nonsens schon vor 20 Jahren mit verschiedenen Argumenten widerlegt hatte. (Es brauchte auch hier wieder das Managementvorbild USA, um aus dem bereits entstandenen Schaden klug zu werden – leider mit reichlich Verspätung.) Ohne an dieser Stelle näher auf die Theorie der Kernkompetenzen oder die Erkenntnisse der modernen Portfoliotheorie einzugehen, wollen wir lediglich festhalten, daß Unternehmen nur mit *außerordentlich* guten Argumenten in andere Produktsparten oder Fertigungsverfahren hineindiversifizieren sollten. Besondere Vorsicht lassen die Banker walten, wenn die neue Produktsparte *neben* statt *an die Stelle* der bisherigen Sparte tritt, oder wenn das diversifizierende Unternehmen lediglich freie Kapazitäten oder Ressourcen beschäftigen will.

Jedenfalls haben Banker in der Mehrzahl inzwischen begriffen, daß Diversifikation selten ein Pfad zur Verbesserung der Ertragskraft von Kreditkunden ist, vielmehr dabei recht oft „schlechtem Geld gutes hinterhergeworfen wird". So etwas macht der Bank Sorgen und rückt Ihr Unternehmen in ein negatives Licht. Gehen Sie als Mittelständler daher lieber den umgekehrten Weg. Konzentrieren Sie sich auf das, was Sie am besten können, auf Ihre Kernkompetenz. Kommunizieren Sie diesen Umstand professionell an Ihren Firmenkundenbetreuer. Er wird sich darüber freuen. Sollten Sie dennoch davon überzeugt sein, daß ein bestimmtes Diversifizierungsvorhaben Hand und Fuß hat, dann versuchen Sie, dies der Bank mit nachvollziehbaren Unterlagen und Informationen – am besten schriftlich – plausibel zu machen. Das gilt zumindest dann, wenn Sie einen Bankkredit für dieses Vorhaben brauchen.

Die Qualität Ihres Forderungsbestandes

In Zeiten einer sich auf breiter Front verschlechternden Zahlungsmoral und Konkursen in Rekordhöhen wird das Debitorenmanagement zu einer fundamental wichtigen Funktion im Unternehmen. Einerseits, weil damit ein wichtiger Beitrag zur Liquiditätssicherung des Unternehmens geleistet wird, andererseits, weil damit das Risiko von Forderungsausfällen sinkt. Beide Faktoren – Liquidität und Forderungsausfallrisiko – beeinflussen die Bonität des Unternehmens. Deshalb sollte es Ihr Bestreben sein, Ihr Unternehmen auf diesem Gebiet fit zu machen und Ihre Bank über Verbesserungen im Debitorenmanagement zu informieren (siehe hierzu auch Kapitel VIII.6., „Wichtiger als Guthabenverzinsung: Debitorenmanagement"). Über die Anwendung professioneller Methoden im Forderungsmanagement gehen die folgenden zwei Schritte hinaus: der Abschluß einer Warenkreditversicherung (Forderungsausfallversicherung) oder der Verkauf der Forderungen an ein Factoring-Institut. Beides ist natürlich nicht umsonst zu haben, kann aber die Bonität Ihres Unternehmens spürbar verbessern, weil das Risiko von Forderungsausfällen gesenkt oder ganz beseitigt wird. Factoring hat zusätzlich den Vorteil, daß es sofort Liquidität in die Unternehmenskasse bringt. Außerdem prüfen Warenkreditversicherer auf Wunsch vorab die Bonität der (möglichen) Kunden. Beide Werkzeuge lassen Sie ruhiger schlafen und helfen Ihnen, sich auf Ihr eigentliches Geschäft zu konzentrieren. Im Falle eines an die Bank abgetretenen (zedierten) Forderungsbestandes sollten Sie der Bank den Abschluß einer Warenkreditversicherung bekanntgeben, worüber sie sich freuen wird. Sowohl die Werthaltigkeit der Sicherheit (Forderungszession) und die Bonität des Unternehmens steigen hierdurch, was wiederum Ihre Verhandlungsposition gegenüber der Bank festigt. Die Adressen einiger Warenkreditversicherer und Factoring-Institute finden Sie auf Seite 198 bzw. 289.

Forfaitierungen (Forderungsankauf) durch Ihre eigene Bank (als Alternative zu den Factoring-Instituten) sind nur dann ratsam, wenn Ihr Schuldner ein Großunternehmen mit zweifelsfreier Bonität ist. Denn käme es bei einer regreßlosen Forfaitierung (das heißt, lediglich der ursprüngliche Schuldner haftet gegenüber der Bank, aber nicht mehr Sie) zu einem Forderungsausfall für die Bank, würde dies dennoch indirekt auf Sie zurückfallen. (Die Bank wäre „sauer".) Bei einer nicht-regreßlosen Forfaitierung hingegen würde die Forfaitierung lediglich Ihre Liquidität, nicht aber Ihre Bonität verbessern, denn das Forderungsausfallrisiko bleibt bei Ihnen.

Vielfach ist das wirtschaftliche Wohlergehen eines Kreditnehmers aufgrund besonderer rechtlicher/wirtschaftlicher Konstellationen weitgehend oder völlig von dem eines anderen Unternehmens abhängig oder garantiert. Ist das wirtschaftlich abhängige Unternehmen der Kreditnehmer der Bank, macht es für die Bank Sinn, das Rating des Kreditnehmers auf das Rating des „dominierenden" Unternehmens abzustellen. Dazu drei Beispiele:

- Zwischen zwei Unternehmen besteht ein Organschaftsvertrag (der Gewinnabführung und Verlustübernahme durch den Organträger vorschreibt). Kreditnehmer ist das abhängige Unternehmen (Organ). Die Bank vergibt automatisch das Rating des Organträgers an das Organ.

- Im Rahmen einer sogenannten *steuerlichen Betriebsaufspaltung* hat eine „Kreditnehmereinheit" – sagen wir: eine Gesellschaft bürgerlichen Rechts (GbR), bestehend aus einem Ehepaar – eine Betriebsimmobilie an eine GmbH vermietet, deren Gesellschafter/Geschäftsführer wiederum das Ehepaar ist. Der Kapitaldienst für den Kredit zur Finanzierung der Betriebsimmobilie, die sich ja im Privateigentum der Eheleute befindet, wird zu 100% über die Mietzahlungen der GmbH erwirtschaftet. Die GmbH hat sich der Bank gegenüber für die GbR verbürgt. Die Bank stellt das Rating der GbR auf dasjenige der GmbH ab oder umgekehrt.
- Für die Kredite einer privatrechtlichen Kreditnehmereinheit – sagen wir: der Stadtwerke Buxtehude GmbH – hat die Stadt Buxtehude eine selbstschuldnerische Bürgschaft gegenüber der Bank übernommen. Die Bank wird im Normalfall das Rating dieser privatrechtlichen GmbH – unabhängig von den tatsächlichen wirtschaftlichen Verhältnissen – auf die Bestnote anheben, die automatisch für alle staatlichen Kreditnehmer (also den „Staat") gilt.

7. Engagementverbund und Kreditnehmereinheit

Es liegt nicht unbedingt nahe, sich als Bankkunde über die ziemlich akademisch klingenden Begriffe „Engagementverbund" und „Kreditnehmereinheit" Gedanken zu machen. Dennoch können diese beiden Konzepte oftmals gerade für kleine und mittlere Firmenkunden als Kreditnehmer wichtig sein.
Beginnen wir mit der Kreditnehmereinheit. Dieser Ausdruck wird in § 19 des Gesetzes über das Kreditwesen (KWG) definiert. Der Zweck der Bestimmung ist es, zu regeln, welche wirtschaftlich und/oder rechtlich voneinander abhängigen natürlichen oder juristischen Personen als *ein* Kreditnehmer, das

heißt als eine zusammengefaßte Risikoeinheit betrachtet werden müssen. Was damit gemeint ist, macht das folgende Beispiel deutlich:
Herr Schulze ist Alleingesellschafter der Schulze Handels GmbH. Aus steuerlichen und Produkthaftungsgründen hat er vor Jahren (bei der Umwandlung seiner Einzelfirma in eine GmbH) eine steuerliche Betriebsaufspaltung vornehmen lassen, wie sie in Deutschland weit verbreitet ist. Das Grundstück, auf dem die alte Lagerhalle des Unternehmens steht, befindet sich daher in seinem Privatvermögen und ist an die GmbH vermietet. Nun will Herr Schulze mit seinem florierenden Unternehmen expandieren. Dazu braucht er eine zusätzliche Lagerhalle auf dem Grundstück. Den Investitionskredit über eine Million € zur Finanzierung nimmt er privat bei der Bank Super auf. Eigenmittel kann er dabei nur in Höhe von 10% des Investitionsvolumens einbringen. Das Grundstück und die darauf stehenden Immobilien werden ihm auch weiterhin persönlich gehören, nicht seiner GmbH. Nach Fertigstellung der Halle wird er sie an die GmbH vermieten und die Miete geringfügig höher als den monatlichen Kapitaldienst ansetzen. Die GmbH selbst ist gleichzeitig Kreditnehmerin für einen Kontokorrentkredit von einer Million Mark bei der Bank Super.
Für diesen Fall schreibt der oben erwähnte § 19 KWG vor, daß die Bank als Kreditgeberin einerseits der Schulze GmbH und andererseits von Herrn Schulze persönlich einen Risikoverbund aus den beiden Kreditnehmern Herrn Schulze privat und Schulze Handels GmbH zu bilden hat, obwohl beide unterschiedliche Rechtspersonen sind. Dahinter steht die Überlegung, daß der eine Kreditnehmer wirtschaftlich vom anderen abhängt – in diesem Fall Herr Schulze von seiner GmbH. Ohne die Mieteinkünfte von seiner GmbH könnte Herr Schulze den Kredit schließlich nicht bedienen. Zugleich hält er über 50% der GmbH-Anteile und übt daher einen bestimmenden Einfluß auf sie aus. Wenn die Bank Super ein Jahr später

über die von Herrn Schulze als Geschäftsführer gewünschte Erhöhung des Kontokorrentkredites auf 750.000 € entscheiden will, beinhaltet die hausinterne Kreditvorlage der Bank ein Kreditvolumen von 1,75 Millionen €, und zwar für die Kreditnehmereinheit „Schulze-Gruppe", obwohl der Kreditvertrag nur mit der Schulze Handels GmbH geschlossen werden wird. Auch in der Bonitätsbetrachtung der Bank werden die GmbH und die Privatperson Schulze zusammengefaßt. Dabei werden mögliche weitere finanzielle Verpflichtungen von Herrn Schulze – beispielsweise für die zwei minderjährigen Kinder mit seiner ersten Frau –, soweit sie der Bank bekannt sind, ebenfalls berücksichtigt. Dasselbe gilt im positiven Sinne für weitere private Einkommen und Vermögenswerte.

Die Zusammenfassung unterschiedlicher Rechtspersonen in Kreditnehmereinheiten (Risikoeinheiten) spiegelt also die faktisch vorhandene wirtschaftliche Abhängigkeit rechtlich verschiedener Kreditnehmer wider.[*] Die Banken selber gehen jedoch aus internen Risikoerwägungen heraus oft noch über die strengen Vorschriften des KWG 19 hinaus und schlagen manchmal auch dann Kreditnehmer einer Kreditnehmereinheit zu, wenn dies nach § 19 gar nicht notwendig wäre. Der innerhalb von Banken übliche Ausdruck für solche Einheiten ist *Engagementverbund*. Ein Engagementverbund kann somit im Einzelfall über die Kreditnehmereinheit hinausgehen.

Was ergibt sich nun für Sie als Firmenkunden aus diesem reichlich abstrakt klingenden Zusammenhang? Die entscheidungsrelevanten Kreditbeträge bei einzelnen Banken können unter Umständen wesentlich höher sein als die Kreditsumme Ihres

---

[*] Nach § 14 KWG müssen Banken alle Kreditsummen ab fünf Millionen Mark, die an in ihrem Haus gebildete Kreditnehmereinheiten ausgereicht wurden, vierteljährlich an die Bundesbank melden. Die Bundesbank informiert danach alle meldenden Banken, bezogen auf eine Rechtsperson, über die Gesamtkreditsumme dieser Kreditnehmereinheit und die Zahl der dabei kreditgebenden Banken. Auf diesem Wege erfahren sämtliche kreditgebenden Banken relativ schnell von Neukreditaufnahmen ihrer größeren Kunden.

Unternehmens für sich betrachtet. Wenn Sie also eine gewisse Streuung Ihrer gesamten Bankschulden in Erwägung ziehen, müssen Sie dabei als Basis den Engagementverbund zugrunde legen, ansonsten würden Sie von „falschen" Beträgen ausgehen. Eine solche Streuung hätte im wesentlichen die folgenden Vor- und Nachteile:

- Vorteil 1: Das Unternehmen liegt bei gut gestreuten Bankschulden bei jeder einzelnen Bank deutlich unter seiner bankspezifischen theoretischen Kreditobergrenze. Kreditausweitungen und -prolongationen fallen der einzelnen Bank daher leichter und gehen unter Umständen schneller.

- Vorteil 2: Im Falle einer niedrigeren Kreditsumme pro Bank ist das Genehmigungsprozedere der einzelnen Bank tendenziell kürzer, da ab bestimmten Grenzen die nächsthöheren Instanzen (eventuell an anderen Orten) der Bank mit entscheiden müssen.

- Nachteil 1: Je geringer die Kreditvolumina bei einzelnen Banken sind, desto weniger verdient die jeweilige Bank und desto weniger attraktiv sind Sie als Kunde für die Bank. Das kann sich in der Qualität der Betreuung und in den Konditionen negativ niederschlagen.

- Nachteil 2: Mehrere Banken bedeuten auch mehr Arbeit für Sie, um die *Investor Relations* mit den einzelnen Banken zu pflegen.

Fragen Sie Ihren Firmenkundenbetreuer ganz offen, welche Rechtspersonen zu Ihrem Engagementverbund gehören. In vielen, wenn auch nicht in allen Fällen wird er eine korrekte Auskunft geben. Daher sollten Sie seine Antwort auf Plausibilität prüfen. Lesen Sie dazu die Paragraphen 19 und 20 des KWG. Die wesentlichen Anhaltspunkte fasse ich im folgenden zusammen.

Zu einer Kreditnehmereinheit gehören nach üblicher Bankpolitik (teilweise über die Vorschriften von KWG 19 hinausgehend):

- alle Unternehmen, die demselben Konzern (laut Aktiengesetz) angehören,
- alle Unternehmen, die durch Gewinnabführungsverträge (Organschaftsverträge) miteinander verbunden sind,
- Personenhandelsgesellschaften und ihre persönlich haftenden Gesellschafter,
- Rechtspersonen, wenn ein Kreditauftrag zwischen ihnen besteht (das heißt, Rechtsperson A beauftragt die Bank B, dem Tochterunternehmen T einen Kredit auf Namen und Rechnung von A zu gewähren),
- Rechtspersonen, die miteinander durch Mehrheitsbesitz (> 50,0%) verknüpft sind,
- Unternehmen, wenn das eine vom anderen wirtschaftlich weitestgehend abhängig ist (Beispiel: Unternehmen A wickelt 40% seines Umsatzes mit Unternehmen B ab. A hält eine Minderheitsbeteiligung an B.),
- Rechtspersonen, bei denen eine für die andere – gemessen an Kreditvolumen und der wirtschaftlichen Leistungsfähigkeit – eine nennenswerte Bürgschaft oder Garantie übernommen hat.

VI.
Bilanzpolitik

1. Wozu Bilanzpolitik?

Bilanzpolitik, manchmal auch abfällig „Bilanzkosmetik" genannt, ist die legale Wahrnehmung von Einflußmöglichkeiten auf den Jahresabschluß im Interesse des Unternehmens. Diese Einflußmöglichkeiten können entweder realer wirtschaftlicher oder „nur" buchhalterischer (rechtlicher) Natur sein. Reale wirtschaftliche Maßnahmen sind z. B. die Erstellung einer Rangrücktrittserklärung für ein Gesellschafterdarlehen (wodurch sich das sogenannte wirtschaftliche Eigenkapital erhöht) oder der Verkauf von Forderungen an ein Factoring-Institut zur Tilgung des Hausbank-Kontokorrents aus dem Verkaufserlös. (Hieraus resultieren eine Bilanzsummenverkürzung und eine erhöhte Eigenkapitalquote.)

Dagegen bestehen (steuer- oder handels)rechtliche Maßnahmen in der Ausübung von Wahlrechten bei Ansatz, Bewertung und Gruppierung bestimmter Bilanzgrößen. Hierdurch werden bestimmte Kennzahlen der Bilanz zielgerichtet (positiv oder negativ) beeinflußt. Unmittelbar realwirtschaftliche Vorgänge verbergen sich hinter diesen Maßnahmen nicht. Eine solche Maßnahme, die sich also lediglich „in den Büchern" abspielt, ist beispielsweise die Aktivierung oder eben Nichtaktivierung eines bestimmten betrieblichen Aufwandes. Bei Aktivierung

---

Ich danke Guido Dernehl, Steuerberater in Dessau, für seine freundliche Unterstützung bei der Erstellung dieses Kapitels.

verteilt sich dieser Aufwand auf viele, bei Nichtaktivierung nur auf eine (die aktuelle bzw. soeben abgelaufene) Wirtschaftsperiode.

Allgemein formuliert, hat Bilanzpolitik in erster Linie (aber nicht ausschließlich) folgende Ziele: Sie soll

1. den buchmäßigen Gewinn vor Steuern möglichst weit absenken, wenn es im Unternehmen gut läuft, um die ertragsabhängigen Steuern zu minimieren;
2. den buchmäßigen Verlust möglichst weit verringern, wenn es im Unternehmen schlecht läuft, um die Bonität aus Sicht der vorhandenen oder möglichen Kapitalgeber (Banken, Gesellschafter, Unternehmenskaufinteressenten usw.) günstig zu beeinflussen;
3. die Veränderungen diverser Positionen des Jahresabschlusses, wie Eigenkapital, Betriebsleistung, Materialaufwand, Personalaufwand, Betriebsergebnis, Jahresergebnis u. a., im Zeitablauf möglichst schwankungsfrei und stetig darstellen, um den Risikogehalt der geschäftlichen Aktivität für außenstehende Betrachter (wie z. B. die Bank) möglichst gering erscheinen zu lassen.

Aufgrund der offensichtlich konträren Zielsetzungen von Maßnahmenkategorie (1) gegenüber (2) und eventuell (3) entsteht das bekannte Dilemma der Bilanzpolitik: Um die Steuerzahlungen des Unternehmens zu minimieren, müßte es ein geringes Jahresergebnis ausweisen. Doch um die Kapitalbeschaffung, z. B. über Banken, zu erleichtern, müßte es das Ergebnis nach Möglichkeit erhöhen. Dieses Dilemma läßt sich nicht beseitigen; Sie können, zusammen mit Ihrem Steuerberater, lediglich das Beste daraus machen. Größeren Spielraum haben Unternehmen, die es sich leisten wollen, separate Handels- und Steuerbilanzen zu erstellen, da in der Handelsbilanz (nur sie wird der Bank vorgelegt) gewisse handelsrechtliche Wahlrechte bestehen, die das Steuerrecht für die Steuerbilanz nicht zuläßt.

In diesem Buch sehen wir uns nur die Maßnahmenkategorien (2) und (3) genauer an. Für Aktionen der Kategorie (1), die Ihre Bonität ja allenfalls verschlechtern, ist Ihr Steuerberater zuständig.

Steuerberater scheuen oft davor zurück, eine separate Handelsbilanz zu erstellen, weil der damit verknüpfte Aufwand nach der Steuerberatergebührenverordnung relativ schlecht vergütet wird. Technisch betrachtet wird jedoch ohnehin erst die Handelsbilanz erstellt. Üblicherweise modifiziert der Steuerberater dann das Handelsbilanzergebnis durch steuerliche Hinzurechnungen oder Kürzungen. Insofern sollten Sie diese „Verweigerungshaltung" nicht akzeptieren.

Sie könnten jetzt mit Recht fragen: Warum macht Bilanzpolitik gegenüber Banken überhaupt einen Sinn, wenn doch Banken über genausoviel Sachverstand verfügen wie mein Steuerberater und ich? Darauf gibt es mehrere Antworten:

- Banken als externe Dritte können die realwirtschaftlichen Vorgänge im Unternehmen nicht oder nicht völlig durchschauen. Sollten sie es doch tun, ist die Konsequenz für den Kreditkunden in der Regel nicht negativer, als wenn er die entsprechenden bilanzpolitischen Maßnahmen von vornherein unterlassen hätte.
- Firmenkundenbetreuer und Kreditsachbearbeiter sind aufgrund fachlicher Unkenntnis oder schlicht aus Zeitmangel häufig nicht in der Lage, die Feinheiten der verdeckten Bilanzpolitik des Kreditkunden zu durchschauen.
- Die in den Rating-Systemen der Banken enthaltenen quantitativen (zum Teil computergestützten) und qualitativen Analyseinstrumente für kleine und mittelgroße Unternehmen sind oft nicht so leistungsfähig, daß sie die aus Sicht der Bank abzulehnenden bilanzpolitischen Maßnahmen immer vollständig identifizieren. Zum Beispiel arbeiten die Rating-Systeme der Bank stichtagsbezogen. Bilanzpolitische Maß-

nahmen, die zwar im Zeitreihenvergleich auffallen, werden deshalb im „maschinellen" Teil des Ratings nicht berücksichtigt.

Bilanzpolitik hat selbstverständlich dort ihre Grenzen, wo sie zu vorsätzlichen oder fahrlässigen Verstößen gegen geltende Rechtsvorschriften des Wirtschafts- und des Strafrechtes führte. Solche Verstöße ziehen nach den Paragraphen 331 bis 335 HGB Buß- sowie Zwangsgelder und Freiheitsstrafen bis zu drei Jahren nach sich. Das Strafgesetzbuch sieht für Bilanzverschleierung und -fälschung ebenfalls Geld- oder Freiheitsstrafen vor.

Eine Vielzahl der in den beiden nachfolgenden Abschnitten genannten bilanzpolitischen Maßnahmen ist im Falle von Einnahme-/Überschußrechnungen (EÜR) nach § 4 Absatz 3 Einkommensteuerrecht nicht in der dargestellten Weise notwendig oder sinnvoll, da eine EÜR ohnehin weitaus größere Gestaltungsspielräume läßt und viel geringere Darstellungstiefe erfordert. Soweit Ihr Unternehmen noch die gesetzlich zulässige Größe und/oder Branchenzugehörigkeit besitzt, um mit einer EÜR auszukommen, sind Sie in steuerlicher Hinsicht fein raus. Dem steht allerdings aus Sicht der Bank (und eventuell auch aus Ihrer eigenen) der Nachteil gegenüber, daß die EÜR weitaus weniger Aussagekraft besitzt. Daher müssen Sie in diesem Fall in Ihrem Interesse bereit sein, der Bank auf Wunsch adäquate Zusatzinformationen bereitzustellen: z. B. eine von Ihnen oder von Ihrem Steuerberater erarbeitete Vermögensaufstellung (siehe hierzu auch Kapitel VII.2., „Welche Unterlagen braucht die Bank?").

Kommen wir nun zu den konkreten bilanzpolitischen Maßnahmen, welche die Bonität Ihres Unternehmens aus Sicht der Banken verbessern sollen.

2. Handels- und steuerrechtliche Ansätze für die Bilanzpolitik |

Im folgenden seien zunächst die rein buchhalterischen Maßnahmen der Bilanzpolitik vorgestellt; die realwirtschaftlichen schließen sich an.

Die rechtlichen Maßnahmen fallen in drei Hauptkategorien:

- Wahlrechte zwischen Aktivierung versus Nichtaktivierung von Aufwendungen,
- Wahlrechte zwischen Passivierung versus Nicht-Passivierung von Aufwendungen,
- Wahlrechte zwischen unterschiedlichen Bewertungsverfahren für Unternehmensvermögen.

Was die Aktivierungs- und Passivierungswahlrechte betrifft, so lohnt sich die Beschäftigung mit ihnen nur für Unternehmen, die neben der Steuerbilanz auch eine separate Handelsbilanz – für die Vorlage bei der Bank – erstellen. Für die Steuerbilanz bestehen leider keinerlei Aktivierungs- oder Passivierungswahlrechte. Wenn Sie diese Rechte nutzen wollen, sollten Sie daher die Frage der Erstellung gesonderter Bilanzen mit Ihrem Steuerberater erörtern.

Für den Fall, daß Sie eine separate Handelsbilanz erstellen lassen, entspricht den wenigen Aktivierungswahlrechten, die das Handelsrecht überhaupt einräumt, in der Steuerbilanz stets ein Aktivierungs*gebot*.

Da die Nutzung eines Aktivierungswahlrechtes zum Ausweis eines höheren Vermögens führt und den buchmäßigen Gewinn erhöht (sowie die Eigenkapitalquote ebenfalls vorübergehend), sollten Sie diese Wahlrechte für die Handelsbilanz in schlechten Jahren unbedingt ausnutzen. In der Steuerbilanz bestehen diese Wahlrechte leider nicht.

Folgende Aktivierungswahlrechte gibt es:

Art des Aktivierungswahlrechtes	Erläuterung	Zulässig für
Aktivierung von Aufwendungen für die Ingangsetzung und Erweiterung des Geschäftsbetriebes (§ 269 HGB)	Gilt für neu gegründete und bestehende Unternehmen (sofern deren Kapazität erhöht wird); betrifft z. B. Aufwendungen für die Beschaffung von Arbeitskräften, Einführungswerbung u. a. m.	K
Aktivierung des derivativen Geschäfts- oder Firmenwertes und Abschreibung über 15 Jahre (§ 255 IV HGB)	Der derivative Firmenwert ist die Differenz zwischen Kaufpreis eines Unternehmens und seiner Bilanzsumme.	A
Aktivierung eines Disagios und lineare Abschreibung über die Darlehenslaufzeit (§ 250 III HGB)	Das Disagio (Damnum) ist der Unterschiedsbetrag zwischen Ausgabe- und Rückzahlungsbetrag eines Darlehens.	A
Aktivierung latenter Steuern als Rechnungsabgrenzungsposten (§ 274 II HGB)	Ansetzbar für eine voraussichtliche Steuerentlastung in den kommenden Geschäftsjahren; bewirkt buchmäßig eine zeitliche Vorverlagerung der Steuerentlastung und wirkt quasi wie eine Steuererstattung, die in späteren Jahren wieder zurückzuzahlen ist.	K

K = Kapitalgesellschaften, A = alle Rechtsformen

Nun zur Passivseite: Dort wo das Handelsrecht ein Passivierungs*wahlrecht* einräumt, besteht für die Steuerbilanz ein Passivierungs*verbot*. Von einem Passivierungswahlrecht werden Sie in schlechten Jahren jedoch keinen Gebrauch machen wollen, da seine Wahrnehmung in der aktuellen Periode erfolgssenkend wirken würde. Weil wir eine andere Zielstellung haben, brauchen wir auf Passivierungswahlrechte an dieser Stelle nicht näher eingehen. Sollten Sie sich darüber informieren wollen, finden Sie in *Das ABC der frisierten Bilanz* von N. Schmolcke (siehe Literaturverzeichnis) mehr.

Passivierungswahlrechte in der Handelsbilanz wahrzunehmen kann in guten Zeiten sinnvoll sein, um einen längerfristigen Ertragsglättungseffekt zu erzielen. Eine mögliche Konstellation: Das Geschäftsjahr 1997 wurde soeben sehr erfolgreich abgeschlossen, für 1998 rechnet die Geschäftsführung jedoch mit einer Verschlechterung.

In dieser Situation lohnt es sich, in der Handelsbilanz für 1997 Aufwand zu passivieren, um das Ergebnis zu drücken. Dadurch wird das Geschäftsjahr 1998 optisch besser als ohne diese Maßnahme verlaufen. Das dürfte besonders sinnvoll sein, wenn in 1999 ein größeres bankfinanziertes Investitionsvorhaben ansteht und die Bank für das Rating die 98er Handelsbilanz verwendet.

Neben den Wahlrechten zu Aktivierung und Passivierung sieht das Handelsgesetzbuch auch eine ganze Palette von Bewertungswahlrechten für das verbrauchte und unverbrauchte Betriebsvermögen (z. B. Materialverbrauch oder Handelswareneinsatz) vor.

Im Jahr ihrer Ausübung führen diese Wahlrechte – soweit sie gewinnerhöhend ausgeübt werden – zu einer geringeren Belastung der GuV, indem ein maximaler Teil der gesamten Ausgaben aktiviert wird.

Bei Nichtausübung dieser Wahlrechte kommt es zu einer höheren GuV-Belastung, wodurch stille Reserven in den entsprechenden Aktiva entstehen.

Folgende Maßnahmen, die im Jahr ihrer Ausübung gewinnerhöhend wirken, stehen zur Verfügung:

Art des Bewertungswahlrechtes	Erläuterung	Zulässig für
Maximale Aktivierung von Herstellungskosten für selbsterstellte Anlagen und Vorräte an fertigen und unfertigen Erzeugnissen.	Wertuntergrenze sind die sog. handelsrechtlichen „Einzelkosten". Bewertungswahlrechte bestehen bei der Berücksichtigung der Material- und Fertigungsgemeinkosten sowie der Verwaltungs- und Finanzierungskosten.	A
Maximale Berücksichtigung der Anschaffungs*nebenko*sten bei der Aktivierung der Anschaffungskosten für Anlage- und Umlaufvermögen.	Voraussetzung für eine Aktivierung dieser Nebenkosten (z. B. Aufwendungen für die Feststellung des günstigsten Angebotes u. a.) ist eine gesonderte Erfassung und direkte Zuordnungsmöglichkeit.	A
Wahl derjenigen Abschreibungsmethode, die zum geringsten aktuellen Afa-Betrag führt.	Wahl der Abschreibungsmethode mit der geringsten Afa für die aktuelle Periode (linear oder nach der tatsächlichen Inanspruchnahme). Ein Übergang von der degressiven zur linearen Afa ist möglich, nicht jedoch umgekehrt.	A
Geringstmöglicher anteiliger Afa-Betrag im Zugangsjahr.	Abschreibung entweder nach dem Monat des Zugangs („pro rata temporis") oder volle Jahres-Afa für Zugang im ersten Halbjahr und halbe Jahres-Afa für Zugang im zweiten Halbjahr.	A

K = Kapitalgesellschaften, A = alle Rechtsformen

Handels- und steuerrechtliche Ansätze für die Bilanzpolitik

Art des Bewertungswahlrechtes	Erläuterung	Zulässig für
Wahl desjenigen Verbrauchsfolgeverfahrens bei Sammelbewertung für die Bewertung der Vorräte, das zum geringsten Materialaufwand in der aktuellen Periode führt.	Möglich sind „Fifo"-, „Lifo"-, „Hifo"-Methode oder Einzelbewertung. Die konkrete Erfolgswirksamkeit der einzelnen Verfahren hängt von der Entwicklung der Preise und des Lagerbestandes im Berichtsjahr ab. Bezüglich des Methoden*wechsels* gelten spezifische handels- und steuerrechtliche Vorschriften – sprechen Sie Ihren Steuerberater darauf an.	A
Vorzeitige Auflösung des Sonderpostens mit Rücklagenanteil*) (Passivseite) zur Generierung von Sondererträgen.	Die unversteuerten Rücklagen können teilweise oder vollständig vorzeitig aufgelöst werden. Diese Entscheidung kann jährlich neu getroffen werden.	A
Verteilung des Aufwandes für erstmalige oder unüblich erhöhte Pensionsrückstellungen (und Rückdeckungsversicherungen) auf bis zu drei Jahre (§ 6 a IV EStG).	Bei Verteilung auf mehrere Jahre ist der entstehende Fehlbetrag nach „herrschender Meinung" im Anhang anzugeben.	A

*) Dies sind passive (im Jahr der Bildung gewinnmildernde) Bilanzposten, die in Steuer- und Handelsbilanz gebildet werden dürfen. Ihr Zweck ist eine Steueraufschiebung, da die erfolgswirksame Auflösung erst später erfolgt. Zu diesen „Sopo" mit Rücklagenanteil gehören (a) unversteuerte Rücklagen nach diversen Vorschriften des Einkommensteuerrechts und (b) Differenzbeträge zwischen handelsrechtlichen und (höheren) steuerrechtlichen Wertansätzen für Anlagevermögen, entstanden beispielsweise durch Passivierung von Afa. Dieser Sopo mit Rücklagenanteil ist wegen späterer Versteuerungspflicht als etwa hälftiger Mischposten aus Eigenkapital und Fremdkapital zu sehen.

K = Kapitalgesellschaften, A = alle Rechtsformen

Art des Bewertungswahlrechtes	Erläuterung	Zulässig für
Wahl desjenigen Bewertungsverfahrens für die Bewertung von Pensionsrückstellungen mit der geringsten Erfolgswirksamkeit.	Es existieren das steuerliche Verfahren, das Teilwertverfahren, die quotalen Anschaffungsbarwerte und das Verfahren der laufenden Einmalbeträge. Der Diskontierungssatz kann handelsrechtlich zwischen 3 und 8% liegen, woraus sich enorme Unterschiede ergeben können.	A
Sofortabschreibung von geringwertigen Wirtschaftsgütern im Jahr der Anschaffung oder allmähliche Abschreibung pro rata.	Von einer Ausnutzung des Wahlrechtes zur Pro-rata-Abschreibung ist dann abzuraten, wenn dies aus dem Jahresabschluß erkennbar wäre. Banken interpretieren eine nicht sofortige Vollabschreibung ausgesprochen negativ. Ein geringfügig erhöhter Verlust würde diesen Malus vermutlich nicht aufwiegen.	A

K = Kapitalgesellschaften, A = alle Rechtsformen

Über diese handels- und/oder steuerrechtlichen Bewertungswahlrechte hinaus bestehen für das Unternehmen auch einige individuelle Spielräume bei der Bilanzerstellung. Zu denen, die gewinnerhöhend wirken können, zählt vor allem die Abgrenzung zwischen Erhaltungsaufwand und Herstellungsaufwand (bei Ausrüstungen und Immobilien). Erhaltungsaufwand ist über die GuV zu verbuchen, Herstellungsaufwand dagegen – sowohl handels- als auch steuerrechtlich – voll zu aktivieren. Diese Abgrenzung erfolgt nach teilweise dehnbaren technischen Gesichtspunkten und ist oftmals Streitpunkt bei Betriebsprüfungen des Finanzamtes. Deshalb muß sich das Unternehmen im Vorfeld mit seinem Steuerberater abstimmen, um die Grundlagen dafür zu schaffen, daß eine Zuordnung zum Herstellungsaufwand erfolgen kann – z. B. durch Zusammenfassung vieler Einzelmaßnahmen zu einer Bewertungseinheit. Inwieweit und in welcher Form die konkrete Ausübung dieser Bewertungswahlrechte innerhalb des Jahresabschlusses dokumentiert werden muß, wird Ihnen Ihr Steuerberater sagen. Weiterhin stehen dem Bilanzersteller noch einige erfolgswirksame Schätzspielräume zur Verfügung. Ihre zulässige Spannbreite hängt von der Art des betroffenen Aktivums ab. Im Steuerrecht ist sie enger als im Handelsrecht, zum Teil auch gar nicht vorhanden. Die Spielräume bestehen vor allem bei folgenden Positionen:

- Einzelrisiken für Rückstellungen,
- Kosten- und Preissteigerungen für langfristige Rückstellungen (z. B. für Rekultivierung),
- Einzelwertberichtigung auf Forderungen,
- Pauschalwertberichtigungen (zwischen 1 und 3%),
- voraussichtliche Nutzungsdauer von Anlagegegenständen (Für die Steuerbilanz existieren spezielle, von den Finanzbehörden herausgegebene Tabellen.),
- Beschäftigungsgrad bei der Errechnung von auf Kostenträger umgelegten Gemeinkosten (bezogen auf Bestände an unfertigen und fertigen Erzeugnissen),
- Zuordnung von Gemeinkosten auf die Kostenträger (bezogen auf Bestände an unfertigen und fertigen Erzeugnissen).

Im Bereich der reinen Bilanzgliederungs- und -darstellungspolitik sind ebenfalls einige Spielräume enthalten, deren Nutzung sich vorteilhaft auf das Bilanz-Rating der Bank auswirken kann:

- Recht auf Verrechnung von Forderungen und Verbindlichkeiten, wenn sie fällig, gleichartig und gegenseitig sind (§ 387

BGB). Effekt: Verkürzung Bilanzsumme, Erhöhung Eigenkapitalquote.
- Recht auf Absetzung erhaltener Anzahlungen von den Vorräten (§ 286 V HGB). Effekt: Verkürzung Bilanzsumme, Erhöhung Eigenkapitalquote.
- Ermessensspielraum bei der Zuordnung gewisser Bilanzposten zu Anlage- oder Umlaufvermögen (vor allem bei Wertpapieren); Effekt: Veränderung Relation Umlauf- zu Anlagevermögen, ggfs. positiver Einfluß auf die Kennzahlen Anlagendeckung und relative Liquidität II.
- Die Angabe der Aufwendungen für die Einstellung in den Sonderposten mit Rücklagenanteil in der GuV oder im Anhang ist nicht verpflichtend (§ 281 II HGB). Effekt: Gewinnerhöhung, Verbesserung Eigenkapitalquote.
- Die im HGB und an anderer einschlägiger Stelle verwendeten Formulierungen im Zusammenhang mit dem Anhang wie „darstellen", „aufgliedern", „begründen" und „erläutern" lassen durchaus Interpretationsraum, den Ihr Steuerberater in Ihrem Interesse nutzen sollte.
- Sofern das Handelsrecht in Abhängigkeit von der Rechtsform und Größe Ihres Unternehmens keine entsprechende Nennungspflicht enthält, sollten Sie es vermeiden – zumindest wenn Ihre Bilanz eine Anlagendeckung unter 100% aufweist –, den kurzfristigen Teil Ihrer langfristigen Verbindlichkeiten anzugeben. Warum das sinnvoll ist, ersehen Sie aus den Erläuterungen zu den Kennzahlen Anlagendeckung II und Relative Liquidität II (Kapitel V.2., „Rating des Jahresabschlusses durch Kennzahlenanalyse").
- Bei all jenen Erlösen, die eventuell nicht zu den „normalen" betrieblichen Erlösen im engeren Sinne gehören (gewissermaßen der Grenzbereich zwischen *ordentlich* und *außerordentlich)**), sollten Sie durch geeignete Bezeichnungen und

---
*) Die hier angesprochene Unterscheidung hat jedoch wenig mit der handelsrechtlichen Abgrenzung zwischen betrieblichen und neutralen Vorgängen zu tun.

Erläuterungen im Jahresabschluß der Bank gegenüber den Eindruck erwecken, daß diese Position wiederkehrend und der Größenordnung nach üblich ist. Gliedert die Bank daraufhin diesen Erlös in den ordentlichen Bereich, erhöhen sich dadurch das ausgewiesene Betriebsergebnis und der Cash-flow 1. Umgekehrt sollten Sie bei Aufwendungen verfahren, die in diesen Grenzbereich fallen können. Wählen Sie hier Bezeichnungen, die signalisieren, daß es sich um unregelmäßige und der Größe nach unübliche Vorgänge handelt, was zur Gliederung in den A.o.-Bereich führen kann. Mit entsprechenden handschriftlichen oder mündlichen Bemerkungen können Sie hier weiter nachhelfen.

- Der Lagebericht bietet eine hervorragende Gelegenheit, einen negativen Eindruck, der sich aus dem Zahlenwerk ergibt, abzumildern, indem die erfreulichen geplanten oder seit dem Bilanzstichtag bereits eingeleiteten Maßnahmen zur Verbesserung der wirtschaftlichen Verhältnisse dargestellt werden. Diese Gelegenheit nutzen erfahrungsgemäß wenige der betroffenen Unternehmen.

Kommen wir nun zu den realwirtschaftlichen Ansätzen der Bilanzpolitik, also den tatsächlichen wirtschaftlichen Maßnahmen, deren primäre Zielsetzung es ist, die Bilanzverhältnisse, wie sie sich für die Leser der Bilanz darstellen, vorteilhaft zu beeinflussen. Auch hier gehe ich lediglich auf erfolgsverbessernde Maßnahmen ein.

3. Realwirtschaftliche Ansätze für die Bilanzpolitik

Eine erste Gruppe von realwirtschaftlichen Maßnahmen der Bilanzpolitik verkürzt die Bilanzsumme und erhöht damit die Eigenkapitalquote. Folgende Ansatzpunkte sind denkbar:

- Zum Bilanzstichtag das Warenlager, wenn möglich, einmalig reduzieren und freigesetzte liquide Mittel zur Rückführung der kurzfristigen Verbindlichkeiten einsetzen. Effekt: Bilanzsummenverkürzung; Erhöhung Eigenkapitalquote. Darüber hinaus würde eine Just-in-time-Warenwirtschaft (JIT), soweit machbar, das Warenlager dauerhaft verkleinern.
- Gewährleistungseinbehalte, die produzierende Unternehmen ihren Kunden überlassen haben, gegen Gewährleistungsavale eintauschen (sofern die Bank nicht eine 100prozentige Bardeckung für die Avale von Ihnen verlangt, was außerordentlich weitgehend wäre); Reduzierung der kurzfristigen Forderungen mit dem Erlös. Effekt: Bilanzsummenverkürzung; Erhöhung Eigenkapitalquote. In diesem Zusammenhang sollten Sie darüber nachdenken, ob Sie Gewährleistungsavale nicht über einen sogenannten Kautionsversicherer statt über Ihre Bank ausreichen lassen wollen. Auf diese Weise gewinnen Sie vielleicht zusätzlichen kurzfristigen Finanzierungsspielraum. Ihre wahlweise für Avale oder Barkredite nutzbare Kontokorrentkreditlinie bei der Bank blockieren Sie nicht mehr mit Avalen. Wenn es Ihrem Unternehmen sehr schlecht geht, werden Sie der Bank sogar einen Gefallen tun, wenn Sie Kreditvolumen von ihr wegverlagern. Solche Gewährleistungsavale bei Kautionsversicherern müssen in der Regel mit 10 bis 25% Barmitteln abgesichert werden.*) Die Adressen einiger großer Kautionsversicherer finden Sie in Kapitel VIII.6., „Wichtiger als Guthabenverzinsung: Debitorenmanagement".
- Leasing von Gegenständen des Sachanlagevermögens. Bekanntlich müssen Leasinggüter normalerweise nicht aktiviert werden, da der Leasing-Nehmer nicht Eigentümer wird.

---

*) Die gelegentlich anzutreffende Konstruktion mit einer durch ein Festgeld besicherten Rückbürgschaft der Bank zu Gunsten des Kautionsversicherers ist im Hinblick auf die Kosten unsinnig, denn so zahlt das Unternehmen *zweimal* Avalprovision statt nur einmal. Die günstigere Lösung ist, ein bei der Bank liegendes Festgeld direkt zu Gunsten des Kautionsversicherers zu verpfänden.

Nennen Sie daher das Volumen der Leasing-Verbindlichkeiten, wenn zulässig, nicht im Anhang des Jahresabschlusses. Effekt: Verkürzung der Bilanzsumme, Erhöhung der Eigenkapitalquote. Auch bestehendes Sachanlagevermögen können Sie im Wege des Sale-and-Lease-Back in Leasing-Gut umwandeln. Wenn Sie aus bilanziellen Gründen leasen, sollten Sie allerdings auf keinen Fall eine Leasing-Gesellschaft wählen, die rechtlich oder wirtschaftlich mit Ihrer Bank verbunden ist. Es kann Ihnen dann passieren, daß Ihre Bank die entsprechenden Leasing-Forderungen gegen Sie forfaitiert (ankauft) und Ihre Leasing-Verbindlichkeiten somit (a) der Bank bekannt werden und (b) in der bankinternen Gliederung Ihrer Bilanz den Verbindlichkeiten wieder hinzugefügt werden. Das würde den erwünschten Effekt wieder aufheben. Das manchmal zu hörende Argument, daß Leasing die Liquidität verbessere, stimmt allerdings nur insofern, als die meisten Leasing-Finanzierungen – anders als Kreditfinanzierungen – keinen Eigenmitteleinsatz erfordern.

- Wenn möglich, sollten Sie am Bilanzstichtag die Kreditlinien-Inanspruchnahme durch Kontenausgleich weitgehend herunterfahren, also nicht auf einem Konto Guthaben und auf dem anderen Verbindlichkeiten stehen lassen. Effekt: Bilanzsummenverkürzung, Erhöhung Eigenkapitalquote; bedenken Sie bei der Steuerung von eventuellen Umbuchungen, daß der 31. Dezember kein Bankarbeitstag ist. Dieser Ausgleich ist besonders naheliegend und zweckmäßig zwischen Konten, für die eine sogenannte Zinskompensation besteht.

- Falls Sie planen, das Eigenkapital des Unternehmens durch Einlagen zu erhöhen, sollten Sie dies noch kurz vor dem Bilanzstichtag des alten Jahres tun, damit das Rating auf Basis dieses Jahresabschlusses davon so früh wie möglich profitiert.

- Factoring: Prüfen Sie die Möglichkeiten des regreßlosen Verkaufs Ihrer Forderungen aus Lieferungen und Leistungen an ein Factoring-Institut und führen Sie kurzfristige Verbindlichkeiten mit dem Erlös zurück. Effekt: Bilanzsummenverkürzung, Erhöhung Eigenkapitalquote.
- Verkleinerung des Unternehmens durch Aufsplittung in zwei rechtliche Einheiten oder durch Auslagerung bestimmter wirtschaftlicher Aktivitäten in ein anderes Unternehmen. Hierdurch können in Grenzfällen die Eingruppierung in die nächsthöhere handelsrechtliche Unternehmensgrößenklasse und die damit verknüpften extensiveren Rechnungslegungsvorschriften vermieden werden. Voraussetzung ist allerdings, daß keine vollständige Gesellschafteridentität für beide Unternehmen besteht. Diese Maßnahme hat – neben den Zusatzkosten, die sie verursacht – allerdings gerade auch in bezug auf Banken gravierende Nachteile, weil sie die Transparenz eines Unternehmens im Rahmen der Bonitätsprüfung meist verschlechtert (siehe dazu Kapitel V.6., „Sonderfaktoren für das Rating").

Die nachfolgend genannten Maßnahmen betreffen verschiedene weitere Aspekte der Bilanz. Alle angegebenen Maßnahmen haben das Ziel, das Bilanz- oder Gesamt-Rating des Unternehmens günstig zu beeinflussen.

Fristenkongruenz. Die Fristenkongruenz wird von Banken insbesondere mit den Kennzahlen Anlagendeckung und relative Liquidität gemessen. Prüfen Sie, ob folgender Ansatzpunkt für die Verbesserung der Fristenkongruenz in Ihrer Unternehmensbilanz in Frage kommt. Sofern die Kontokorrentkreditlinie Ihres Unternehmens eine permanente Bodensatzinanspruchnahme vorweist, unter welche der Minussaldo so gut wie nie abfällt, ist eventuell eine Umschuldung in ein zwei- bis fünfjähriges Bankdarlehen oder einen entsprechenden Sonderkredit zweckmäßig. Für die Bank ändert sich an Ihrem Obligo

(Risiko) durch eine reine Umschuldung nichts. Für Sie hat die Umschuldung zwei wesentliche Vorteile: (a) sie verbessert die Fristenkongruenz in der Bilanz, (b) sie senkt den Zinsaufwand beträchtlich, da die Zinssätze für mittelfristige Darlehen fast immer deutlich unter denjenigen für Kontokorrentkredite liegen. Nachteil: Sie haben einen Cash-Abfluß für die Kredittilgungen, wodurch Ihr Gesamtkreditvolumen für Umlaufmittel im Zeitablauf sinkt. Und: Die Bank verdient an einem langfristigen Darlehen weniger als an einem Kontokorrentkredit. Eventuell hat sie auch weitergehende Sicherheitenforderungen bei einem langfristigen Darlehen.

Verbindlichkeiten gegenüber rechtlich verbundenen Unternehmen. Wenn möglich, sollten Sie darauf hinwirken, daß diese Verbindlichkeiten am Bilanzstichtag eine Fälligkeit von über einem Jahr haben. Dann gliedert die Bank sie als langfristige Verbindlichkeiten. Zwischen verbundenen Unternehmen dürften später – sofern notwendig – Aufhebungen oder Modifizierungen dieser Maßnahmen jederzeit möglich sein.

Stille Reserven im Wertpapiervermögen. Sofern Ihr Unternehmen nennenswertes Wertpapiervermögen besitzt – unabhängig davon, ob diese Wertpapiere zum Umlauf- oder Anlagevermögen gehören –, hindert Sie niemand daran, eventuelle stille Reserven (die Differenz zwischen dem Verkehrswert der Wertpapiere am Bilanzstichtag und dem Buchwert) nachrichtlich anzugeben und damit offenzulegen.

Debitorenbuchhaltung, Mahnwesen. Sorgen Sie dafür, daß Ihre Debitorenbuchhaltung und Ihr Mahnwesen in den letzten drei Monaten des Jahres besonders schnell und effizient sind, um so bis zum bzw. am Bilanzstichtag Liquiditätsverhältnisse und Umsatzvolumen günstig zu beeinflussen. Vielleicht ködern Sie Ihre Kunden durch preisliche Zugeständnisse, damit Sie die Rechnung noch ins alte Jahr legen dürfen. Dann können Sie den Gewinn aus diesem Auftrag noch im alten Wirtschaftsjahr vereinnahmen.

Verlagerung Bilanzstichtag. Für manche Unternehmen in saisonalen Branchen macht es Sinn, ein abweichendes Geschäftsjahr zu wählen. Der Bilanzstichtag sollte in einer Zeit mit den typischerweise niedrigsten Warenvorräten liegen. Effekt: Bilanzsummenverkürzung, Erhöhung Eigenkapitalquote.

Abzugspositionen für das wirtschaftliche Eigenkapital. Neben dem normalen haftenden Eigenkapital errechnen Banken das an sich wichtigere wirtschaftliche Eigenkapital. Das von der Bank errechnete Volumen dieses WEKs können Sie unter Umständen erhöhend beeinflussen: Sofern sich die nicht persönlich haftenden Gesellschafter dazu überwinden können, sollten Sie darauf achten, daß die von ihnen an das Unternehmen ausgereichten Darlehen (a) eine Restlaufzeit von mindestens einem Jahr haben und (b) gegenüber den Bankverbindlichkeiten mit einer Rangrücktrittserklärung versehen sind. Einen entsprechenden Vertragstext für eine solche Erklärung stellt Ihnen Ihre Bank zur Verfügung.*) Dadurch dürfte sich an Ihrer diesbezüglichen Rechtsposition faktisch nichts Grundlegendes verschlechtern. Stimmen Sie sich diesbezüglich jedoch mit Ihrem Steuerberater ab. Ferner sollten Sie unbedingt etwaige ausstehende Einlagen einzahlen. Zum einen haften Gesellschafter in Höhe der ausstehenden Einlage mit ihrem Privatvermögen ohnehin (Sie gewinnen haftungsrechtlich also durch die Nichteinzahlung nichts). Andererseits zieht die Bank ausstehende Einlagen im Rahmen der Bilanzanalyse vom nominellen Eigenkapital ab, was wiederum das Rating ungünstig beeinflußt.

Umsatz- und Ergebnisentwicklung glätten. Banker mögen abrupt schwankende betriebswirtschaftliche Kennzahlen nicht.

---

*) Gerne wird eine solche Rangrücktrittserklärung von den Banken mit einer Darlehensbelassungserklärung kombiniert, die den Kreditgeber viel weiter bindet, aber in dieser Konstellation an sich nicht notwendig ist.

Dagegen lieben sie Zeitreihen mit sich stetig verändernden Kennzahlen – Kontinuität suggeriert Berechenbarkeit und Sicherheit. Schwankende Zahlen und hüpfende Quoten *(Volatilität)* verursachen ihnen Magenschmerzen. Das geht so weit, daß mancher negative Pendelausschlag beim Betriebsergebnis geradewegs bis in den Konkurs des Unternehmens extrapoliert wird. Behalten Sie das im Hinterkopf und versuchen Sie, im Rahmen des Möglichen die Umsatz- und Ergebnisentwicklung wie auch die Entwicklung bestimmter Schlüsselquoten (Materialeinsatz-, Personalaufwands-, Eigenkapitalquote) kontinuierlich verlaufen zu lassen. Was den Umsatz betrifft, bietet sich in einem guten Jahr, in dem Sie den Vorjahresumsatz z. B. bereits Anfang Dezember eingeholt haben, die Überlegung an, ob Sie die Rechnungslegung ab Dezember nicht ein wenig verlangsamen wollen. Dann fällt es Ihnen im nächsten Jahr leichter, den Umsatz nochmals zu steigern.

Erstellung konsolidierter Jahresabschluß. Wenn Ihr Unternehmen einem Unternehmensverbund angehört, dessen andere Mitglieder auch Kreditkunden Ihrer Bank sind, sollten Sie Ihren Firmenbetreuer daraufhin ansprechen, ob die wirtschaftliche Beurteilung des Verbundes auf der Basis der Einzelbilanzen (im Unterschied zu den einzelnen Unternehmen) für die Bank technische Probleme verursacht. Wenn ja, sollten Sie überlegen, ob Sie nicht eine konsolidierte Handelsbilanz der Gruppe für die Bank anfertigen lassen. Das könnte Ihre Kreditverhandlungen eventuell erleichtern, da bekanntlich eine wirtschaftliche Beurteilung einer verflochtenen Firmengruppe nur vernünftig auf Basis konsolidierter Zahlen möglich ist. Das gilt um so mehr, wenn Innenumsätze und Innendarlehensbeziehungen zwischen den Unternehmen der Gruppe stattfinden und/oder wenn die Unternehmen Bürgschaften füreinander abgegeben haben. Als Nachteil dieser Maßnahme sind natürlich ihre Kosten zu verbuchen.

Termin für die Einreichung schlechter Zahlen. Eine grundsätzliche Frage, die sich jedem bankkreditnehmenden Unternehmen mit unerfreulichen Zahlen stellt: Wie schnell bzw. früh soll der schlechte Jahresabschluß den Banken vorgelegt werden? Aus den in diesem Abschnitt dargestellten Hinweisen könnte man eventuell ableiten, daß eine möglichst *späte* Einreichung im Interesse des Unternehmens läge, doch dem ist nicht so. Das Unternehmen sollte der Bank die Ist-Zahlen – auch wenn sie schlecht sind – stets so früh wie möglich vorlegen (auf alle Fälle, bevor die Anmahnung kommt). Es wäre kurzsichtig und töricht, die Bank durch Verzögerung und Zurückhaltung von Informationen hinters Licht führen zu wollen, denn wenige Monate später wird sie die Wahrheit ohnehin erfahren. Dann ist der Vertrauensverlust wegen der offensichtlichen Hinhaltetaktik um so größer. Darüber hinaus ist zwischenzeitlich wertvolle Zeit verstrichen, die das Unternehmen hätte nutzen können, um ein mit der Bank abgestimmtes Konsolidierungskonzept zu entwickeln.

Abschließend möchte ich allen Geschäftsführern und Geschäftsinhabern ans Herz legen, sich über den Themenkreis Bilanzierung, Bilanzpolitik, Finanzbuchhaltung genauso wie über das existentiell wichtige Rechnungswesen/Controlling *selbst* zu informieren und nicht nach der Devise zu verfahren: „Das sind Detailfragen, für die ich ja meine Finanzprokuristin und meinen Steuerberater habe." Eine solche Einstellung ist fatal. Sie führt nicht nur dazu, daß das Unternehmen operativ und strategisch zweitklassig gesteuert wird, sondern wird sich im Bonitäts-Rating Ihrer Bank für die Kategorie „Qualität des Managements" auch negativ zu Buche schlagen. Ihr Steuerberater wird Ihnen – idealerweise *nachdem* Sie sich selbst z. B. über die Fachliteratur kundig gemacht haben – die Durchführbarkeit der hier angegebenen einzelnen Maßnahmen in Ihrem konkreten Fall sicher gerne erläutern.

4. Warum Ihre Bank will, daß Sie einen guten Steuerberater/Wirtschaftsprüfer haben

Ein Steuerberater (oder Wirtschaftsprüfer) muß mehr sein als nur ein Buchhalter. Er sollte seiner Berufsbezeichnung gerecht werden, das heißt, als *Berater* wirken – und zwar in steuerlichen *und* finanzwirtschaftlichen Fragen, betrieblich und gegebenenfalls auch privat. In gewissen Grenzen dürfen Sie von einem guten Steuerberater/Wirtschaftsprüfer auch betriebswirtschaftliche und wirtschaftsrechtliche Beratung erwarten. Belege einsammeln und verbuchen reicht nicht. Daß die Steuerberaterzunft am *beraterischen* Auftrag oft kläglich scheitert, habe ich in meiner Tätigkeit als Firmenkundenbetreuer oft genug erlebt. Auch die akademische Fachwelt sieht dieses Defizit nicht anders: „Mittelständische Betriebe haben offensichtlich ein Beratungsdefizit in bezug auf die externe Rechnungslegung, insbesondere unter Berücksichtigung steuerlicher Sachverhalte", schreibt Volker Peemöller in *Bilanzanalyse und Bilanzpolitik* (S. 152).

Die Hauptkritikpunkte, die sich viele betrieblichen Steuerberater und Wirtschaftsprüfer gefallen lassen müssen, sind die folgenden:

- Ihrem eigentlichen Auftrag, nämlich den Mandanten zu *beraten,* kommen sie oft nur eindimensional nach. Bei ihren Empfehlungen beschränken sie sich oft einseitig auf die Steuersenkung durch eine kurzfristig orientierte Reduzierung des steuerlichen Gewinns. Andere wichtige Belange – wie etwa die dauerhafte Kreditwürdigkeit oder die betriebswirtschaftliche Effizienz des Unternehmens – lassen sie außer acht. Um beispielsweise in einem einzelnen Jahr einige tausend Mark Steuern zu sparen, werden durch Aufspaltung des Unternehmens in mehrere steuerliche Einheiten betriebliche Abläufe verkompliziert, was für das Unternehmen einen (leider nur schwer quantifizierbaren) jährlichen Mehraufwand verursacht. Daß damit der Steuerberater sein Honorarvolumen erhöht, dürfte die Popularität dieser Maßnahmen unter den Beratern erklären. Gegen eine einfache klassische Betriebsaufspaltung in *eine* Besitz- und *eine* Betriebsgesellschaft, aus der sich Vorteile bei Produkthaftung und Steuer ergeben, ist im allgemeinen jedoch nichts einzuwenden.

- Unternehmensstrategische Beratung mit Blick auf wichtige Themen, wie Unternehmensnachfolge, *Exit**), Diversifizierung, Bilanzpolitik, Bankbeziehungs-Management, Controlling, Organisation der Finanzbuchhaltung, findet nur auf Sparflamme statt. Wenn sie aber erfolgt, dann nur reaktiv, das heißt, als Bekämpfung bereits eingetretener Probleme und auf Initiative des Mandanten.

Die verhängnisvollen Konsequenzen, die ein Mangel an strategischer Steuerberatung haben kann, möchte ich anhand eines Beispiels verdeutlichen: Ein Steuerberater setzt im vorauseilenden Gehorsam den an sich berechtigten Wunsch eines geschäftsführenden GmbH-Gesellschafters nach persönlicher Steueroptimierung dadurch um, daß er ihm Jahr für Jahr empfiehlt, alle Überschüsse zu entnehmen und in langfristig gebundene private Steuersparanlagen zu investieren. Er blendet das triviale Faktum regelrecht aus, daß ein Unternehmen in guten Zeiten Reserven (Eigenkapital) für Krisenzeiten bilden muß. Wenn das dergestalt ausgezehrte „Unternehmensskelett" dann plötzlich mit einer überraschenden Krise konfrontiert ist (z. B. in Gestalt eines größeren Forderungsausfalls), gehen bei der Bank die Warnleuchten an. In dieser heiklen Phase wird die Kreditlinie weiter abgesenkt, das Unternehmen gerät ins Trudeln. Da der Gesellschafter seine „steueroptimierten" Vermö-

---

*) Unter *Exit* versteht man in diesem Zusammenhang den (langfristig) geplanten, möglichst ertragreichen Verkauf des Unternehmens, z. B. an einen Wettbewerber oder an leitende Angestellte.

gensanlagen (beispielsweise Immobilien) nicht umgehend verflüssigen kann, ist das Desaster perfekt. Ein strategisch denkender Steuerberater hätte mithelfen können und sollen, die damit verbundene, nervenaufreibende Hängepartie zu vermeiden. Selbst wenn alles gutgeht, wird dieser Schock bei der Bank noch lange, vielleicht Jahre nachwirken.
Geht eine solche Auszehrungsstrategie auf den Unternehmer selbst zurück (was selten der Fall sein dürfte), sollte der Steuerberater ihn auf die Gefahren und Implikationen für die Bankbeziehungen hinweisen. Wenn auch dies nichts hilft, kann er im Vorfeld ein Gespräch des Unternehmers mit der Bank anregen. Daran ist ein fähiger, mitdenkender Steuerberater zu erkennen.
Ich will nun noch einige weitere „technische" Kriterien nennen, die Ihnen helfen sollen festzustellen, ob Ihr Steuerberater/Wirtschaftsprüfer der richtige für Sie ist:

- Der Steuerberater sollte in Ihrer Stadt/Region lokalisiert sein, so daß Sie ihn in dringenden Fällen schnell erreichen können, ohne eine kleine Weltreise unternehmen zu müssen. Auf diese Weise sparen Sie auch eventuelle Anreisekosten für den Fall, daß Ihr Berater Sie in Ihren Betriebsräumen besucht. Die in den neuen Bundesländern verbreitete Praxis, daß der Berater ein „Wessi" ist, der zweimal monatlich für zwei Tage in seiner kleinen Ostfiliale vorbeischaut, ist heutzutage völlig inakzeptabel.
- Die Kanzlei sollte ausschließlich oder jedenfalls schwerpunktmäßig gewerbliche Mandanten betreuen. Am besten hat der zuständige Berater außer Ihnen noch mindestens drei andere Mandaten aus Ihrer Branche. Nur so können Sie darauf zählen, daß die Kanzlei ausreichend Know-how vor Ort für Ihre spezifischen Bedürfnisse hat.
- Im Rahmen der Steuerberatung treten zunehmend betriebswirtschaftliche Fragen in den Vordergrund, obwohl die Betriebswirtschaft weder Teil der Ausbildung noch der Prü-

fung zum Steuerberaterberuf ist. Daher wird die Qualität eines Steuerberaters/Wirtschaftsprüfers auch daraus ersichtlich, inwieweit er eine fundierte betriebswirtschaftliche Hochschulausbildung besitzt (ersichtlich z. B. aus dem Briefkopf).

- In guten Kanzleien findet die Beratung stets im Team, nach dem Grundsatz des Vier-Augen-Prinzips statt. Dies darf sich allerdings nicht in der bloßen Behauptung, daß man das so handhabe, erschöpfen, sondern muß für Sie als Mandant konkret erkennbar sein.
- Ihr Steuerberater/Wirtschaftsprüfer sollte kein Einzelkämpfer sein, sondern Teil einer Kanzlei mit mindestens zwei oder drei weiteren geprüften Partnern und insgesamt mehr als 15 Mitarbeitern. Fragen Sie nach diesen Zahlen. Vorteilhaft ist es auch, wenn ein Jurist Partner in der Kanzlei ist.
- Wenn Ihr Hauptansprechpartner in der Kanzlei ein Mitarbeiter ist, der die Steuerberater- bzw. WP-Prüfung noch nicht abgelegt hat, so ist eine Beratung durch diesen Mitarbeiter gesetzlich nicht zulässig. Lehnen Sie eine solche Beratung auch dann ab, wenn Schriftstücke von einem geprüften Berater, den Sie so gut wie nie zu Gesicht bekommen, unterzeichnet sind und dem Gesetz so pro forma Genüge getan wird. Wenn ihr Berater die Prüfung zwar gerade abgelegt hat, aber noch über sehr wenig Berufserfahrung verfügt, sollten Sie darauf bestehen, daß mindestens ein Partner der Sozietät mit der entsprechenden Erfahrung die Beratung federführend bestimmt.
- Ihr Steuerberater sollte kapazitätsmäßig in der Lage und willens sein, einen Jahresabschluß in den ersten fünf Monaten des folgenden Jahres fertigzustellen, sofern Ihre Finanzbuchhaltung den Dateninput geliefert hat. Im Jahr einer größeren Investition sollte es noch schneller gehen.
- Der für Sie zuständige Buchungssachbearbeiter und der Steuerberater oder Wirtschaftsprüfer dürfen nicht jedes Jahr

wechseln. Wenn das der Fall ist, können Sie daraus schließen, daß Sie innerhalb der Kanzlei zur Manövriermasse für die Kapazitätsplanung zählen.

- Es ist eigentlich eine Selbstverständlichkeit, daß Ihr Berater Sie in einem heiklen Gespräch mit der Bank unterstützt.
- Genauso selbstverständlich finde ich es, daß er Sie, nachdem er sich über die langfristige Unternehmensplanung informiert hat, differenziert über die bilanzpolitischen Gestaltungsspielräume aufklärt und dann die entsprechenden Maßnahmen durchführt. Hier sind aber auch Sie als aktiver und mündiger Mandant gefragt. Sie müssen Ihren Steuerberater laufend mit entsprechenden Informationen „füttern", damit er optimal für Sie wirken kann.

Stellen Sie sich die Frage, ob der Steuerberater/Wirtschaftsprüfer Ihres Unternehmens die hier genannten Qualitätskriterien erfüllt. Wenn nicht, suchen Sie sich einen neuen. Ihr Steuerberater bemerkt, wenn Sie zu bequem oder zu naiv sind, diesen Schritt zu tun. Dementsprechend wird er seine Ressourcen eher dorthin lenken, wo mehr Abwanderungsrisiko besteht. Der Aufwand, der mit einem solchen Wechsel verbunden ist, sollte kein Grund sein, beim alten Berater zu bleiben, obwohl man einen neuen bräuchte. Es ist zu wichtig, den richtigen Steuerberater zu haben, um faule Kompromisse zu tolerieren.

Sofern Sie ein prüfungspflichtiges Unternehmen leiten, sollten Sie eine Kanzlei auswählen, die Steuerberatung und Bilanzprüfung zugleich leistet – also eine kombinierte Steuerberater-/Wirtschaftsprüferkanzlei. (Aufgrund gesetzlicher Bestimmungen darf allerdings die *Erstellung* des Jahresabschlusses nicht durch den testierenden Wirtschaftsprüfer selbst erfolgen.)

Die Auswahl des Steuerberaters/WPs sollte nicht primär von der Honorarfrage bestimmt sein. Gute Kanzleien sind im allgemeinen teurer als schlechte, doch der Beratungserfolg wird durch das etwas höhere Honorar fast immer überkompensiert.

Es könnte sogar sein, daß Honorarangebote, die deutlich unter den üblichen Sätzen liegen, ein Zeichen für oberflächliche Qualität oder wirtschaftliche Probleme der Kanzlei sind.
Eines dürfen Sie aber nicht vergessen: Ihr Steuerberater/Wirtschaftsprüfer soll nicht *für* Sie denken, sondern *mit* Ihnen. Es kann keinesfalls angehen – obwohl das leider häufig der Fall ist –, daß der Steuerberater/Wirtschaftsprüfer der einzige ist, der das Zahlenwerk versteht und interpretieren kann. Dies ist die ureigenste Aufgabe des Unternehmers bzw. Geschäftsführers. Ihr Steuerberater kann Sie dabei wirkungsvoll unterstützen und beraten, darf Sie aber nicht ersetzen. Sollten Sie den Firmenbetreuer der Bank oder den Kreditsachbearbeiter bei Fragen zum Hintergrund einzelner Positionen des Jahresabschlusses permanent an den Steuerberater verweisen müssen, wirft das ein schlechtes Licht auf Ihre kaufmännischen Fähigkeiten.
Sofern Ihr derzeitiger Steuerberater/Wirtschaftsprüfer an den hier genannten Qualitätsmaßstäben scheitert oder Sie aus anderen Gründen über einen Wechsel nachdenken, fragen Sie Ihren Firmenbetreuer nach einer Empfehlung. Aufgrund seiner vielfältigen Kontakte und seiner Erfahrungen mit dem „Arbeitsprodukt" der am Ort vertretenen Berater wird er Ihnen sicher einen guten Tip geben können. Will oder kann er es nicht tun, ist das durchaus als Servicemangel zu betrachten. Sie brauchen übrigens kaum befürchten, daß zwischen Steuerberater und Bank unkontrolliert Informationen hin- und herwechseln. Angesichts des Steuergeheimnisses und seiner besonderen Verschwiegenheitspflicht wird der Steuerberater das damit entstehende Risiko kaum eingehen.

VII.
Unverzichtbares Basis-Know-how im Kreditgeschäft

Die Abhandlungen zum jahrtausendealten Phänomen Kredit füllen ganze Bibliotheken. Ich will mich auf das für kleine und mittlere Firmenkunden unverzichtbare Basiswissen beschränken. Das bedeutet vor allem eine Erläuterung der folgenden Gesichtspunkte:

- Wie läuft ein Firmenkundenkreditantrag ab?
- Welche Unterlagen will die Bank von Ihnen haben?
- Was will die Bank von Ihnen wissen?
- Welche Kreditarten sind wofür geeignet?
- Welche zinsverbilligten Sonderkredite kommen in Frage?
- Was ist bei Umschuldungen, vorfristigen Tilgungen, Kreditkündigungsrechten zu beachten?
- Wie beurteilt man Kreditkonditionen objektiv?
- Was ist bei der Sicherheiteneinräumung zu beachten?
- Unter welchen Umständen kommt eine Beteiligungsfinanzierung als Alternative für einen Bankkredit in Betracht?

1. Wie läuft ein Firmenkundenkreditantrag ab?

Eine immer wieder zu hörende Klage kleiner und mittlerer Firmenkunden ist, daß es bis zur Auszahlung eines Kredites –

gleichgültig ob zur Finanzierung von Investitionsgütern oder Betriebsmitteln – viel zu lange dauere. Und in der Tat vergehen in einigen Fällen mehrere Monate; selbst Zeitspannen von über einem Jahr kommen vor. Ungeachtet der zum Teil noch immer recht bürokratischen Vorgehensweise mancher Banken, die selbst bei kleinen Kreditierungen manchmal fünf und mehr Abteilungen oder Instanzen an unterschiedlichen räumlichen Standorten involvieren, können Sie als Kreditnehmer einiges dazu tun, daß der Entscheidungsprozeß so schnell wie möglich verläuft. Das möchte ich Ihnen im folgenden veranschaulichen. Zunächst ist es für Sie von Nutzen, wenn Sie eine ungefähre Vorstellung von den einzelnen Prozeßschritten selbst haben. Diese Schritte stelle ich nachfolgend kurz dar, wobei die (ohnehin von Bank zu Bank unterschiedliche) Praxis im Einzelfall davon abweichen kann und eine Reihe von hier genannten Einzelschritten entweder wegfallen, da unnötig oder bereits zu einem früheren Zeitpunkt vollzogen. Das Prozedere könnte bei einem negativen Ergebnis auf praktisch jeder Stufe in eine Absage münden. Je vorläufiger oder unvollständiger die Informationen und Unterlagen sind, die der Bank vorliegen, desto weniger sauber, sequentiell und berechenbar wird dieser Prozeß ablaufen.

Beschreibung des Schritts	Ergänzende Erläuterung
1. Der Kunde informiert die Bank über sein Investitionsvorhaben.	–
2. Der Firmenbetreuer stellt Fragen und nennt die aus seiner Sicht voraussichtlich erforderlichen Unterlagen. (Zu den möglichen Fragen siehe folgenden Abschnitt.) Meist handelt es sich zunächst nur um	Bei den Unterlagen ist grundsätzlich zwischen Unterlagen und Informationen, die vor bankinterner *Genehmigung* des Kredites vorliegen müssen, und solchen, die erst vor *Auszahlung* des Kredites notwendig sind, zu unterscheiden. Hier

Beschreibung des Schritts	Ergänzende Erläuterung
eine Teilmenge von Unterlagen, die für eine Vorabentscheidung der Bank (Lohnt es sich, das Vorhaben weiterzuverfolgen, oder nicht?) erforderlich ist.	machen viele Banken keine nach außen kommunizierte Unterscheidung und erschweren damit die Arbeit des Kunden. Eventuell erhält der Kunde bereits jetzt eine unverbindliche (freibleibende) Finanzierungszusage der Bank, die jedoch nur als Interessensbekundung zu werten ist. Klingt das Vorhaben interessant, wird sich der Firmenbetreuer evtl. mündlich (und *nur* mündlich) weit aus dem Fenster lehnen, um sich ein möglicherweise lukratives Geschäft zu sichern. Darauf kann der Kunde jedoch praktisch nichts geben, solange nicht mindestens die Bonitätsprüfung (insbesondere auf Basis der Unternehmenszahlen und ggf. der Wirtschaftlichkeitsberechnung des Projektes) komplett abgeschlossen ist.
3. Kunde erstellt die Unterlagen und legt sie der Bank vor.	–
4. Firmenbetreuer sichtet die Unterlagen und vollzieht eine Vorprüfung.	Sofern es sich um ein Investitionsvorhaben handelt, ist eventuell eine Vor-Ort-Besichtigung des Grundstücks oder Objekts erforderlich, wobei der Betreuer oder ein Bankgutachter Daten für eine erste Wertermittlung sammelt. Unter Umständen sind auch Rücksprachen der Bank mit weiteren externen Stellen notwendig.
5. Wenn das Ergebnis weiterhin positiv ist und die Unterlagen	Neben einer Beschreibung des Vorhabens enthält die interne Kre-

Beschreibung des Schritts	Ergänzende Erläuterung
ausreichend vollständig sind, formuliert der Betreuer eine interne Kreditantragsvorlage mit positivem Votum, die er an einen Kreditsachbearbeiter zur Prüfung weiterreicht.	ditvorlage normalerweise bereits Vorschläge/Angaben zu Mindestmarge und Kreditierungsauflagen (z. B. geforderte Sicherheiten).
6. Der Kreditsachbearbeiter prüft die Vorlage und formuliert einen Katalog noch offener Fragen und fehlender Unterlagen.	Im Optimalfall war die Vorlage des Kundenbetreuers schon so komplett, daß der Sachbearbeiter keine weiteren Fragen hat.
7. Der Firmenbetreuer holt die noch fehlenden Informationen und Unterlagen beim Kunden ein. Erst jetzt kann die Bonitätsprüfung als abgeschlossen gelten.	–
8. Entscheidet der Kreditsachbearbeiter ebenfalls positiv, erstellt er einen internen Kreditantrag. Unter Umständen sind die Stellungnahmen und/oder Voten interner Fachabteilungen einzuholen. Je nach Höhe des Gesamtkreditvolumens des Kunden (nicht nur des fraglichen Neukredits) und seiner Kreditgenehmigungskompetenz kann er zusammen mit dem Firmenbetreuer den Kredit alleine genehmigen.	Im Falle einer Genehmigung auf dieser Stufe wird nun das verbindliche Zusageschreiben – i. d. R. mit Auflagen (Bedingungen vor allem für die Auszahlung) – an den Kunden verschickt. Ist dieser grundsätzlich einverstanden, wird (im Falle von Investitionsvorhaben) auf der Basis eines verbindlichen, aber nur einen oder wenige Tage gültigen Konditionenangebotes ein Kreditvertrag abgeschlossen.
9. Reicht die gemeinsame Kreditgenehmigungskompetenz von Betreuer und Kreditsachbearbeiter (letzterer ist wichtiger)	Diese Weiterdelegation kostet natürlich Zeit, besonders dann, wenn die höhere Instanz nicht am selben Ort ansässig ist. Nachdem

Beschreibung des Schritts	Ergänzende Erläuterung
nicht aus, geht der Antrag an eine höhere Instanz mit ausreichender Genehmigungskompetenz weiter.	die endgültige Genehmigung erteilt ist, kann das Zusageschreiben erstellt werden (siehe Erläuterung zu Schritt 8).
10. Der Kunde erfüllt die weiteren auszahlungsrelevanten Auflagen (z. B. Abschluß von Sicherheitenverträgen, Eigenmittelnachweise, behördliche Genehmigungen usw.). Dann kann der Kredit bzw. die Zwischenfinanzierung ausgereicht werden.	Wie Sie teure Zwischenfinanzierungen im Rahmen des Möglichen vermeiden können, erfahren Sie in Kapitel VII.5.6., „Investitionskredit und Leasingfinanzierung").

Auch wenn bei langjährigen Kunden einzelne Schritte zum Teil entfallen und die Kunden von diesen internen Abläufen für gewöhnlich ohnehin wenig erfahren, läßt sich doch erkennen, daß bankintern ein recht vielstufiger Entscheidungsprozeß stattfindet. Diese Kette wird selbst bei reinen Prolongationen, die spätestens zweijährlich bei praktisch allen Firmenkrediten erfolgen müssen, durchlaufen. Insbesondere bei Neukrediten kann in diesem Prozeß an vielen Stellen durch Unwissen oder Unprofessionalität seitens des Kunden oder der Bank wertvolle Zeit verlorengehen (siehe auch Stichwort „Plafond" im Glossar).

Als Kunde und Kreditantragsteller sollten Sie deswegen versuchen, Ihren Beitrag zu diesem Prozeß zeitlich und inhaltlich zu optimieren. Dies können Sie folgendermaßen:

- Konfrontieren Sie Ihren Betreuer nicht mit unausgegorenen Ideen, und erwarten Sie nicht, daß er Ihre Denkarbeit leistet. Entwickeln Sie *vor* dem ersten Gespräch mit Ihrer Bank ein standfähiges Grundmodell des Investitionsprojektes. Dazu sollten Sie geeignete Mitarbeiter, Geschäftspartner, Ihren Steuerberater, andere Fachleute und evtl. Fachliteratur zu

Rate ziehen. Denken Sie daran: Die Investition (von der Ihr Banker nicht viel verstehen kann), nicht deren Finanzierung (von der er etwas versteht) ist das wichtigste an dem Projekt. Doch warten Sie auch nicht zu lange mit dem ersten Bankgespräch. Stellen Sie Ihren Banker auf keinen Fall vor vollendete Tatsachen (bereits unterschriebene Kauf-, Bau- oder Lieferverträge)*). Kreditkonditionen, die für Kalkulationszwecke genau genug sind, können Sie dem *Handelsblatt* entnehmen. Gehen Sie nicht davon aus, daß bei den Gesprächen mit Ihrer Bank das zu kreditierende Vorhaben allein Gesprächsthema sein wird. Eventuell ist die wirtschaftliche Situation Ihres Unternehmens für die Bank viel wichtiger.

- Hausieren Sie mit Ihrem Projekt nicht bei sieben Banken, sondern beschränken Sie sich auf maximal drei. Im allgemeinen dürfte es ratsam sein, wenn Sie den jeweiligen Firmenkundenbetreuer von Anfang an darüber informieren, daß Sie noch mit einer (nicht zwei) weiteren Banken im Gespräch sind. Hier dürfen Sie also ein wenig flunkern.

- Sofern es Ihre Bank nicht von sich aus macht, fordern Sie Ihren Firmenbetreuer auf, Ihnen eine vollständige schriftliche Checkliste der für die Kreditentscheidung noch fehlenden Unterlagen auszuhändigen. Auf dieser Checkliste sollten die Unterlagen in mindestens die beiden Kategorien (a) für die Kreditentscheidung unerläßlich und (b) für die Kreditauszahlung unerläßlich unterschieden sein. Liefern Sie diese Unterlagen vollständig und fristgerecht. Vereinbaren Sie mit der Bank klare und realistische Fristen für Ihren Input und für die Entscheidungen der Bank. Versuchen Sie, Fristen unbedingt einzuhalten. Unvermeidliche Verzögerungen künden Sie an. Fristeinhaltung und Vollständigkeit der Unterlagen und Informationen sind viel wichtiger als deren äußere Form. Beispielsweise sind handschriftlich kommen-

---

*) Das könnte im übrigen das Aus für die Beantragung eines möglichen zinsgünstigen Sonderkredites bedeuten.

tierte, vorläufige Zahlen (betriebswirtschaftliche Abrechnung usw.) völlig in Ordnung. So können Sie eventuell Zeit sparen.

In diesem Zusammenhang noch ein wichtiger Hinweis für den Fall, daß Ihr Unternehmen den Neubau einer Betriebsimmobilie plant: Der Beleihungswert (also der von der Bank ermittelte, sogenannte *nachhaltige* Wert einer Immobilie) hängt in hohem Maße von der Spannbreite der Nutzungsmöglichkeiten ab. Das gilt für Wohnimmobilien, aber mehr noch für Gewerbeimmobilien und bedeutet, daß der Wert einer Immobilie aus Sicht der Bank um so höher ist, je vielfältiger man sie nutzen kann. Ein Bauherr, der über die Bank finanziert, sollte also folgende Gesichtspunkte beherzigen:

- Geben Sie dem Gebäude einen möglichst einfachen, zweckmäßigen Zuschnitt (maximale Nutzfläche aus einem Grundstück oder einer Gebäudegrundfläche herausholen, keine rein ästhetisch motivierten runden Formen oder Erker usw. einplanen).
- Verwenden Sie innen und außen preisgünstiges, zweckmäßiges Baumaterial – man baut nicht mehr für die Ewigkeit, sondern für die nächsten 25 Jahre.
- Wählen Sie eine Bauweise, die mit minimalem Aufwand veränderbar ist (verschiebbare Wände, zugängliche Medienversorgung, Kabelschächte unter herausnehmbaren Fußbodenplatten oder abgehängten Decken).
- Suchen Sie einen vielseitig nutzbaren Standort (im Zweifel ist das Gewerbegebiet besser als ein Standort in der Innenstadt oder ein gemischt genutztes Wohn-/Gewerbegebiet).
- Vergessen Sie Ihre Wunschvorstellung von der ganz besonderen „Traumimmobilie". Denken Sie nur zweckrational. Wenn Sie sich für diese Vorgehensweise entschieden haben, unterstreichen Sie sie im Vorfeld der Investition gegenüber der Bank mit dem Hinweis, daß Sie Vorsorge für einen theo-

retisch immer möglichen späteren Verkauf der Immobilie treffen werden (Ihre Bank denkt dabei natürlich eher an den Erlös im Rahmen einer Verwertung der auf der Immobilie lastenden Grundschuld).

Welche Unterlagen in diesem Zusammenhang relevant sind und worauf Sie achten müssen, erläutert der nächste Abschnitt.

2. Welche Unterlagen braucht die Bank?

Vielleicht haben Sie Glück und kennen Ihren Banker schon seit vielen Jahren, sind ein eingespieltes Team, in dem jeder weiß, was er vom anderen zu erwarten hat. Dies ist aber immer seltener der Fall, nicht zuletzt wegen der zunehmenden Fluktuation innerhalb der Banken (Job-Rotation der guten Nachwuchskräfte, Umstrukturierungen). Deshalb sind Sie gut beraten, wenn Sie sich auf die Unterlagenwünsche und Fragen Ihres Bankers vorbereiten. Dabei sind einige Gesichtspunkte grundsätzlicher Natur zu bedenken:

- Wie ich schon an anderer Stelle betonte, haben Banken als maßgebliche Kapitalgeber, die oft mehr in ein Unternehmen investiert haben als jeder andere Kapitalgeber (Eigentümer, Lieferanten usw.), ein berechtigtes und naturgemäß weitgehendes Interesse daran, genau über die wirtschaftliche Situation eines Kreditnehmers unterrichtet zu werden. Damit dürfen Sie als Kreditnehmer kein Problem haben.
- Je größer der Anteil der Informationen, die Sie der Bank in schriftlicher Form zur Verfügung stellen, desto kürzer und angenehmer verlaufen lästige Fragestunden, desto seltener entstehen Mißverständnisse und desto zufriedener ist die Bank (schriftlichen Informationen wird höhere Glaubwürdigkeit zugemessen, außerdem erleichtern sie die Arbeit der Banker).

- Ihnen sollte klar sein, daß eine Bank mit den Fragen und Unterlagenwünschen zu einem speziellen Finanzierungswunsch zugleich auch Ihre persönliche Qualifikation als Unternehmer oder Manager sowie die Qualität der Unternehmensführung insgesamt abcheckt. In dieser Hinsicht ist oft sogar wichtiger, *wie* etwas gesagt wird, als *was* gesagt wird.
- Die Einreichung von Unterlagen, insbesondere Ist- oder Soll-Zahlen zur wirtschaftlichen Entwicklung, sind Chefsache. Wälzen Sie dies nicht auf untergeordnete Mitarbeiter oder den Steuerberater ab. Was an die Bank geht, sollte über Ihren Schreibtisch laufen. Das darf aber nicht zur Folge haben, daß Unterlagenwünsche der Bank endlos liegenbleiben. Sie sollten im Gegenteil zügig erfüllt werden; lassen Sie sich nicht anmahnen! Das sähe in den Augen Ihres Betreuers einerseits nach Geringschätzung seiner Person und zweitens nach unprofessionellem Management aus. Er könnte daraus schließen, daß Sie wichtige Kunden auch so nachlässig behandeln. Sorgen Sie mit Macht dafür, daß insbesondere der Jahresabschluß Ihres Unternehmens spätestes Ende Mai bei der Bank liegt (sofern das Kalenderjahr Ihr Geschäftsjahr ist). Drängen Sie Ihren Steuerberater, wenn nötig, zur Eile. Eine frühzeitige Einreichung erleichtert etwaige Kredit- und Konditionenverhandlungen und unterstreicht Ihre Professionalität. Der einzige Nachteil, den eine frühzeitige Fertigstellung hat, könnte darin bestehen, daß dann die Körperschaftsteuer sofort abzuführen ist. Dies umgehen Sie dadurch, daß der inhaltlich fertige Jahresabschluß zunächst einfach als „unverbindliches Vorwegexemplar" tituliert wird und Sie Ihre Bank über die Hintergründe entsprechend mündlich informieren.

Die Unterlagen und Angaben, die Banken im Zusammenhang mit Finanzierungsvorhaben von kleinen und mittleren Firmenkunden benötigen, lassen sich grob in drei Kategorien einteilen:

(a) Informationen zum Unternehmen,
(b) Informationen zum Vorhaben/Objekt,
(c) Informationen zu den Eigentümern bzw. Gesellschaftern des Unternehmens.

Nachfolgend werden diese Unterlagen und Angaben aufgezählt und, soweit nötig, ihr Aufbau erläutert.

Mit Hilfe dieser Liste können Sie bereits im Vorfeld geplanter Finanzierungsgespräche mit Ihrer Bank abschätzen, welche Unterlagenwünsche auf Sie zukommen, und entsprechende Vorarbeiten leisten.

Selbstverständlich stellen Sie der Bank nur diejenigen Informationen zur Verfügung, die sie von Ihnen verlangt. Unaufgefordert sollten Sie jedoch Informationen, die Ihr Vorhaben und Unternehmen in einem besonders vorteilhaften Licht erscheinen lassen, weiterreichen. Im allgemeinen sind keine Originale, sondern nur Kopien erforderlich.

Auch für Existenzgründungsvorhaben sind die nachfolgenden Punkte relevant. Allerdings ist dort, jedenfalls bei komplexeren Vorhaben, die Erstellung eines integrierten Business-Plans (Geschäftskonzept) notwendig. Die Hauptbestandteile eines solchen Planes finden Sie am Ende dieses Abschnitts, eine detaillierte Anleitung zur Erstellung eines BP enthält *Das Existenzgründerbuch* von Karsten Rassner. Im Buchhandel sind auch Titel erhältlich, die sich ausschließlich auf die Erstellung von BPs konzentrieren.

Informationen zum Unternehmen

- Bilanzen oder Einnahmen-/Überschußrechnungen der letzten drei Geschäftsjahre (unterzeichnet) und möglichst be-

züglich nennenswerter A.o.-Vorkommnisse kommentiert. Daß Sie der Bank nur *aussagefähiges* Zahlenmaterial präsentieren, versteht sich von selbst. „Aussagefähig" heißt in diesem Zusammenhang, daß ein sachverständiger Dritter ohne Rückfragen in der Lage sein muß, das Zahlenwerk und seine inneren und chronologischen Zusammenhänge nachzuvollziehen. Diskontinuitäten (auffällige positive oder negative Veränderungen) sollten – gegebenenfalls handschriftlich – erläutert sein.
Besondere Neugier bei den Kreditsachbearbeitern rufen größere positive oder negative Leistungsbestandsveränderungen (bei Produktionsunternehmen), Erhöhungen des Vorratsvermögens, Veränderungen des Verbrauchsfolgeverfahrens (Lifo, Fifo usw.), deutliche Veränderungen der Aufwandsquoten für Personal und Material/Waren sowie starke Veränderungen bei der Afa hervor. Ferner die Zusammensetzung der sonstigen betrieblichen Erträge und des A.o.-Aufwandes.

- Unterjährige Zahlen: betriebswirtschaftliche Auswertung (BWA oder anderswie benannte kurzfristige Erfolgsrechnung, KER) inklusive Kontensaldenliste vom laufenden Geschäftsjahr. Ebenfalls unterzeichnet. Alle wesentlichen Periodenabgrenzungen (Afa, Versicherungsprämien, Weihnachtsgeld, Geschäftsführergehälter, Rückstellungen usw.) sollten, soweit bekannt oder vorhersehbar, vollständig anteilsmäßig eingebucht sein (u. U. als kalkulatorische Kosten). Bezüglich möglicher Diskontinuitäten gilt das oben Gesagte. Ebenfalls ganz wichtig (bei Produktionsunternehmen und Handelsunternehmen mit umfangreichem Rohmaterial- oder Warenbestand): Aus der KER muß hervorgehen, ob es sich beim ausgewiesenen Materialaufwand bzw. Wareneinsatz um den tatsächlichen Material- bzw. Waren*verbrauch* oder nur um den *Einkauf* handelt. Häufig ist die diesbezügliche Kontobezeichnung („Verbrauch") in der KER nämlich irreführend.*) Wird dieser Unterschied bei einem Unternehmen, dessen Materialverbrauch nicht zu 100% parallel zum Einkauf verläuft (was ja der Regelfall ist), nicht berücksichtigt, führt das zu einem unbrauchbaren unterjährigen Erfolgs- und Cash-flow-Ausweis. Abhilfe schaffen nur eine permanente Inventur (Führung eines separaten Materialverbrauchskontos) oder eine gesonderte Inventur zum Stichtag der unterjährigen Zahlen. Eine Second-best-Lösung – aber immer noch besser als gar keine – wäre eine Schätzung der Abweichung zwischen gebuchtem Einkauf und tatsächlichem Verbrauch mit manueller (handschriftlicher) Korrektur des Kontos „Einkauf".

- Angabe der Geschäftsführergehälter im Falle von geschäftsführenden (Mehrheits-)Gesellschaftern, soweit diese Zahlen nicht aus GuV und BWA hervorgehen (nicht bei Personengesellschaften und Einzelfirmen).
- Sonstige Informationen über das Unternehmen und seine Produkte (Firmenprospekt, Produktprospekte, Werbematerial, Referenzkunden und -projekte, Zertifizierungsurkunden, Presseartikel, Brancheninformationen, die der Bank eventuell nicht bekannt sind, usw.).
- Offene-Posten-Liste mit Kreditoren (Verbindlichkeitenliste) und Debitoren (Forderungsbestandsliste), ebenfalls unterzeichnet. Besonders aus der Debitorenliste sollten Fälligkeit oder Rechnungsdatum der Forderungen sowie die vollständigen Namen und Postadressen der Debitoren hervorgehen. Ggf. zusätzliche Adreßliste beifügen. (Mit der Offene-Posten-Liste wird die Bank versuchen, die Qualität ihres Forderungsbestandes zu überprüfen.)
- Auftragsbestandsliste mit (a) Auftraggeber und -sitz, (b) Auftragsvolumen, (c) geplantem Realisierungszeitraum, (d) vertraglich bindend fixiert (ja/nein), (e) wichtigen Zu-

---

*) Dies ist deswegen der Fall, weil am Geschäftsjahresende nach der Inventur eine Korrekturbuchung erfolgt und in diesem Moment tatsächlich der *Verbrauch* angezeigt wird.

satzangaben. Unverbindliche Rahmen- und Werkverträge mit erwartetem Volumen p. a. oder pro Monat gesondert aufführen.
- Auflistung der Konkurrenten im relevanten Markt mit Schätzungen zu Umsatz und/oder Marktanteilen.
- Schriftliche *SWOT-Analyse (strengths, weaknesses, opportunities, threats)*, das heißt, stichwortartige Beantwortung der folgenden Fragen: (a) Was sind die Stärken des Unternehmens? (b) Was sind die Schwächen des Unternehmens? (c) Welche künftigen Chancen/Möglichkeiten hat das Unternehmen? (d) Welche künftigen Gefahren drohen dem Unternehmen?
- Angaben zur Anzahl der Mitarbeiter am letzten Bilanzstichtag (oder im Jahresdurchschnitt), derzeit und geplant. Aufgesplittet nach Arbeitern, Angestellten (davon Meister, reine Vertriebsmitarbeiter, Azubis, Geschäftsführer, Teilzeitkräfte).
- Anzahl und Funktion der im Unternehmen mitarbeitenden Verwandten und Kinder. Welche Gesellschafter sind im Unternehmen tätig? Welches Alter haben sie? Wie und durch wen ist die Unternehmernachfolge gesichert?
- Gesellschaftsvertrag.
- Aktueller Handelsregisterauszug mit Gesellschafterliste.
- Plandaten: Umsatz- und Ertragsvorschau (Planergebnisrechnung) für die künftigen zwei bis drei Jahre, Liquiditätsvorschau für die kommenden zwölf Monate, Angaben zu Investitionen und Personalplanung in den kommenden 24 Monaten.

An dieser Stelle noch ein allgemeines Wort zum Thema Plandaten. Banken interessieren sich im Rahmen der Bonitätsprüfung von Unternehmen zu Recht mehr und mehr für diese Daten. Dagegen verlieren die – zweifellos wichtigen – Jahresabschlüsse, die eben lediglich die Vergangenheit repräsentieren, an Bedeutung. Trotzdem stellen viele kleine und mittelständische Unternehmen ihrer Bank Plandaten nur widerwillig zur Verfügung. Diesen Fehler sollten Sie auf keinen Fall machen, schon gar nicht mit dem abgedroschenen Hinweis versehen, daß sich die Zukunft nicht planen lasse. Je schneller der Wandel der Märkte, desto wichtiger wird Planung, nicht umgekehrt. Und es ist durchaus kein Zynismus zu sagen, Planung ersetze den Zufall durch Irrtum, und nur aus Irrtümern könne man lernen. Deshalb brauchen auch und gerade kleine und mittelständische Unternehmen – *obwohl* Flexibilität zu ihren größten Vorzügen zählt – Pläne für Umsätze, Liquidität, Investitionen, Personal. Diese Pläne müssen eine Übersicht ermöglichen, ohne exakt zu sein, Anreize bieten, ohne einzuengen. Sie werden sich wundern, wie dankbar Ihre Bank für Plandaten ist!

Sollten Sie sich genauer über Planungstechniken informieren wollen, sei Ihnen das Buch *Management von Klein- und Mittelstandsbetrieben. Praktischer Leitfaden zur Führung, Planung, Organisation* von Gottfried Köhler empfohlen.

Informationen zum Vorhaben/Objekt

- Wirtschaftlichkeitsberechnung für das Vorhaben inklusive Break-even-Berechnungen sowie Worst- und Best-Case-Szenarien;
- Investitionsplan (Kostenaufstellung, brutto/netto) nach wesentlichen Einzelpositionen/Gewerken (sofern kein Komplettkauf);
- Kostenvoranschläge oder Festpreisangebote zu allen nennenswerten Positionen des Investitionsplans;
- Kopien der Anträge auf Fördermittel (die nicht über die Bank eingereicht werden) mit Angabe zum Einreichungsdatum;
- Stellungnahme der IHK zum Investitionsvorhaben (bei bestimmten Sonderkrediten und Fördermitteln Voraussetzung).

Bei Immobilieninvestitionen:
- Kaufvertrag (gegebenenfalls Entwurf) oder Erbbaurechtsvertrag für Grundstücke, Gebäude, sonstiges Anlagevermögen und Gesellschaftsanteile;
- Grundbuchauszug zur Investitionsimmobilie;
- Grundrißzeichnung und Baupläne oder Baubeschreibung;
- bei Immobilienvorhaben: Nutzflächen- und Kubaturberechnung (umbauter Raum);
- bei bestehenden vermieteten Objekten: Mietertragsaufstellung mit (a) Mieter mit vollständigem Name und Adresse, (b) Höhe Nettokaltmiete, (c) Mietfläche in Quadratmetern, (d) ggf. Kündigungsfristen oder Laufzeiten der Mietverträge, (e) laufendem Kapitaldienst (Zins + Tilgung), (f) derzeitigem Restsaldo, (g) Grundschulden (Nominalbetrag);
- bei Bauinvestitionen: Baugenehmigung;
- bei Bauinvestitionen: Bauvertrag;
- Brandversicherungsurkunde bei bestehenden Gebäuden;
- Referenzliste des/der bauausführenden Unternehmen;
- Lageskizze oder amtlicher Lageplan.

Informationen zu den Eigentümern bzw. Gesellschaftern des Unternehmens

- Selbstauskunftsbogen (Bankformular), ausgefüllt und unterzeichnet (unter Berücksichtigung des Ehepartnereinkommens und -vermögens sowie unterhaltspflichtiger Kinder);
- Angabe zum ehelichen Güterstand (gesetzlich, Gütertrennung, Ehevertrag). Angabe zu Anzahl und Alter der Kinder;
- bei Selbständigen oder geschäftsführenden Gesellschaftern: Einkommensteuerbescheide der letzten Jahre, hilfsweise ESt-Erklärung;
- Vermögensaufstellung: tabellarische Aufstellung über Vermögen mit den dazugehörigen Lasten/Verbindlichkeiten (bei

Immobilien z. B. Darlehensrestsaldo und darauf lastende Grundschulden, sowie Nettokaltmieterträge);
- Grundbuchauszüge zum Immobilieneigentum;
- Lebenslauf;
- Eigenmittelnachweise;
- Kopie des Antrags bei abzutretenden Lebensversicherungen.

Wie bereits erwähnt, erwarten Banken bei Existenzgründungen und größeren Investitionsvorhaben immer öfter die Vorlage eines Geschäftskonzeptes oder Business-Plans. Ein erster Anhaltspunkt für „größer" ist die Relation Fremdfinanzierung/bisheriger Jahresumsatz. Wenn dieses Verhältnis 30% überschreitet, ist es sicher gerechtfertigt, von einem für dieses Unternehmen „großen" Vorhaben zu sprechen. Der Business-Plan enthält in einer benutzerfreundlichen, professionellen Aufmachung folgende Themenbereiche:

- Unternehmensbeschreibung (Gesellschafter, besondere Ressourcen, Vermögen, Historie usw.);
- Unternehmensstrategie (Produktpalette, Marketing, Vertrieb);
- Marktanalyse (Einkauf, Absatzmarkt), Wettbewerbssituation;
- Informationen zu Management und Organisationsstruktur;
- finanzwirtschaftliche Eckdaten: Investitions- und Finanzierungsplan, Umsatz- und Ertragsvorschau (mehrere Jahre), Liquiditätsvorschau (mehrere Jahre).

Die Erfahrung zeigt, daß den Finanzen in Business-Plänen oftmals zuviel Raum gewidmet wird (häufig geht das mit einer törichten Scheinpräzision bei Prognoserechnungen einher), während die weitaus wichtigere Analyse von Markt- und Wettbewerb oberflächlich und knapp ausfällt.

Übrigens sollte zwischen Bank und Firmenkunde ein echter Informationsaustausch stattfinden. Banken können Sie mit einer

Welche Unterlagen braucht die Bank? 153

ganzen Reihe nützlicher, aber „unüblicher" Informationen versorgen – zumeist gratis oder gegen ein geringes Entgelt. Zusätzlich zum spezifischen Nutzwert dieser Informationen signalisiert der Firmenkunde mit der Anfrage Interesse und Sachkenntnis. Bei den meisten Banken werden Sie folgende Unterlagen – die Aufzählung dürfte nicht vollständig sein – bekommen (einige dieser Informationen können Sie mit einer guten Zahlungsverkehrs-Software natürlich auch selbst erstellen):

- eine maschinelle Bilanzgliederung Ihres Jahresabschlusses,
- eine maschinelle Kennzahlenauswertung zu Ihrem Jahresabschluß mit Branchenvergleichswerten,
- Umsatzübersichten für laufende Konten: Maximal- und Minimalsalden pro Monat, Durchschnitts-Soll- und Habensalden pro Monat,
- Haben- und Sollumsätze je laufendem Konto pro Monat,
- Anzahl Buchungsposten (beleghaft, beleglos, Lastschriften, Überweisungen, Schecks, Bargeldein- und -auszahlungen usw.) pro Monat oder Jahr,
- Kapitaldienstpläne für die ausgereichten Darlehen einzeln und (eventuell gegen Gebühr) einen zusammengefaßten Kapitaldienstplan für alle Darlehen,
- einfache Electronic-Banking-Software (nur die aufwendigeren Programme sind kostenpflichtig),
- Bankauskünfte über Ihre Kunden (oft kostenpflichtig),
- Auskünfte von Auskunfteien über Ihre Kunden (oft kostenpflichtig),*)
- Konjunkturberichte,
- Branchenanalysen,

---

*) Da diese Auskünfte in der Regel nur Informationen enthalten, die im Handelsregister stehen (also ohnehin öffentlich zugänglich sind) oder freiwillig vom betreffenden Unternehmen selbst an die Auskunftei gegeben werden, wird die Aussagekraft dieser Auskünfte oft überschätzt. Apropos: Wenn Sie selbst von einer Auskunftei um Informationen gebeten werden, sollten Sie grundsätzlich bereitwillig und erschöpfend Auskunft geben, aber nur auf schriftliche Anforderung hin, nicht am Telefon. Verschwiegenheit würde hier nur Mißtrauen bei den Benutzern dieser Auskünfte (Ihren potentiellen Auftragnehmern) schüren.

- Analysen und Prognosen zur Zins- und Devisenkursentwicklung; Diagramme zu historischen Zins- und Kursentwicklungen; regelmäßig erscheinende Broschüren oder Newsletter zur Zinsentwicklung,
- Mustertexte für Bürgschaften, Akkreditive und andere Verträge,
- Broschüren zu den Themen Electronic Banking, Außenhandel, Controlling, Finanzplanung, Steuern, Unternehmensrechtsformen, Unternehmernachfolgeproblematik, Erbrecht, Vermögensanlage, Immobilien, Derivate (Zinsen, Devisen), Liste von Unternehmen mit Abtretungsverbot für an sie gerichtete Forderungen und vieles andere mehr,
- den Jahresabschluß der Bank. Fordern Sie ihn an, selbst wenn er ungelesen in Ihrem Papierkorb landet. Das signalisiert Interesse sowie kaufmännische Kompetenz und schmeichelt der Bank,
- wenn Sie eine andere Unterlage oder Information brauchen, scheuen Sie sich nicht zu fragen. Lassen Sie Ihrem Betreuer ein wenig Zeit, sich umzuhören, wo er die gewünschten Unterlagen bekommen kann, und fragen Sie ihn, was die konkrete Dienstleistung/Information kostet.

3. Auf welche zusätzlichen Fragen müssen Sie gefaßt sein?

Aus den oben genannten Unterlagen und Informationen erschließt sich bereits ein großer Teil der Fragen, die Ihnen Ihr Firmenkundenbetreuer stellen kann. Ich gehe davon aus, daß Sie mit diesen Informationen bestens vertraut sind. An dieser Stelle möchte ich deshalb nur die wichtigsten Punkte kurz wiederholen und einige weitere wichtige Fragen formulieren. Die Antworten darauf müssen Sie entweder auswendig liefern können oder – nach dem Motto: „Ein Griff genügt" – sofort zur Hand haben.

- Mit dem Zahlenwerk des Unternehmens (Jahresabschlüsse, unterjährige Zahlen) und den wichtigsten Kennzahlen (sowie Branchenvergleichswerten) sollten Sie vertraut sein. Diskontinuierliche Veränderungen der absoluten Größen wie auch der Kennzahlen können Sie am besten aus dem Stegreif heraus erläutern. Die Spartengrößen (soweit möglich nach dem Prinzip der Deckungsbeitragsrechung/Teilkostenrechnung) sollten Sie ebenfalls kennen.
- Größere überfällige, offene Forderungen müssen Ihnen bekannt sein, genauso der Hintergrund der Überfälligkeit. Und: Wer ist für Ihr Mahnwesen zuständig? Wie gut funktioniert es? Welche Zahlungsziele gewähren Sie? Welche Währungskurse bestehen (wenn Sie in Auslandswährung fakturieren)?
- Wie stellen sich Umsatz- und Ertragsplangrößen, ggf. nach Einzelsparten, Produktlinien, Profit Centern, Kostenstellen usw., den Größenordnungen nach dar?
- Wie sehen die Liquiditätsplangrößen aus, soweit Ihr Unternehmen mit enger Liquidität zu kämpfen hat?
- Welche Ziel-Eigenkapitalquote wollen Sie bis wann erreichen? Wie hoch sind die stillen Reserven? Welche Gründe können Sie anführen, um Ihre Aussage zu belegen?
- Welche Zinskonditionen (Guthaben- und Sollzinsen) gewähren die einzelnen Banken? Welche Kreditlinien bestehen dort? Bis wann sind diese zugesagt? Wie ist ihre durchschnittliche und maximale Ausnutzung? Reichen die derzeitigen Kontokorrentlinien? Wie hoch sind die langfristigen Verbindlichkeiten bei den einzelnen Banken? Wann laufen die Darlehen aus der Zinsbindung? Wie hoch ist der gesamte monatliche/vierteljährliche Kapitaldienst?
- Welche Sicherheiten sind bei welchen Banken, welche Vermögenswerte noch frei?

- Welches sind die Stärken, Schwächen, Opportunities und Gefährdungen des Unternehmens (s. o., SWOT-Analyse)?
- Was ist Ihr Markt? Versuchen Sie unbedingt, eine Definition für Ihren Markt/Ihre Märkte zu finden, auch wenn es schwerfällt und nur grob zutrifft.
- Wer sind die wichtigsten Wettbewerber? Wie groß sind sie? Wie hoch ist ihr Marktanteil?
- Welche wichtigen Veränderungen werden sich in den nächsten drei Jahren auf Ihrem Markt Ihrer Ansicht nach ergeben? Preisveränderungen, Mengenveränderungen?
- Wer sind Ihre wichtigsten Kunden, wie hoch deren Umsatzanteile? Läßt sich etwas darüber sagen, ob und wie diese Kunden wachsen werden?
- Welche weiteren wesentlichen Veränderungen erwarten Sie auf Ihrem Markt/Ihren Märkten in den nächsten drei Jahren (Produkte, Vertriebswege, Fertigungsverfahren, Zulieferer, Einkauf, gesetzliche Bestimmungen usw.)?
- Wie kommen Sie an Ihre Aufträge? Wie funktioniert Ihre Akquisition? Welche Art von direkter oder indirekter Erfolgskontrolle zu Marketing und Akquisitionsprozeß gibt es?
- Bei einem zu finanzierenden Investitionsvorhaben: Wie sind die wirtschaftlichen Eckwerte der Wirtschaftlichkeitsberechnung, bezogen sowohl auf die Finanzierungs- als auch auf die Investitionsseite? Wo liegen die einzelnen Break-even-Punkte (Stückpreis, Absatz, Umsatz, Rohmarge usw.)? Welche Gründe können Sie für die Robustheit (hohe Wahrscheinlichkeit) Ihres Most-likely-Szenarios angeben?
- Bei Produktions- und Handwerksunternehmen: Führen Sie eine Nachkalkulation Ihrer Aufträge durch (hoffentlich!)? Wenn ja, auf welche Weise?
- Wann war die letzte steuerliche Betriebsprüfung?
- Wie hoch ist das Durchschnittsalter der Belegschaft?

Man darf wohl annehmen, daß Ihr Banker Sie als fähigen Ansprechpartner einschätzen wird, wenn Sie zügige, lückenlose und plausible Angaben zu diesen Punkten liefern können (schriftlich oder mündlich). Damit verbessern Sie die Bonität Ihres Unternehmens, unabhängig vom Inhalt des Gesagten und unabhängig von den „nackten Zahlen". Diesen Gesichtspunkt unterschätzen viele kleine Firmenkunden, weil sie irrigerweise annehmen, die Bank interessiere sich nicht für diese Details und brauche oder verstehe sie nicht.

4. Sonderfall Projektfinanzierung

Die Zusammenstellung der Informationen, die die Bank im Rahmen einer Investitionsfinanzierung braucht, vermittelt einen Eindruck davon, worauf es Banken bezüglich der Durchführbarkeit einer „normalen" Investitionsfinanzierung oder Existenzgründung ankommt. In dieser Hinsicht repräsentiert die Projektfinanzierung einen Sonderfall. Bei ihr stellt die Bank die Finanzierungsentscheidung weniger oder eventuell gar nicht auf die Bonität (erwartete Kapitaldienstfähigkeit) des Investors selbst ab, wie das ansonsten der Fall wäre. Vielmehr basiert ihre Entscheidung auf den *Cash-inflows* (Einnahmen), die das Investitionsobjekt während der vorgesehenen Laufzeit der Finanzierung erzeugen wird. Diese Cash-inflows müssen mindestens den in seiner Höhe üblicherweise recht genau bekannten Kapitaldienst (Zins, Tilgung) abdecken.

Neben der Höhe der Cash-inflows spielt auch deren Wahrscheinlichkeit (Gewißheit) eine Rolle. Beispielsweise könnte man von „praktisch völlig sicheren" Cash-flows sprechen, wenn ein finanziertes Verwaltungsgebäude für die Dauer der Finanzierungslaufzeit unkündbar an eine große Kommune vermietet wird. In einem derartigen Fall steht fest, wie lange und

in welcher Höhe die Einnahmen aus dem Objekt fließen werden (die Gefahr der Zahlungsunfähigkeit einer Großstadt ist vernachlässigenswert gering).
Auch die Unterhaltungskosten, die noch von der Bruttomiete abgehen, sind vertraglich weitgehend fixierbar oder jedenfalls hinreichend sicher zu prognostizieren. Die finanzierende Bank läßt sich dann vom Kreditnehmer die Mieteinnahmen als Sicherheit abtreten. Daneben braucht sie im Grunde keine weiteren Sicherheiten. Die übrige wirtschaftliche Aktivität des Investors ist hier zweitrangig, wenn auch nicht bedeutungslos. Eine konventionelle Finanzierung stellt hingegen auf die allgemeine Bonität des Unternehmens und seine generelle Ertragskraft ab.
Projektfinanzierungen kommen häufig im Bereich der Erstellung großer Infrastrukturprojekte (Einkaufszentren, Flughäfen, Schiffe, Kraftwerke usw.) vor, bei denen abtretbare, spezifische Cash-flows entstehen und diese durch Vertrag mit einem oder mehreren Pächtern/Abnehmern erstklassiger Bonität hinreichend sicher sind. Es gibt aber auch Projektfinanzierungen auf kleinerem Level (die häufig nicht einmal als solche bezeichnet werden), beispielsweise bei kleinen Windkraftanlagen, Blockheizstationen u. a. m. In gewisser Weise sind gewerbliche Immobilieninvestitionen (z. B. Verwaltunsgebäude) Projektfinanzierungen, jedenfalls wenn bereits vor Beginn des Vorhabens ein langfristiger, schwer kündbarer Mietvertrag mit einem bonitätsmäßig einwandfreien Mieter abgeschlossen wird. Ein mittelständischer Investor sollte sich deshalb bemühen zu erkennen, ob sein Vorhaben die wesentlichen Grundelemente einer Projektfinanzierung besitzt. Wenn ja, kann er mit den Banken auf dieser Schiene verhandeln, da Projektfinanzierungen gern gesehene, weil tendenziell sicherere Konstellationen sind.

5. Welcher Kredit für welchen Zweck?

Um diese Frage beantworten zu können, ist es zweckmäßig, einige der zahlreichen Kriterien zu nennen, nach denen man Kredite unterscheiden kann. (Viele dieser Kriterien wirken sich direkt oder indirekt auf Kosten und Rückzahlungsmodalitäten des Kredits aus. Darauf gehe ich weiter unten gesondert ein.)
- *Fristigkeit der Zinsbindung:* kurzfristig = Laufzeit bis zwölf Monate oder *bis auf weiteres* (d. h. unbefristet). Mittelfristig = Laufzeit zwischen zwölf und 48 Monaten. Langfristig = Laufzeit länger als 48 Monate.
- *Verzinsung:* fest/variabel. Bei variablen Zinssätzen unterscheidet man wiederum tagesvariable Zinssätze oder „Festzinssätze" von maximal zwölf Monaten, wie z. B. die in Wirtschaftszeitungen publizierten Drei- oder Sechs-Monats-Referenzzinssätze Euribor und Libor.
- *Besicherung:* gedeckte Kredite (= voll werthaltig besichert), teilgedeckte und ungedeckte Kredite (Blankokredite).
- *Währung:* DM-Kredite oder Fremdwährungskredite.
- *Inanspruchnahmemöglichkeit:* flexibel innerhalb eines bestimmten Rahmens (wie ein Kontokorrentkredit, auch als Barkredit bezeichnet) oder fest wie ein normales Darlehen (außerplanmäßige Tilgungen normalerweise nicht möglich). Auch Kombinationen aus beiden sind möglich.
- *Verwendungszweck:* Betriebsmittel, Investitionen, Zwischenfinanzierungen, Produktionsfinanzierungen, Absatzfinanzierungen usw.
- *Form der Kreditierung:* Wechselkredit, Kontokorrentkredit, Durchleitungskredit, Bürgschaftskredit, Investitionskredit usw.
- *Besicherung:* unbesichert (blanko) oder besichert.

Damit ist das analytische Gerüst skizziert, um die im Kreditgeschäft für kleine und mittlere Unternehmen gängigen Kredittypen angemessen darstellen zu können.

Kontokorrentkredit

Der auch *Bar-* oder *Barvorlagekredit* genannte Kontokorrentkredit ist der meistverbreitete und bekannteste Kredittyp zur Finanzierung von Umlaufvermögen (Warenvorräten, Forderungen aus Lieferungen und Leistungen usw.). Sein Vorteil gegenüber Festkrediten liegt darin, daß er jederzeitig rückgeführt werden kann. Dadurch wird dieser Kredit auch bei einem relativ hohen Zinssatz, in D-Mark gemessen, günstig, vorausgesetzt, der Kreditnehmer nimmt ihn nicht permanent in Anspruch. Ist dies der Fall, sollte der Kreditnehmer über eine mittel- oder langfristige Bodensatzfinanzierung nachdenken. Das heißt, er schuldet die Bodensatzinanspruchnahme (das heißt, die für längere Zeit zu erwartende dauerhafte Mindestinanspruchnahme) seines Kontokorrentkredites in einen günstigen Festkredit um. Dies könnte z. B. ein zunächst tilgungsfreies Darlehen mit einer Zinsbindung von zwei Jahren oder ein rollierender Eurokredit mit zwölfmonatiger Laufzeit sein, ebenfalls ohne laufende Tilgung. (Eine Alternative hierzu wäre eine Eigenmittelzuführung in Form eines Gesellschafterdarlehens mit entsprechender Zinsbindung/Laufzeit.) Ab einem bestimmten Zeitpunkt muß aber auch bei diesem tilgungslosen Kredit in irgendeiner Weise eine Tilgung beginnen.

Ein anderer bekannter Vorzug des Kontokorrentkredites ist, daß er praktisch immer deutlich billiger ist als der Lieferantenkredit. Daher lohnt es sich meistens, Skonti-Offerten auszunutzen – auch wenn dies die Inanspruchnahme des Kontokorrentkredites erfordert. Ein Beispiel: Ihnen wird ein Zahlungsziel von 2% Skonto bei Zahlung innerhalb von 14 Tagen oder innerhalb von 30 Tagen netto gewährt. Sie zahlen schlauerweise erst am 14. Tag und nehmen den Skonto mit. Die Nicht-Inanspruchnahme des Skontos käme somit einem Kredit für 16 Tage gleich (dann müssen Sie ja spätestens zahlen). Für diese 16 Tage zahlen Sie 2% Zinsen (aber nicht per annum, sondern für

16 Tage), und das entspricht bemerkenswerten 45,9% p. a.*) Ihr Kontokorrentkredit dürfte selbst in Hochzinsphasen günstiger sein.

Sie fragen sich vielleicht, weshalb der Kontokorrentkredit normalerweise so teuer ist, obwohl die Geldmarktzinssätze (tagesfällige Gelder) um fünf und mehr Prozentpunkte niedriger liegen – oder anders formuliert: Für Guthaben mit ähnlicher Fristigkeit sind die Zinsen fünf und mehr Prozentpunkte unter denen von Kontokorrentkrediten. Warum ist diese Zinsspanne, an der die Banken Geld verdienen, bei Kontokorrentkrediten so viel höher als bei Festsatzkrediten? Die Banken führen dafür folgende Gründe an:

- tendenziell höherer Arbeits- und damit Kostenaufwand bei der Einräumung, Überwachung und Besicherung von Kontokorrentkrediten als bei langfristigen Krediten (pro Geld- und Zeiteinheit gemessen);
- eine exakte, fristenkongruente Refinanzierung ist für B.a.w.-Kredite („Bis-auf-weiteres-Kredite") – anders als bei Festsatzkrediten – kaum möglich. Das Risiko der Fristeninkongruenz verursacht für die Bank diverse Zusatzkosten. Da nicht alle Kontokorrentlinien laufend voll genutzt werden, die Bank die Kreditmittel aber im Prinzip permanent bereithalten muß, ist ein Kostenausgleich über einen höheren Zinssatz erforderlich;
- tendenziell besitzen Kontokorrentkredite für die Bank ein höheres Risiko als Festsatzkredite, da für diese keine laufende Tilgung vereinbart ist. Beim Kreditausfall stehen diese Kredite daher häufiger am „oberen Ende" als Festsatzkredite. Dieses Risiko läßt sich die Bank mit höheren Zinssätzen vergüten.

---

*) Dies errechnen Sie so: Jahreszinsequivalent des Skontos in % = (2% × 360 Tage) ÷ 16 Tage. Wenn Sie noch etwas genauer rechnen wollen: [(2% × 100 ÷ 98) × 360 Tage × 100] ÷ 16 Tage.

Eurokredit zur Kurzfristfinanzierung

Als Eurokredite bezeichnet man gemeinhin Kredite mit fixer Verzinsung für eine Laufzeit von einem Tag bis (in der Regel) maximal zwölf Monaten in €, DM oder einer anderen harten Währung (siehe auch Glossar). Aus aufsichtsrechtlichen Gründen sind die formalen Kreditgeber die ausländischen Töchter der jeweiligen deutschen Bank. Diese Töchter haben sich zumeist in London oder einem anderen Off-shore-Finanzplatz angesiedelt. Die technische Abwicklung des Kredites geschieht jedoch ganz normal über die inländische Bankfiliale vor Ort.

Für gewöhnlich haben Eurokredite folgende Merkmale (Abweichungen sind durchaus üblich): Die Mindestgröße liegt um 100.000 € – für sehr kurze Laufzeiten zum Teil auch deutlich darüber. Die Zinsen sind am Ende der Laufzeit zu bezahlen. Eine laufende Tilgung findet nicht statt. Oft werden Eurokredite auf Roll-over-Basis ausgereicht, das heißt, mit quasiautomatischer „Umschuldung" (Verlängerung) in einen neuen Eurokredit gleicher Höhe am Ende der Laufzeit, sofern der Kreditnehmer nichts anderes wünscht.*) Viele Banken gestatten guten Kreditkunden die Inanspruchnahme von Eurokrediten im Rahmen einer Kontokorrentkreditlinie; das bezeichnet man als *wahlweise Nutzungsmöglichkeit.* Sie sind im Vergleich zu inländischen Festsatzkrediten relativ billig, weil für die rechtlich ausländischen Kreditgeber einige kostenverursachende regulatorische Bestimmungen der Bundesrepublik nicht gelten. (In der EU müssen Banken einen bestimmten Prozentsatz ihrer Einlagen niedrigverzinslich bei der Zentralbank „parken". Der Prozentsatz richtet sich nach der Fristigkeit der Einlage. Diese Vorschrift, deren Zweck die Geldmengensteuerung ist, verteuert die Refinanzierung der Kredite

---

*) Insofern sind Roll-over-Kredite de facto mit variabel verzinslichen Langfristkrediten vergleichbar.

durch die Bank. Das entfällt in den meisten anderen Ländern, daher sind D-Mark-Kredite dort tendenziell günstiger. Ein zweiter verteuernder Faktor im Inland ist die Zinsabschlagsteuer von 30% auf Kapitalerträge, die auf Barwertbasis ebenfalls zu höheren Refinanzierungskosten beiträgt. Im Zuge der weiteren Integration der Europäischen Währungsunion ist geplant, diese Bestimmungen in allen Mitgliedsländern zu harmonisieren. Dies wird dazu führen, daß andere Off-shore-Finanzplätze, wie London, New York usw., an die Stelle des derzeit dominierenden Luxemburg treten.) Als Festsatzkredite sind Eurokredite in normalen Zinsphasen deutlich billiger als Kontokorrentkredite.

Man verwendet Eurokredite häufig für kurzfristige Vor-, Zwischen- und Produktionsfinanzierungen von Investitionen oder für Finanzierungen des Umlaufvermögens, wenn der Kreditnehmer weiß, daß die Inanspruchnahme für einen bestimmten Zeitraum hinreichend wahrscheinlich ist.

Oft dienen Eurokredite auch zur günstigen Sockelfinanzierung einer saisonal oder auftragsbedingt zeitlich und der Höhe nach voraussehbaren Inanspruchnahme des Kontokorrentkredites.

Fragen Sie Ihren Banker nach der Mindesthöhe und -laufzeit für Eurokredite, und lassen Sie sich Ihre Kontokorrentkreditlinie wahlweise nutzbar als Eurokredit einräumen. So können Sie bei Bedarf zwischen Kontokorrent- und Festkredit hin- und herwechseln.

Besonders für größere Immobilieninvestitionen, bei denen die Bank den Kredit aus gesetzlichen oder internen Gründen nur nach Baufortschritt auszahlen darf, ist der Eurokredit eine preisgünstige Alternative zur Kontokorrentzwischenfinanzierung. Da die Bankmarge üblicherweise viel geringer ist als beim Kontokorrentkredit, können Sie sich nicht darauf verlassen, daß Ihr Banker Ihnen dieses Produkt von sich aus anbietet.

Wechseldiskontkredit und Akzeptkredit

Wie der Kontokorrent- und der Eurokredit dient auch der Wechseldiskontkredit der kurzfristigen Finanzierung von Umlaufvermögen. Obwohl seine Bedeutung nach Abschaffung des Bundesbankdiskontsatzes Angang 1999 stark abgenommen hat, ist er ein verbreitetes Betriebsmittelfinanzierungsinstrument, das günstiger sein kann als der Kontokorrentkredit und eventuell auch als der Eurokredit. Der Bedeutungsrückgang des Wechsels in den vergangenen 20 Jahren bereits vor Abschaffung des Diskontsatzes hängt auch damit zusammen, daß diese Kreditart für die Bank relativ umständlich ist. Ihr obliegen z. B. Überwachung der Fälligkeit, Anfertigung von Wechselkopien, Prüfung der Notenbankfähigkeit in materieller und formeller Hinsicht, Führung des Bezogenenobligos usw.

Doch zunächst ein paar Worte zur Theorie:

Der Wechsel repräsentiert ein abstraktes, unbedingtes Zahlungsversprechen des Wechselbezogenen (auch *Akzeptant* genannt). „Abstraktes" Zahlungsversprechen deshalb, weil alle gesetzlich möglichen Einreden und Einwendungen des Schuldners *(Wechselbezogener)* aus den zugrundeliegenden Waren- oder Dienstleistungsgeschäften grundsätzlich ausgeschlossen sind. Eine mängelbehaftete Warenlieferung hilft dem Käufer *(Bezogener)* beim Wechsel also nicht, die Zahlung zu verweigern oder zu verzögern. Der Wechsel besitzt aber noch weitere Vorteile für den Wechselbegünstigten (auch *Wechselaussteller* genannt). Erstens verkörpert er einen sofort vollstreckbaren Rechtstitel (ein zeitraubendes Zivilverfahren entfällt somit); zweitens haften alle übrigen Unterzeichner *(Indossanten)* auf dem Wechsel ebenfalls selbstschuldnerisch. Der Begünstigte hat also den Vorteil, daß er sich sofort wahllos an jedem der Indossanten schadlos halten kann. Der dritte Vorteil für den Begünstigten besteht darin, daß ein geplatzter Wechsel in der Regel ernstere Konsequenzen für den Bezogenen hat als z. B. geplatzte Schecks oder

Lastschriften: Der Bezogene erscheint mit voller Adresse in einer bei allen Banken in Deutschland monatlich kursierenden Wechselprotestliste. Danach wird sich seine Kreditwürdigkeit bei seiner Bank und seinen Lieferanten drastisch verschlechtern. Die Kosten eines notenbankfähigen Wechselkredites orientieren sich am von der Bundesbank festgelegten und allgemein veröffentlichten sogenannten Basisfinanzierungs-Tender, ein im Grunde normaler Geldmarktzinssatz für 180 Tage. Zu diesem Zinssatz können sich Geschäftsbanken bei der Bundesbank refinanzieren, indem sie ihr notenbankfähige Wechsel verpfänden. „Notenbankfähig" heißt, daß mindestens ein bonitätsmäßig einwandfreies Unternehmen und eine Bank den Wechsel indossierten (unterzeichneten) und beide somit der Bundesbank für die Einlösung haften. Nicht notenbankfähige Wechsel werden zum Teil dennoch von den Banken angekauft, allerdings zu schlechteren Konditionen. Auf den Basisrefinanzierungs-Tender der Bundesbank schlägt die finanzierende Bank eine Marge, die stark von der Bonität der Wechselverpflichteten, dem Wechselbetrag und dem insgesamt eingereichten Wechselaufkommen abhängt. Diese Marge kann für mittelständische Kunden zwischen 0,5 und 3% liegen. Hinzu kommen manchmal betragsunabhängige Spesen. Es versteht sich von selbst, daß der Aussteller *(Zahlungsempfänger)* die Kosten für den Wechselkredit, den er dem Bezogenen gewährt, dem Rechnungsbetrag zuschlägt.

Wie läuft nun ein Wechselgeschäft, technisch gesehen, ab? Zumeist sagt die Bank ihrem Firmenkunden *(dem Wechselaussteller/Wechselgläubiger)* eine Wechseldiskontrahmenlinie zu. Trotzdem behält sie nach ihren AGB und einzelvertraglichen Bestimmungen das Recht zur Ablehnung jedes eingereichten Wechsels. Sie wird insbesondere dann ablehnen, wenn alle haftenden Parteien (der Bezogene, der Wechselaussteller, eventuelle weitere Indossanten) der Bank nicht ausreichend kreditwürdig erscheinen. Auch darf sie dem Einreicher den Gegenwert jederzeit bereits vor Fälligkeit (Verfall) des Wechsels zurückbelasten, wenn Auskünfte über einen Wechselverpflichteten nicht (mehr) zufriedenstellend erscheinen oder andere Verschlechterungen in den wirtschaftlichen Verhältnissen eines Verpflichteten eintreten. Entschließt sich die Bank indes zum Ankauf, schreibt sie dem Wechseleinreicher (meistens identisch mit dem Wechselaussteller) die abdiskontierte Wechselsumme auf dem laufenden Konto gut.

Danach hat die Bank die Wahl. Entweder hält sie den Wechsel bis zum Fälligkeitstermin (bei notenbankfähigen Wechseln maximal 180 Tage später) im eigenen Bestand und löst ihn dann bei der Bank des Bezogenen ein, oder sie verpfändet den Wechsel an die Bundesbank, um sich ihrerseits dort sofort zu refinanzieren (Die Bezogenen-Bank wird oft sie selbst sein.). Im Einzelfall hängt die Vorgehensweise von der Refinanzierungssituation des betreffenden Kreditinstitutes ab. In jedem Fall zieht die Bank am Fälligkeitstag den Wechselbetrag vom Konto ihres Wechselkreditnehmers ein. Weist dieses Konto ein ausreichendes Guthaben auf, ist der Wechselkredit somit zurückgeführt. Sollte kein ausreichendes Guthaben vorhanden sein, verwandelt sich der Wechselkredit in einen Kontokorrentkredit.

Verfügt der Wechseleinreicher bei seiner Bank über keine spezielle Wechseldiskontlinie *und* der Wechselbezogene (Wechselschuldner) ist nicht er selbst, kann er den Wechsel zunächst bei sich behalten, um ihn der Bank spätestens rund eine Woche vor Fälligkeit mittels eines speziellen Formulars zum Einzug *(Inkasso)* vorzulegen. Zwischenzeitlich könnte er seine Kontokorrentlinie (falls eine solche existiert) zur Vorfinanzierung nutzen. Der Wechsel ist grundsätzlich am Verfalltag oder einen Werktag später fällig. Ist er bei einer Bank *zahlbar gestellt* (Regelfall), muß der Bezogene (Schuldner) seiner Bank unbedingt rechtzeitig einen Einlösungsauftrag erteilen. Es hinterläßt einen schlechten Eindruck, wenn die Bank wegen der Honorierung erst beim Bezogenen nachfragen muß ...

Ein paar Worte zum recht interessanten *Scheck-Wechsel-Verfahren:* Dieses Finanzierungsverfahren kommt in zwei Ausgangssituationen in Betracht. Entweder hat ein Wechselaussteller seine Wechseldiskontlinie schon voll ausgeschöpft, oder seine Linie ist teurer als die des Bezogenen. In diesem Fall reicht deshalb nicht der Aussteller (wie sonst üblich) den Wechsel zum Ankauf bei seiner Bank ein, sondern der Bezogene selbst. Dieser erhält dann den abdiskontierten Wechselbetrag ausgezahlt und kann so seiner Zahlungsverpflichtung unmittelbar nachkommen, z. B. per Scheck (daher die Bezeichnung Scheck-Wechsel-Verfahren). Diese Vorgehensweise gestattet es ihm außerdem, den Skonto auszunutzen.

In technischer Betrachtung und in seiner kurzen Laufzeit hat der *Akzeptkredit* Gemeinsamkeiten mit dem Wechseldiskontkredit, in wirtschaftlicher Hinsicht mit dem Avalkredit, den ich im folgenden Abschnitt behandle. Der Ablauf beim Akzeptkredit gestaltet sich so: Der Bankkunde zieht einen Wechsel mit maximal 180tägiger Laufzeit auf seine Bank (nicht auf seinen Kunden, wie sonst üblich), wodurch die Bank formal zum Wechselschuldner wird. Das so entstehende *Bankakzept* kann der Bankkunde entweder wie einen normalen Wechsel als Zahlungsmittel an Dritte weitergeben oder bei der besagten Bank wie einen herkömmlichen Wechsel zum Ankauf einreichen und diskontieren lassen.

Akzeptkredite werden nur an Kunden erstklassiger Bonität gewährt, denn im Außenverhältnis haftet die akzeptierende Bank wechselrechtlich als Hauptschuldner für die Einlösung des Wechsels. Im Innenverhältnis verpflichtet sich der Akzeptkreditnehmer der Bank gegenüber, die Wechselsumme spätestens zwei Tage vor Fälligkeit bei ihr verfügbar zu machen. Akzeptkredite werden besonders häufig in der Außenhandelsfinanzierung verwendet, da ein auf eine deutsche Bank gezogener Wechsel für einen ausländischen Exporteur als sicheres Zahlungsmittel gilt. Solange der Wechsel nicht zur Diskontierung vorgelegt wird, handelt es sich um eine reine *Kreditleihe* wie beim Avalkredit (die Bank überträgt gewissermaßen ihre Bonität auf den Kunden). Deshalb fallen vor der Diskontierung bzw. Einlösung auch keine Zinsen an, sondern lediglich eine Akzeptprovision. Diese bewegt sich in der Größenordnung von 0,1 bis 1,5%.

Avalkredit

Unter einem Avalkredit versteht man Bürgschaften, Garantien oder sonstige Gewährleistungen, also bedingte Zahlungsversprechungen, die eine Bank zu Gunsten eines Bürgschaftsauftraggebers gegenüber einem Bürgschaftsnehmer übernimmt. Das sonderbare Wort *Aval* geht vermutlich auf das lateinische Verb *valere* („bewerten") zurück.
Aus Sicht der Bank handelt es sich dabei um einen *Eventualkredit,* denn im Normalfall zahlt sie ja kein Geld an den Avalbegünstigten *(Avalnehmer).* Das Aval stellt lediglich eine Art Ausfallhaftung der Bank dar. Die Bank verleiht mithin kein Geld (dementsprechend werden Avalverpflichtungen in der Bankbilanz nur im Textanhang nachrichtlich genannt, erscheinen aber nicht im Zahlenwerk), sondern ihre Kreditwürdigkeit, indem sie gegenüber Dritten die Haftung für ihren Kunden übernimmt. Dies ist in einer Vielzahl von geschäftlichen Konstellationen zweckmäßig, in denen sich die Geschäftspartner nicht ausreichend kennen und daher einer oder beide Wert auf die Mithaftung eines renommierten Dritten legen. Trotzdem bleibt der Avalkreditnehmer *(Avalauftraggeber)* der Hauptschuldner des Avalbegünstigten. Erst, wenn dieser Hauptschuldner seine Verpflichtungen nicht erfüllt, kann der Avalbegünstigte die Bank aus dem Aval in Anspruch nehmen.
Grundsätzlich gelten für Bürgschaften und Garantien von Banken analoge Bestimmungen wie für solche von „Nicht-

Banken", also z. B. für Bürgschaften, die Bankkunden als Sicherheit für einen Kredit übernehmen. Avale werden entweder in Form von Bürgschaften oder Garantien herausgelegt. Zwischen Bürgschaften und Garantien bestehen einige feine, aber wichtige Unterschiede. Bürgschaften wirken *akzessorisch*, das heißt, sie sind von Bestand, Umfang und Dauer der verbürgten Forderung (und nur davon) abhängig. Erlischt diese spezifische Forderung, so erlischt (normalerweise endgültig) auch die Bürgschaft, selbst wenn später eine neue Forderung an die Stelle der alten tritt. Eine Garantie hingegen wirkt nicht-akzessorisch, sondern abstrakt. Sie ist von der garantierten Forderung unabhängig und besteht nach Erlöschen der Forderung unverändert weiter. Häufig kommen Garantien gerade deswegen zum Tragen, weil es noch gar keine finanzielle Forderung zwischen den Beteiligten gibt, beispielsweise im Fall der sogenannten *Bietungsgarantie* (dazu mehr weiter unten).

Aufgrund ihrer Nicht-Akzessorität ist eine Garantie für den Begünstigten eine attraktivere Sicherheit als die Bürgschaft. Das Recht der Bürgschaft wird in den Paragraphen 770 ff. des BGB geregelt; für Garantien gelten diese den Bürgen und den Bürgschaftsauftraggeber schützenden Bestimmungen nicht. In der Praxis werden die beiden Begriffe Bürgschaft und Garantie oft nicht klar unterschieden. Letztlich ist der Wortlaut der Urkunde maßgeblich. Eine Bürgschaft „auf erstes Anfordern", die die sogenannten *Einreden* des BGB verwehrt, kommt faktisch einer Garantie näher als einer Bürgschaft. Eine solche Bürgschaft sollten Sie als Bürgschaftsauftraggeber nach Möglichkeit vermeiden, als Begünstigter hingegen – sofern durchsetzbar – verlangen.

Noch ein Tip für den Bürgschaftsauftraggeber: Bezeichen Sie die besicherte Forderung im Bürgschaftsauftragsformular, das Sie Ihrer Bank vorlegen, so exakt wie möglich. Jede Unklarheit wirkt sich im Zweifel fast immer vorteilhaft für den Bürgschaftsbegünstigten aus.

Kommt es zur berechtigten Inanspruchnahme einer Bank aus dem Aval, zahlt sie den Avalbetrag an den Avalbegünstigten aus und belastet gleichzeitig das laufende Konto des Avalauftraggebers mit dem Avalbetrag. Hat dessen Konto keine ausreichende Deckung, entsteht eine normale geldliche Kreditschuld. Führt der Avalauftraggeber kein Konto bei der Bürgschaftsbank, stellt diese ihm eine gewöhnliche Rechnung.

Da Avale für die Bank nur eventuelle Geldverbindlichkeiten darstellen und sie somit keine Refinanzierungskosten hat, sind Avalzinsen (im Fachjargon *Avalprovisionen*) wesentlich günstiger als Kreditzinsen. Sie liegen in der Spannbreite von 0,2% bis 3%, je nach Bonität des Kunden sowie Typ und Höhe des Avals. Oft nimmt die Bank zusätzlich eine einmalige, betragsunabhängige Erstellungsgebühr.

Um einen Barwertvorteil zu erlangen, belasten die meisten Banken Avalprovisionen jeweils für ein ganzes Jahr im voraus. Akzeptieren Sie diese nachteilige Verfahrensweise nicht, sondern bestehen Sie auf monatlicher, möglichst nachträglicher Belastung. Das ist für Sie billiger und schont Ihre Liquidität.

Zeitlich befristete Avale enden mit Erreichen der Fälligkeit oder der vorherigen Rückgabe der Avalurkunde an die Bank bzw. mit einer Erklärung des Avalbegünstigten, in der er die Bank aus der Haftung entläßt. Unbefristete Avale dagegen können aufgrund der Fälligkeit natürlich nicht erlöschen. Wenn es dem Avalauftraggeber also nicht gelingt, in den Besitz der Urkunde oder einer solchen Erklärung zu kommen, zahlt er theoretisch unendlich lange Avalprovision an die Bank, selbst wenn z. B. der Gewährleistungsanspruch des Avalbegünstigten, den das Aval sichern sollte, rechtlich längst erloschen ist. Daher sollten unbefristete Avale nach Möglichkeit vermieden werden. Hier die gängigsten Formen des Avals:

- Das *Gewährleistungsaval* dient zur finanziellen Absicherung der Kosten für die vertraglich vereinbarte Gewährleistung

(z. B. für Maschinen oder Bauleistungen). Größenordnung: oft 5 bis 10% des Lieferwertes. Wird häufig in unbefristeter Form verlangt, obwohl der Vertrag oder die rechtlichen Bestimmungen zeitlich begrenzte Gewährleistungen vorsehen. Die Zurückbehaltung eines sogenannten *Gewährleistungseinbehaltes* läßt sich oft nur durch Abgabe eines solchen Avales umgehen.
- Im In- und Ausland weit verbreitet ist das *Vertragserfüllungsaval* (Leistungsaval). Die Bank garantiert die Zahlung einer Konventionalstrafe (häufig in Höhe von 5 bis 10% des Auftragswertes) für den Fall, daß der Auftragnehmer die vertragsgemäße Lieferung der Ware oder Dienstleistung nicht erbringt. Eine Vertragserfüllungs*bürgschaft*, die die Einreden, welche das BGB zuläßt, ausschließt, also *Zahlung auf erstes Anfordern* garantiert, kommt einer Garantie gleich. Die Laufzeit ist oft unbefristet.
- Das *Kaufpreisaval* sichert den Anspruch auf Rückgewähr (Rückgabe) eines gezahlten Kaufpreises an den Käufer ab, weil der Gläubiger seine Leistungsverpflichtung nicht (vollständig) erfüllt hat. Das Aval hat zumeist die Form einer Bürgschaft „auf erstes Anfordern".
- Bei der *Anzahlungsgarantie* leistet der Käufer einer Ware eine Anzahlung, die von einer Bank garantiert wird. Liefert der Auftragnehmer nicht sach- oder termingerecht, und ist er nicht willens, die Anzahlung zurückzuzahlen, kann der Käufer sie durch Inanspruchnahme der Garantie wiederbekommen.
- Eine *Bietungsgarantie* – auch Ausschreibungsgarantie genannt – wird im Falle von Ausschreibungen (häufig im Ausland und zumeist von öffentlichen Auftraggebern) verlangt, z. B. beim Bau eines Krankenhauses. Der bietende Unternehmer verpflichtet sich zur Zahlung einer Konventionalstrafe, falls er bei Erteilung des Zuschlages das Angebot nicht annimmt. Die Bank garantiert den Betrag dieser Kon-

ventionalstrafe (häufig in der Größenordnung von 2 bis 10% des Auftragwertes).
- Ein *Kreditbesicherungsaval* sichert den Kreditgeber gegen potentielle Verluste aus der Kreditvergabe. Banken stellen Kreditbesicherungsgarantieren für ihre Kunden, wenn diese von einer anderen Bank einen Kredit erhalten sollen. Diese Konstruktion kommt eigentlich nur im Auslandsgeschäft vor, da aus diversen Gründen oft keine unmittelbare (an sich zweckmäßigere) Kreditgewährung zwischen Kunde und Garantiegeber möglich ist.
- *Zollavale und Steueravale.* Die deutschen Zollämter stunden den Importeuren die Zollgebühren bis zu 90 Tagen, wenn diese eine Bankbürgschaft beibringen. Auch zur Sicherung der Ansprüche ausländischer Zollbehörden wegen Ansprüchen aufgrund unterlassener Wiederausfuhr (im Transithandel) geben deutsche Banken Zollgarantien für den Spediteur oder Händler. Dadurch vereinfacht sich die Abwicklung der vorübergehenden Einfuhr. Die Finanzbehörden akzeptieren Bürgschaften inländischer Kreditinstitute zur vorübergehenden Absicherung von Steuerschulden.
- *Prozeßbürgschaften* existieren in vielfältigen Formen im Rahmen von Zivilprozessen. Hauptsächlich kommt eine Prozeßbürgschaft (a) für den Beklagten und (b) für den Kläger vor. Bei (a) erteilt die Bank nach erfolgtem Urteil eine Bürgschaft für den Beklagten (über die Zahlung der Schuld oder der Anwaltskosten), um die vorläufige Zwangsvollstreckung abzuwenden. So kann der Beklagte seine Rechtsmittel (Revision usw.) ausschöpfen. Bei (b) übernimmt die Bank eine Bürgschaft nach erfolgtem Urteil für den Kläger, um ihm die Durchführung der Zwangsvollstreckung zu ermöglichen. So wird sichergestellt, daß dieser den eingetriebenen Betrag zurückzahlt, sollte er den Prozeß in der nächsten Instanz verlieren. Solche Bürgschaften sind normalerweise unbefristet.

- Eine *Zahlungsgarantie* wird im Auftrag des Käufers einer Ware herausgelegt, um die eventuell noch nicht fälligen Ansprüche des Lieferanten zu sichern. Wie die Kreditbesicherungsgarantie kommt auch die Zahlungsgarantie – wenn überhaupt – nur im Außenhandelsgeschäft vor. Gebräuchlicher ist jedoch die Benutzung von Akkreditiven.

Eine Möglichkeit, relativ preisgünstig an Avalkredite zu kommen und gleichzeitig eine Kreditierung durch die eigenen Banken zu vermeiden (z. B. weil deren Kreditierungsbereitschaft bereits voll ausgeschöpft ist), bieten die sogenannten Kautionsversicherer. Das sind Versicherungsunternehmen, die Gewährleistungsavale für Handwerksbetriebe, Bau- und Produktionsfirmen übernehmen. Als Sicherheit erwarten Kautionsversicherer eine Bardeckung (Festgeld) von 20 bis 30% oder eine Rückbürgschaft der Bank in dieser Höhe. Adressen einiger größerer Kautionsversicherer finden Sie in Kapitel VIII.6., „Wichtiger als Guthabenverzinsung: Debitorenmanagement".

Kredit nach Wahl (wahlweiser Kredit)

Da der Kreditbedarf vieler Unternehmen dem Volumen und der Art nach starken Schwankungen unterliegt, ist es oft zweckmäßig, für alle Arten von Kurzfristkrediten eine Rahmenkreditlinie einzuräumen. Diese ist *wahlweise* (und gleichzeitig) ausnutzbar als:

- Kontokorrentkredit,
- Eurokredit/bfr. Festsatzkredit,
- Wechseldiskontkredit,
- Akzeptkredit,
- Avalkredit.*)

---

*) Avale haben zwar häufig Laufzeiten, die über ein Jahr hinausreichen (somit also nicht mehr *kurzfristig* sind), werden aber dennoch aufgrund ihres im allgemeinen geringeren Risikogehaltes (Ausnahme Kreditbesicherungsaval) der Einfachheit halber oft in eine solche kurzfristige Rahmenkreditlinie mit einbezogen.

Für alle Kreditaufnahmen innerhalb dieser Rahmenkreditlinie gelten dann die gleichen Sicherheiten. Das Volumen der Inanspruchnahme in den einzelnen Kreditarten wird jeweils auf die Gesamtlinie angerechnet. Die Konditionen variieren je nach Kreditart. Soweit die Bank damit einverstanden ist, sollten Sie auf die Einräumung eines Rahmens, der Ihnen die Wahl läßt, drängen, da er Ihre Finanzplanung vereinfacht. Nicht immer ist die Bank bereit bzw. ist es überhaupt notwendig, alle fünf oben genannten Kreditarten darin einzuschließen. In vielen Fällen werden bei kleineren Unternehmen Akzeptkredite und Wechseldiskontkredite wegfallen.

Investitionskredit und Leasingfinanzierung

Als Investitionskredit bezeichet man ein Darlehen, das zur langfristigen Finanzierung von Sachanlagevermögen (Immobilen, Betriebs- und Geschäftsausstattung) dient. Es kann auch sinnvoll sein, Umlaufvermögen, insbesondere Warenvorräte, damit längerfristig zu finanzieren. Häufig geschieht dies im Rahmen von Existenzgründungen, Projektfinanzierungen, oder wenn ein dauerhaft im Betrieb vorhandener Mindestwarenbestand (Bodensatz- oder Sockelbestand) existiert. Im Grunde kann ein langfristiger Kredit also für eine Vielzahl von Zwecken eingesetzt werden, auch für den Erwerb von Beteiligungen, ganzen Unternehmen oder für Gesellschafterauszahlungen (Austausch von Eigen- durch Fremdkapital).

Die Grundregel für die Bestimmung der Laufzeit eines Investitionskredites ist die *Laufzeitenkongruenz,* das heißt, die Tilgung *(Amortisation)* eines Kredites soll parallel zur Lebensdauer (genauer gesagt der *betriebsgewöhnlichen Nutzungsdauer)* des Investitionsobjektes verlaufen (das entspricht der schon erwähnten *Goldenen Finanzierungsregel).* Der Sinn dieser Regel leuchtet ein: Eine Maschine mit einer Nutzungsdauer von vier Jahren ist danach (normalerweise) nichts mehr oder nicht mehr viel wert und voll abgeschrieben. Daher sollte sie zu diesem Zeitpunkt auch vollständig bezahlt sein. Wäre das nicht der Fall, besäße das Unternehmen Zahlungsverpflichtungen (Zins- und Tilgung) für Vermögenswerte, die nichts mehr zu seinen Erlösen beitragen. Weniger schädlich wäre eine – gemessen am nutzungsbedingten Wertverlust – schnellere Tilgung. Dann nämlich wären die Kosten für die Maschine quasi vorzeitig beglichen, allerdings auf die Gefahr hin, daß ein hoher vorzeitiger Liquiditätsabfluß entsteht. Wenn dieser Abfluß das Unternehmen zur wahrscheinlich teureren Inanspruchnahme des Kontokorrentkredites oder zur Nicht-Inanspruchnahme des Lieferantenskontos zwingt, hat sich das Unternehmen einen kostspieligen Bärendienst erwiesen. Doch sofern ein Vermögensgut mit hoher Gewißheit eine längere Nutzungsdauer haben wird, als sie die Afa-Tabellen des Einkommensteuerrechtes vorschreibt, kann es durchaus Sinn machen, die Kreditlaufzeit an dieser längeren realen Nutzungsdauer auszurichten, statt an der betriebsgewöhnlichen Nutzungsdauer.

In diesem Zusammenhang ist die gedanklich klare Unterscheidung zwischen Laufzeit und Zinsbindung eines Investitionskredites von Bedeutung. Eine Gewerbeimmobilie wird über einen Kredit mit einer Laufzeit von 25 Jahren (parallel zur Abschreibungsdauer) finanziert. Der Kredit kann eine Zinsbindung von z. B. zwölf Monaten bis zu zehn Jahren aufweisen. Die Höhe des Zinssatzes basiert in erster Linie auf den aktuellen Marktzinsverhältnissen, der Zinsbindung und der jeweiligen Bonität des Kreditnehmers, kaum jedoch auf der Laufzeit. Streng genommen muß man von einer *voraussichtlichen* Laufzeit sprechen, denn der Kreditnehmer kann den Restsaldo des Kredites jeweils am Ende der Zinsbindung (aber vor Ablauf der geplanten 25jährigen Laufzeit) zurückzahlen. Auch der Bank steht unter gewissen Umständen ein Kündigungsrecht zu.

Die Wahl der „richtigen" Laufzeit ergibt sich somit aus dem Grundsatz der Fristenkongruenz (Goldene Finanzierungs-

regel), die Wahl der Zinsbindung dagegen eher aus der Zinsmeinung und Risikoneigung des Kreditnehmers. Glaubt dieser an sinkende Zinsen, wird er tendenziell eine kurzfristige Zinsbindung wählen, im umgekehrten Fall – und wenn er das Zinsänderungsrisiko gering halten will – eher eine langfristige.
Nun haben zwar viele Kreditkunden eine mehr oder weniger fundierte Zinsmeinung, doch die ist statistisch genausooft falsch wie richtig. Ein weitaus besserer Anhaltspunkt bei der Frage der zu wählenden Zinsbindung als Ihre Zinsmeinung (oder die Ihres Bankers) ist ein Blick auf die historischen Durchschnittszinsen. Dabei empfiehlt es sich für vorsichtige Unternehmen, folgendermaßen vorzugehen: Ziehen Sie stets die längstmögliche Zinsbindung vor, orientiert an der üblichen Nutzungsdauer des finanzierten Vermögensgutes. Unter Umständen sind dabei außerdem noch zu berücksichtigen: spätere Verkaufsabsichten (Zinsbindung nur bis zu diesem Zeitpunkt) und sichere Liquiditätszuflüsse, die Sie für die Kredittilgung einsetzen wollen, zu einem späteren Zeitpunkt (Zinsbindung ebenfalls nur bis dahin).*)
Liegt der Zinssatz für die so ausgewählte Zinsbindung nicht mehr als 1,0 Prozentpunkte (100 Basispunkte) über dem historischen Durchschnitt (siehe Abschnitt „Quellen und Anhaltspunkte für Marktzinsen und übliche Marktzinsen, Seite 217), bleiben Sie bei der so ermittelten Zinsbindung. Ist er dagegen mehr als 100 Basispunkte darüber, nehmen Sie eine kürzere Zinsbindung – jedoch nur, wenn sie billiger ist –, in der Hoffnung, daß Ihnen die Zeit in die Hände spielt.
Einen eher seltenen Sonderfall stellt eine Phase mit *inverser* Zinsstrukturkurve dar (das heißt, Phasen, in denen die kurzfristigen Zinsen höher sind als die langfristigen). Diese historischen Ausnahmekonstellationen könnten Sie dazu verleiten,

---

*) Diese *Sondertilgung* ließe sich eventuell von vornherein in den Tilgungsplan einbauen. Dann könnte die Zinsbindung auch über diesen Termin hinausreichen. Nachteil: Die Sondertilgung muß dann in jedem Fall erfolgen.

Zinsbindungen zu wählen, die über die Nutzungsdauer des finanzierten Aktivums hinausreichen. Dieser Versuchung sollten Sie nur nachgeben, wenn erstens der entsprechende Zinssatz merklich unter seinem historischen Durchschnitt liegt, und zweitens, wenn Ihr Unternehmen unter dauerhaftem Liquiditätsmangel leidet.

An dieser Stellen möchte ich auf einen für manchen kleineren Kreditkunden vielleicht wichtigen Vorteil langer Zinsbindungen hinweisen, der leicht übersehen wird. Im Falle der starken Bonitätsverschlechterung des Kreditnehmers neigen Banken bei einem dann aus der Zinsbindung herauslaufenden Kredit eher dazu, diesen Augenblick zu nutzen, um den Kredit zur Komplettrückführung fällig zu stellen. Häufig geschieht das mit dem Motiv, den übrigen kreditgebenden Banken mit einem solchen zuvorzukommen – nach dem Grundsatz: „Den letzten beißen die Hunde." Bei einem Kredit mit langer Zinsbindung ist diese Gefahr geringer.

Für den Fall, daß Sie für ein längerfristiges Darlehen dennoch eine kurzfristige (das heißt normalerweise günstigere) Zinsbindung haben wollen, z. B. für eine Bodensatzfinanzierung Ihrer Betriebsmittel, sollten Sie auf die Zugrundelegung eines *veröffentlichten* Referenzzinses bestehen (z. B. Drei-Monats-Euribor + Bankmarge, z. B. 0,75 Prozentpunkte). Nur so ist gewährleistet, daß es in Phasen sinkender Geldmarktzinsen auch zeitnah nach unten geht und in Phasen steigender Zinsen nicht überproportional nach oben.

Sogenannte *Annuitätendarlehen* mit konstanter Kapitaldienstbelastung (z. B. pro Monat) erleichtern die heutzutage immer wichtiger werdende Liquiditätsplanung im Vergleich zu den traditionell stärker verbreiteten *Tilgungsdarlehen* ungeheuer. Grundsätzlich sollte die Liquiditätsbelastung (Gesamtkapitaldienst) dem erwarteten Verlauf des Netto-Cash-flows des Unternehmens oder des Investitionsobjektes bestmöglich angepaßt sein. Der Gesamtkapitaldienst (Zins und Tilgung) kann im

Zeitablauf sinken *(konventionelles Tilgungsdarlehen)*, ansteigen *(progressives Tilgungsdarlehen)* oder konstant sein *(Annuitätendarlehen)*. Auch Extratilgungen sind ohne weiteres möglich.
Übrigens ist die Koppelung eines Investitionskredites ohne laufende Tilgung mit einer Kapitallebensversicherung finanzmathematisch und hinsichtlich der Kosten praktisch immer Unsinn. Der Effektivzins einer solchen Gesamkonstruktion (wenn er denn errechnet würde) wäre in fast jedem Fall höher als der eines einfachen Darlehens mit laufender Tilgung. (Eine Ausnahme könnte sein, wenn schon eine frühere Lebensversicherung mit fortgeschrittener Einzahlung existiert, die anderweitig nicht „gebraucht" wird.) Auch das oft gehörte Argument, die LV-Beiträge könnten als steuermindernde Kosten abgesetzt werden, was für die laufende Darlehenstilgung nicht gilt, ändert an dem höheren Effektivzins selten etwas. Ganz schlimm sieht die Rechnung aus, wenn Ihr Unternehmen anfängt, rote Zahlen zu schreiben, und daher sowieso keinen Steuervorteil mehr geltend machen kann. Dazu kommt, daß diese Koppelungskonstruktion langfristig eine ungünstige Auswirkung auf bestimmte Bilanzkennzahlen (wie z. B. die Eigenkapitalquote) hat. Die laufende Gesamtliquiditätsbelastung liegt ebenfalls höher als bei einem einfachen Annuitätendarlehen. Faktum ist, daß Ihre Bank in den ersten Jahren an der vermittelten LV mehr verdient als an dem Darlehen und dieses Modell deswegen begrüßt. Sollte sie im Rahmen einer größeren Finanzierung aus *risikopolitischen Gründen* den Abschluß einer Lebensversicherung von Ihnen fordern (was durchaus auch im Interesse Ihrer Familie sein kann), beschränken Sie sich auf eine kostengünstige Risikolebensversicherung. Lassen Sie sich keine teure und in diesem Fall völlig unnötige Kapitallebensversicherung aufdrängen!
Ähnliches gilt für eine Koppelung mit einem Bausparvertrag. Hier wird ebenfalls zunächst ein tilgungsfreies Bankdarlehen mit mehreren Jahren Laufzeit an den Kreditnehmer ausgezahlt.

Parallel dazu spart er für den Bausparvertrag. Seine laufende Belastung besteht damit lediglich aus Zinszahlungen für das Bankdarlehen und Bauspar-Sparbeiträgen, nicht aus laufenden Darlehenstilgungen. Bei Zuteilung des Bausparvertrages führt der Kreditnehmer das Bankdarlehen aus der ausgezahlten Bausparsumme (angespartes Guthaben + Bauspardarlehen) komplett zurück und zahlt von diesem Punkt an nur noch den Kapitaldienst (Zins und Tilgung) für das preisgünstige Bauspardarlehen. Diese Konstruktion hat dieselben Nachteile wie eine Koppelung mit der Kapitallebensversicherung. Einziger Pluspunkt: Auf diese Weise wäre es möglich, de facto eine Zinsbindung von bis zu 20 Jahren zu realisieren.

Es wird den Leser kaum überraschen, daß die wirklichen Gesamtkosten eines Investitionskredites ganz beträchtlich von Dauer, Höhe und Zinssatz seiner anfänglichen Zwischenfinanzierung abhängen. Trotzdem vernachlässigen viele Investoren diesen Gesichtspunkt beim Vergleich verschiedener Finanzierungsangebote zu Gunsten des Zinssatzes beim Langfristkredit. Klären Sie mit Ihrem Banker bereits im Vorfeld präzise die Notwendigkeit und den Modus der Zwischenfinanzierung. Entweder ist die Bank großzügig und läßt Sie den Langfristkredit in Tranchen (z. B. von 30.000 €) nach Vorhabensfortschritt abrufen (dann brauchen Sie immer nur kleine Zwischenfinanzierungen und zahlen für den nicht abgerufenen Betrag relativ niedrige Bereitstellungszinsen), oder sie räumt Ihnen eine Zwischenfinanzierung über einen zinsgünstigen Eurokredit oder inländischen kurzfristigen Festsatzkredit auf Monats- oder Drei-Monats-Basis ein. Eine weitere Möglichkeit wäre die Gesamtauszahlung des Darlehens mit vorübergehender Wiederanlage als Termingeld. Eine Zwischenfinanzierung über einen normalen Kontokorrentkredit stellt jedenfalls die teuerste Variante dar.

Zur Frage der Besicherung eines Investitionskredites: An sich kann jeder Kredit mit jeder Art von Sicherheit gedeckt werden.

Insofern läßt sich hier wenig Allgemeingültiges sagen. Sinnvollerweise ist die nächstliegende dingliche Sicherheit stets das kreditfinanzierte Investitionsobjekt selbst. Andererseits sind bei guter Bonität immer auch Blankokredite (unbesicherte Kredite) möglich, die bei Großunternehmen sehr viel häufiger anfallen. Da Ihr Unternehmen vermutlich nicht in diese Kategorie fällt, will ich hier nicht weiter auf diesen Punkt eingehen, sondern verweise Sie auf den Abschnitt „Das leidige Thema Sicherheiten". Lesen Sie bitte dort nach, was Sie wissen müssen, um in diesem Bereich keine unnötigen Fehler zu machen.

Insbesondere während Niedrigzinsphasen stellt sich im Zusammenhang mit größeren Investitionsvorhaben die Frage, inwieweit es möglich und sinnvoll ist, sich die augenblicklich niedrigen Zinsen bereits einige Monate (oder sogar Jahre) im voraus zu sichern (und somit das Zinsänderungsrisiko zu beseitigen). Hierfür stehen eine Reihe von Möglichkeiten zur Verfügung:

- Abschluß eines konventionellen Festsatzkredites mit verzögertem Auszahlungstermin. Die meisten Banken bieten um bis zu 24 Monate verzögerte Auszahlungen an. Für die Zwischenzeit zahlt der Kreditnehmer Bereitstellungszinsen, die allerdings auch in den späteren Kreditzins „eingebaut" werden können, so daß sie nicht optisch in Erscheinung treten und bis zur Kreditauszahlung kein Liquiditätsabfluß stattfindet.
- Kauf eines *Forward Rate Agreements* (siehe hierzu Kapitel X.2., „Derivate als Risikobegrenzung").
- Eintritt in einen *Forward-Zins-Swap* (dito).

Eine populäre Alternative zum Investitionskredit ist das Leasing, mit dem auch alle Investitionsobjekte – Mobilien und Immobilien – finanziert werden können. Aus der Sicht des Leasingnehmers werden für das Leasing folgende Vorteile ins Feld geführt:

- keine Eigenmittel erforderlich (100%-Finanzierung),
- Bilanzierung des Leasingobjektes beim Leasinggeber, daher positiver Effekt auf bestimmte Kennzahlen wie die Eigenkapitalquote beim Leasingnehmer,*)
- Steuervorteile beim Leasinggeber (und dadurch indirekt auch für den -nehmer) durch einen vorübergehenden zinslosen „Steuerkredit", sofern die steuerlich absetzbaren Leasingraten (insbesondere bei einer kurzen Grundmietzeit) die Summe aus den entsprechenden Kreditzinsen und der Afa übersteigen,
- weniger Arbeit mit Verwertung/Verkauf des gebrauchten Leasinggegenstandes nach Ablauf der Nutzung.

Gegen Leasing sprechen unter Umständen auch der Wegfall von staatlichen Investitionszuschüssen und -zulagen sowie möglicherweise entfallende Steuervorteile aus Sonderabschreibungsbestimmungen.

Die oft notwendige Abwägung zwischen Leasing, Kreditfinanzierung oder Kauf aus Eigenmitteln wird von mehreren Einflußfaktoren determiniert: Rentabilität (Kosten), Liquidität, Risiko und Flexibilität. Für eine Entscheidung auf Grundlage der dynamischen Investitionsrechnung ist die Rentabilität das ausschließliche Kriterium. Demnach sollte diejenige Finanzierungsalternative den Zuschlag erhalten, deren saldierte *Cashoutflows* (nach Steuer) den geringsten Barwert aufweisen. Die denkbaren Alternativen zu dieser Barwertmethode – die interne Zinsfußmethode (Effektivzinssatz) – führt nur dann zu zutreffenden Ergebnissen, wenn sie die unterschiedlichen Steuereffekte berücksichtigt, was die von Banken und Leasinggesellschaften bereitgestellten Effektivzinssätze jedoch oft nicht tun. Eine Barwertkalkulation ist letztendlich recht einfach durchzuführen; ein nützliches Rechenbeispiel finden Sie in

---

*) Sofern die Zahlungsverpflichtungen aus Leasingverträgen im Anhang der Bilanz genannt werden oder der Bank sonstwie bekannt werden, wird sie die „geschönte" Kennzahl allerdings nachträglich korrigieren.

MBA Pocket-Guide. Praktische Betriebswirtschaft immer dabei von Peter Kralicek, Seite 130 ff. Entsprechende Kalkulationsmodelle sind jedoch in praktisch jedem Buch zur Unternehmensfinanzierung unter dem Stichwort „Leasing versus Kreditkauf" enthalten.

Sonderkredite und Fördermittel

In der Bundesrepublik existiert ein für Laien kaum noch überschaubarer Dschungel von rund 500 (!) zinsverbilligten Sonderkrediten und Fördermittelprogrammen der öffentlichen Hand, die Mehrzahl davon für kleine und mittlere Unternehmen. Diese Förderprogramme sollen Zielen der Allgemeinheit dienen, darunter Arbeitsplatzschaffung, Umweltschutz, technischem Fortschritt, Existenzgründungen, Stärkung „unterentwickelter" Regionen und so weiter. Für viele kleine und mittlere Unternehmen haben sich diese Förderprogramme als überlebensnotwendig erwiesen, besonders in Situationen, in denen größerer Kapitalbedarf benötigt wurde.

Allerdings ist es für die im Tagesgeschäft engagierten Unternehmen praktisch unmöglich, die Vielfalt der Fördermöglichkeiten zu überblicken. Selbst Finanzleiter und Bankprofis tun sich damit schwer. Angesichts dieser Unübersichtlichkeit haben viele Firmenkundenbetreuer Zugang zu EDV-Systemen, mit deren Hilfe ein auf die spezifische Situation der Kunden maßgeschneidertes Finanzierungspaket geschnürt werden soll (was nicht immer gelingt). Hierbei müssen die Bedingungen/Auflagen der einzelnen Programme mit den Investitionszielen und der Cashflow-Situation des Antragstellers möglichst gut kombiniert werden. Es liegt auf der Hand, daß dieses Buch nur eine knappe Skizze der deutschen Förderlandschaft und einige Denkanstöße bieten kann. Ich will versuchen, Ihnen eine erste Antwort auf die Frage „Welche Arten von Fördermitteln kommen für mich prinzipiell in Frage, und wo beantrage ich sie?" zu geben.

Die folgende Liste von Situationen, in denen solche Förderprogramme in Frage kommen, mutet zunächst so umfassend an, daß eine Förderung beinahe jeden Vorhabens möglich scheint – doch der Schein trügt:

- Existenzgründungen und bestimmte Investitionen einige Jahre danach,
- Geschäfts- und Betriebserweiterungen (z. B. Baumaßnahmen, neue Maschinen),
- räumliche Betriebsverlagerungen,
- Rationalisierungs- und Modernisierungsinvestitionen,
- Unternehmensbeteiligungen und -käufe,
- Umweltschutz- und Energiesparinvestitionen,
- Innovations- und Technologieförderung,
- Förderung marktnaher Forschung und Entwicklung (F&E) sowie Markteinführung,
- Liquiditätskrisen,
- Finanzierung von Warenlagern und anderen Betriebsmitteln (unter bestimmten Bedingungen).

Nicht gefördert werden in der Regel Umschuldungen und Nachfinanzierungen, Betriebsmittelfinanzierungen (Ausnahmen sind möglich), bereits vor Antragstellung begonnene Investitionsvorhaben und zu vermietende Objekte (ausgenommen bei klassischen Betriebsaufspaltungen, wenn die Betriebsgesellschaft für den Kredit bürgt).

Die Förderung wird in den folgenden Formen gewährt bzw. durchgeführt:

- als zinsverbilligte Kredite, zum Teil mit mehreren optionalen (anfänglichen) Tilgungsfreijahren, oder als Zinsbeihilfe (Zinssubventionierung) für konventionelle Bankdarlehen,
- als Bürgschaften und Garantien zur Verbesserung der Bonität des Antragstellers,
- als Zulagen mit Rechtsanspruch (nicht rückzahlungspflichtige, steuerfreie Beihilfen für Investitionen oder Gehälter),

- als Zuschüsse ohne Rechtsanspruch (rückzahlbare, bedingt rückzahlbare und nicht rückzahlbare, zum Teil steuerfreie, zum Teil steuerpflichtige Beihilfen),
- als Sonderabschreibung. (Darauf gehe ich im folgenden nicht weiter ein; Ihr Steuerberater kann Ihnen diesbezüglich sicher Auskunft geben.)

Aus naheliegenden Gründen hängt die Förderfähigkeit nicht nur von den oben (auszugsweise) aufgelisteten Förderzwecken ab, sondern auch von Merkmalen des Anstragstellers und Begleitumständen. So schließen manche Förderprogramme bestimmte Unternehmensgrößen, bestimmte Regionen und bestimmte Branchen aus.*) Bei einer Reihe von Programmen bestehen darüber hinaus eine relative oder absolute Förderhöchstgrenze und ein Höchstalter des Antragstellers (bei den personenbezogenen Programmen).

Die wichtigsten Fördermittelgeber sind:

- die Kreditanstalt für Wiederaufbau (KfW), Frankfurt, eine Anstalt des Bundes. Neben vielen anderen Aufgaben reicht die KfW (größtenteils) über die jeweiligen Hausbanken zinsverbilligte Sonderkredite aus. Sie ist deutlich größer als
- die Deutsche Ausgleichsbank (DtA), Bonn, ebenfalls eine Anstalt des Bundes. Die DtA reicht über die jeweiligen Hausbanken zinsverbilligte Sonderkredite aus, darunter auch die ERP-Eigenkapitalhilfedarlehen (EKH) des Bundes, und übernimmt Ausfallbürgschaften;
- diverse Landesförderinstitute der einzelnen Bundesländer (teilweise unter anderer Bezeichnung firmierend), die in gewissem Sinn die Äquivalente der bundeseigenen KfW und DtA auf Länderebene darstellen. Sie sind insbesondere zu-

---

*) Was die vier Wirtschaftssektoren betrifft, läßt sich die Faustregel formulieren, daß Produktionsunternehmen die intensivste Förderung genießen, danach die Primärgüterindustrie (einschließlich Landwirtschaft), dann Dienstleister und am wenigsten Handelsunternehmen.

ständig für die (regional variierenden) Investitionszuschüsse aus der Gemeinschaftsaufgabe („GA-Mittel"). Diese Förderung wird nur in den „strukturschwachen" Regionen der Bundesrepublik gewährt;
- zahlreiche Spezialinstitute der öffentlichen Hand oder bestimmter Selbsthilfeorganisationen, wie z. B. die Landwirtschaftliche Rentenbank und einige andere;
- die Kreditgarantiegemeinschaften (KGG). Das sind berufsständische Selbsthilfeeinrichtungen der freien Wirtschaft, darunter auch der Banken. Diese Garantiegemeinschaften übernehmen gegenüber Banken Ausfallbürgschaften für kleine und mittlere Unternehmen, denen es an banküblichen Sicherheiten mangelt. Die KGG gibt es in den meisten Bundesländern (in Form von GmbHs), oft unter der Bezeichnung „Bürgschaftsbank des Landes XY". Die ausgereichten Ausfallbürgschaften sind in der Regel wiederum anteilsmäßig durch den Bund rückverbürgt;
- die Wirtschaftsministerien von Bund und Ländern, die Europäische Union und ein Sammelsurium anderer regionaler öffentlicher Institutionen;
- die Finanzämter (zuständig für die Investitionszulage und für die Sonder-Afa);
- die Bundesanstalt für Arbeit.

Das Antragsverfahren für die einzelnen Kredit- und Förderprogramme variiert leider beträchtlich. Weiter verkompliziert wird das Ganze durch bundesland- und landkreisbedingte Unterschiede in den Programmkonditionen, -bezeichnungen und -antragsverfahren (selbst bezüglich einiger bundesweit gültiger Programme). Für die meisten Förderprogramme gilt das sogenannte *Hausbankenprinzip,* das heißt, die Hausbanken sind teilweise oder vollständig für Informationsbeschaffung, Recherche, Beratung, Beantragung und Ausreichung der Mittel zuständig. Wichtige Ausnahmen hiervon sind die Sonderabschreibungen, die Investitionszulage und in einigen Bundesländern auch der Investitionszuschuß (GA-Mittel). Obwohl die Abwicklung der öffentlichen Kredit-Förderprogramme mehrheitlich über die Hausbanken geschieht, gestaltet sich die Haftung (und somit das Risiko) für die Bank recht unterschiedlich. Bei den Krediten werden sogenannte *durchlaufende* Kredite, die für die Hausbank kein Risiko darstellen, und *durchgeleitete* Kredite unterschieden. Letztere sind hinsichtlich des Risikos mit konventionellen Bankdarlehen gleichzusetzen, also voll im Obligo der Hausbank. Beiden Sonderkredittypen ist gemeinsam, daß die Hausbank die Kreditmittel zur Weiterreichung von der Förderbank zu Unter-Markt-Konditionen bereitgestellt bekommt. Die Hausbank braucht sich also nicht auf dem freien Kapitalmarkt zu refinanzieren. Zugleich sind die Konditionen für den Endkreditnehmer und die Marge der Hausbank festgeschrieben, also bei allen Banken identisch. Bezüglich des Risikos sind u. a. folgende Haftungserleichterungen für die Hausbank möglich:

- durchlaufende Kredite, also Sonderkredite ohne jedes Hausbankobligo, z. B. die ERP-Eigenkapitalhilfedarlehen (EKH) der DtA für Existenzgründer;
- Sonderkredite mit teilweiser Haftungsfreistellung (HFS). Für die meisten sogenannten ERP-Kredite[*]) der KfW und der DtA sind solche HFS bis zu 50% recht problemlos möglich. Häufig erfährt der Kreditnehmer von der Beantragung einer Haftungsfreistellung durch die Hausbank nichts, obwohl sich bei später denkbaren Umschuldungen in ein normales Bankdarlehen (während einer Niedrigzinsphase) eine HFS als unerwartetes Hindernis entpuppen kann. Proportional zu der die Hausbank begünstigenden HFS reduziert sich jedoch auch deren Marge;

---

[*]) ERP steht für European Recovery Program (formale Bezeichnung für den sogenannten Marshall-Fonds, den die amerikanische Besatzungsmacht nach dem Zweiten Weltkrieg für den Wiederaufbau Europas einrichtete).

- ausfallverbürgte Kredite: Die Bürgschaftsbanken (Kreditgarantiegemeinschaften) in den einzelnen Bundesländern und die DtA übernehmen auf Antrag solche Ausfallbürgschaften, häufig im Umfang von 80% eines Kredites oder Kreditpaketes. Dabei bedeutet der Begriff Ausfallbürgschaft (im Unterschied zu einer selbstschuldnerischen Bürgschaft), daß die Hausbank, die vereinbarten Sicherheiten im Konkursfall zuerst verwerten muß. Erst danach (und das dauert womöglich Jahre) kann sie die Bürgschaftsbank aus deren Bürgschaft in Anspruch nehmen; die Bürgschaftsbank muß der Hausbank 80% des Ausfalls ersetzen. Abschlagszahlungen auf den vorläufigen Ausfall finden schon nach einem Jahr statt. Die Ausfallbürgschaft sinkt proportional zur Tilgung der verbürgten Kredite. Bei Krediten ohne Tilgungsvereinbarung (z. B. Kontokorrentkredite) ermäßigt sie sich nach bestimmten Zeitabschnitten. Kosten(-größenordnung) für das Unternehmen: 0,5 bis 1,0% einmalige Bearbeitungsgebühr und 1,0% p. a. auf die verbürgte (Rest-)Schuld.

Allen drei Instrumenten zur Risikosenkung für die Hausbanken liegt die Bedingung zugrunde, daß sie fehlende Sicherheiten des Endkreditnehmers ersetzen, keinesfalls jedoch eine fehlende (erwartete) Rentabilität.

Kommen wir jetzt zu den zinsverbilligten Sonderkrediten selbst. Ihr Hauptvorteil liegt in ihren preisgünstigen und kreditnehmerfreundlichen Konditionen. Diese Konditionen schwanken zwar mit dem freien Kapitalmarkt, doch spiegeln sich diese Schwankungen nur verzögert und geglättet in den Kreditkonditionen wider.

Im folgenden einige Rahmendaten zu den Konditionen der wichtigsten Kreditprogramme (für die dauerhafte Richtigkeit dieser Angaben können Autor und Verlag keine Gewähr übernehmen):

Programmbezeichnung	ERP-Eigenkapitalhilfedarlehen (EKH-Darlehen)
Mittelgeber:	Deutsche Ausgleichsbank DtA, Bonn
Gesamtlaufzeit:	20 Jahre
Tilgungsfreijahre:	10 Jahre
Sondertilgungsrecht:	ja (in den ersten 7 Jahren allerdings mit Rückzahlungspflicht des Subventionswertes)
Zinssatz:	erste 3 Jahre zinsfrei, danach in Stufen bis zum 6. Jahr sukzessive Annäherung an Marktzinsniveau bei Vertragsabschluß. Dazu kommt ein Garantieentgelt von unter 1% p. a. Der Effektivzinssatz für die ersten drei Jahre liegt bei ca. 3% p. a.
Förderhöchstgrenze:	ca. 510.000 € pro Existenzgründung und Person
Kumulierungsfähigkeit:	ja
Obligo:	kein Obligo der Hausbank
Sicherheiten:	keine dinglichen Sicherheiten zu stellen
Hausbankenmarge:	ca. 0,4% in den ersten 10 Jahren, danach 0,2% p. a.
Antragsverfahren:	via Hausbank

Programmbezeichnung	ERP-Darlehen und andere Sonderkredite
Mittelgeber:	KfW, DtA, diverse Landeskreditanstalten, Landesförderinstitute und Spezialinstitute
Gesamtlaufzeit:	je nach Programm bis 20 und mehr Jahre

Programmbezeichnung	ERP-Darlehen und andere Sonderkredite
Tilgungsfreijahre:	je nach Programm bis zu 5 Jahre
Sondertilgungsrecht:	ja
Zinssatz:	ca. 0,5 bis 1,5 Prozentpunkte unter dem jeweiligen Kapitalmarktniveau
Förderhöchstgrenze:	sehr unterschiedlich, allgemeingültige Angaben nicht möglich
Kumulierungsfähigkeit:	zum Teil ja
Obligo:	an sich voll im Obligo der Hausbank, aber Haftungsfreistellungen bis zu 50% oder separat zu beantragende Ausfallbürgschaften (i. d. R. bis 80% möglich)
Sicherheiten:	bankübliche Sicherheiten
Hausbankenmarge:	zw. 0,25% und 1,25% (Haftungsfreistellungen reduzieren die Marge)
Antragsverfahren:	via Hausbank

Ferner sind der Investitionszuschuß aus den GA-Mitteln und die gesetzliche Investitionszulage wichtige Förderinstrumente. Für die beiden Programme gelten die folgenden Grunddaten:

Programmbezeichnung	Investitionszuschuß aus der Gemeinschaftsaufgabe Regionalförderung der Europäischen Union (GA-Mittel)
Mittelgeber:	Bund, Länder, Europäische Union; beantragt werden die Mittel über die jeweiligen Landesförderinstitute (in der Regel am Sitz des Landeswirtschaftsministeriums).
Förderart:	nicht rückzahlbarer, steuerfreier Zuschuß
Fördersatz- und -höchstgrenze:	bis zu 50% der förderfähigen Investitionen. Nur bestimmte Investitionen sind begünstigt. Keine Förderhöchstgrenze.

Programmbezeichnung	Investitionszuschuß aus der Gemeinschaftsaufgabe Regionalförderung der Europäischen Union (GA-Mittel)
Antragsverfahren:	je nach Bundesland zum Teil via Hausbank, zum Teil über die zuständigen Regierungspräsidien oder das Förderinstitut des Landes
Rechtsanspruch:	nein
Besonderes:	eine Reihe von Ausschlußbranchen existieren. Maßgeblich für die Förderung ist insbesondere die Anzahl der erhaltenen oder geschaffenen Arbeitsplätze

Programmbezeichnung:	Investitionszulage
Mittelgeber:	Bund via zuständiges Finanzamt
Förderart:	nicht rückzahlbarer, steuerfreier Zuschuß, der im Jahr nach der Investition ausgezahlt wird
Fördersatz- und -höchstgrenze:	zwischen 3 und 10% der förderfähigen Investitionen. Nur bestimmte Investitionen sind begünstigt. Keine Förderhöchstgrenze
Antragsverfahren:	Beantragung zumeist im Rahmen der Steuererklärung
Rechtsanspruch:	ja

Für fast alle Förderprogramme gelten bestimmte allgemeine Bestimmungen und Grundsätze, die zu beachten sind:

- Die Beantragung muß unbedingt vor Vorhabensbeginn erfolgen, also vor Abschluß eines Liefer- und Leistungsvertrages im Zusammenhang mit dem Investitionsprojekt. An diesem unscheinbaren Kriterium scheitern immer wieder ansonsten förderfähige Antragsteller.

- Es gelten Förderhöchstgrenzen. So können in der Regel maximal 85% einer Investition mit öffentlichen Mitteln gefördert werden. Im einzelnen ist hierfür jedoch der sogenannte Subventionswert maßgeblich. Der besteht, etwas vereinfacht gesagt, im Barwert des relativen Zinsvorteils gegenüber normalen Kapitalmarktmitteln. Ein nicht rückzahlungspflichtiger Zuschuß hat dementsprechend einen Subventionswert von 100% der Zuschußsumme. Da die Förderung keine Vollfinanzierung ermöglicht, werden neben Eigenmitteln fast immer auch herkömmliche Bankkredite benötigt. Das gilt besonders für Betriebsmittelkredite, die selten über Sonderkreditprogramme dargestellt werden können.
- Für fast alle Fördermittel ist nach Abschluß der Maßnahme ein Verwendungsnachweis zu führen, in dem der Kreditnehmer die antragsgemäße Verwendung der Mittel darlegt und bestätigt. Dieser Nachweis ist zumeist auch von der Hausbank zu unterzeichnen. Wird er nicht (rechtzeitig) erbracht, oder kommt es zu signifikanten Kostenunterschreitungen, werden die Mittel (anteilig) zurückgefordert.
- Die Margen der Banken liegen bei Sonderkrediten zwischen 0,25 und 1,5%. Sie sind somit manchmal höher als bei entsprechenden Hausbankdarlehen an Kunden guter Bonität.
- Für fast alle Sonderkredite hat der Kreditnehmer – wie bei konventionellen Bankdarlehen auch – bankübliche Sicherheiten zu stellen (z. B. Grundschulden, Sicherungsübereignungen von Waren und Betriebs- und Geschäftsausstattung, Forderungsabtretungen, persönliche Bürgschaften usw.). Eine Ausnahme bildet das EKH-Darlehen, für das der Kreditnehmer keine dinglichen Sicherheiten stellen muß. Allerdings haftet er (und ggf. sein Ehepartner) persönlich.
- Die Auszahlung langfristiger Sonderkreditmittel erfolgt in der Regel nach Vorhabensfortschritt (z. B. Baufortschritt), also nicht notwendigerweise vorab. Somit wird in einigen

Fällen eine Vor- oder Zwischenfinanzierung über die Hausbank erforderlich.
- Nicht alle Förderprogramme dürfen beliebig miteinander kombiniert werden. Die *Kumulierungsfähigkeit* muß im einzelnen durch Hausbank und Antragsteller geprüft werden.
- Allen Sonderkrediten ist gemeinsam, daß sie jederzeit außerplanmäßige Tilgungen (Sondertilgungen) ohne Berechnung einer Vorfälligkeitsentschädigung gestatten, während bei herkömmlichen Bankdarlehen (in Niedrigzinsphasen) normalerweise eine solche Entschädigung zu zahlen ist. Dieser Vorzug kommt zum Tragen, wenn die Kapitalmarktzinsen deutlich unter das Niveau beim ursprünglichen Vertragsabschluß sinken, so daß eine Umschuldung in einen günstigeren Bankkredit Kostenvorteile bringt, oder wenn das Unternehmen dauerhaft gute Liquiditätsverhältnisse aufweist und sich deswegen teilweise entschulden möchte. Überprüfen Sie Ihre Sonderkredite daraufhin. Sofern diese Kredite eine Haftungsfreistellung aufweisen, kann es sein, daß Ihre Hausbank eine hausinterne Umschuldung aus Risikoerwägungen heraus ablehnt, da ein konventionelles Bankdarlehen eine solche HFS nicht haben kann.
- Auf die wenigsten Fördermittelprogramme hat der Antragsteller einen Rechtsanspruch, selbst wenn er alle Programmbedingungen erfüllt. Von den hier genannten Programmen bestehen Rechtsansprüche nur für Sonderabschreibungen und die Investitionszulage.
- Sanierungsfälle sind in der Regel durch Ausfallbürgschaften und fast alle Sonderkredite nicht förderfähig. Anders verhält es sich bei Konsolidierungsfällen, also Unternehmen, deren Probleme in erster Linie in Liquiditätsengpässen und/oder anderen temporären Ursachen bestehen. Für solche Fälle offerieren einige Bundesländer sogenannte *Konsolidierungsdarlehen*, die primär die Liquidität stärken, nicht ein neues Aktivum finanzieren.

Aus den oben erwähnten relativen und/oder absoluten Förderhöchstgrenzen der einzelnen Programme folgt, daß ein förderfähiges Vorhaben praktisch immer aus einem Paket von Mitteln finanziert werden muß. Ein etwas komplexeres Paket zur Finanzierung einer Betriebsverlagerung im dritten Jahr nach Geschäftsgründung in ein Gewerbegebiet könnte folgendermaßen aussehen (Investor ist, sagen wir, eine GmbH mit zwei geschäftsführenden Gesellschaftern, die jeweils 50% der Anteile halten.):

Position	Mittelverwendung	(TDM)	Mittelherkunft	(TDM)	Anmerk.
(a)	Grundstück	200	Liquide Eigenmittel	150	(1)
(b)	Erschließung	30	EKH-Darlehen (2 Einzeldarl.)	500	(2)
(c)	Bau (Außenhülle)	2.000	Invest.-zuschuß (GA-Mittel)	754	(3)
(d)	Sanitär, Heizung, Elektro	1.000	Investitionszulage	18	(4)
(e)	Innenausstattung	270	Bankdarlehen	495	(5)
(f)	Grün- und Hofanlage	150	ERP-Darlehen 1 (Umwelt)	250	(6)
(g)	Hochregallager	100	ERP-Darlehen 2 (Existenzfestig.)	2.133	(7)
(h)	Aufstockung Warenlager	300			
(i)	Zusätzl. neuer LKW	250			
	SUMME	4.300	SUMME	4.300	

Anmerkungen:
(1) Die Eigenmittel sollten i. d. R. 15% der Gesamtfinanzierung abdecken. Bei Investitionsvorhaben, die das Volumen von einer Million Mark überschreiten, sind Abweichungen nach unten (zu Gunsten des Investors) möglich.
(2) Die beiden geschäftsführenden Gesellschafter der GmbH hatten bereits bei der Existenzgründung drei Jahre zuvor zwei EKH-Darlehen über zusammen TDM 200 erhalten. Daher sind jetzt nur noch TDM 500 möglich (Höchstförderung hier TDM 700).
(3) 20% aus den Positionen c, d, e, f, g und i (der tatsächliche Fördersatz hängt von vielen konkreten Einzelfaktoren ab).
(4) 5% aus den Positionen g und i (bewegliches Anlagevermögen).
(5) Gesamtinvestition x 15% abzgl. Eigenmittel (da Förderungsmaximum 85%).
(6) 100% der besonders umweltverträglichen Heizungsanlage. Hier angesetzt mit TDM 250, jedoch unter Position (d) (Mittelverwendung) nicht separat ausgewiesen.
(7) Restsumme, die nicht anderweitig finanziert wurde.

Je nach aktuellem Zinsniveau können sich die Finanzkosten gegenüber einem Paket zu Marktkonditionen auf diese Weise um 50% und mehr reduzieren.
Die wichtigsten Adressen in Sachen Fördermittel sind die Kreditanstalt für Wiederaufbau (KfW), Frankfurt a. Main, und die Deutsche Ausgleichsbank (DtA), Bonn. Lassen Sie sich von diesen beiden Banken Informationsmaterial zusenden. Die Anschriften des zuständigen Landesförderinstitutes und der Bürgschaftsbank können Sie diesen Broschüren entnehmen. Ihr Firmenbetreuer oder das örtlich zuständige Regierungspräsidium (Abteilung Wirtschaftsförderung) werden Ihnen ebenfalls gerne weiterhelfen.*)

Währungskredite

Kredite in Fremdwährung – im Fachjargon *Währungskredite* – können für Unternehmen, die dauerhaft oder vorübergehend Außenhandel betreiben, sinnvoll sein. Währungskredite sind prinzipiell in den gleichen Grundformen verfügbar wie inländische Kredite, das heißt, als Kontokorrentkredite, als kurz- oder langfriste Festsatzkredite sowie als Roll-over-Kredite (Erläuterung siehe Glossar). Aus juristischen Gründen, und weil die Refinanzierung so günstiger ist, werden Währungskredite oft nicht von der inländischen Bank, sondern über ein rechtlich selbständiges Tochterinstitut im Ausland ausgereicht. Das ist für den Kreditnehmer de facto jedoch unerheblich. Währungskredite können z. B. in den folgenden Konstellationen Vorteile gegenüber einem DM-Kredit aufweisen:

- Als Produktionsfinanzierung (Zwischenfinanzierung) für einen in Fremdwährung fakturierenden deutschen Exporteur. Der Exporteur tauscht den Währungskreditbetrag nach

---

*) Die Internet-Förderdatenbank des Bundeswirtschaftsministeriums gibt einen Überblick über alle Programme von Bund, Ländern und EU. Adresse: http://www.bmwi.de/foerderdb/.

Auszahlung sofort zum Kassakurs in DM und zahlt den Kredit später aus seinem Währungsexporterlös zurück. Wenn der Zeitpunkt des Zahlungseingangs ungewiß ist, bietet sich ein Kontokorrentkredit oder auch ein Festsatzkredit mit Prolongationsmöglichkeit an (Roll-over-Kredit).

- Wenn ein Unternehmen dauerhaft in einem bestimmbaren (Mindest-)Volumen Einnahmen in einer Fremdwährung erzielt und diesen Einnahmen keine Ausgaben in dieser Währung gegenüberstehen. Hier kann es Sinn machen, einen Teil der inländischen Bankverbindlichkeiten in einen Fremdwährungskredit umzuschulden, dessen Kapitaldienstplan an den Verlauf der Fremwährungs-Cash-inflows angepaßt ist. Auf diese Weise sichert das Unternehmen sein Währungsrisiko ab *(Währungs-Hedging)*.

- Ein weiteres, allerdings spekulatives Motiv zur Aufnahme eines Fremdwährungskredites könnte das niedrigere Zinsniveau in dieser Fremdwährung sein. Dies war in den vergangenen Jahren z. B. für den Schweizer Franken gegenüber der DM der Fall. Im Durchschnitt der gängigen Zinsbindungen bis zehn Jahre betrug der relative Zinsvorteil fast zwei Prozentpunkte. Diesem Plus stand allerdings das (theoretisch unbegrenzte) Risiko der unerwarteten Aufwertung des Schweizer Franken gegenüber der DM gegenüber – was dann sowohl für die anzuschaffenden Zinsen als auch für den Kreditbetrag selbst gilt. Das Risiko kann etwas eingegrenzt werden, indem die Laufzeit/Zinsbindung des SFR-Kredites auf wenige Monate beschränkt wird (z. B. via Roll-over-Kredit).

Factoring und Forfaitierung

Sofern ein Unternehmen seine Forderungen aus Lieferungen und Leistungen nicht bereits als Kreditsicherheit an eine Bank abgetreten hat, besitzt es die Möglichkeit, die Forderungen zu verkaufen, um sie bereits vor der Fälligkeit zu liquidisieren. Als Käufer der Forderung kommen Banken und spezielle Factoringinstitute in Frage. Diesen Verkauf bezeichnet man als *Factoring* oder *Forfaitierung*.

Factoring

Factoring ist der üblicherweise regreßlose Ankauf von kurzfristigen Forderungen (maximal 90 Tage) aus Warenlieferungen und Dienstleistungen durch eine Factoringgesellschaft. „Regreßlos" heißt in diesem Zusammenhang, daß das Forderungsausfallrisiko *(Delkredererisiko)* vollständig auf die Factoring-Gesellschaft übergeht. (Die Anschriften einiger größerer Gesellschaften finden Sie am Ende dieses Abschnittes.)

Wie läuft das Factoring nun ab? Der Verkäufer (Gläubiger) verkauft seine sämtlichen Forderungen aus Lieferungen und Leistungen an die Factoring-Gesellschaft *(Factor)*. Diese zahlt ihm dafür meist direkt beim Ankauf 80 bis 90% des Nominalwertes der Forderungen, den Rest bei Fälligkeit, das heißt, wenn der Schuldner seine Verbindlichkeiten bei der Factoringgesellschaft begleicht. Factoring kann sich sowohl auf inländische als auch auf Exportforderungen erstrecken.

Vorteile des Factoring:
- Der Forderungsverkäufer erhält sofort den größten Teil seiner Forderung in liquider Form und verbessert damit seine Liquidität (Finanzierungsfunktion des Factoring). Dadurch kann er beispielsweise rentablere Lieferantenskonti ausnutzen.
- Der Forderungsverkäufer wälzt das Delkredererisiko auf die Factoring-Gesellschaft ab. (Dies ist jedoch beim sogenannten *unechten*, preisgünstigeren Factoring nicht der Fall.)
- Die Factoring-Gesellschaft übernimmt den Verwaltungsaufwand *(Debitorenmanagement)*, der mit dem Einzug der Forderung zusammenhängt.

- Für den Forderungsverkäufer ergibt sich eine Verbesserung diverser Bilanzrelationen, darunter der Eigenkapitalquote (resultiert aus der Verkürzung der Bilanzsumme).
- Über die Factoring-Gesellschaft kann der Forderungsverkäufer die Bonität seines möglichen Geschäftspartners bereits vor Abschluß eines Liefer- und Leistungsgeschäftes prüfen lassen. Die Factoring-Gesellschaft legt außerdem für jeden Schuldner ein Limit (Obergrenze für die angekauften Forderungen) fest.*) Die Höhe dieses Limits (im Extremfall null) fungiert als nützliches Warnsignal für den Forderungsverkäufer.

Nachteile des Factoring:
- Der Hauptnachteil liegt in den Kosten. Sie setzen sich zusammen aus (a) einer Factoring-Gebühr von rund 0,5 bis 2,5% für die Debitorenabwicklung, (b) Zinsen für die Vorfinanzierung der Forderung etwa in Höhe der üblichen Kontokorrentzinssätze, (c) unter Umständen einer gesonderten Delkrederegebühr für die Risikoübernahme (soweit nicht schon im Kontokorrentzinssatz enthalten).
- Der direkte Kontakt zwischen Lieferanten und Käufern wird unterbrochen.
- Die Befürchtung, daß ein Forderungsverkauf bei manchen Lieferanten als Makel gilt, könnte in Einzelfällen eine Rolle spielen, dürfte allerdings mit der zunehmenden Verbreitung des Factoring an Gewicht verlieren.

Ob sich Factoring für Sie rechnet, können Sie auf Basis eines oder mehrerer konkreter Angebote entscheiden.

---

*) Solche Limits für das Maximum der offenen Forderungen sollte jedes Unternehmen – gerade solche, die die Forderungen in den eigenen Büchern behalten – für alle seine Kunden formulieren (und strikt einhalten).

Hier die Adressen einiger größerer Factoring-Institute:

Name	Adresse	Telefon/Fax	Gesellschafter
CL Factoring GmbH	Seidlstraße 30 80335 München	Tel. 089/5149-90 Fax 089/5149-9136	Crédit Lyonnais, Paris Frankreich
Deutsche Factoring Bank	Langenstraße 15–21 28195 Bremen	Tel. 0421/3293-0 Fax 0421/3293-111	verschiedene öffentliche Landesbanken
DG Diskontbank GmbH	Fried.-Ebert-Anlage 2 60325 Frankfurt/M	Tel. 069/7447-04 Fax 069/7447-3330	DG Bank, Frankfurt/M (Spitzeninstitut der Genossenschaftsbanken)
GEFA Gesellschaft für Absatzfinanzierung mbH	Robert-Daum-Platz 1 42117 Wuppertal	Tel. 0202/382-0 Fax 0202/382-289	Deutsche Bank AG, Frankfurt/M
Heller Bank AG	Weberstraße 21 55130 Mainz	Tel. 06131/980-0 Fax 06131/980-262	Heller GmbH (Heller Gruppe, Chicago, USA)

Forfaitierung

Rein wirtschaftlich betrachtet ist die Forfaitierung mit dem Factoring identisch. Forfaitierung nennt man den Ankauf von Exportforderungen durch eine Bank *(Forfaiteur)* unter Verzicht des Rückgriffs auf den Exporteur (= regreßlos) bei Nichtzahlung. Voraussetzung ist, wie auch beim Factoring, daß die Forderung abtretbar ist und – sofern der Importeur keine Bankgarantie stellt – aus Sicht der ankaufenden Bank keine Einreden aus dem Grundgeschäft zu befürchten sind.

Ursprünglich war es Usus, daß der ausländische Importeur seine in der Regel in DM denominierte Verbindlichkeit durch einen *Solawechsel* unterlegte (d. i. ein selbst ausgestellter und auf sich selbst gezogener Wechsel, also ein Zahlungsversprechen in Form eines Wechsels). Diesen Solawechsel gab er dann an den deutschen Exporteur, der ihn mit einem sogenannten

Angstindossament (Unterschrift mit Zusatz „ohne Obligo/ without recourse") an seine Bank weiterreichte, die wiederum die Forderung ankaufte. Durch dieses spezielle Indossament schloß der Exporteur seine Mithaftung aus dem Wechsel aus. Ferner war der Wechsel zusätzlich mit einem Bankaval gesichert.

Inzwischen wird häufig auf die Ausstellung von Wechseln verzichtet. Lediglich die Buchforderungen und eventuell die Bankgarantie der Importeurbank werden durch die Abtretungserklärung an die Bank des Exporteurs übertragen. Da die Garantie ein abstraktes, unbedingtes Zahlungsversprechen ist, stellen Einwendungen aus dem Grundgeschäft nur für den Exporteur, nicht jedoch für die ankaufende Bank ein Risiko dar.

Die Vor- und Nachteile der Forfaitierung sind weitgehend identisch mit denen des Factoring. Bei der Forfaitierung geht jedoch mit dem wirtschaftlichen Forderungsausfallrisiko auch automatisch das politische Risiko und – im Falle von Währungsforderungen – das Währungsrisiko auf die forfaitierende Bank über.

Bei der Forfaitierung höherer Forderungen gegen Großunternehmen guter Bonität sollte der Forderungsverkäufer im Hinterkopf behalten, daß hier eigentlich die Kreditkonditionen, die dieses Großunternehmen bei seinen Banken genießt, zur Anwendung kommen sollten. Denn nach dem regreßlosen Ankauf durch die Bank ist ja das Großunternehmen deren Kreditkunde. Die für die Forfaitierung geltende Bankmarge sollte daher die Bonität des Großunternehmens reflektieren und nicht die des Forderungsverkäufers. Konkret bedeutet dies statt einer Marge von 1 bis 4%-Punkten (wie im kleinen mittelständischen Firmenkundengeschäft üblich) nur noch zwischen 0,15 und 1%-Punkt. (Der Einstandssatz entspräche bei einer 90tägigen Forderung dem Briefsatz für 90tägiges Interbankengeld.)

6. Umschuldungen und vorfristige Tilgungen

In einer Reihe von Situationen kann es wünschenswert sein, einen Kredit mit langfristiger Zinsbindung vorzeitig zu tilgen, was einer Kündigung durch den Kreditnehmer gleichkommt. Mögliche Gründe für eine vorzeitige (außerplanmäßige) Tilgung:

- in einer Niedrigzinsphase: die Umschuldung (technisch gesehen eine Komplettilgung und Neukreditaufnahme gleichen Betrages) eines teuren Kredites in einen billigeren,
- falls ein Unternehmen oder ein einzelner Vermögenswert verkauft wird: Der Käufer will den oder die alten Kredite nicht übernehmen.

Die Bank wird gegen eine vorfristige Voll- oder Teilrückführung immer dann nichts einwenden, wenn die in diesem Augenblick vorhandenen Marktkonditionen für die Restzinsbindung höher sind als die seinerzeitigen Marktkonditionen des abzulösenden Kredites. Allerdings ist in einer solchen Konstellation ein Kreditnehmer selten an einer vorfristigen Rückführung interessiert. In jedem anderen Fall wird die Bank auf die Zahlung der ihr rechtlich zustehenden *Vorfälligkeitsentschädigung* bestehen, es sei denn, sie läßt sich aus geschäftspolitischen Erwägungen zu einer Kulanzregelung bewegen.

Die Vorfälligkeitsentschädigung enthält in der Regel drei Komponenten, nach denen sich schließlich auch ihre Gesamthöhe bemißt: (a) der Barwert der während der Restzinsbindung noch zu vereinnahmenden Zinsmarge = Ertrag, (b) der Barwert der Refinanzierungskosten (Zinsschaden) abzüglich des Wiederanlageertrages für die Restzinsbindung und (c) eine Entschädigung für den Verwaltungsaufwand, der mit der vorfristigen Rückzahlung entsteht. Der Barwert bei den Komponenten (a) und (b) wird mit dem ursprünglichen (bei Darlehensabschluß geltenden) Abzinsungssatz ermittelt.

Die tatsächliche Höhe einer Vorfälligkeitsentschädigung hängt stark von der Differenz zwischen dem ursprünglichen Marktzinssatz (Einstandszinssatz) des zu tilgenden Kredites und den in diesem Augenblick vorhandenen Marktkonditionen für die Restzinsbindung ab. Je größer die Differenz, desto größer die Vorfälligkeitsentschädigung. In einer Hochzinsphase wird diese Differenz tendenziell gering sein, möglicherweise sogar negativ. Bei negativer Differenz entstünde ein zusätzlicher Gewinn für die Bank, wenn der Kreditnehmer den Kredit vertragswidrig vorzeitig zurückführen wollte. Eine Vorfälligkeitsentschädigung entfiele dann. Es versteht sich, daß unter diesen Umständen kaum ein Kreditnehmer Interesse an einer Kündigung hat.

Eine Empfehlung in diesem Zusammenhang: Sofern Sie sich dazu durchringen, einen Kredit trotz Vorfälligkeitsentschädigung vorzeitig zu tilgen, lassen Sie sich die Berechnung der Vorfälligkeitsentschädigung, nach Einzelbestandteilen untergliedert, schriftlich offenlegen. Dies verbessert Ihre Verhandlungsposition (bevor Sie bezahlt haben).

In bestimmten Situationen – beispielsweise wenn ein fremdfinanziertes Aktivum verkauft wird und das dazugehörige (hochverzinsliche) Darlehen im Unternehmen verbleibt – kann ein sogenannter *Receiver Swap* sinnvoll sein. Denn je nach vorhandener Finanzierungsstruktur des Unternehmens entfällt in diesem Fall die Einhaltung der Goldenen Finanzierungsregel (fristenkongruente Finanzierung des Vermögens). Besprechen Sie diese Idee gegebenenfalls mit Ihrem Firmenbetreuer, und lassen Sie sich ein Angebot unterbreiten.

Insgesamt kann zu diesem häufigen „Herzenswunsch" von Kreditnehmern kaum eine wirklich befriedigende Lösung angeboten werden. Die Ursache liegt schlicht darin, daß vertragliche Verpflichtungen – auch solche, die rückblickend „zu teuer" sind – eingehalten werden müssen.

7. Kreditlaufzeiten und Kündigungsrechte

Jeder Kredit hat eine bestimmte Laufzeit. Das ist ein banales Faktum – und dennoch immer wieder die Ursache von Mißverständnissen und Auseinandersetzungen zwischen Banken und Ihren Firmenkunden. Folgende Grundkonstellationen lassen sich hinsichtlich der Kreditlaufzeiten unterscheiden:

- *Kurzfristige Kredit- und Kontokorrentlinien* sind entweder unbefristet (bis auf weiteres) zugesagt oder befristet, z. B. für zwölf, seltener 24 Monate. Eine B. a. w.-Kreditlinie kann die Bank – mit angemessener Kündigungsfrist – jederzeit kündigen. Der Kunde ist zur Kündigung ohne Einhaltung einer Frist jederzeit berechtigt, wobei dazu in der Praxis selten eine Notwendigkeit bestehen dürfte. Es genügt ja, die Kreditlinie zurückzuführen und dann nicht mehr zu nutzen. Dennoch sollten Sie eine solche Absicht (sofern Sie sicher sind) um der guten Beziehung willen der Bank mitteilen (zugesagte, aber nicht genutzte Kreditlinien verursachen Kosten für die Bank).
- *Kurzfristige Festsatzkredite* (z. B. Eurokredite) sind bis zum Ende der Zinsbindung zugesagt. Sofern sie zu diesem Zeitpunkt nicht oder nicht ganz getilgt sind, hat die Bank ein Recht, die fällige Kreditschuld sofort zurückzufordern. Rahmenkreditlinien oder Roll-over-Vereinbarungen enthalten oft eine Goodwill-Erklärung der Bank, derzufolge sie sich bei Fälligkeit des Kredites „bemühen" wird, mit dem Kunden über eine Prolongation zu verhandeln. Es dürfte auf der Hand liegen, daß solche Wohlwollenserklärungen im Zweifel (jedenfalls im Geschäft mit kleinen und mittleren Firmen) nicht viel wert sind.
- *Langfristige Kredite.* (a) Wenn die Zinsbindung *vor* der geplanten vollständigen Tilgung liegt: Die entsprechenden Kreditverträge mögen grundsätzlich eine Laufzeit vorsehen,

die (bei Investitionsdarlehen) weit über die Zinsbindung hinausreicht, de facto aber sind diese Kredite ebenfalls nur bis zur Zinsbindung zugesagt. Da es praktisch im freien Ermessen der Bank liegt, am Ende der Zinsbindung die Untergrenze der Anschlußkonditionen festzulegen, kann sie einen Kreditkunden durch Abschreckungskonditionen mehr oder weniger zwingen, das Darlehen zurückzuführen. (b) Wenn die Zinsbindung und der Zeitpunkt der geplanten vollständigen Tilgung zusammenfallen: Die Bank hat innerhalb der Zinsbindung/Laufzeit lediglich die Möglichkeit zur außerordentlichen Kündigung.

Zu den Kündigungsrechten für Kredite seitens der Bank und des Firmenkunden komme ich in den beiden nachfolgenden Abschnitten. Für Sie als Kreditnehmer ist es auf alle Fälle von großer Bedeutung, die Laufzeiten und Zinsbindungen *aller* Kredite und Kreditlinien genauestens zu überwachen – zum einen, um frühzeitig und ohne Zeitdruck mit der Bank über Anschlußkonditionen verhandeln zu können, und zum zweiten, um in Niedrigzinsphasen eventuell vorzeitige Konditionenfixierungen vornehmen zu können.

Es macht einen guten Eindruck bei der Bank, wenn Sie die Bank schriftlich zwei bis drei Monate vor Ablauf einer Kreditzusage oder Zinsbindung daran erinnern, mit Ihnen in Verhandlung über die Prolongation und Anschlußkonditionenvereinbarung zu treten. Versuchen Sie, der Bank diesbezüglich zeitlich zuvorzukommen.

Einerseits sind Kreditkündigungen ein wichtiges, oft genug medienwirksames Thema, zu dem wohl mancher Kreditkunde (vielleicht) schon sorgenvolle Überlegungen angestellt hat. Andererseits besteht in kleinen und mittleren Unternehmen weitgehende Unkenntnis der gesetzlichen und wirtschaftlichen Fakten in diesem Bereich.

Wichtig in diesem Zusammenhang ist zunächst die Unterscheidung in Kredite an Verbraucher und Kredite an Nicht-Verbraucher. Erstere fallen unter die Bestimmungen des Verbraucherkreditgesetzes und einige Grundsatzurteile. Als Verbraucherkredit werden Kreditgeschäfte einer natürlichen Person betrachtet, welche *nicht* der beruflichen oder gewerblichen Tätigkeit dieser Person zugerechnet werden können.

Mit solchen Verbraucherkrediten wollen wir uns hier nicht weiter beschäftigen. Kreditkündigungsrechte lassen sich außerdem in gesetzliche, vertragliche und außerordentliche Kündigungsrechte unterscheiden.

Kündigungsrecht des Kreditnehmers

Grundsätzlich ist für die Frage des Kündigungsrechtes der Kreditvertrag maßgeblich. Er enthält stets auch einen Passus zu den Kündigungsrechten beider Parteien und zu den Terminen für die (Teil-)Rückzahlungen. Darüber hinaus gewährt § 609 a BGB jedem Kreditnehmer (Ausnahme: Gebietskörperschaften) ein vertraglich nicht ausschließbares Recht, seine Kredite mit Festzinsbindung nach Ablauf von zehn Jahren mit einer Frist von sechs Monaten zu kündigen (gilt nicht für die Bank). Kosten (z. B. eine Vorfälligkeitsentschädigung) darf die Bank bei einer solchen Kündigung nicht in Rechnung stellen.

Langfristige Festsatzkredite sind für die Dauer der Zinsbindung dem Grundsatz nach also beiderseits unkündbar. Trotzdem wünschen viele Kreditnehmer eine vorzeitige Kreditkündigung (bzw. Umschuldung), wenn die Zinsen seit Darlehensabschluß deutlich gefallen sind (Niedrigzinsphase). Trotz des vertraglichen Kündigungsausschlusses wird die Bank eine vorfristige Kündigung tolerieren (müssen), wenn der Kunde im Gegenzug die Bank für ihren Verlust entschädigt.

Festsatzkredite mit einer Zinsbindung, die die Darlehenslaufzeit unterschreitet, können mit einer Frist von einem Monat zum Ende der Zinsbindung gekündigt werden, es sei denn, es ist bereits eine neue Vereinbarung über die Anschlußzinsbindung getroffen worden. Bei Roll-over-Krediten kann der Kreditnehmer lediglich zu den jeweiligen periodischen Zinsanpassungsterminen kündigen. Auch in diesen Fällen entstehen dem Kreditnehmer keine Kosten.

Kredite mit variablem Zinssatz sind aufgrund § 609 a BGB jederzeit mit einer Frist von drei Monaten zum nächsten Anpassungszeitpunkt (sofern ein solcher vereinbart ist) kündbar. Etwaige anderslautende vertragliche Regelungen wären nichtig.

Kündigungsrecht der Bank

Zunächst sind für die Bank die Bestimmungen des Kreditvertrages maßgeblich. Praktisch jeder Vertrag enthält einen Passus, der der Bank die sofortige Kündigung im Falle von Ratenrückständen gestattet. Darüber hinaus hat sie, genauso wie der Kreditnehmer, das Recht, ein Kreditverhältnis zum Ende einer Zinsbindung zu kündigen.

Dabei muß Sie jedoch nach § 242 AGB-Gesetz und anderen einschlägigen Bestimmungen auf die „berechtigten Belange" des Kreditkunden Rücksicht nehmen. Welche dies sind (insbesondere im möglichen Zusammenwirken mit dem weiter unten behandelten AGB-Kündigungsrecht der Banken), ist pauschal schwer zu sagen. Im Zweifelsfall wird Ihnen hier nur ein fachkundiger Rechtsbeistand weiterhelfen können. Um so wichtiger ist es, rechtzeitig, also mehrere Monate vor Ablauf der nächsten Zinsbindung, die Aussichten und Bedingungen einer Anschlußkonditionenvereinbarung zu klären oder eine solche bereits vorab zu treffen, was ohne weiteres bis zu zwei Jahre im voraus möglich ist.

Ferner hat die Bank nach den Nummern 17 (zusammen mit 18 und 19) der Banken-AGB das sehr wichtige *außerordentliche* (nämlich fristlose) Kreditkündigungsrecht. Die Banken-AGB liegen bekanntlich allen Kreditverhältnissen im Inland zugrunde (ausgenommen bei expliziter Ausschließung). Dieses Kündigungsrecht setzt voraus, daß sogenannte wichtige Gründe existieren. Als solche gelten:

- unrichtige Angaben des Kunden zu seiner Vermögenslage,
- eine wesentliche Verschlechterung oder erhebliche Gefährdung seines Vermögens,
- die drohende oder tatsächliche Zahlungsunfähigkeit des Kunden,
- die Weigerung des Kunden, Sicherheiten zu stellen oder zu verstärken.

Die AGB-Kündigung wegen Vermögensverfall wird immer dann relevant, wenn sich die wirtschaftlichen Verhältnisse des Kunden drastisch verschlechtern und ein Konkurs zu befürchten ist. Ein von der Rechtssprechung im allgemeinen anerkanntes Indiz dafür, daß die Zahlungsunfähigkeit vorliegt, ist, wenn zwei oder mehr Kapitaldienstraten auflaufen.

Ein weiteres Kündigungsrecht der Bank ergibt sich indirekt aus § 18 (im Verein mit §§ 14 und 19) des Gesetzes über das Kreditwesen (KWG). Dieser Paragraph verpflichtet die Banken, sich geeignete Unterlagen und Nachweise zur Bonität ihrer Kreditkunden vorlegen zu lassen. Die Kreditsumme muß allerdings mindestens den Betrag von 500.000 Mark (ca. 256.000 €) umfassen. Die Rechtssprechung hat konkretisiert, was unter geeigneten Unterlagen zu verstehen ist (z. B. Jahresabschlüsse, Einkommensteuerbescheide usw.). Liefert ein kreditnehmendes Unternehmen diese Unterlagen trotz angemessener Aufforderungsfristen nicht, nicht in aussagefähiger Form oder nicht rechtzeitig, so muß die Bank die Kreditkündigung androhen und schließlich auch vollziehen. Bei wirtschaftlich und rechtlich voneinander abhängigen Unternehmen (bzw. natürlichen Personen) muß die Bank gemäß KWG-Vorschrift die Einzelkredite der Unternehmen addieren.

Aus dem oben Gesagten läßt sich ableiten, daß auch ein Kredit mit fester Laufzeit wirtschaftlich gesehen nur bis zum Ende der Zinsbindung zugesagt ist. Danach kann die Bank – selbst wenn sie nicht formal kündigen will – den Kreditnehmer mit Abschreckungskonditionen förmlich zur Rückzahlung zwingen bzw. eine besonders hohe „Stillhalteprämie" vereinnahmen. Und selbst innerhalb der Zinsbindung sind, wie wir gesehen haben, Kreditkündigungen möglich. Bei einem bis auf weiteres zugesagten Kredit (häufig bei Betriebsmittelkrediten der Fall) schließlich ist der Kreditnehmer vollends auf das Wohlwollen der Bank angewiesen.

Andererseits haben Banken selbstredend ein wirtschaftliches Interesse an der Ausreichung von Krediten (ihrer Haupteinnahmequelle). Insofern brauchen Unternehmen mit aktzeptabler Bonität, solange sie ihren Kapitaldienstverpflichtungen nachkommen, nichts zu befürchten.

Besonders bei den Sparkassen ist nach wie vor ein gewisses Kuriosum verbreitet: langfristige „Festsatzkredite", bei denen sich die jeweilige Sparkasse eine vertragliche vorzeitige Kündigungsmöglichkeit vorbehält, wenn sie den Kredit nicht zinskongruent refinanziert hat. Im Falle einer Erhöhung der Refinanzierungskosten hat die Sparkasse so die Möglichkeit, den Kreditzinssatz nach oben anzupassen *(Zinsanpassungs-* oder *Zinsregulierungsklausel).* Dasselbe gilt im Prinzip auch umgekehrt, also bei einer Verbilligung der Refinanzierungsbasis. (Allerdings dürfte das Pendel aller Erfahrung nach öfter und heftiger nach oben ausschlagen ...)

Zwar ist im Endeffekt der jeweilige Einzelfall maßgeblich, aber im allgemeinen muß man von solchen Darlehen abraten. Zum einen bieten sie keine wirkliche Zinssicherheit für die entsprechende Langfristinvestition (Verletzung der goldenen Finanzierungsregel). Zum anderen unterwerfen sie die Beurteilung der Veränderung der Refinanzierungsbasis völlig dem Ermessen der Sparkasse.

In taktischer Hinsicht ist für Unternehmen in ernsten Krisen mit seit langem gespannten Verhältnis zur Bank manchmal folgender Gesichtspunkt existentiell wichtig: Ob eine Bank sich zu einem bestimmten Zeitpunkt dazu entschließt, das laufende Konto „dichtzumachen" (keine weiteren Verfügungen zuzulassen) und damit das Unternehmen vielleicht in den liquiditätsbedingten Konkurs zwingt, hängt davon ab, ob die Bank die Kredite des Unternehmens bereits wertberichtigt hat oder noch nicht. Warum diese auf den ersten Blick merkwürdige Differenzierung? Sind die Kredite bereits wertberichtigt, haben das entsprechende Bank-Profitcenter und der Betreuer eigentlich nichts mehr zu verlieren, denn buchmäßig ist der Verlust ja bereits früher vollzogen und von den oberen Chargen zur Kenntnis genommen worden. Ist diese Wertberichtigung hingegen noch nicht erfolgt, wird die Betreuungseinheit tendeziell länger zögern, denn intern steht das Schlimmste dann ja noch bevor. Wenn Ihr Unternehmen für die Bank also ein „Krisen-Engagement" ist, versuchen Sie unbedingt herauszubekommen, ob Ihr Kredit bereits wertberichtigt ist oder nicht. Vielleicht haben Sie Glück, und Ihr Betreuer rückt mit der Sprache heraus. Falls noch keine Wertberichtigung erfolgte, ist Ihnen wenigstens diese letzte Trumpfkarte verblieben.

8. Kredit- und Anlagekonditionen richtig beurteilen

Da man bekanntlich Äpfel nicht mit Birnen vergleichen kann, sollten Bankkunden die preisbestimmenden Merkmale von Krediten und Anlagen kennen. Der Preis für einen Kredit (oder eine Anlage) ist der Zins. Nun existieren recht unterschiedliche finanzmathematische Berechnungsweisen für den Zinssatz. Je nach gewählter Berechnungsweise ergibt sich ein höherer oder ein niedrigerer Satz, obwohl der zugrundeliegende Kredit derselbe ist. Deshalb sollten Sie die nachfolgend genannten finanzmathematischen Merkmale von Krediten und Anlagen in Ihrem eigenen Interesse kennen, sonst könnte Sie beispielsweise ein Kredit am Ende teurer kommen, als Sie annahmen – was schlimm genug ist. Noch schlimmer ist, wenn Sie es nicht einmal merken. Ihr Banker dürfte Sie kaum von sich aus darauf aufmerksam machen.

Um Ihre praktische Arbeit etwas zu vereinfachen, hier zwei simple Grundregeln. Wenn Sie diese beachten, kann eigentlich nicht viel schiefgehen. Für „Sonderfälle" empfiehlt es sich dennoch, die finanzmathematischen Basics der einzelnen Kreditmerkmale zu kennen.

Grundregel Nr. 1: Der sogenannte *Effektivzins gemäß Preisangabenverordnung* (abgekürzt PAngV) ist unter den gängigen Vergleichsmaßstäben am objektivsten. Dagegen ist der Nominalzinssatz ein durch viele wichtige und unwichtige Darlehensmerkmale verzerrter Indikator.

Grundregel Nr. 2: Wenn Sie mehrere Kreditangebote (oder Anlageangebote) vergleichen, sollten die Kredite in ihrer Konstruktion möglichst exakt übereinstimmen. Auch scheinbar geringfügige Abweichungen führen zum Äpfel/Birnen-Problem.

Nun zu den wichtigsten Kredit- und Anlagemerkmalen:

- *Nominalzinssatz.* Der Zinssatz, nach dem sich die zu zahlende Zinsrate bemißt, ist allenfalls ein ungefährer Indikator für die Preiswürdigkeit eines Kredites (bzw. für die Rendite einer Anlage). Er wird oft irrtümlich als ausschlaggebendes Vergleichskriterium verwendet.
- *Effektivzinssatz (gemäß Preisangabenverordnung PAngV).* Der Effektivzinssatz (immer als Jahreszinssatz ausgedrückt)

macht unterschiedlich konstruierte Darlehen und Anlagen (was die Zahlungsströme betrifft) einigermaßen vergleichbar. Der effektive (im Unterschied zum nominellen) Zinssatz wird auf folgender Basis errechnet: nachschüssige Zahlungsperiode, sofortige Verrechnung von Zins- und Tilgungszahlungen, Berücksichtigung aller vom Kreditnehmer gezahlten Leistungen, deutsche Zinsrechnungsmethode. „Schätzkosten" sind gemäß PAngV *kein* Bestandteil des Effektivzinses.*) Der Effektivzinssatz entspricht dem sogenannten *internen Zinsfuß*. Die Banken sind nach dem Verbraucherkreditgesetz lediglich verpflichtet, den Effektivzinssatz bei Krediten an private Verbraucher zu nennen. Sie tun dies auf ausdrücklichen Wunsch aber auch bei gewerblichen Krediten. Für Kredite, deren Zinsbindung ihre Laufzeit unterschreitet, spricht man von einem *anfänglichen effektiven Jahreszins,* da der endgültige Effektivzins erst feststeht, wenn fixe Konditionen bis zum Ende der Laufzeit vereinbart sind.

- *Zinsbindungszeitraum (Zinsfestschreibung).* Der Zeitraum, für den die vertraglich vereinbarten Konditionen gelten. Die Zinsbindung ist die wichtigste Einflußgröße für den Zinssatz. Nach § 609 BGB haben alle Kreditnehmer (ausgenommen öffentlich-rechtliche) ein nicht aufhebbares (kostenloses) Kreditkündigungsrecht nach zehn Jahren. Banken bieten deshalb ungern längere Zinsbindungen an, obwohl es eine legitime, wirtschaftlich sinnvolle Nachfrage danach gibt. Wenn sie es doch tun, dann mit einer Zusatzmarge, die dieses Kündigungsrisiko abdecken soll. Für Darlehensvergleichszwecke: Geben Sie für das von Ihnen gewünschte Ende der Zinsbindung ein Kalenderdatum an. Also nicht

---

*) Ebenso fließen folgende Konditionenbestandteile nicht in den Effektivzins ein: Zuschläge für Teilauszahlungen, Gebühren für Darlehenskontoführung, Bürgschaftsprovisionen für nicht „deckungsfähige" Beträge bei Hypothekendarlehen, externe Gutachterkosten bei Kopplung mit Lebensversicherung (zur Tilgung). Vorschaltkonditionen oder variable Konditonen für eine Anfangszeit (Quasi-Zwischenfinanzierung).

„zehn Jahre" sondern „31.03.2009", sonst besteht die Gefahr, daß Ihnen z. B. eine faktische Zinsbindung von neun Jahren + zehn Monaten als „zehn Jahre" untergejubelt wird. Oft übersehen Kreditnehmer, daß Zinsbindung und Laufzeit zwei verschiedene Dinge sind.

- *Laufzeit.* Der Zeitraum, innerhalb dessen der Kredit (voraussichtlich) getilgt sein wird. Für Vergleichszwecke: Geben Sie auch hier am besten ein Kalenderdatum (z. B. „31.12.2028") und nicht einen Zeitraum (z. B. „30 Jahre") an, sonst bekommen Sie am Ende nicht genau das, was Sie gemeint haben. Wenn die Zinsbindung kürzer ist als die Laufzeit, kann man eigentlich nur von einer „voraussichtlichen" Laufzeit sprechen, da am Ende des Zinsbindungszeitraums alle Konditionenbestandteile, auch die Laufzeit, neu verhandelt werden müssen.
- *Tilgungssatz.* Die Laufzeit kann durch die Angabe einer Periode (z. B. 25 Jahre) oder eines Tilgungssatzes (z. B. 4% p. a.) bestimmt werden. Das eine ergibt sich aus dem anderen.
- *Tilgungsfreijahre.* Mit zunehmender Anzahl der Tilgungsfreijahre (während derer normalerweise lediglich die Zinsen anzuschaffen sind), erhöht sich der Effektivzinssatz.
- *Auszahlungszeitpunkt/-datum.* Der Zeitpunkt der Auszahlung *(Valutierung)* des Kredites. Für Vergleichszwecke: Geben Sie auch das gewünschte Auszahlungsdatum als exaktes Kalenderdatum an. Dabei gilt die Faustregel: Je schneller die Auszahlung nach der Angebotsabgabe erfolgt, desto günstiger sind die Konditionen.
- *Kapitaldienstintervall.* Zahlungsweise für Zins- und/oder Tilgungszahlungen. Üblich sind monatlich, vierteljährlich, halbjährlich oder jährlich. Je kürzer das Zahlungsintervall, desto niedriger der Nominalzins.
- *Zinsveranlagungszeitpunkt.* Zeitpunkt im Kapitaldienstintervall, zu dem die Zinszahlungen fällig sind, z. B. am An-

fang *(vorschüssig)* oder am Ende *(nachschüssig).* Für Vergleichszwecke geben Sie stets an, ob Sie vor- oder nachschüssige Zahlungsweise wünschen (auch mittige und andere Zeitpunkte sind möglich). Vorschüssige und andere Zeitpunkte sind weniger verbreitet, haben aber einen niedrigeren Nominalzins als nachschüssige.
- *Tilgungs- und Zinsverrechnung.* Der Zeitpunkt, zu dem die geflossenen Zins- und Tilgungszahlungen tatsächlich verrechnet werden, z. B. „sofort", „medio", „posterior" oder mit einer anderen Verzögerung. „Sofort" ist am meisten verbreitet. Alle anderen Verrechnungsweisen führen zu einem erhöhten Nominalzins. Am besten, Sie akzeptieren keine andere als eine sofortige Verrechnung.
- *Zinsrechnungsmethoden.* Die in der jeweiligen einfachen (Jahres-)Zinsformel*) verwendete Anzahl der Tage für Monate und Jahre. Üblich sind folgende drei Methoden: (a) die deutsche Methode = 360 Tage/360 Tage: jeder ganze Kalendermonat der Anlagelaufzeit wird grundsätzlich immer mit 30 Tagen veranschlagt und auf ein Gesamtjahr von immer 360 Tagen bezogen. (b) Die englische Methode = 365/365 oder Actual/Actual, das heißt, jeder ganze Monat wird mit seiner tatsächlichen Tageszahl veranschlagt und auf ein Gesamtjahr von 365 bzw. 366 Tagen bezogen. (c) Die französische Methode = 365/360 oder Actual/360, auch internationale oder amerikanische Methode genannt: Jeder ganze Monat der Laufzeit wird mit seiner tatsächlichen Anzahl von Tagen berücksichtigt und auf ein Jahr mit 360 Tagen bezogen. Die Zinsrechnungsmethode wird vor allem bei Krediten (oder Anlagen) in Mark oder Fremdwährungen, die im Ausland aufgenommen werden (z. B. Eurokredite und Euroanlagen), bewußt gewählt, während bei konventionellen, inländischen DM-Krediten und -Anlagen an sich nur

---

*) Nach der übliche Darstellungsweise: Zins = $(K \times P\% \times T) \div (100 \times 360)$ [deutsche Zinsrechnungsmethode].

die deutsche Methode Anwendung findet. Bei Euroanlagen und -krediten ist besonders die französische Methode verbreitet. (Zu den Begriffen Eurokredit, -anlage und -markt, die nichts mit dem Euro zu tun haben, siehe Glossar.)

Je nach dem spezifischen Kalenderzeitraum resultieren unterschiedliche Auswirkungen der einzelnen Methoden auf den Nominalzins p. a., die die folgende Tabelle veranschaulicht. Die Werte 1 bis 3 in der Tabelle symbolisieren den Effekt der jeweiligen Zinsrechnungsmethode auf den Nominalzinssatz. „3" steht für den relativ höchsten Satz, „2" für den mittleren Satz und „1" für den niedrigsten Satz. In der mittleren Zeile („genau 30 Tage") kommt keine „1" vor; die deutsche und die französische Methode führen zum gleichen Ergebnis.

Anlage erfolgt über den Ultimo eines Kalendermonats mit ...	Dt. Methode (360/360)	Engl. Methode (Actual*/Actual)	Frz. Methode (Actual/360)
weniger als 30 Tagen	1	3	2
genau 30 Tagen	2	3	2
über 30 Tagen	3	2	1
* Fachbegriff für „taggenau".			

Im Ergebnis bedeutet dies, daß die Nominalzinssätze zweier Anlagen oder Kredite, denen unterschiedliche Zinsrechnungsmethoden zugrunde liegen, nicht vergleichbar sind. Wenn kein einheitlich berechneter Effektivzins verfügbar ist, läßt sich die Vergleichbarkeit am einfachsten durch Errechnung des Zinsertrages bzw. -aufwandes in Geldeinheiten lösen – unter Verwendung der dem jeweiligen Nominalzinssatz zugrundeliegenden Methode.

- Für Monate mit mehr als 30 Tagen steigt der Nominalzinssatz.

- *Bereitstellungszinsen.* Zinsen, die eventuell zwischen Abschluß des Kreditvertrages und Auszahlung des Kredites berechnet werden. Bestehen Sie darauf, daß man Ihnen Höhe und Berechnungsbeginn von Bereitstellungszinsen (am besten auf Jahresbasis = p. a.) nennt.
- *Darlehenstyp.* Üblich sind Annuitätendarlehen, Ratendarlehen (auch *Tilgungsdarlehen* genannt) und Festdarlehen (auch *endfällige Darlehen* genannt). (a) Bei Annuitätendarlehen zahlt der Kreditnehmer eine während der Zinsbindung gleichbleibende Kapitaldienstrate aus Zins und Tilgung. Innerhalb dieser Annuität ist anfangs der Zinsanteil (in €) groß und der Tilgungsanteil klein. Allmählich fällt der Zinsanteil dann, während die Tilgung steigt. Daher spricht man hier auch von *progressiver* Tilgung. Annuitätendarlehen erleichtern die Liquidiätsplanung, da die zu zahlende Gesamtrate (Annuität) konstant bleibt. (b) Bei Ratendarlehen dagegen werden Zins und Tilgung separat gezahlt. Die Tilgungsrate ist konstant, und die Zinsrate sinkt im Zeitablauf, da sich der Nominalzins auf eine mit der Tilgung fallende Restschuld bezieht. Die Gesamtrate aus Zins- und Tilgung verringert sich somit auch im Zeitablauf. (c) Umgekehrt verhält es sich bei den (recht seltenen) *progressiven Tilgungsdarlehen.* Sie sind so berechnet, daß der Gesamtkapitaldienst im Zeitablauf ansteigt. (d) Bei *Festdarlehen* (endfälligen Darlehen) finden keine laufenden Tilgungen statt. Der Kredit wird am Ende der Zinsbindung (Laufzeit) in einer Summe zurückgeführt. Die Zinszahlung bei Festdarlehen kann in fast beliebigen Intervallen gewählt werden. Eurokredite in € oder Fremdwährung sind meistens endfällig. Ratendarlehen haben aus finanzmathematischen Gründen einen niedrigeren Nominalzins als ansonsten gleiche Annuitätendarlehen und diese wiederum einen niedrigeren Nominalzins als Festdarlehen. Bei Darlehen größeren Volumens (ab ca. 250.000 €) bieten einige Banken auch Tilgungsmodalitäten,

die sehr eng an die spezifischen Bedürfnisse des Kreditnehmers angepaßt sind.
- *Damnum* (auch *Disagio* genannt). Der Auszahlungskurs eines Kredites. Ein Damnum von 10% bedeutet, daß nur 90% der Kreditsumme an den Kreditnehmer ausgezahlt werden. Das Damnum von 10% stellt vorab gezahlte Zinsen dar und senkt den Nominalzins des Darlehens. Die Nominalzinssätze zweier Kredite, von denen einer ein Damnum aufweist, sind nicht sinnvoll vergleichbar. Ein Damnum kann aus steuerlichen Gründen dann sinnvoll sein, wenn Sie einen hohen Teil des gesamten Zinsaufwandes an den Anfang der Darlehenslaufzeit rücken wollen.
- *Kreditprovision (Bereitstellungsprovision).* Für Kontokorrentkredite stellen manche Banken gelegentlich fixe (z. B. vierteljährlich zu zahlende) Kreditprovisionen in Rechnung, insbesondere dann, wenn sie erwarten, daß der Kunde den Kredit nie oder nur selten nutzen wird. Mit der Provision deckt die Bank ihre Bearbeitungs-, Risiko- und Mindestreserve- sowie die sogenannten Eigenkapitalkosten ab. (Kreditprovisionen zwischen 0,03 und 0,50% p. a. für die nicht in Anspruch genommenen Teile von länger als 364 Tage zugesagten Kreditlinien sind im Großkundengeschäft allgemein Usus.)
- *Weitere Kosten.* Hierunter fallen unterschiedliche, oft phantasievoll benannte Posten, wie Bearbeitungsgebühren, Schätzkosten, Kreditspesen usw. Am besten, Sie bestehen darauf, daß keinerlei weitere Kosten berechnet werden. Auf diese Weise stellen Sie sicher, daß alle tatsächlichen Kosten des Kredits im Effektivzins enthalten sind. Ein Bearbeitungsentgelt muß gemäß PAngV in die Berechnung des effektiven Jahreszinses eingehen. Diese Einbeziehungspflicht könnte die Bank umgehen, indem sie rechnerisch das Entgelt nicht auf den Zinsbindungszeitraum, sondern auf die längere Gesamtlaufzeit des Darlehens verteilt *(Splitting).* Dies sollten Sie nicht aktzeptieren.

- *Verbindlichkeit des Angebotes.* Ein Kreditangebot *(Quotierung)* kann verbindlich oder unverbindlich sein. Verbindliche und unverbindliche Angebote sind eigentlich nicht vergleichbar. Aus verkaufstechnischen Gründen kalkulieren Banken bei unverbindlichen Angeboten manchmal mit dünneren Margen als beim späteren verbindlichen Angebot. Unverbindliche Angebote sind lediglich als Orientierungsgrößen zu betrachten (z. B. für die eigene Wirtschaftlichkeitsberechnung zu einer geplanten Investition). Auch macht es im Normalfall keinen Sinn, auf der Basis von unverbindlichen Angeboten bereits eine Vorfestlegung auf eine oder mehrere Banken zu treffen.
- *Sondertilgungen.* Im Normalfall sind Sondertilgungen, d. h. außerplanmäßige Tilgungen innerhalb der Zinsbindung, bei Festkrediten nicht bzw. nur gegen Zahlung einer sogenannten *Vorfälligkeitsentschädigung* möglich. Eine Ausnahme bilden zumeist die zinsverbilligten Sonderkredite der öffentlichen Förderbanken.

Für den objektiven Vergleich unterschiedlicher Kreditangebote ist es von fundamentaler Bedeutung, daß die konkurrierenden Angebote zum gleichen Zeitpunkt abgegeben wurden und für einen gleichen oder vergleichbaren Zeitraum verbindlich sind (z. B. 24 Stunden). Selbst zwei verbindliche Angebote, die nur einen einzigen Tag nacheinander abgegeben wurden, sind kaum noch vergleichbar. Insofern macht es nicht viel Sinn, während des Kreditverhandlungsprozesses mehrere, notwendigerweise unverbindliche Konditionenangebote von Banken einzuholen, zumal die Attraktivität eines Angebotes ganz maßgeblich auch von den geforderten Sicherheiten abhängt. Sollten Sie in der glücklichen Lage sein, daß Ihnen mehrere verbindliche (grundsätzliche) Finanzierungszusagen von verschiedenen Banken vorliegen, ist es eine gute Idee, den betreffenden Banken gleichzeitig ein von Ihnen vorbereitetes „Konditionenanfrageformular" per Fax zuzusenden, in das die Bank die Konditionen einträgt. Dann ist die Gefahr geringer, daß unübliche Konditionen im vielleicht unübersichtlichen fortlaufenden Text eines individuellen Angebotes „vergraben" werden. In das Formular tragen Sie gemäß den oben dargestellten Kriterien die von Ihnen gewünschten Kreditmerkmale ein und lassen die Bank dann lediglich den Nominal- und Effektivzinssatz ergänzen.

Auf keinen Fall sollten Sie jedoch bei all dem außer acht lassen, daß nicht die nackten Konditionen allein dafür entscheidend sein sollten, welcher Bank Sie schlußendlich den Zuschlag geben. Wie schon am Anfang dieses Buches betont, sollten Sie Ihre Bankbeziehungen strategisch managen, und das kann im einzelnen bedeuten, der teureren Bank den Zuschlag zu geben.

Quellen und Anhaltspunkte für Marktzinsen und übliche Bankmargen

Da Konditionen für Kredite und Anlagen auf den schwankenden Marktzinssätzen basieren, sind in diesem Buch keine absoluten Zahlenangaben möglich. Aber es kann Ihnen die Quellen für die jeweiligen Marktzinsen und grobe Anhaltspunkte für die Zinsmargen der Banken, bezogen auf die gängigsten Produkte, nennen. Darüber hinaus finden Sie hier die historische Entwicklung einiger ausgewählter Zinssätze. Hinsichtlich der nicht-zinsrelevanten Bankdienstleistungen (Provisionen, Gebühren, Zahlungsverkehr usw.) werden Ihnen die Tabellen in Kapitel IX, „Unscheinbar, aber wichtig: Kontoführung, Zahlungsverkehr, Electronic Banking", weiterhelfen, mit deren Hilfe Sie einen umfassenden Vergleich der Konditonen zwischen Ihren Banken vornehmen können.

Der Kundenzinssatz für einen Kredit setzt sich aus den Refinanzierungskosten der Bank (der Zinssatz, zu dem sich die

Bank die Mittel auf dem Geld- oder Kapitalmarkt besorgen muß) und der bankeigenen Zinsmarge zusammen (die wiederum sämtliche von diesem Geschäft direkt verursachten Kosten, die Gemeinkostenumlagen, den Risiko- und den Gewinnzuschlag beinhaltet). Ferner gilt die Faustregel: je größer das Anlage- oder Kreditvolumen, desto geringer die Zinsmarge. Außerdem wird die Marge stark von der Besicherung des Kredites beeinflußt.

Bei Anlagen bestimmt sich der Kundenzinssatz aus den Erträgen (hauptsächlich Zinsen), die die Bank durch Weiterverleihung dieser Mittel am Geld- oder Kapitalmarkt vereinnahmt, abzüglich einer Zinsmarge, die die oben genannten Bestandteile enthält, jedoch ohne Risikokomponente. Auch hier gilt: Je größer das Volumen, desto geringer die Zinsmarge der Bank.

Die besten Quellen für Marktzinssätze sind das *Handelsblatt*, mit Einschränkungen auch die großen überregionalen Tageszeitungen, wie die *Frankfurter Allgemeine Zeitung* und die *Süddeutsche Zeitung*. Als „Gebrauchsanleitung" speziell für das *Handelsblatt* (aber auch für andere Zeitungen) empfehle ich Ihnen das Buch *Finanznachrichten lesen, verstehen, nutzen* von Rolf Beike und Johannes Schlütz. Es wird Ihnen helfen, einen konkreten Marktzinssatz inklusive Tabellenüberschrift oder Seitenangabe im *Handelsblatt* zu finden.

Wichtig ist in diesem Zusammenhang noch die Unterscheidung zwischen *Geld-* und *Briefsätzen*. Geldsätze sind die Zinssätze für Geldanlagen, Briefsätze für Kredite. (Parallel dazu sind Geld*kurse* die Kurse, zu denen eine Bank Devisen oder Wertpapiere ankauft, Briefkurse die, zu denen sie sie verkauft.) Die Geldsätze sind stets niedriger als die Briefsätze. Ein *Mittelsatz* wiederum ist – wie der Name schon nahelegt – der Durchschnitt von Geld- und Briefsatz. In Zeitungs-Tabellen steht der Geldsatz immer links, der Briefsatz rechts (die entsprechenden Bezeichnungen fehlen häufig).

Kredit- und Anlagekonditionen richtig beurteilen 219

Die folgende Tabelle liefert Ihnen Indikatoren für Kundenzinssätze (im Unterschied zu Marktzinssätzen) zu Krediten und Anlagen unterschiedlicher Fristigkeit. Um zu einer konkreten Größenordnung für einen Kundenzinssatz zu gelangen, müssen Sie den zugrundeliegenden Marktzinssatz aus dem *Handelsblatt* oder einer anderen Zeitung heraussuchen und die Bankmargen addieren (Kredite) oder subtrahieren (Anlagen).

Geschäftart	Marktzinssatz	Bankmarge (in Prozent)	Erläuterung
Wechseldiskontkredit	Basisrefinanzierungstender der Bundesbank	0,50–3,00	Mindestbetrag üblicherweise 25.000 €. Anfang 1999 wurde der subventionierte Bundesbankdiskontsatz abgeschafft.
Tageskredite (Over nights)	Tagesgeldsatz (Briefsatz)	0,30–2,00	Mindestbetrag üblicherweise rund 1 Mio. €
Tagesgeldanlagen	Tagesgeldsatz (Geldsatz)	0,10–2,50	Mindestbetrag üblicherweise rund 1 Mio. €
Festsatzkredite bis 360 Tage (zumeist auf Eurokreditbasis)	Termingeldsatz (Briefsatz)	0,15–3,00	Mindestbetrag üblicherweise rund 250.000 €
Termingeldanlagen (für 2 bis 360 Tage, inländische Termingelder üblicherweise mind. 30 Tage)	Termingeldsätze (Geldsatz)	0,01–2,50	Mindestbetrag 5.000 €
Variable Kredite auf 3-, 6- oder 12-Monatsbasis	Euribor, Libor oder andere	0,25–3,00	Mindestbetrag üblicherweise rund 0,5 Mio. €. Euribor, Libor usw. sind immer Briefsätze *("offered rate")*
Kontokorrentkredit	Tagesgeld (Briefsatz)	3,00–7,00	–

Geschäftart	Markt-zinssatz	Bankmarge (in Prozent)	Erläuterung
Langfristkredite	Inhaber-Schuldverschreibungen (Briefsatz)	1,00–2,50	Mindestbetrag üblicherweise 25.000 €. In monatlichen Abständen veröffentlicht das *Handelsblatt* auch ein Tableau mit Kundenzinssätzen für Hypothekendarlehen.
Devisenkauf oder -verkauf (Kassa- oder Termin)	Devisenkurse (Geldkurs = Kauf, Briefkurs = Verkauf)	keine Angabe möglich	kein Mindestbetrag. Die Marge der Bank orientiert sich fast ausschließlich am Volumen. Die €-Mindestmarge liegt bei rund 100 €.

Die Angaben für die Bankmarge sind dabei nur als grobe Anhaltspunkte zu verstehen. Sie werden im Einzelfall durch Transaktionsvolumen, Besicherung und Kundenbonität (bei Krediten) sowie geschäftspolitische Erwägungen der entsprechenden Bank nach oben oder unten beeinflußt.

Die Angaben gelten nur für das Geschäft mit kleinen und mittelständischen Firmenkunden. Konditionen für Großkunden weichen hiervon beträchtlich ab.

Insbesondere was Kredite betrifft, ist es hilfreich, die langjährigen Durchschnittszinssätze zu kennen, um z. B. eine konkretes Bankangebot einigermaßen einordnen zu können. Bei den nachfolgenden Werten handelt es sich um die gerundeten Durchschnittswerte für den Zeitraum von 1979 bis 1998 (1. Quartal).

Alle Zinssätze beziehen sich auf die D-Mark. (Durch die Einführung des Euro könnte es zu einer zukünftigen Erhöhung der Durchschnittssätze kommen.)

Kreditart/ Zinsbindung	Durchschn. Effektivzinssatz (p. a.)	Erläuterung	Spektrum Bankmarge (in Prozentpunkten)
Festsatzkredit für 3 Monate	5,9%	Interbankenmarktzins (ohne Bankmarge)	0,40–3,00
Festsatzkredit für 1 Jahr	6,5%	Marktzins für Staatsanleihen (ohne Bankmarge)	0,45–2,00
Festsatzkredit für 3 Jahre	6,8%	Marktzins für Staatsanleihen (ohne Bankmarge)	0,50–2,00
Festsatzkredit für 5 Jahre	7,1%	Marktzins für Staatsanleihen (ohne Bankmarge)	0,60–1,75
Festsatzkredit für 10 Jahre	7,3%	Marktzins für Staatsanleihen (ohne Bankmarge)	0,60–1,50
Kontokorrentkredit (< 0,5 Mio €)	10,7%	Marktzins + Bankmarge (= Kundensatz)	2,50–7,50
Kontokorrentkredit (0,5–2,5 Mio €)	9,1%	Marktzins + Bankmarge (= Kundensatz)	2,50–6,50

(Quellen: Bundesbank und Statistisches Bundesamt)

Auch hier sei noch einmal darauf hingewiesen, daß die konkrete Bankmarge bei Krediten stark von Bonitätsgesichtspunkten, Besicherung, Kreditvolumen und Vertriebszielen der einzelnen Bank abhängt. Die hier für das kleine und mittlere Firmenkundengeschäft genannten Sätze sind nur als ungefähre Größenordnungen zu verstehen. Berücksichtigen Sie auch, daß die tagesaktuellen Zinssätze – besonders für die kurzfristigen Zinsen – innerhalb eines Jahres stark schwanken, was diese Durchschnittszinssätze freilich „verschlucken". So sank der Drei-Monats-Zinssatz von Anfang bis Ende 1992 um mehr als vier Prozentpunkte. Eine Reihe von Experten glauben, daß die Zinssätze aufgrund struktureller Faktoren (rigidere Geldmengenpolitik, technischer Fortschritt, intensiver Wettbewerbsdruck durch Einführung des Euro, Deregulierung, Globalisierung usw.) in Zukunft nicht mehr die extremen Höhen wie Mitte der siebziger, Anfang der achtziger und Anfang der neunziger Jahre erreichen werden. Andere freilich sind weniger optimistisch.

Wann lohnt es sich zu feilschen, wann nicht?

Die nächstliegende Vorgehensweise in bezug auf Konditionenverhandlungen mit Banken wäre, bei jedem neuen Geschäft von mehreren Banken Angebote einzuholen und dann die günstigste Quotierung zu akzeptieren. Das ist im mittelständischen Firmenkundengeschäft allerdings realitätsfern und in vielen Fällen sogar schädlich. Warum?

- Ihr gesamtes Geschäftsvolumen (Kredite, Anlagen, Zahlungsverkehr etc.) ist zu gering, als daß Sie es sinnvollerweise auf mehr als drei Banken verteilen könnten. Falls Sie das tun, verdient keine Bank genug an Ihnen, um Sie als attraktiven, rentablen Kunden zu sehen. Infolgedessen werden die Banken den Service-Level für Ihr Unternehmen auf ein Minimum reduzieren. Das kann nicht in Ihrem Interesse liegen. Banken sollte man auf keinen Fall wechseln wie den Friseur. Wie Sie bereits wissen, ist Ihr Firmenbetreuer nicht für Sie tätig, weil Sie ein netter Mensch sind, oder weil er glaubt, über die nächsten 20 Jahre bis zu seiner Pensionierung jedes Jahr ein paar Mark mit Ihnen zu verdienen. Nein: Er will in absehbarer Zeit (also in maximal 24 Monaten) für seine individuelle Leistungsbeurteilung relevante, nennenswert ertragbringende Geschäfte mit Ihnen machen. Dafür wurde er eingestellt.
- Die Konditionenvorteile, die Sie im Einzelfall herausholen, indem Sie als kleiner oder mittelgroßer Firmenkunde fünf Banken gegeneinander ausspielen, dürften im Normalfall so

kümmerlich sein, daß sich die dafür aufgewendete Arbeitszeit eines Geschäftsführers oder Finanzprokuristen kaum lohnt. Rechnen Sie es nach. Drei Beispiele dazu: (a) Anlagen: Bei einem Festgeld von 500.000 Mark ergeben 0,1%-Punkte Zinsdifferenz pro Monat 42 Mark. Das wiegt kaum die Kosten für die telegrafische Überweisung von einer Bank zur anderen auf. (b) Kredite: Bei einem Kredit über 500.000 Mark ergibt eine Zinsdifferenz von 0,1%-Punkte über einen Zinsbindungszeitraum von fünf Jahren einen Barwert von rund 2.000 Mark. Das reicht kaum aus, um auf die viel wichtigeren Vorteile der möglicherweise teureren Bank in Sachen Beratungsleistung und Risikopolitik zu verzichten. (c) Zahlungsverkehr: Eine Differenz im Buchungspostenpreis von drei Pfennigen ergibt bei durchschnittlich 50 Posten pro Tag jährlich einen Betrag von 338 Mark. Nach Berücksichtigung von Ertragsteuern halbieren sich all diese Kosten-„Vorteile" nochmals.

- Jeder Kredit bedeutet für die ausreichende Bank ein Risiko – ausgenommen hiervon sind lediglich Kredite gegen 100%-Bardeckung (z. B. Festgelder). Aus der Sicht der Bank besteht ein Ausfallrisiko in voller Höhe auch für eingeräumte Kreditlinien oder Avalkredite, selbst wenn sie über Jahre hinweg nicht in Anspruch genommen wurden. Ferner besteht das Risiko im Prinzip auch bei Krediten gegen Grundschulden und andere *harte* Sicherheiten. Über die Höhe dieses Risikos gehen die Einschätzungen zwischen Bank und Kunde erwartungsgemäß oft auseinander. Aber als cleverer Firmenkunde denken Sie sich in die Sichtweise der Bank hinein und machen für sich das Beste daraus, was folgendes heißen könnte:
  (a) Ihr gesamtes Kreditvolumen verteilen Sie aus eigenen Risiko- und Ertragsstreuungsgesichtspunkten auf mehrere Banken (bei der Risikoabschätzung einzelner Kredite berücksichtigen Sie gewährte Sicherheiten).

(b) Für die Verteilung der risikolosen Bankgeschäfte auf die einzelnen Banken (in- und ausländischer Zahlungsverkehr, Anlagen usw.) ziehen Sie neben Konditionengesichtspunkten auch Kreditrisikogesichtspunkte nach folgendem Grundsatz heran: Je höher das Risiko ist, das eine Bank trägt, desto mehr risikoloses Geschäft sollte ihr zugewiesen werden.

(c) Den Gesichtspunkten (a) und (b) legen Sie eine dezidert langfristige Perspektive zugrunde, das heißt, wenn Sie ein Geschäft bei einer Bank plazieren, versuchen Sie, mindestens zwei bis drei Jahre vorauszudenken – und auch einige Zeit zurück.

Doch statt die strategische (zukunftsgerichtete) Risikoverteilung auf die einzelnen Banken in den Vordergrund zu stellen oder wenigstens zu berücksichtigen, gebärdet sich mancher Kreditkunde zu sehr als „Konditionenreiter" (Banker-Slang) und verschlechtert dabei seine mögliche Risikodiversifizierung. Außerdem verschenkt er eventuell „ideellen Kredit" bei seinem Betreuer, der sich in zeitintensiver Aufmerksamkeit, konzeptionell orientierter Beratung, Schnelligkeit und Kulanz äußert. Fazit: Allein nach Konditionen zu entscheiden hieße, die viel wichtigeren strategischen Banking-Erwägungen außer acht zu lassen.

Anders sieht es selbstverständlich bei größeren Firmenkunden ab rund 50 Millionen € Jahresumsatz und guter Bonität aus. Zum einen erzeugt bei Ihnen das schiere Kredit- und Transaktionsvolumen auch bei reduzierter Prozentmarge für die Bank einen attraktiven Ertrag, zum anderen ist bei ihnen das Kreditausfallrisiko – und damit die Risikoprämie, die in den Kreditkonditionen enthalten sein muß – geringer.

9. Beteiligungsfinanzierungen als Kreditalternative

Beteiligungsfinanzierungen spielen für kleine und mittlere Unternehmen in Deutschland als Form der Kapitalbeschaffung – anders als auf dem in vieler Hinsicht moderneren Finanzmarkt USA – leider noch immer eine geringe Rolle. Allerdings stimmen Experten darin überein, daß sich dies allmählich bessert. So sind sowohl die Anzahl der Beteiligungsgesellschaften (inzwischen mehr als 100) wie auch das kumulierte Beteiligungsvolumen (rund vier Milliarden €) in 1997 und die Zahl der jährlichen Beteiligungen seit Anfang der neunziger Jahre erheblich gewachsen. Gerade in 1997, dem letzten Jahr, für das Ist-Zahlen vorliegen, stieg das Volumen der Neuinvestitionen in Deutschland um mehr als 100%. In Europa insgesamt war das Wachstum noch höher.

Was genau versteht man nun unter Beteiligungsfinanzierungen? Welche Ziele sind damit verbunden? Welche Arten von Beteiligungsgesellschaften gibt es? Und warum nimmt ihre Verbreitung zu?

Beteiligungsfinanzierungen sind langfristig orientierte Eigenkapitalbeteiligungen an Unternehmen jeglicher Größe; uns interessiert hier nur das Segment kleine und mittlere Unternehmen. Die rechtliche Form der Beteiligung ist dabei unterschiedlich; häufig übernimmt die Beteiligungsgesellschaft (BG) einen GmbH- oder Kommanditanteil des Unternehmens. Die BG will üblicherweise keinen Einfluß auf die laufende Geschäftsführung nehmen, offeriert aber unter Umständen Beratung und Unterstützung in finanzwirtschaftlichen und strategischen Fragen. Dies schließt zuweilen auch die Suche nach weiteren industriellen Investoren mit ein.

Der eigentliche Zweck einer Beteiligung liegt aus der Sicht der BG in einem deutlichen, mittel- oder langfristigen Wertzuwachs des Geschäftsanteils. Insofern ist diese Kooperation eine Partnerschaft auf Zeit. Die BG erzielt den Ertrag aus ihrer Beteiligung also nicht in Form laufender Zahlungen, wie dies bei einem Kredit der Fall wäre, sondern durch Verkauf zu einem höheren Preis. Die Rendite p. a. soll deutlich über dem Zinssatz eines Darlehens mit entsprechender Laufzeit liegen, damit eine Beteiligung überhaupt interessant ist.

Der Wert der Beteiligung wird sowohl am Anfang als auch am Ende dieser Phase mittels des sogenannten *Ertragswertverfahrens* oder der verwandten *Discounted-Cash-flow-Methode* ermittelt. Der Beteiligungsvertrag enthält in der Regel bereits Bestimmungen zum späteren Exit der BG, eventuell über einen Gang an die Börse. Damit eine hohe Rendite wahrscheinlich ist, muß es sich natürlich um ein Unternehmen handeln, das (a) innovative Produkte oder Dienstleistungen anbietet und (b) über ein klares, erfolgversprechendes Vermarktungskonzept verfügt.

Welche Vorhaben und welche Phasen kommen für Beteiligungen in Frage? Ich zitiere dazu aus dem *Directory 1997* des Bundesverbandes Deutscher Kapitalbeteiligungsgesellschaften, BVK:

- „die Ausreifung und Umsetzung einer innovativen Idee in verwertbare Resultate (bis hin zum Prototyp), auf deren Basis ein Geschäftskonzept erstellt wird (Seed-Finanzierung),
- die Gründungsphase, das heißt, das betreffende Unternehmen befindet sich im Aufbau oder ist erst seit kurzem im Geschäft und hat seine Produkte noch nicht oder nicht in größerem Umfang vermarktet (Start-up-Finanzierung),
- die Erweiterung von Produktionskapazitäten, die Produktdiversifikation oder Erschließung neuer Märkte (Expansionsfinanzierung),
- die Finanzierung von Turn-around-Situationen,

- die Finanzierung von Unternehmensübernahmen,
- die Vorbereitung des Börsengangs, vor allem mit dem Ziel der Verbesserung der Eigenkapitalquote (Bridge-Finanzierung),
- die Durchführung von Management-Buy-out/Management-Buy-in, das heißt, eine Unternehmensübernahme durch das vorhandene (MBO) oder ein externes Management (MBI), z. B. im Zuge von Nachfolgeregelungen in mittelständischen Unternehmen."

Erfahrungsgemäß tun sich Banken mit der Bereitstellung von Krediten an kleine Unternehmen mit neuen, unkonventionellen Produkten oder Vertriebsstrategien schwer. Die Unternehmen können keine werthaltigen, dinglichen Sicherheiten oder nennenswerte Eigenmittel bieten, und ihr Vorhaben – nicht selten handelt es sich um neuartige High-Tech-Projekte – ist vor dem Hintergrund der in der Bank vorhandenen Erfahrungen kaum mit vergleichbaren Kreditierungen beurteilbar. Erschwerend kommt hinzu, daß diese Unternehmen oft einen mehrjährigen negativen Cash-flow planen müssen, also in einer recht langen Anlaufphase keine liquiden Mittel für den Kapitaldienst besitzen werden. Daher ist bei solchen Projekten das Risiko für den Kapitalgeber besonders hoch. Nach einschlägigen Schätzungen endet jede vierte Beteiligung als Flop. (Reine Spekulationsvorhaben werden übrigens nicht gefördert.)

Diesem hohen Risiko stehen überdurchschnittliche Ertragschancen gegenüber. Banken – in Deutschland genauso wie in anderern Ländern – sind für solche Konstellationen ungeeignete Finanzierungsvehikel. Sie haben schlicht andere Zielsetzungen. Auch insofern ist der vielfach erhobene Vorwurf, Banken seien risikoscheu, bei differenzierter Betrachtung ungerechtfertigt.

BGs lassen sich grob in öffentlich geförderte und private Gesellschaften unterscheiden. Zu ersteren gehören z. B. die BG der DtA Deutschen Ausgleichsbank sowie die vielen Gesellschaften, bei denen Sparkassen oder Gebietskörperschaften Mehrheitsgesellschafter sind. Die privaten Gesellschaften sind in ihrer Struktur und Spezialisierung vielfältiger. Ihr Ziel ist stärker auf den Wertzuwachs aus den Beteiligungen gerichtet.

Die Suche nach einer geeigneten BG und die Durchführung einer Beteiligung sind komplexer und vermutlich langwieriger, als wenn man eine konventionelle Bankfinanzierung arrangieren würde. Wollen oder müssen Sie diesen Weg trotzdem gehen, stellt sich die Frage: Wie finden Sie die richtige BG?

Das oben erwähnte *Directory 1997* enthält neben einem kurzen Leitfaden die Adressen und Kurzporträts (gegebenenfalls mit Angabe des regionalen oder branchenmäßigen Schwerpunktes) der meisten deutschen BGs. Sie bekommen die Broschüre beim Bundesverband deutscher Kapitalbeteiligungsgesellschaften German Venture Capital Association e. V. (BVK), Karolinger Platz 10-11, 14052 Berlin, Tel. 030/306982-0, Fax 030/306982-20. Die Broschüre enthält auch die Adresse der BG des Bundes, die großzügigere Beteiligungsbedingungen einräumen kann als ihre kommerziellen Wettbewerber. Das ist die tbg Technologie-Beteiligungs-Gesellschaft mbH der Deutschen Ausgleichsbank (Bonn).

Insbesondere für High-Tech-Unternehmen lohnt es sich, auch die European Venture Capital Association (EVCA), Minervastraat 6, Box 6, 1930 Zaventem, Belgien, zu kontaktieren. In der EVCA sind einige wichtige ausländische Wagniskapitalfinanzierer Mitglied, die auch in Deutschland investieren, aber nicht zum BVK gehören.

Weitere Informationen zum Thema liefern Ratgeber zur Existenzgründungsfinanzierung, z. B. die Veröffentlichung von Karsten Rassner. Eine unerläßliche Voraussetzung zur Beurteilung des Vorhabens durch die BG ist ein umfassender Business-Plan (s. Kapitel VII. 2., „Welche Unterlagen braucht die Bank?").

10. Das leidige Thema Sicherheiten

Zwangsläufig stellt sich bei Kreditverhandlungen die Frage nach den Sicherheiten. Es erleichtert Verhandlungen sehr, wenn Sie sich vorher über dieses sensible Thema informiert und sachkundige Überlegungen zur Besicherung des gewünschten Bankkredites angestellt haben. Viele Unternehmen schlittern hier aus Unkenntnis und mangelnder Vorbereitung in unnötig weitgehende Verpflichtungen hinein oder – der umgekehrte Fehler – irritieren ihre Bank, indem sie sich legitimen Sicherheitenforderungen widersetzen.

Im folgenden ist das Spektrum der gängigsten Sicherheiten in knapper Form dargestellt. Anschließend kommen wir auf die wichtigeren Gesichtspunkte zu sprechen, beispielsweise wie Banken Sicherheiten bewerten, wie viele Sicherheiten Sie der Bank wofür einräumen müssen, und wann Sie Anspruch auf Sicherheitenfreigabe haben.

Übrigens wäre es naiv zu glauben, mit Sicherheiten zu knausern, sei stets der beste Weg. Eine schlecht besicherte Bank verliert – salopp gesagt – schneller die Nerven (sprich: entschließt sich in kritischen Situationen schneller zur Kreditkündigung), verhält sich bei der Tolerierung von kurzfristigen Überziehungen kompromißloser und bei der Einräumung von zusätzlichen Krediten zögerlicher. Ein gut besicherter Kredit ist ein sicherer Kredit – für die Bank und für Sie.

Typen von Sicherheiten

Sicherheiten werden üblicherweise folgendermaßen eingeteilt:

- *Personensicherheiten:* Bürgschaft, Garantie, Patronatserklärung. Bei Personalsicherheiten haftet der Sicherheitengeber (bis zu der gegebenenfalls vereinbarten Höchstgrenze) selbst

mit seinem ganzen Vermögen, soweit dies nicht mit entgegenstehenden Rechten belegt ist.
- *Realsicherheiten* (auch *dingliche Sicherheiten* oder *Sachsicherheiten* genannt): an beweglichen Sachen: Pfandrechte, Sicherungsübereignungen, Eigentumsvorbehalte; an unbeweglichen Sachen: Grundschulden und Hypotheken; an Rechten: Abtretungen. Bei den Realsicherheiten erhält die Bank spezifische Sicherungsrechte an ganz bestimmten Vermögensobjekten des Kreditnehmers/Sicherheitengebers.

Nun noch einige grundsätzliche Erwägungen, die für alle im folgenden beschriebenen Sicherheiten gleichermaßen gelten:

- Aus der Sicht der Bank ist die im Grunde zentrale Frage im Zusammenhang mit Sicherheiten, wie schnell und zu welchem Wert die Bank sie im Konkursfall verwerten kann.
- Bereits aus der Rechtsform des Kreditnehmers resultieren bestimmte Haftungsverhältnisse. Daher kann eine Bank z. B. auf eine Bürgschaft des Inhabers einer Einzelfirma für einen Firmenkredit leicht verzichten (denn dieser haftet ja qua Rechtsform bereits mit seinem gesamten Privatvermögen), während dieselbe Bank bei identischen wirtschaftlichen Verhältnissen eine solche Bürgschaft von den Gesellschaftern einer GmbH unter Umständen zwingend voraussetzt. Darüber sollten Inhaber von Einzelfirmen, KG-Komplementäre, OHG-Gesellschafter und vor allem GbR-Gesellschafter sehr genau nachdenken. Insbesondere letztere erkennen oft nicht, daß sie im Außenverhältnis auch für „betriebliche" Verbindlichkeiten, die andere GbR-Gesellschafter (eventuell ohne ihre Zustimmung) eingegangen sind, privat mithaften. Schlimmer noch: Oft sind sich diese Personen nicht einmal bewußt, daß sie GbR-Gesellschafter sind.
- Jeder Kreditnehmer haftet *gesamtschuldnerisch,* das heißt, die Rechtsperson, die den Kreditvertrag (mit) unterzeichnet hat, haftet individuell für die gesamte Kreditschuld mit

ihrem gesamten freien Vermögen, nicht nur mit den spezifisch eingeräumten Kreditsicherheiten. Ist der Kreditnehmer beispielsweise eine GmbH, haftet deren ganzes Vermögen, soweit es von vorrangigen Rechten Dritter frei ist, *und* mit gewährten Sicherheiten. Ist der Kreditnehmer eine natürliche Person gemeinsam mit einer GmbH, haftet die natürliche Person mit ihrem gesamten (freien) privaten Vermögen.

- Es sollte Ihnen vergleichsweise leicht fallen, *betriebliches* Vermögen als Sicherheit abzutreten, denn dieses Vermögen ist ohnehin Haftungsmasse. Mit der Einräumung von betrieblichen Sicherheiten beeinflussen Sie nur die *Reihenfolge* des Zugriffs der Gläubiger im Verwertungs- oder Konkursfall. Anders verhält es sich mit Sicherheiten aus dem Privatbereich (bei nicht persönlich haftenden Unternehmern). Hier ist mehr Vorsicht geboten. Besprechen Sie solche Sicherheitenforderungen der Bank mit Ihrem Steuerberater und/oder Rechtsanwalt. (Teilen Sie dies der Bank allerdings nicht mit, und versuchen Sie, die Kreditverhandlungen dadurch nicht zu verzögern.) Änliches gilt auch für bereits bestehende Sicherheitenverträge. Wie Sie sich denken können, läßt sich hier durch spätere Vermögensübertragungen auf Personen Ihres Vertrauens auch im nachhinein manches in Ihrem Sinne „geraderücken" – allerdings zumeist nur, wenn die Vermögensübertragung zeitlich deutlich vor der Kreditkündigung stattfand.

- Achten Sie in Sicherheitenverträgen auf die Unterscheidung zwischen Sicherheiten mit sogenanntem *engem* und *weitem* Sicherungszweck. „Eng" bedeutet, daß die Sicherheit nur für einen im Kredit- und/oder Sicherheitenvertrag *(Zweckbestimmungserklärung)* spezifizierten Kredit haftet, „weit" heißt, daß sie für viele oder alle Kredite – auch die künftigen – eines bestimmten Kreditnehmers eintreten muß.

- Jeder Kreditnehmer sollte sich zu jedem Zeitpunkt genau darüber im klaren sein, welche betrieblichen und privaten

Sicherheiten er den einzelnen Banken eingeräumt hat. Das klingt selbstverständlich, ist es aber erfahrungsgemäß nicht. Lassen Sie sich die Situation gegebenenfalls von der Bank darstellen. Ziehen Sie hierzu auch Ihren Steuerberater und Rechtsanwalt zu Rate. Hilfreich und seriös ist es, wenn in allen Kreditverträgen die dafür haftenden Sicherheiten einzeln aufgezählt werden. Bestehen Sie hierauf, auch wenn es sich nur um eine Prolongationszusage handelt.

Kommen wir nun zu den einzelnen Sicherheitentypen.

Bürgschaft, Garantie, harte Patronatserklärung

Diesen drei Sicherheitentypen ist gemeinsam, daß der Sicherungsnehmer (hier die Bank) einen persönlichen (daher die Bezeichnung „Personensicherheiten"), schuldrechtlichen Anspruch gegen den Sicherungsgeber auf Zahlung der vereinbarten Geldsumme hat, bzw. im Fall der Patronatserklärung auf Ersatz des infolge der Zahlungsunfähigkeit des Hauptschuldners erlittenen Schadens. Der wesentliche Unterschied zwischen Bürgschaft einerseits und Garantie oder harter Patronatserklärung andererseits liegt darin, daß die Bürgschaft eine gesetzlich geregelte Rechtskonstruktion ist. Garantie und Patronatserklärung sind der Bürgschaft ähnliche, aber nicht im BGB geregelte Rechtsgebilde.

Die Bürgschaft wirkt *akzessorisch,* ihr Bestand ist also an die ihr zugrundeliegende Forderung der Bank an den Kreditnehmer gebunden. Dennoch können Bürgschaften nicht nur für *bestehende,* sondern auch für *bedingte* Verbindlichkeiten übernommen werden, z. B. für noch nicht genutzte Kontokorrentkredite.

Das BGB enthält einige sogenannte *Einreden* (die allerdings einzelvertraglich ausgeschlossen werden können), welche den Bürgen besonders schützen. Im einzelnen sind dies:

- *Einreden der Anfechtbarkeit und der Aufrechenbarkeit* (§ 770). Der Bürge kann die Befriedigung des Gläubigers verweigern, solange dem Hauptschuldner das Recht zusteht, das seiner Verbindlichkeit zugrundeliegende Rechtsgeschäft anzufechten.
- *Einrede der Vorausklage* (§§ 771 und 772). Der Bürge kann die Befriedigung des Gläubigers verweigern, solange nicht der Gläubiger eine Zwangsvollstreckung gegen den Hauptschuldner erfolglos versucht hat.
- *Einrede der Aufgabe einer Sicherheit durch den Gläubiger* (§ 776). Die Bürgschaft wird unwirksam, wenn der Gläubiger eine für die verbürgte Forderung bestehende Hypothek, ein Pfandrecht oder einen Mitbürgen „aufgibt" (freigibt).

Diese Möglichkeiten für den Bürgen zur Aushebelung der Bürgschaft – indem er diese Rechte wahrnimmt – bestehen gesetzlicherseits bei der Garantie und der harten Patronatserklärung nicht. Die Garantie kommt deshalb vorwiegend im Auslandsgeschäft zum Tragen, wo für den Gläubiger höhere Risiken bestehen und eine Bezugnahme auf das BGB unpraktisch wäre. Die Patronatserklärung hat insbesondere für sogenannte große Kapitalgesellschaften den Vorteil, daß sie, im Unterschied zu Bürgschaft und Garantie, nicht zwangsläufig im Anhang ihres Jahresabschlusses zu erwähnen ist, obwohl sie weitgehend die gleiche wirtschaftliche Wirkung hat.

Viele geschäftsführende Gesellschafter kleiner und mittlerer Unternehmen verbürgen sich Ihrer Bank gegenüber wohl oder übel *gesamtschuldnerisch* und *selbstschuldnerisch*. Nach §§ 771 und 772 könnte der Bürge die Befriedigung des Gläubigers verweigern, bis dieser erwiesenermaßen mit der Zwangsvollstreckung gegen den Hauptschuldner gescheitert ist. Auf diese Einrede verzichtet der Bürge jedoch bei einer selbstschuldnerischen Bürgschaft. Als Folge kann die Bank ihn in Anspruch nehmen, ohne vorher einen vollstreckbaren Titel gegen den Hauptschuldner erwirken zu müssen, also bevor sie andere Sicherheiten verwertet.

Diese unerfreuliche Vorgehensweise hätte der Bürge vermeiden können, wenn er statt dessen eine *Ausfallbürgschaft* (nichtselbstschuldnerisch) übernommen hätte. Bei dieser Bürgschaft muß der Gläubiger zuerst die Zwangsvollstreckung gegen den Hauptschuldner durchführen, gegebenenfalls auch ein Konkursverfahren und alle anderen Sicherheiten verwerten. Beweispflichtig für den Ausfall ist ebenfalls der Gläubiger. Hier hat der Bürge also eine komfortablere Position. Auch wenn die Bank sich sträubt, ist die Durchsetzung einer solchen Ausfallbürgschaft anstelle einer selbstschuldnerischen Bürgschaft für Sie ein großer Vorteil. Formal werden ohnehin beide Sicherheitentypen in den internen Systemen der Banken – unabhängig vom Vermögenshintergrund des Bürgen – mit null bewertet.

Gesamtschuldnerisch haftet ein Bürge insofern, als er (wie auch eventuelle andere Bürgen) als einzelner für die Gesamtforderung an den Kreditnehmer einsteht. Der Bürge kann also nicht verlangen, daß der Gläubiger sich quotal an den vorhandenen Bürgen und/oder Kreditnehmern befriedigt.

Wie können Sie eine von Ihnen abgegebene Bürgschaft kündigen? Hier heißt es zunächst, den Bürgschaftsvertrag noch einmal genau zu lesen – vermutlich kennen Sie die Antwort dann. Der Bürge kann die Bürgschaft, sofern sie nicht befristet ist, *ordentlich* nach Ablauf eines Jahres ab dem Zeitpunkt der Übernahme schriftlich kündigen. Die Kündigung wird nach drei Monaten wirksam. Sie führt aber nicht zum Erlöschen der Bürgschaft, sondern beschränkt lediglich die Bürgschaft auf den Bestand der verbürgten Kredite zum Zeitpunkt des Wirksamwerdens der Kündigung. Ein *außerordentliches* (fristloses) Kündigungsrecht nach dem BGB hat der Bürge, wenn besonders wichtige Umstände eintreten, insbesondere eine wesentliche Verschlechterung der Vermögensverhältnisse des Schuldners, beim Ausscheiden aus einer bürgschaftsbegünstigten Gesellschaft oder bei Ehescheidung vom Schuldner. Praktischen Sinn hat eine Kündigung eigentlich also nur, wenn sie sich auf eine veränderliche Bankforderung, z. B. einen Kontokorrentkredit, bezieht.

Eine häufig diskutierte und dem Zweck (aber nicht der Form) nach spezielle Form der Bürgschaft stellt die *Ehegattenbürgschaft* dar. Sie ist – im Widerspruch zur verbreiteten Auffassung – legitim und grundsätzlich rechtswirksam. Ehegattenbürgschaften haben gewöhnlich den Zweck, von Vermögensverschiebungen von Haftungsmasse abzuschrecken und sie zu erschweren – ansonsten wäre es für einen verheirateten Bürgen ein Leichtes, sein haftendes Privatvermögen im Falle einer drohenden Verwertung durch die Bank auf seinen Ehepartner zu übertragen und so zu schützen. Eine der ursprünglichen Hauptzwecksetzungen der Haftung des Kreditnehmers wäre im nachhinein aufgehoben. Ehegattenbürgschaften sind nach derzeitigem Recht vor allem dann anfechtbar, wenn der Bürgschaftsbetrag (bzw. das Haftungsvolumen) in einem *eklatanten* Mißverhältnis zur wirtschaftlichen Leistungskraft des Ehegatten steht. Die Anfechtbarkeit kann andererseits wieder erschwert werden, wenn der fragliche Ehegatte im kreditnehmenden Unternehmen eine Gesellschafter- oder Geschäftsleitungsfunktion ausübt(e).

Jeder Unternehmer mit Familie, der seiner Bank mit seinem Privatvermögen unbegrenzt oder betraglich begrenzt haftet, sollte daher erstens einen Ehevertrag schließen und gegebenenfalls Vermögensübertragungen an Ehepartner und/oder Kinder vornehmen. Dies setzt selbstverständlich fachkundige Beratung durch einen Steuerberater oder Anwalt voraus und sollte geschehen, solange es dem Unternehmen noch gutgeht. Vermögensverschiebungen haftender Unternehmer, die zeitlich kurz vor einem Konkurs geschehen sind, können unwirksam sein.

Weitaus seltener als Bürgschaften kommen *Garantien* und *Patronatserklärungen* im kleinen und mittleren Firmenkundengeschäft vor. Sie sind – anders als die Bürgschaft – nicht gesetzlich geregelt. Beide wirken nicht-akzessorisch, sind also vom Bestand der besicherten Forderungen unabhängig. Inhaltlich gilt das für die Bürgschaft Gesagte auch für die Garantie, mit dem Unterschied, daß alle BGB-Einreden, die den Bürgen schützen könnten, wegfallen. Die Garantie ist im inländischen Kreditgeschäft – insbesondere, wenn natürliche Personen involviert sind – unüblich und in den meisten Fällen abzulehnen. Für die Bank ist eigentlich nur die *harte Patronatserklärung* von Bedeutung. Mit einer solchen Erklärung, die typischerweise eine Konzerngesellschaft (oft die Mutter) für eine andere Gesellschaft (oft eine Tochter) abgibt, gewährleistet der Patron dem Begünstigten gegenüber, für die zukünftige finanzielle Leistungsfähigkeit des Kreditnehmers einzustehen *(Liquiditätsausstattungszusage)*. Beispielformulierung: „Wir (Muttergesellschaft) übernehmen die uneingeschränkte Verpflichtung, unsere Tochtergesellschaft jederzeit finanziell so auszustatten, daß sie stets in der Lage ist, ihren Verbindlichkeiten einschließlich Zinsen und Nebenkosten gegenüber der Musterbank fristgemäß nachzukommen."

Hingegen sind *weiche Patronatserklärungen* von kleinen und mittelgroßen Unternehmen – da unverbindliche Absichtserklärungen – für Banken praktisch wertlos. Eine Patronatserklärung begründet, anders als die Bürgschaft, keine unmittelbare Mithaftung des Patrons für die Kreditschuld, sondern lediglich eine unter Umständen schwer einklagbare Schadensersatzverpflichtung gegenüber der Bank. Sie braucht deshalb nicht im Jahresabschluß des Patrons genannt werden.

Grundpfandrechte: Hypothek und Grundschuld

Grundpfandrechte gehören zu den *dinglichen* oder *Realsicherheiten* (im Unterschied zu *Personalsicherheiten*). Anders als die inzwischen unüblich gewordene Hypothek stellt die Grundschuld eine nicht-akzessorische Sicherheit (also eine formal nicht an den Bestand einer bestimmten Forderung gebundene) Sicherheit dar, während die Hypothek als akzessorische Sicherheit untrennbar mit einer bestimmten Forderung verknüpft ist. (Nach Erlöschen der besicherten Forderung fällt eine Hypothek automatisch an den Eigentümer zurück und wird zur Eigentümerhypothek, die Grundschuld dagegen nicht.)

Zumeist handelt es sich bei den heutigen *Grundschuldbestellungsurkunden* um Urkunden, mit denen sich der Eigentümer der sofortigen Zwangsvollstreckung gegen sich unterwirft. Hierdurch erspart sich die Bank im Bedarfsfall die zeitraubende Notwendigkeit, Klage auf Duldung der Zwangsvollstreckung gegen den Eigentümer zu erheben. Sie kann bei rechtlicher Fälligkeit des Kredites sofort (!) via Gerichtsvollzieher in das entsprechende Grundstück hineinpfänden, da sie bereits einen vollstreckbaren Titel besitzt. Grundschulden werden üblicherweise mit einem *Zinsanhang,* das heißt verzinslich bestellt (z. B. 18% p. a.). Dies bedeutet, daß die Bank, sofern die Grundschuld fälliggestellt wurde, diese Zinsen auf den Grundschuldnominalbetrag für bis zu vier Jahre (zusätzlich zum Grundschuldnominalbetrag) geltend machen kann. Bei 18% p. a. kommt da einiges zusammen. Meine Empfehlung: Akzeptieren Sie keinen Zinsanhang über 12%. Ihre Bank wird mit 12% normalerweise einverstanden sein. Allgemein ist davon abzuraten, Grundschulden auf ein und demselben Objekt zu Gunsten verschiedener Banken zu bestellen. Banken tun das ohnehin ungern. Die nachrangige Grundschuld wird wegen der aufwendigeren Verwertungsprozedur eventuell unangemessen niedrig bewertet, der Sicherheitengeber „verschenkt" also Sicherheiten-

potential. Eine spätere Pfandfreigabe, z. B. im Rahmen eines Immobilienverkaufes, wird erschwert, weil mehrere Banken zustimmen müssen.
Wichtig: Der Sicherheitengeber haftet nach Unterzeichnung der sogenannten *vollstreckbaren Ausfertigung* der Grundschuldbestellungsurkunde bis zur tatsächlichen Eintragung der Grundschuld *persönlich* – also nicht nur dinglich mit der Grundschuld selbst.

Pfandrechte an beweglichen Sachen und Rechten

Pfandrechte sind ebenfalls Realsicherheiten und wirken akzessorisch, das heißt, sie sind vom Bestand der gesicherten Forderung abhängig (mit Ausnahme der Grundschuld). Verpfändet werden kann fast alles. Üblich sind jedoch Guthaben und Wertpapiere auf Konten und Depots oder Schließfachinhalte, Gesellschafts- und Geschäftsanteile sowie Erbanteile. Diese Vermögenswerte können bei der Pfandgläubiger-Bank oder bei anderen Banken verwahrt sein. Wenn der Sicherungsgeber das Pfandgut weiterhin im Besitz hält und nutzt (beispielsweise ein Firmen-Lkw), spricht man dagegen von *Sicherungsübereignung* (siehe unten).

Sicherheitsabtretungen

Abgetreten *(zediert)* werden können praktisch alle geldwerten Forderungen wie Ansprüche aus Lebensversicherungen oder Forderungen aus Lieferungen und Leistungen. Wirtschaftlich betrachtet, besteht der Unterschied zwischen Verpfändung, Sicherungsübereignung und Abtretung lediglich darin, daß sie für die Bank einfacher oder weniger einfach zu verwerten sind. Eine Reihe von Forderungen ist von Gesetzes wegen nicht abtretbar, z. B. Unterhaltsansprüche, unpfändbare Teile von Lohn- und Gehaltsansprüchen, Zugewinnausgleichsansprüche eines Ehegatten vor Beendigung der Zugewinngemeinschaft und Ansprüche auf Leistung von Diensten. Forderungen an Ärzte, Rechtsanwälte und Steuerberater können nur mit Zustimmung des Drittschuldners*) Arzt, Rechtsanwalt usw. wegen der Schweigepflicht abgetreten werden. Dasselbe gilt für Forderungen, deren Abtretung durch eine Vereinbarung mit dem Drittschuldner abgeschlossen ist (bei vielen Großunternehmen der Fall). Forderungen sind einzeln oder global, offen oder still abzutreten. Liegt eine stille Abtretung vor, erfährt der Drittschuldner (der Schuldner des Sicherheitengebers) zunächst nichts von der Abtretung; bei einer offenen wird er dagegen sofort von der Bank informiert und darf nur noch an den Abtretungsgläubiger (die Bank) zahlen.

Einige Beispiele für Forderungen, die abgetreten werden können: Forderungen aus Lieferungen und Leistungen (auch z. B. gegen die kassenärztliche Vereinigung), Ansprüche aus Risiko- oder Kapitallebensversicherungen, Ansprüche aus Bausparverträgen, Ansprüche auf Steuererstattung, Ansprüche auf Darlehensauszahlung, Mietforderungen, Gesellschafts- oder Geschäftsanteile und anderes mehr. Abtretungen von Forderungen aus Lieferungen und Leistungen laufen manchmal ins Leere, da ihnen der verlängerte Eigentumsvorbehalt des Lieferanten entgegensteht.

Sicherungsübereignungen

Der Unterschied zur Verpfändung und zur Abtretung liegt darin, daß hier der Sicherungsnehmer rechtlich Eigentümer des Pfandgutes wird, es aber dem Sicherungsgeber zu treuen Händen (zur Nutzung) überläßt. Beim Pfandrecht und bei der Abtretung erfolgt dieser Eigentumsübergang nicht. Das macht insbesondere bei wirtschaftlich (betrieblich) nutzbaren beweglichen Vermögenswerten (sowohl Umlauf- als auch Anlagever-

---

*) Ein *Drittschuldner* ist ein „Schuldner des Schuldners" (streng genommen wäre die Bezeichnung Zweitschuldner korrekter), z. B. ist die Bank Drittschuldner im Fall eines Kontoguthabens eines Unternehmens, gegen das eine amtliche Pfändung vorliegt.

mögen) Sinn, das leicht transportiert werden kann und dessen Wert stärkeren Schwankungen unterliegt als z. B. der von Immobilien.

Besondere Sicherheiten

Bei den folgenden Verpflichtungserklärungen handelt es sich lediglich um *Quasi-Sicherheiten:*

- Die *Negativerklärung* begründet die Verpflichtung des Kreditnehmers oder Bürgen, bestimmte Vermögenswerte (meistens Grundbesitz) ohne Zustimmung der Bank weder zu veräußern noch zu belasten.
- Die *Positiverklärung* stellt eine Verpflichtung des Kreditnehmers oder Bürgen zur künftigen Sicherheitsleistung dar. Das bedeutet, daß er in der Erklärung bestimmte oder nicht bestimmte Sicherheiten auf die erste Anforderung der Bank hin bereitstellt.
- Die *Gleichbehandlungserklärung* ist eine Verpflichtung des Kreditnehmers oder Bürgen, (a) seine bestehenden Unternehmensbeteiligungen nicht zu veräußern oder zu belasten und (b) anderen Kreditgebern keine neuen Sicherheiten zu bestellen (oder dorthin führende Verpflichtungen einzugehen), ausgenommen Lieferantenkredite, Eigentumsvorbehaltsrechte und Banken-AGB-Pfandrechte.
- In einer *Rangrücktritts- und Darlehensbelassungserklärung* (auch *Subordinationserklärung* genannt) verpflichtet sich ein Drittgläubiger des Kreditnehmers (ein Dritter, der dem Kreditnehmer der Bank seinerseits einen Kredit gewährt), mit seinen Forderungen gegen den Bankkreditnehmer rangmäßig hinter alle Forderungen der Bank zurückzutreten und diese Forderung nur mit Zustimmung der Bank einzuziehen bzw. ihre freiwillige Rückzahlung zu dulden.
- Eine *Organschaftserklärung* ist ein Vertrag zwischen den Unternehmen eines Konzerns, wie z. B. Gewinnabführungs-

verträge oder Beherrschungsverträge (die Leitung des einen Unternehmens ist dem anderen unterstellt). Solche Verträge verpflichten die Obergesellschaft, Verluste der Untergesellschaft auszugleichen. Reicht eine Bank einen Kredit an die Untergesellschaft aus, würde eine Organschaftserklärung typischerweise die folgenden Interessen der Bank gewährleisten: (a) die Abtretung des Verlustausgleichsanspruchs der Untergesellschaft an die Bank, (b) die Verpflichtung der Obergesellschaft, die Organschaft während der Kreditlaufzeit nicht ohne fristgerechte Verständigung der Bank zu beenden, (c) die Verpflichtung der Obergesellschaft, rechtzeitig mit der Bank über eine angemessene Besicherung zu verhandeln, falls die Organschaft beendet wird.
- Weiche Patronatserklärung (eine Erläuterung dazu finden Sie weiter unten im Abschnitt „Bewertung von Bürgschaften, Garantien und Patronatserklärungen").

AGB-Pfandrecht

Hier handelt es sich eigentlich nicht um eine eigenständige Sicherheitenkategorie, sondern um ein besonderes, dingliches Pfandrecht gemäß Nr. 14 der Allgemeinen Geschäftsbedingungen (AGB) der Banken und Nr. 21 der AGB der Sparkassen. Dieses pauschale Pfandrecht, das der Kunde (wohl oft unwissentlich) dem Kreditinstitut mit jedem standardisierten Kontoeröffnungsantrag einräumt, gewährt der Bank/Sparkasse ein Pfandrecht an sämtlichen Wertpapieren und Sachen, an denen eine ihrer inländischen Geschäftsstellen im bankmäßigen Geschäftsverkehr Besitz erlangt. Das gilt z. B. für Kontoguthaben und Depotvermögen (nicht für Schließfachinhalte). Deshalb sollten vor allem geschäftsführende Gesellschafter mit Bürgschaft oder privat haftende Personengesellschafter, Einzelunternehmer und Freiberufler aus Vorsichtsgründen ihr privates Geldvermögen nicht bei der kreditgewährenden Bank ihres Unternehmens anlegen.

Da der Kunde aber über diese nicht eigens verpfändeten Vermögenswerte frei verfügen kann, solange die Bank keinen Pfändungstitel gegen ihn erwirkt hat (solange also die *Pfandreife* nicht eingetreten ist), sind die Werte aus Sicht der Bank nicht als formale Kreditsicherheit zu betrachten. Das im Rahmen von strittigen Kredit- und Sicherheitenverhandlungen oft von geschäftsführenden Gesellschaftern vorgebrachte Argument, „Sie haben doch meine ganzen Depotwerte als Sicherheit", geht daher ins Leere. Ein schlauer Kunde hat sein Wertpapiervermögen längst abgezogen, bevor die Bank die formelle Pfandreife erwirkt hat und das Depot sperren kann.

Gerade vor dem Hintergrund des AGB-Pfandrechtes empfehle ich, die private und geschäftliche Bankbeziehung zu trennen – privat sollten Unternehmer eine andere Bank haben als geschäftlich. Einzelne private Vermögenswerte (wie eine Festgeldanlage) können Sie im Bedarfsfall genauso an ihre betriebliche Bank verpfänden, wenn sie bei einer anderen Bank deponiert sind. Haben Sie für beide Zwecke dieselbe Bank, so ziehen Sie Ihr privates Geldvermögen nicht erst dann ab, wenn sich eine Krise Ihres Unternehmens abzeichnet. Sie könnten damit schlafende Hunde wecken.

Wie bewertet eine Bank Sicherheiten?

Bei der Bewertung jeder Art von Sicherheit lassen sich Banken von Erfahrungen leiten, die sozusagen jahrhundertealt sind. Dabei sind zwei Konzepte von grundlegender Bedeutung – zum einen die *nachhaltige Werthaltigkeit,* zum anderen der *Liquidationswert* (im Unterschied zum *Going-concern-Wert,* bei dem man davon ausgeht, daß das Unternehmen intakt und nicht unmittelbar vom Untergang bedroht ist).

Die nachhaltige Werthaltigkeit besagt, eine Sicherheit ist so zu bewerten, daß ihr geschätzter Geldwert *nachhaltig,* das heißt, in so gut wie jeder denkbar ungünstigen Situation zu erzielen wäre. Konkret bedeutet dies z. B., davon auszugehen, daß folgende „ungünstige" Prämissen zugleich herrschen: Der Verkauf (die *Verwertung*) muß (a) in äußerst kurzer Zeit, (b) von jemandem, der keine nennenswerte Marktkenntnis besitzt, (c) in einer schlechten Konjunkturphase, (d) an potentielle Käufer, die wissen, daß es sich um einen Notverkauf handelt, erfolgen. Weitere Negativprämissen sind denkbar.

Das zweite fundamentale Konzept besteht darin, den Sicherheitenwert nach Liquidations- und *nicht* nach Going-concern-Gesichtspunkten zu bemessen. Es liegt auf der Hand, daß ein Vermögensgut eines „toten" Unternehmens im Einzelverkauf fast immer einen geringeren Veräußerungswert bringt, als wenn es sich um einen normalen, überlebensfähigen Geschäftsbetrieb handelte. Der Liquidationswert ist also jener Wert, der bei einer *zwangsweisen* Verwertung zu erlösen wäre, nicht der vermutlich höhere, im regulären, laufenden Geschäftsverkehr *(going concern)* zu erzielende Wert.

Neben diesen beiden Fundamentalregeln der Sicherheitenbewertungen bei Banken existieren eine Reihe weiterer Unterscheidungen, deren Kenntnis für Firmenkunden vorteilhaft ist. Die hier genannten Bewertungskonzepte werden im Zweifel wohl auch von Gerichten bei Rechtsstreitigkeiten zum Thema Übersicherung zugrunde gelegt.

- *Unterscheidung von Nominal- versus Effektivwert.* Ähnlich wie bei Wertpapieren unterscheidet sich bei fast allen Sicherheiten der Nominal- vom Effektivwert. Eine Grundschuld über den (nominalen) Betrag von 500.000 €, die auf einem Objekt lastet, das die Bank mit 370.000 € eingewertet hat, besitzt einen Effektivwert von 370.000 €. Ein anderes Beispiel: Der Nominalwert einer selbstschuldnerischen Höchstbetragsbürgschaft des geschäftsführenden GmbH-Gesellschafters kann z. B. eine Million € betragen, der Effektivwert dieser Bürgschaft aus Sicht der Bank wird in aller Regel wohl mit Null angesetzt, da selbst bei einem sehr wohlhabenden Bürgen die Aussichten der Verwertung dieser Bürgschaft kaum realistisch kalkulierbar sind. Zwischen Nominal- und Effektivwert besteht mithin fast immer ein großer Unterschied. Der Effektivwert, den die Bank zugrunde legt, ist dem Sicherheitengeber in der Regel nicht bekannt. Sollte die Bank eine bestehende Sicherheit intern mit Null bewerten – was sehr häufig der Fall ist, z. B. fast immer bei Bürgschaften von Privatpersonen und herkömmlichen Unternehmen –, heißt das aber nicht, daß der Bank nichts an der Sicherheit liegt oder daß sie sie ohne weiteres freigeben würde. Auch bei einer mit Null bewerteten Sicherheit besteht eine Chance auf einen Verwertungserlös, die die Bank nicht ohne Not aufgibt.

- *Harte versus weiche Sicherheiten.* In die Kategorie der harten Sicherheiten fallen üblicherweise nur von der Bank *eingewertete* (also mit einem systematisch ermittelten, zahlenmäßigen Geldbetrag bewertete) Grundschulden zum Effektivwert, verpfändete Geld- und Wertpapiervermögen (ebenfalls zum Effektivwert), abgetretene Bankbürgschaften und -garantien (bei inländischen Banken sind hier Nominal- und Effektivwert identisch) sowie Bürgschaften öffentlich-rechtlicher Körperschaften (auch ohne Differenz zwischen Nominal- und Effektivwert). Alle anderen Sicherheiten, wie etwa Forderungsabtretungen, Sicherungsübereignungen, Bürgschaften von natürlichen Personen u. ä., sind – unabhängig von ihrem Nominalwert – weiche Sicherheiten. Ihr Effektivwert wird, da mit höherem Realisierungsrisiko behaftet, quasi nochmals relativiert – deshalb das Attribut *weich.*
- *Rechtsverbindlichkeit.* Ein auf der Hand liegender, wichtiger Aspekt – solange eine Sicherheit noch nicht rechtswirksam „steht", betrachtet die Bank sie formal und zumeist auch de

facto als wertlos. Nicht selten zieht sich die „Bestellung" einer Sicherheit (besonders betroffen sind hier Grundpfandrechte) über einen schier endlos langen Zeitraum hin und blockiert so die andernfalls mögliche Auszahlung eines Kredites. Dafür hat der Kreditnehmer zumeist kein Verständnis. Sofern die Krediteinräumung in einem solchen Fall weitgehend auf die Sicherheit abgestellt wurde, kann die Bank hier, streng genommen, nicht flexibel sein, da sie ihre eigene, unter bestimmten Auflagen ergangene Kreditgenehmigung unterlaufen würde. Dem Kundenbetreuer sind in solchen Fällen häufig die Hände gebunden, wenn er (oder sein Vorgesetzter) nicht bereit ist, aus geschäftspolitischen Gründen den Kopf hinzuhalten und die Kreditauszahlung vorzeitig vorzunehmen.

Bewertung von Bürgschaften, Garantien und Patronatserklärungen

Banken bewerten solche nicht dinglichen Personensicherheiten fast immer mit Null. Ausnahmen sind eine mit Sicherheiten unterlegte Garantie (was dann indirekt einer dinglichen Sicherheit gleichkommt) und Garantien von deutschen Gebietskörperschaften, Sondervermögen des Bundes, von öffentlich-rechtlichen Kreditinstituten, nicht-öffentlichen Banken einwandfreier Bonität und bestimmter supranationaler Organisationen wie der Europäischen Union, dem Internationalen Währungsfonds usw.

Konventionelle Bürgschaften von Privatpersonen werden – jedenfalls formal betrachtet – fast immer „effektiv" mit Null angesetzt, weil die Bank nicht voraussehen kann, wie die Vermögensverhältnisse des Bürgen im Zeitpunkt der Verwertung sein werden. Trotzdem gibt es Ausnahmefälle, in denen die Bank eine private Bürgschaft als effektiv voll werthaltig betrachtet, da die Solvenz des Bürgen, bezogen auf die verbürgte

Forderungshöhe, faktisch außer Zweifel steht. Eine solche Bürgschaft, Garantie oder harte Patronatserklärung kommt dann einer entsprechenden werthaltigen, dinglichen Sicherheit gleich.

Bewertung von Grundpfandrechten auf Immobilien

Nachfolgend finden Sie ein von vielen Banken verwendetes Einwertungsschema *(Ertragswertverfahren)*, das Ihnen einen Anhaltspunkt gibt, wie eine Bank eine Grundschuld oder eine Hypothek auf einem bebauten Grundstück einwertet. Seien Sie nicht überrascht, wenn Sie einen Wert errechnen, der unter den Baukosten, dem Kaufpreis oder einem von Ihnen geschätzten Wert für das Objekt liegt.

Geldgröße	Erläuterung
Kalte Leerraummiete	bei eigengenutztem Objekt wird Schätzwert angesetzt
+ umlagefähige Nebenkosten	(kommunale Gebühren, Grundsteuer, Hausreinigung, Kaminkehrergebühren, Versicherungsbeiträge usw.)
= Nettokaltmiete	–
./. 50% des etwaigen Überschusses über ortsübliche Miete für vergleichbare Objekte	–
= angepaßte Nettokaltmiete	–

Geldgröße	Erläuterung
./. Bewirtschaftungs-kosten	allgemeine Betriebskosten, Verwaltungskosten, Instandhaltungskosten, Mietausfallswagnis, Afa (pauschal von Nettokaltmiete: 25% für Bürogebäude unter 10 Jahren, 30–35% für alle übrigen Gebäude bis zu 10 Jahren, 35–40% für Gebäude über 10 Jahren; bei Mehrfamilienwohnhäusern jährlich 200 € pauschal pro Wohneinheit
= nachhaltiger Jahresreinertrag	–
⇨ nachh. Jahres-reinertrag ÷ Kapitalisierungssatz = Ertragswert	Kapitalisierungszinssätze: 5% wohnwirtschaftlich genutzte Gebäude, 6% Bürogebäude, 6,5% Lagerhäuser und andere gewerbliche Objekte

Nehmen wir einmal an, auf dem fraglichen Objekt wird eine erstrangige Grundschuld von 2,5 Millionen € in Höhe des Kreditbetrages (der den Baukosten plus dem Grundstückspreis entspricht) eingetragen. Die Bank hat nach dem oben dargestellten Schema einen Ertragswert von 1,7 Millionen € ermittelt. Somit wird die nominelle Grundschuld von 2,5 € von der Bank mit effektiv 1,7 Millionen € eingewertet. Der dazugehörige Kredit besitzt also einen Blankoanteil von 0,8 Millionen € (keine weiteren Sicherheiten unterstellt). Würde jedoch in der dritten Abteilung des Grundbuches bereits eine erstrangige Grundschuld zugunsten eines anderen Grundschuldgläubigers über € 200.000 lasten (und wäre die oben genannte Grundschuld somit zweitrangig), müßten diese 200.000 € zzgl. Zinsanhang von 12% für drei Jahre (also z. B. 200.000 € × 3 × 1,12 = 272.000 €) ebenfalls noch von dem Ertragswert subtrahiert werden. Das ergäbe dann einen Effektivwert von 1,411 Millionen €. Rechte in der zweiten Grundbuchabteilung (Wegerechte,

Wohnrechte, Grunddienstbarkeiten, Leibgedinge usw.) sind, da nicht formal quantifiziert, schwieriger zu bewerten, müßten aber, wenn vorhanden, auch noch bewertet und dann subtrahiert werden.

Bewertung abgetretener Forderungen

Forderungen können sich auf alles mögliche beziehen: auf Ansprüche aus Lieferungen und Leistungen, aus Kaufverträgen, Steuererstattungsansprüchen, Mietverträgen usw. Deswegen sind allgemeingültige Aussagen zur Werthaltigkeit von Forderungen besonders schwierig, da sie stark von den jeweiligen Einzelfaktoren bestimmt wird. Ein Auszahlungsanspruch aus einem staatlichen Fördermittelbescheid ist in der Regel eine sehr werthaltige Forderung. Bei Forderungen aus Lieferungen und Leistungen sieht es schon anders aus. Jede Bank wird gerade hier, bei der am meisten verbreiteten Form der Forderungsabtretung *(stille Globalzession* der Forderungen aus Lieferungen und Leistungen), auf den Einzelfall bezogene Regeln anwenden.

Eine Faustformel will ich dennoch nennen: Eine Voraussetzung, damit die Bank eine Forderungszession überhaupt bewerten kann, ist, daß ihr eine höchstens 90 Tage alte, formgerechte Zessionsliste *(Forderungsbestandsliste)* vorliegt. Die postalischen Adressen der Drittschuldner müssen der Bank bekannt oder für sie zumindest ermittelbar sein, und die Liste hat das Fälligkeits- oder Rechnungsdatum der Forderungen zu enthalten.

Die folgenden Forderungen werden zunächst mit Null bewertet: konzern- oder gruppeninterne Forderungen, ungesicherte Auslandsforderungen, Forderungen mit bekanntem Abtretungsverbot und sämtliche Forderungen, die über 90 Tage alt sind. Forderungen zwischen 45 und 90 Tagen werden mit 30% und solche zwischen einem und 45 Tagen mit 50% bewertet.

Weitere Sicherheitsabschläge, z. B. für ein ungenügend diversifiziertes Forderungsportfolio, sind denkbar.

Bewertung von Geldvermögen und Wertpapieren

Geldvermögen und Wertpapiere sind bei Banken willkommene, da sehr liquide Sicherheiten. Auch ihre Einwertung fällt relativ leicht, wenngleich Sicherungsgeber und Sicherungsnehmer (Bank) hier zu unterschiedlichen Auffassungen kommen können.

Nachfolgend sind einige beispielhafte Beleihungsansätze für die wichtigsten Wertpapiertypen aufgelistet. Es versteht sich, daß einzelne Banken von diesen Ansätzen abweichen. Der Bewertungsprozentsatz bezieht sich bei den Wertpapieren auf den aktuellen Kurswert, bei den Fondsanteilen auf den Rücknahmepreis. Bei Sicherheiten, die bei ausländischen Drittbanken liegen, wird der jeweilige Bewertungssatz häufig auch davon beeinflußt, ob es sich dabei um eine Korrespondenzbank der Sicherheitennehmerin handelt.

Sicherheit	Bewertung in %	Sicherheit	Bewertung in %
Inländische DM-/€-Guthaben (Festgelder, Sparguthaben, Sichtguthaben, Sparbriefe)	100%	DM-/€-Anleihen des Bundes und der Länder, Bundesunternehmen, Sondervermögen des Bundes, best. supranat. Organisationen wie IWF, Weltbank	90%
Nicht-EU-Fremdwährungsguthaben im In- oder Ausland	75%	Schuldverschreibungen, Kommunalobligationen, Pfandbriefe in DM oder €	75%
Aktien, inländisch, amtlich notiert	50%	Schuldverschreibungen, Kommunalobligationen, Pfandbriefe in Fremdwährung	50%

Sicherheit	Bewertung in %	Sicherheit	Bewertung in %
Aktien, ausländisch, börsennotiert	40%	Schatzbriefe, Finanzierungsschätze	90%
Genußscheine	75%	Floating-Rate-Notes in DM oder €	75%
Gewinnschuldverschreibung	50%	Floating-Rate-Notes in Fremdwährung	50%
Zero-Bonds, DM/€, Restlaufzeit < 10 J.	75%	Aktienfonds, inländische	50%
Zero-Bonds, DM/€, Restlaufzeit > 10 J.	50%	Aktienfonds, ausländische	40%
Zero-Bonds in Fremdwährung	50%	Aktien-/Rentenfonds kombiniert in DM/€	50%
Certificates of Deposits	75%	Aktien-/Rentenfonds komb. in Fremdwährung	40%
Commercial Papers	50%	Wandelschuldverschreibungen und -anleihen in DM/€/Fremdwährung	75%
Immob.-fonds, geschlossene*)	30%	Wandelanleihen in Fremdwährung	50%
Immob.-fonds, offene, inländische	75%	Optionsanleihen in DM/€ ex Schein	75%
Immbo.-fonds, offene, ausländische	50%	Optionsanleihen in DM/€ mit Schein	50%
Rentenfonds in DM/€	75%	Optionsanleihen, Fremdwährung, ex Schein	50%
Rentenfonds in Fremdwährung	50%	Optionsanleihen, Fremdwährung, mit Schein	40%
Laufzeitenfonds, DM/€	75%	Geldmarktfonds	90%

*) Von der Sicherheitennehmerin selbst oder ihr nahestehenden Unternehmen/Tochtergesellschaften aufgelegte Fonds. „Fremde" Fonds werden noch geringer bewertet.

Bewertung von sicherungsübereignetem beweglichem Vermögen

Hier handelt es sich um Umlauf- oder Anlagevermögen, dessen Werthaltigkeit je nach Vermögensart schwer (z. B. Kunstwerk) oder einfach (z. B. Dieselöl) zu ermitteln ist. Folgende Vorgehensweise dürfte dem Prinzip nach in den gängigsten Fällen zur Anwendung kommen:

Die Einwertung durch die Bank erfolgt in Stufen (Grundvoraussetzung: Es liegt eine maximal 90 Tage alte Bestandsmeldung vor):

1. Ausgangspunkt sind Einkaufspreis oder Herstellungskosten (für selbst hergestellte Güter).
2. Davon werden Ansprüche auf diejenigen Sicherungsgüter abgezogen, an denen ein vorrangiges Sicherungsrecht eines Dritten (Eigentumsvorbehalt, Sicherungseigentum, Pfandrecht) besteht.
3. Anschließend erfolgt bei Umlaufvermögen ein Sicherheitsabschlag, dessen Höhe z. B. von Alter, Fungibilität und Verkaufskosten des Sicherungsgutes beeinflußt werden kann (20% sind verbreitet, weitaus höhere Sätze möglich). Bei beweglichem Anlagevermögen erfolgt ein Abschlag mindestens in der Höhe der gesetzlichen Abschreibung.
4. Nun sind Lieferantenverbindlichkeiten und Wechselverbindlichkeiten abzuziehen.
5. Die verbleibende Differenz wird mit 50% (oder weniger) angesetzt. Auf diese Weise dürfte ein unter Going-concern-Gesichtspunkten äußerst niedriger (aber für den Verwertungsfall realistischer) Wertansatz resultieren.

Bewertung sonstiger Sicherheiten

Die folgenden Sicherheiten oder Quasi-Sicherheiten werden, da ihre Werthaltigkeit zum Zeitpunkt der Verwertung nicht sicher prognostiziert werden kann, in aller Regel ebenfalls mit Null angesetzt:

- Negativerklärung,
- Positiverklärung,
- Gleichbehandlungserklärung,
- Rangrücktritts- und Darlehensbelassungserklärung,
- Organschaftserklärung,
- weiche Patronatserklärung,
- Abtretung von Arbeitseinkommen,
- Verpfändung von Gesellschaftsanteilen (z. B. GmbH-Anteilen).

Was haftet wofür?

Welche Sicherheit für welchen Kredit haftet, ist eine wichtige, aber häufig vernachlässigte Frage. Grundsätzlich ist die Zuordnung von Sicherheiten und Krediten Vereinbarungssache zwischen den Vertragsparteien. Diese Vereinbarung hat oft die Form eines eigenständigen Vertrages, der sich *Zweckerklärung* oder *Zweckbestimmungserklärung* nennt. Naturgemäß hat die Bank ein Interesse daran, daß sämtliche ihr gestellten Sicherheiten für alle ihre Kredite haften. Das bringt ihr zwei Vorteile: Erstens ist sie damit hinsichtlich der Reihenfolge der Verwertung der Sicherheiten frei (sobald sie einen vollstreckbaren Titel besitzt). Zweitens verhindert sie, daß sie Mehrerlöse (der Sicherheitenerlös übersteigt die dazugehörige Kreditschuld) aus der Verwertung einer bestimmten Sicherheit an den Kreditnehmer auskehren muß, obwohl der Kreditnehmer aus anderen Krediten noch offene Schulden bei ihr hat.
Jedenfalls kann eine Sicherheit prinzipiell einen *engen* oder einen *weiten* Sicherungszweck haben (auch *eingeschränkte Zweckbestimmung* oder *uneingeschränkte Zweckbestimmung* genannt). Ein enger Sicherungszweck bedeutet, die Sicherheit

haftet nur für eine Teilmenge der Verbindlichkeiten des Kreditnehmers, ein weiter Sicherungszweck, die Sicherheit haftet für alle (auch für in der Zukunft entstehende Verbindlichkeiten).
Ein weiter Sicherungszweck ist im Sicherheitenvertrag z. B. folgendermaßen formuliert: Die Sicherheit „haftet für alle bestehenden, künftigen und bedingten Ansprüche, die der Bank mit ihren sämtlichen in- und ausländischen Geschäftsstellen aus der bankmäßigen Geschäftsverbindung gegen den Hauptschuldner – bei mehreren Hauptschuldnern auch gegen jeden einzelnen von ihnen – zustehen." Ein enger Sicherungszweck könnte etwa so formuliert sein: „Diese Sicherheit haftet nur für die Verbindlichkeiten aus dem Kreditvertrag Nr. Soundso zwischen der X-Bank AG (Kreditgeber) und der Mustermann GmbH (Kreditnehmer) vom ..."
Ein enger Sicherungszweck wird aus gesetzlichen Gründen vereinbart, wenn Sicherungsgeber und Kreditnehmer nicht identisch sind *(Drittsicherheiten)*. Nach der geltenden Rechtssprechung des Bundesgerichtshofes ist ein weiter Sicherungszweck für eine solche Drittsicherheit über den durch den Anlaß des Geschäftes bestimmten Rahmen hinaus „überraschend" und daher unwirksam.
Das AGB-Pfandrecht räumt der Bank an sich automatisch einen weiten Sicherungszweck für alle bestehenden und künftigen Sicherheiten ein, die der Kreditnehmer (nicht etwa Drittsicherheitengeber) bestellt, es sei denn, der Kredit- und/oder Sicherheitenvertrag enthält eine abweichende Regelung. Es ist gute Sitte in jedem Kreditvertrag, die dafür haftenden Sicherheiten einzeln aufzuführen[*], was letztlich den pauschalen weiten AGB-Sicherungszweck aufheben würde (da Einzelvereinbarungen den AGB-Bestimmungen immer vorgehen). Doch würde diese Aufhebung ihrerseits durch eine im Kreditvertrag enthaltene Weite-Sicherungszweckklausel unwirksam (ungefähr mit dem oben genannten Wortlaut).

---

[*]) Darauf können und sollten Sie bestehen, damit die Rechtslage eindeutig geklärt ist.

Auf alle Fälle sollte sich der Kreditnehmer vollständig und jederzeit im klaren darüber sein, welche Sicherheiten für welche Kredite haften. Um das zu erfahren, muß er in erster Linie die Kredit- und Sicherheitenverträge genau lesen. Im Zweifel bitten Sie den Firmenbetreuer, daß er die Sachlage schriftlich darlegt bzw. bestätigt.

Kredite, die für die Bank kein Risiko darstellen

Es gibt einige Typen von Krediten, die für die Bank kein oder ein reduziertes Risiko *(Obligo)* darstellen.
Zum einen sind das Kredite, die ohne *auch nur geringe* Zweifel zu 100% werthaltig besichert sind, z. B. durch ein Festgeld in Kredithöhe. Wann allerdings eine zu 100% werthaltige Besicherung vorliegt, ist nicht immer so einfach zu beurteilen, wie im Fall des Festgeldes. Um eine 100% werthaltige Besicherung handelt es sich auch, wenn sich eine öffentlich-rechtliche Körperschaft selbstschuldnerisch für einen Kredit an eine andere Rechtsperson verbürgt. Die Banken bewerten eine solche Bürgschaft wie Bargeld, da sie (noch) davon ausgehen, daß öffentlich-rechtliche Bürgen ihren Verpflichtungen immer nachkommen können. In diese Kategorie fallen auch die sogenannten *Ausfallbürgschaften* z. B. der Bürgschaftsbanken der Bundesländer. Diese Ausfallbürgschaften sind oft auf 80% des jeweiligen Kreditrestsaldos begrenzt. In einem solchen Fall ist es für Sie als Kreditnehmer bei Verhandlungen mit Ihrer Hausbank wichtig zu wissen, daß das *effektive* Obligo der Hausbank lediglich 20% des Restsaldos der ausfallverbürgten Kredite ausmacht.
Eine zweite Kategorie von risikolosen Krediten sind solche, bei denen die Bank lediglich Darlehensverwalter ist (als Treuhänder für den eigentlichen Darlehensgeber). Dies ist z. B. bei den Eigenkapitalhilfe-Darlehen der bundeseigenen Deutschen Aus-

gleichsbank (DtA), Bonn, der Fall. EKH-Darlehen und bestimmte andere Sonderkredite sind somit zu 100% *nicht* im Hausbanken-Obligo und müssen daher auch nicht eigens zugunsten der Hausbank besichert werden.

Eine dritte Kategorie der Obligo-Reduktion stellen die *Haftungsfreistellungen* bei den zinsverbilligten Krediten der Sonderkreditinstitute des Bundes und der Länder dar. Sehr viele der von diesen Instituten angebotenen Sonderkreditprogramme sind mit der Möglichkeit einer bis zu 50prozentigen Haftungsfreistellung für die Hausbank versehen. Wenn Ihre Hausbank einen solchen Kredit beim zuständigen Sonderkreditinstitut beantragt, kann sie eine Haftungsfreistellung verlangen, wenn ihr dies aus risikopolitischen Gründen opportun erscheint. Diese Haftungsfreistellung wird in aller Regel gewährt, hat allerdings zur Folge, daß sich die Marge der Hausbank um bis zur Hälfte reduziert (lassen Sie sich Marge und Margenreduktion von Ihrem Firmenbetreuer nennen). Ohne die Haftungsfreistellung stünde der Kredit voll im Obligo der Hausbank.

Wie viele Sicherheiten müssen Sie der Bank einräumen?

Bevor ich Ihnen Anhaltspunkte – definitve Anworten sind leider nicht möglich – zur Beantwortung dieser Frage gebe, folgen einige notwendige, grundsätzliche Erwägungen, weil Kreditnehmer beim Gerangel über Konditionen und Sicherheiten allzu häufig die *fundamentalen* Aspekte aus den Augen verlieren und deshalb oft unrealistische Erwartungen hegen.

Die durchschnittliche Eigenkapitalquote deutscher Mittelständler liegt unter 20%. Banken steuern rund 50% des Kapitals bei. Selbst wenn man optimistisch unterstellt, das typische Unternehmen besitze stille Reserven (die dem Eigenkapital zuzurechnen wären), ist klar, daß Banken weitaus mehr in die meisten Unternehmen investiert haben als der Eigentümer.

Trotzdem hat der Unternehmer (als der unbedeutendere Kapitalgeber) als einziger einen nach oben unbegrenzten Anspruch auf den Unternehmensgewinn, während sich die Bank – selbst wenn es noch so phantastisch laufen sollte – mit dem vorab vereinbarten Kapitaldienst begnügen muß. Ertragschance und Risiko sollten und müssen jedoch miteinander verknüpft sein. Aus diesem Grund hat – eine marktwirtschaftliche Banalität – der Teilnehmer eines finanziellen Vorhabens, der die höchsten Ertragschancen hat (der Unternehmer), auch das größte Risiko zu tragen. Die Bank kann ihr Risiko, bezogen auf einen bestimmten Firmenkreditkunden, kaum in einer anderen Weise als durch eine Besicherung ihres „Investments" reduzieren. Vor diesem Hintergrund dürfte das Besicherungsbedürfnis der Bank als Hauptkapitalgeber in einem milderen Licht erscheinen.

Faktisch repräsentieren sämtliche Vermögensteile (Aktiva) des Unternehmens so oder so Sicherheiten für seine Gläubiger. Durch Sicherheitenverträge wird wirtschaftlich lediglich vorab die Reihenfolge des Zugriffs der potentiellen Konkursgläubiger auf diese Aktiva geregelt. Anders formuliert: Die Unternehmens-Aktiva haften im Verwertungsfall (Konkurs, Vergleich o. ä.) entweder einem bestimmten Gläubiger (z. B. der Bank, wenn dieses Aktivum an sie verpfändet war) oder gegenüber der Summe der übrigen, nicht bevorrechtigten Gläubiger (Massegläubiger). Das rein ökonomische Ergebnis für den Eigenkapitalgeber ist aber vollkommen unabhängig davon, in welcher Reihenfolge die Erlöse aus der Verwertung der Aktiva an alle Konkursgläubiger ausgekehrt werden. Für ihn bleibt ohnehin nur der Rest (fast immer Null oder negativ).

Nach dem Motto „Nicht alle Eier in denselben Korb legen!" sollten Sie nicht alles über Ihre Hauptbank finanzieren (selbst wenn die Zusammenarbeit mit den übrigen Banken schwieriger ist). Gerade kleinere Investitionen unter 100.000 € können Sie häufig allein mit der Sicherungsübereignung des finanzierten

Investitionsobjektes bei einer Nebenbank oder Leasinggesellschaft unterbringen. So halten Sie sich wichtige oder sensible Sicherheiten (freie Grundschuldteile, Gesellschafterbürgschaften usw.) und Kreditspielräume für die Zukunft frei.

Banken behaupten gern von sich, sie seien keine Pfandleihhäuser, was heißen soll, daß sie Kredite nicht oder nicht in erster Linie auf der Grundlage der bereitgestellten Sicherheiten ausreichen (was ja schließlich jeder könnte), sondern auf der Basis einer plausibel zu begründenden Kapitaldienstfähigkeit des Kreditnehmers. Die ist gegeben, wenn der Kreditnehmer künftig in der Lage sein wird, den Kapitaldienst (Zins- und Tilgung) für den fraglichen Kredit zu leisten. Bei vielen Investitionen wird diese Kapitaldienstfähigkeit maßgeblich durch den Cashflow aus dem kreditfinanzierten Projekt bestimmt. Je sicherer diese Kapitaldienstfähigkeit in der Zukunft gegeben sein wird, desto weniger Sicherheiten wird eine Bank vom Unternehmen erwarten.

An diesem Punkt müssen Sie ansetzen. Konkret bedeutet das: (1) plausible und für *jeden* leicht verständliche Unterlagen zu den wirtschaftlichen Verhältnissen Ihres Unternehmens (bzw. der kreditfinanzierten Investition). (2) Eine möglichst geringe Verschuldung. Tendenziell wird Ihre Kapitaldienstfähigkeit mit jedem Prozentpunkt, den Ihre Bankverschuldungsquote (Bankschulden ÷ Bilanzsumme) steigt, unsicherer. Ziehen Sie nicht jede Mark aus Ihrem Unternehmen heraus, bis es zum kreditunwürdigen Gerippe abmagert, für das Sie sich privat verbürgen müssen. So haben Sie haftungsmäßig nichts gewonnen und machen sich bei Kreditverhandlungen mit der Bank das Leben schwer. Vermeiden Sie 100prozentige Fremdfinanzierungen. Lösen Sie ältere, noch intakte Maschinen nicht einfach deshalb durch kreditfinanzierte neue ab, weil der Händler Ihnen ein angeblich unwiderstehliches Schnäppchen anbietet.

Warten Sie nicht passiv, bis die Bank von sich aus auf das Thema Sicherheiten zu sprechen kommt, sondern machen Sie sich im Vorfeld einer Kreditverhandlung selbst Gedanken darüber. Legen Sie dabei die Darlegungen in diesem Abschnitt zugrunde. So vermeiden Sie, daß Sie ohne Not auf weitgehende Sicherheitenforderungen der Bank eingehen, hinter die die Bank nötigenfalls sogar zurückgegangen wäre. Beantworten Sie sich selbst bereits vor dem Kreditgespräch mit der Bank folgende Fragen:

- Welche Sicherheiten sind bereits bei welchen Banken?
- Über welche freien Sicherheiten verfügt das Unternehmen?
- Welche betrieblichen Sicherheiten würde ich im äußersten Fall bereitstellen und bis zu welchem Umfang?
- Welche privaten Sicherheiten würde ich im äußersten Fall – sofern Sie nicht qua Rechtsform ohnehin persönlich für die Verbindlichkeiten Ihres Unternehmens haften – bereitstellen und bis zu welchem Umfang?
- Wie würde die Bank diese Sicherheiten im einzelnen ungefähr bewerten? Fragen Sie Ihren Banker nach der Höhe des momentanen und des künftigen *Blankoanteils* (künftig = bei Berücksichtigung des derzeit verhandelten Kredites und der in Rede stehenden zusätzlichen Sicherheiten). Wenn er Ihnen diesen nicht nennt, können Sie ihn mit den oben genannten Bewertungshinweisen für Sicherheiten überschlägig selbst ermitteln. Zur Errechnung des Blankoanteils gehen Sie von der bestehenden Gesamtkreditschuld aus (auf Engagementverbundebene). Davon subtrahieren Sie die Summe aller effektiven Sicherheitenwerte. Dabei müssen Sie allerdings genau beachten, welche Sicherheiten für welchen Kredit haften. Allgemein haftende Sicherheiten *(weiter* Sicherungszweck) dürfen nicht mehrfach abgezogen werden.

Persönliche Bürgschaften sollten Sie nur in Form von Höchstbetragsbürgschaften und nur bis zu dem Betrag des Blankoanteils übernehmen. Wehren Sie sich gegen eine Mitbürgschaft Ihres Ehepartners oder anderer Verwandter, und geben Sie in diesem Punkt nur nach, wenn die Bank die Kreditzusage sonst scheitern lassen würde.

Wann haben Sie Anspruch auf Sicherheitenfreigabe?

Grundsätzlich gilt: Sogenannte *akzessorische* Sicherheiten, wie etwa Bürgschaften, Hypotheken, Pfandrechte, erlöschen mit Wegfall der dazugehörigen besicherten Forderungen. Nichtakzessorische Sicherheiten (auch *abstrakte Sicherheiten* genannt), wie etwa Grundschulden, Sicherungsübereignungen und -abtretungen, bleiben formal dagegen über das Erlöschen der besicherten Forderung hinaus bestehen. Aber auch hier müssen Banken auf der Grundlage der AGB (Banken-AGB, Abschnitt Nr. 16, Sparkassen-AGB, Abschnitt Nr. 22) und vor dem Hintergrund der aktuellen Rechtssprechung Sicherheiten freigeben, wenn der Sicherungszweck entfällt und nicht mit neuen, den Sicherungszweck betreffenden Forderungen zu rechnen ist.

Ferner hat die Bank Sicherheiten freizugeben, wenn der Tatbestand der *Übersicherung* vorliegt. Wann ist das der Fall? Zunächst sei darauf hingewiesen, daß die AGB wie auch vermutlich alle neueren Sicherheitenverträge eine Freigabeklausel enthalten; also sollte man erst einmal dort nachlesen. Diese Bestimmungen verpflichten die Bank, Sicherheiten freizugeben, wenn der „realisierbare" Wert sämtlicher Sicherheiten, üblicherweise 120% der gesicherten Ansprüche, „nicht nur vorübergehend" überschreitet. Bei der genauen Quantifizierung des „realisierbaren" Wertes wird es jedoch kompliziert. Je nach Sicherungsgut hat die Rechtssprechung hier unterschiedliche Bewertungsverfahren und -maßstäbe formuliert, die de facto auf den Liquidationswert abstellen. Schlußendlich wird jedoch auch hier der konkrete Einzelfall maßgeblich sein. Im Bedarfsfall führt kein Weg an der Konsultation eines *spezialisierten* Rechtsanwaltes vorbei.

Sicherheitenverträge können auch wegen eines Verstoßes gegen die guten Sitten (§ 138 BGB) nichtig sein. Fest umrissene Kriterien, wann ein solcher vorliegt, gibt es zwar nicht, aber immerhin Anhaltspunkte – einerseits die sogenannte Kredittäuschung (Konkursverschleppung, Kreditbetrug, Gläubigergefährdung), andererseits die oft zitierte Knebelung. Zunächst zu den drei Formen der Kredittäuschung:

- *Konkursverschleppung* liegt meistens dann vor, wenn die Bank einem von existentiellen wirtschaftlichen Schwierigkeiten bedrohten Unternehmen Kredite, die offensichtlich für die Sanierung des Unternehmens nicht ausreichen, gegen Stellung zusätzlicher Sicherheiten einräumt. Dadurch versucht die Bank, ihre Position im unabwendbaren Konkurs oder Vergleich – zum Nachteil der übrigen Gläubiger – zu verbessern.

- *Kreditbetrug* (nach dem Gesetz zur Bekämpfung der Wirtschaftskriminalität) besteht, wenn die Bank allein oder gemeinsam mit dem Kreditkunden einen Dritten (typischerweise einen Lieferanten des Kreditkunden) über die Bonität des Kreditkunden täuscht (z. B. durch eine offensichtlich zu wohlwollende Auskunft). Die Bank versucht damit, den Lieferanten zur Lieferantenkrediteinräumung zu bewegen, um ihrem ausfallgefährdeten Kreditkunden zusätzliche Liquidität zu verschaffen.

- *Gläubigergefährdung* kann dann vorliegen, wenn die Bank eine Sicherheit hereinnimmt und dies die nicht völlig abwegige Gefahr zur Folge hat, daß andere Kreditgeber (z. B. Lieferanten) zu Schaden kommen, weil sie nicht erkennen können, daß ihr Schuldner nunmehr gänzlich kreditunwürdig ist. Allerdings muß diese Gefahr der Gläubigertäuschung von der Bank bewußt in Kauf genommen worden sein.

Ein Verstoß gegen die guten Sitten kann neben der Kredittäuschung auch durch die *Knebelung* erfolgen, wenn der Kreditnehmer „in sittlich verwerflicher Art und Weise seiner wirtschaftlichen Selbständigkeit beraubt" wird. Anhaltspunkte für das Vorliegen von Knebelung sind z. B. die folgenden: (a) der Wert des Sicherungsgutes übersteigt den besicherten Kredit unverhältnismäßig, (b) der Sicherungsgeber wird durch die Bereitstellung der Sicherheit(en) seiner wirtschaftlichen Entschließungsfreiheit beraubt, (c) der Sicherungsgeber überläßt der Bank praktisch sein ganzes Vermögen zu Sicherungszwecken.*) Folgende Tatbestände könnten gegen eine Knebelung sprechen: der Sicherungsgeber verfügt über die Sicherheiten (z. B. sicherungsübereignete Maschinen) im normalen Geschäftsverkehr, und/oder die Sicherungsverträge verpflichten die Bank durch eine Freigabeklausel, nicht benötigtes Sicherungsgut freizugeben. Die beiden letzteren Tatbestände dürften in fast allen Fällen vorliegen, in denen sich Firmenkunden subjektiv „geknebelt" fühlen. Insofern ist es dann aussichtslos, rechtlich gegen die Bank vorzugehen. Sofern tatsächlich eine Knebelung vorliegt, hat sie lediglich die Nichtigkeit jenes Sicherheitenvertrages, durch den der Kreditkunde erstmals geknebelt wird, zur Folge – die Wirksamkeit der übrigen Verträge bleibt unberührt. Alles in allem – diese Schlußfolgerung wird Sie kaum wundern – dürfte es außerordentlich wenige, juristisch anfechtbare Fälle von Übersicherung geben. Daß es gar nicht erst soweit kommt, liegt ohnehin im ureigensten Interesse der Bank. Sofern Sie dennoch der Auffassung sind, daß in Ihrem Fall eine Übersicherung vorliegt, empfehle ich Ihnen, zunächst eine einvernehmliche Lösung mit der Bank anzustreben, bevor sie sich an einen spezialisierten Fachanwalt wenden. Legen Sie der Bank dazu Ihre Bewertungsberechnungen oder Wertindizien offen.

---

*) Durch diesen Vorgang kann auch der Tatbestand der *Vermögensübernahme* nach § 419 BGB erfüllt sein, was zur Konsequenz hätte, daß die Bank auch die zum Zeitpunkt der Übernahme bestehenden anderweitigen Verbindlichkeiten des Sicherungsgebers tragen muß (jedoch nur bis zur Höhe des übernommenen Vermögens).

Wann und wie dürfen Banken Sicherheiten verwerten?

Ab wann kann eine Bank eine Kreditsicherheit verwerten, das heißt – soweit es sich nicht ohnehin um flüssiges Geldvermögen handelt – durch Verkauf liquidisieren und gegen die bestehende Kreditschuld aufrechnen? Voraussetzung der Verwertung ist, ganz allgemein gesprochen, der Eintritt der sogenannten *Pfandreife.* Das geschieht, sobald die durch das Pfandrecht gesicherte Kreditforderung der Bank ganz oder teilweise fällig wird. Bei Forderungen, die (noch) nicht auf eine Geldzahlung gerichtet sind (Bürgschafts- oder Avalkredite), tritt die Pfandreife dann ein, wenn die Forderung in eine Geldschuld übergegangen ist, wenn also die Bank z. B. aus ihrem Aval in Anspruch genommen wurde. Der oder die Fälligkeitstermine einer Kreditforderung (Zins- und/oder Tilgung) sind in den meisten Kreditverträgen genannt. Bei einem bis auf weiteres, also unbefristet eingeräumten Kredit muß die Bank den Kredit erst fälligstellen oder einen späteren Fälligkeitstermin nennen. Kommt der Kreditnehmer seiner Rückzahlungspflicht am Fälligkeitstermin nicht nach (tritt also Verzug ein), muß die Bank ihm eine nach den einschlägigen gesetzlichen Vorschriften und Handelsusancen angemessene Frist zur Rückzahlung einräumen. Dabei darf sie sofort Verzugszinsen in Rechnung stellen. Verstreicht diese Frist ergebnislos, kann die Bank nach den Nummern 20, 21, 22 der Banken-AGB die vorhandenen Sicherheiten *ohne* gerichtliches Verfahren verwerten. Sie muß lediglich in gewissen Grenzen auf die berechtigten Interessen des Sicherheitengebers Rücksicht nehmen. Zum Beispiel darf sie bei der Festsetzung eines Verkaufspreises nach unten nicht beliebig weit von dem anzunehmenden Verkehrswert der Sicherheit abweichen.
Der in diesem und anderen Punkten (wie Wartezeiten) zweifellos vorhandene und gerichtlich anerkannte Ermessensspielraum wirkt sich klar zugunsten der Bank aus. Schlußendlich erfolgt

die Verwertung der Sicherheiten – vorbehaltlich der Anerkennung möglicher Absonderungsrechte des Konkursverwalters für die Masse – in der Regel allein durch die Bank und ohne Zustimmung des Kunden.
In diesem Zusammenhang möchte ich nochmals auf das AGB-Pfandrecht der Banken hinweisen. Es gibt der Bank bei Fälligkeit von Kreditforderungen ein Pfandrecht an den bei ihr deponierten Vermögenswerten des Kreditschuldners, auch wenn diese Werte nicht eigens durch einen Sicherheitenvertrag verpfändet wurden. Das Pfandrecht greift allerdings erst, *nachdem* die rechtliche Fälligkeit der entsprechenden Kreditforderung eingetreten ist. Dennoch kommt es vor, daß Banken in Erwartung der Zahlungsunfähigkeit ihres Kunden entsprechende Guthaben bereits *vor* der formalen Fälligkeit gesperrt haben und sich so das Pfand schon vor der eigentlichen Pfandreife sichern. Gegen diese rechtswidrige Praxis vorzugehen, dürfte im nachhinein aber schwierig sein.
Sofern Ihr Unternehmen oder Sie persönlich mit diesem unerfreulichen Thema konfrontiert werden, sollten Sie so früh wie möglich einen spezialisierten Fachanwalt konsultieren. Zur anfänglichen Erstinformation für die Betroffenen eignet sich das Büchlein *Konflikte mit Banken und Sparkassen* von Karl Braun.

VIII.
Liquiditätsmanagement und Anlagegeschäft

Alle Unternehmen, liquiditätsarme wie -reiche, sehen sich mit dem Problem konfrontiert, die vorhandenen flüssigen Mittel optimal auszunutzen, also mit ihrem Geldvermögen die bestmögliche Kombination aus *Rendite, Risiko* und *Fungibilität* (Verfügbarkeit) zu realisieren. Man nennt das neudeutsch *Treasury Management* oder, etwas weniger aufregend, *Liquiditätsmanagement*. Jede Vermögensform, ob Sichtguthaben auf dem Bankkonto, Materialvorräte, offene Forderungen, Wertpapiere oder Immobilien, läßt sich analytisch in dieses „magische Dreieck" von Rendite, Risiko und Fungibilität einordnen. Das herkömmliche laufende Konto (Girokonto) ohne Guthabenverzinsung stellt sich unter diesem Blickwinkel beispielsweise so dar:

- Rendite: 0%,
- Risiko (die Wahrscheinlichkeit, mit der die Bank die Sichtguthaben auf Verlangen nicht oder nicht ganz an Sie auszahlen kann): extrem niedrig,
- Fungibilität: optimal.

An dieser Stelle lohnt sich für Leser, die mit den Gesetzmäßigkeiten der kurzfristigen Geldeinlage weniger vertraut sind, eine kurze Auseinandersetzung mit diesem „magischen Dreieck". Nur mit Hilfe der Begriffe Rendite, Risiko und Fungibilität können unterschiedliche Anlageformen objektiv miteinander verglichen werden. Die drei Begriffe sind wie folgt definiert:

Begriff	Definition
Rendite	Gesamtertrag eines eingesetzten Kapitals im Verhältnis (z. B. in Prozent) zu diesem Kapital – in der Regel berechnet für ein Jahr. Man kann ferner unterscheiden zwischen Vorsteuerrendite vs. Nachsteuerrendite, nominaler Rendite (vor Inflation) vs. realer Rendite (nach Inflation). Eine nominelle Guthabenverzinsung von 0% entspricht also etwa einer negativen realen Rendite in Höhe der Inflation.
Risiko	Das Risiko errechnet sich aus der Wahrscheinlichkeit, daß die erwartete Rendite während des geplanten Anlagezeitraums tatsächlich realisiert wird. Technisch wird diese Wahrscheinlichkeit an den Schwankungen (Volatilität) der Erträge und des Anlagewertes während des geplanten Anlagezeitraums gemessen. Da die künftigen Schwankungen nicht bekannt sind, kommen ersatzweise Volatilitätsprognosen auf der Basis historischer Daten zur Anwendung. Diese Schwankungen können sehr niedrig, gleich null (wie etwa bei einem Termingeld) oder sehr hoch sein (wie bei den Aktien eines kleinen Unternehmens).
Fungibilität	Fungibilität ist ein Maß für den notwendigen Zeitraum, den die Umwandlung einer nicht liquiden Vermögensform (z. B. einer Lkw-Flotte) in Geld (allgemeines Zahlungsmittel) erfordert. Es leuchtet ein, daß man in der Regel schneller und einfacher beispielsweise ein Aktienpaket aus deutschen Standardwerten verflüssigen kann als eine Eigentumswohnung.

Die Werkshalle eines Maschinenbaubetriebes repräsentiert eine gänzlich andere Dreierkombination als das Guthaben auf dem unverzinsten Girokonto.

Das magische Dreieck stellt sich bei dieser Anlage so dar:

- *Rendite:* entspricht der Gesamtkapitalrendite des Unternehmens oder des relevanten Unternehmensteiles (sofern ermittelbar).
- *Risiko:* relativ hoch. Entspricht den Schwankungen der Gesamtkapitalrendite des Unternehmens. Bei Veräußerungsabsicht entspricht das Risiko den Schwankungen des isolierten Immobilienmarktwertes.
- *Fungibilität:* vermutlich sehr schlecht, da es nach Beginn der ersten Verkaufsbemühungen allgemein mehrere Monate, wenn nicht Jahre, dauert, bis der Kaufpreis für eine Werkshalle auflagenfrei an den Verkäufer geflossen ist.

Nun zur Praxis des Liquiditätsmanagements. Für kleine und mittlere Unternehmen stehen eine Reihe von kurzfristigen, also „geldnahen" Anlageformen zur Verfügung. Diese Anlagen können auf DM, Euro oder eine ausländische Währung lauten. Jede ausländische Währung hat ihr eigenes Geldmarkt-Zinsniveau.*) Die Spannbreite dieser Zinsniveaus ist enorm. Auf Währungsanlagen gehe ich hier aber nur am Rande ein, denn sie sind im Normalfall lediglich für Unternehmen, die Außenhandel betreiben, relevant. Spekulative Währungsanlagen (in Währungen mit Hochzinsniveau), die nicht zur Absicherung von güterwirtschaftlichen Transaktionen dienen, sollten für Unternehmen tabu sein, da Wechselkursschwankungen die höheren Zinsen sehr schnell zunichte machen können.

Folgende kurzfristige Geldanlagen, die kleine und mittelgroße Unternehmen im Liquiditätsmanagement einsetzen können, will ich in diesem Kapitel erläutern:

- fixe Guthabenverzinsung auf dem laufenden Konto, zum Teil mit volumensabhängigen Sätzen,
- variable Guthabenverzinsung auf dem laufenden Konto, zum Teil mit volumensabhängigen Sätzen,

---

*) Der *Geldmarkt* ist der Markt für kurzfristig gebundene Liquidität bis zwölf Monate (Anlagen und Kredite). Der *Kapitalmarkt* umfaßt die länger als zwölf Monate gebundene Liquidität.

- Tagesgeldanlagen im Inland oder am Euromarkt,
- Termingeld im Inland oder Euromarkt,
- Geldmarktfonds im Inland oder am Euromarkt,
- sonstige Wertpapier- und Fondsanlagen.

Vielleicht fragen Sie sich, warum Anlagen auf Sparkonten hier fehlen. Nun, Spareinlagen (Sparbücher, Sparbriefe usw.) sind gemäß den „Bedingungen für den Sparverkehr der Banken und Sparkassen" nicht für den gewerblichen Geschäftsbetrieb vorgesehen, da sie der langfristigen, privaten Vermögensbildung dienen sollten. Sie werden Firmen deswegen im allgemeinen nicht angeboten. Unternehmen, die trotzdem Spargelder anlegen wollen, müssen ihre Vermögensbildungsabsicht durch Abgabe einer Verpflichtungserklärung *(Revers)* dokumentieren. Dazu kommt, daß Sparanlagen ohnehin eine ziemlich unattraktive Anlageform darstellen.

1. Fixe oder variable Guthabenverzinsung für das laufende Konto |

Nachdem jahrzehntelang laufende Zahlungsverkehrskonten fast ex definitione unverzinst waren, führte der Wettbewerb zwischen den Banken seit Mitte der 90er Jahre zu einer allmählichen Verbreitung von Sichtguthabenverzinsungen auf dem laufenden Girokonto auch für kleine und mittlere Firmenkunden, sofern diese wenigstens eine gewisse „Attraktivität" (Kombination aus Größe und Bonität) besitzen. Mit diesen Verzinsungen von Girokonten versuchen die Banken, die Sichtguthaben ihrer Firmenkundschaft zu sich zu locken. Es lassen sich einige wenige Grundmodelle unterscheiden:
Sozusagen das Basismodell ist die Einräumung eines einzelnen, fixen Sichtguthabenzinssatzes mit Laufzeit bis auf weiteres. In Phasen sinkender Geldmarktzinsen wird die Verzinsung in

Fixe oder variable Guthabenverzinsung für das laufende Konto

Schüben von der Bank nach unten angepaßt, in Phasen steigender Zinsen nach oben. Der Zinssatz liegt in der Regel 0,2 bis 1,5 Prozentpunkte unter dem Interbankengeldsatz für Tagesgeld. So erfreulich eine fixe Guthabenverzinsung auch ist, hat sie doch den Nachteil, daß der Kontoinhaber die Veränderung des zugrundeliegenden Einstandzinssatzes der Bank nicht beobachten kann. (Der Einstandsatz ist hier der Satz, zu dem die Bank diese Liquidität weiterverleihen kann.) Dies wäre möglich, wenn es sich bei dem Einstandsatz um einen explizit vereinbarten, allgemein publizierten Referenzzinssatz handelte. (Ein Beispiel: „Eonina", eine inoffizielle Abkürzung, die für *Euro Interbank Offered Rate Over Night Fixing* steht. Dieser Zinssatz ist ein Briefsatz für Tagesgeld, der täglich im *Handelsblatt*, Rubrik „Finanzzeitung", unterhalb der Tabelle „Eurogeldmarktsätze" publiziert wird. Eine Alternative zum Eonina wäre der ebenfalls werktäglich im *Handelsblatt* veröffentlichte Geld- oder Briefsatz für Tagesgeld unter Banken, Tabelle „Geldmarktsätze", ebenfalls in der Rubrik „Finanzzeitung".) Ohne Referenzzinssatz dürften die Anpassungen nach oben langsamer geschehen als diejenigen nach unten. Außerdem könnte man mit Recht einwenden, daß es sich bei einem b. a. w. vereinbarten Satz gar nicht um einen *fixen* Zinssatz handelt (was Sicherheit suggerieren würde), denn die Bank kann ihn ja jederzeit reduzieren.

Eine Erweiterung dieser simplen fixen Guthabenverzinsung ist das volumensabhängige Modell mit fixen Staffelzinssätzen. Hier werden im voraus betragliche Schwellenwerte für das quartalsmäßige oder (besser) monatliche Durchschnittsguthaben vereinbart. Wird die Schwelle überschritten (nur im nachhinein ermittelbar), kommt rückwirkend der nächsthöhere Zinssatz zur Anwendung – entweder auf den Gesamtbetrag oder nur auf den Teilbetrag oberhalb der Schwelle. Wenn die Zinssätze hoch genug sind, wird der Kunde in seinem und im Interesse der Bank versuchen, für die tägliche Disposition alle liquiden Mittel auf diesem Konto zu konzentrieren. Der bereits angesprochene Nachteil der mangelnden Transparenz des Einstandsatzes einer solchen fixen Verzinsung trifft jedoch auch hier zu.

Neuerdings kommen immer mehr Guthabenverzinsungsmodelle mit variabler, volumensabhängiger Verzinsung in Mode. Sie funktionieren so: Als Zinssatzbasis wird ein allgemein publizierter Referenzzinssatz herangezogen, z. B. der Eonina oder der Interbankengeldsatz für Tagesgeld. Ferner wird eine von diesem Satz zu subtrahierende fixe Marge vereinbart, z. B. 50 Basispunkte (0,5%).*) Des weiteren einigen sich Bank und Kunde auf eine oder mehrere Schwellen für das Durchschnittsguthaben, ab denen sich die Bankmarge um einen bestimmten Teil reduziert. Nun ermittelt die Bank monatlich oder quartalsmäßig im nachhinein den Durchschnittssatz aus diesen rund 20 bzw. 60 Tageseinständen und ebenso das Durchschnittsguthaben des Kunden während dieser Zeit. Je nach Höhe des Durchschnittsguthabens kommt der entsprechende Zinssatz (Durchschnittssatz abzüglich Marge) zur Anwendung. Ein unverzinslicher Bodensatz ist ebenfalls möglich, das heißt, eine Verzinsung erfolgt erst ab einem bestimmten Durchschnittsguthabenbetrag. Dieses Modell verbindet den Vorteil der Transparenz mit dem finanziellen Anreiz, die liquiden Mittel auf einem Konto zu konzentrieren.

Als Basis eines einfachen Cash Managements für ein kleines oder mittleres Unternehmen ist eine Sichtguthabenverzinsung auf alle Fälle – ob fix oder variabel, ob volumensabhängig oder starr – eine feine Sache, da das verzinste Girokonto ein minimales (bei null liegendes) Anlagerisiko mit höchster Fungibilität verbindet.

Falls Sie darüber nachdenken, Ihren Firmenbetreuer auf die Einräumung einer Sichtguthabenverzinsung anzusprechen, sollten Sie vorher folgende Schritte unternehmen: Prüfen Sie

---

*) Die Spannbreite für die Bankmarge liegt bei 20 bis zu 200 Basispunkten.

nach, welche Durchschnittsguthaben alle Ihre Bankkonten zusammengenommen aufweisen. Falls nötig, bekommen Sie diese Information von Ihrem Banker. (Sagen Sie ihm aber lediglich, daß Sie Ihre eigenen Berechnungen verifizieren wollen, sonst könnten Sie ihn in Versuchung führen, die Zahlen ein wenig zu „frisieren".) Rechnen Sie nach, was Ihnen eine Sichtguthabenverzinsung von 1, 2, 3% oder mehr per annum bringen würde. Wenn Sie keine Vorstellung von den üblichen und durchsetzbaren Größenordnungen haben, hilft ein Blick in die täglich veröffentlichte Tabelle „Geldmarktsätze" im Finanzteil des *Handelsblattes*. Das verhandelbare Maximum dürfte in aller Regel mindestens 1,0 Prozentpunkte unter dem jeweiligen Tagesgeld-Geldsatz liegen. Übrigens sind die im Privatkundengeschäft angebotenen Guthabenzinssätze (besonders von *Direktbanken*, die ohne Filialgebäude operieren) kaum als Orientierungsgrößen auf das Firmenkundengeschäft übertragbar. Im Privatkundengeschäft bestehen ganz andere Kostenstrukturen, und aus Marketinggründen werden dort häufiger Sichtguthabenzinssätze angeboten, die nicht kostendeckend sind.

Sofern Ihnen die Bank nicht unaufgefordert eine Guthabenverzinsung einräumt, sollten Sie jedoch zunächst prüfen, ob es sich alles in allem überhaupt empfiehlt, deswegen anzufragen. Liegt z. B. Ihr gesamtes dauerhaftes Durchschnittsguthaben (alle Konten zusammengenommen) unter 25.000 €, würde ich Ihnen abraten. Denn dann ergeben etwa 20.000 € Durchschnittsguthaben bei 2,0% Guthabenzins nur einen Jahreszinsertrag von rund 800 € (nach Steuer noch weniger). Die bekanntlich begrenzte Großzügigkeit Ihrer Bank sollten Sie sich daher für wichtigere und ertragreichere Vorhaben aufsparen. Anders verhält es sich freilich, wenn Ihr Unternehmen ein von den Banken sehr stark umworbener Kunde und/oder seine Bonität über jeden Zweifel erhaben ist.

Daß es ausgesprochen töricht ist, auf dem einen Konto Guthaben (oder andere Anlagen) und auf dem anderen Minussalden zu führen, liegt eigentlich auf der Hand, kommt aber erstaunlich oft vor. Das gilt für Konten bei verschiedenen Banken oder sogar bei derselben. Ist letzeres der Fall, wird die Bank Sie aus verständlichen Gründen – soweit Sie sich mit allen Konten innerhalb Ihrer Kreditlinie bewegen – kaum von diesem Unsinn abbringen wollen. Wenn nicht gerade inkompetentes Liquiditätsmanagement in Ihrem Unternehmen die Ursache ist, findet sich der Grund oft in dem Wunsch, bestimmte liquide Mittel aus buchhalterischen, rechtlichen, wirtschaftlichen oder sonstigen Gründen voneinander isoliert zu halten. Dieses Ziel könnte jedoch mit einer zuverlässigen Finanzbuchhaltung, die die entsprechenden Gelder auf lediglich *internen* Fibu-Konten getrennt führt, aber auf einem einzigen Bankkonto deponiert, genauso realisiert werden. Dann würden auch keine unnötigen Aufwandszinsen anfallen.

Es existieren zwei weitere Lösungsmöglichkeiten für dieses verbreitete „Problem": das *Cash Pooling* und die *Zinskompensation*.

Beim *Cash Pooling* (auch *Cash Concentration* oder *Zero Balancing* genannt) werden die Salden mehrerer bei derselben Bank (aber eventuell unterschiedlichen Filialen) geführten Konten täglich durch negative oder positive Überträge zu Gunsten oder zu Lasten des *Pool-Kontos (Zielkonto)* auf Null gestellt. Im Ergebnis hat nur das Pool-Konto beim abendlichen Buchungsschluß einen von Null abweichenden Saldo. Dadurch wird der Aufwandszins für alle Konten zusammen minimiert. Banküberyreifend ist dieses Pooling natürlich nicht möglich. Cash Pooling setzt nicht voraus, daß die angeschlossenen Konten auf denselben Kontoinhaber lauten. Auch unterschiedliche Rechtspersonen können Cash Pooling betreiben, sofern alle Konten bei der gleichen Bank geführt werden.

Den gleichen Zinseffekt hat die Zinskompensation *(Notional Pooling)*. Allerdings werden bei ihr die Salden lediglich arithmetisch miteinander verrechnet, aber nicht tatsächlich durch tägliche Umbuchungen ausgeglichen. Eine Aufwandszinsberechnung erfolgt nur für den gemeinsamen rechnerischen Nettosaldo aller angeschlossenen Konten. Die Zinskompensation ist in Deutschland nur zulässig zwischen Konten, die auf dieselbe Rechtsperson lauten, und nicht bankübergreifend möglich. Da die Zinskompensation eine *Mindestreserveverpflichtung* lediglich für die Nettoguthabensalden erfordert, der Cash Pool jedoch auf die addierten Bruttoguthabensalden, ist die Zinskompensation für die Banken das kostengünstigere Modell.

Kommen wir nun zu den etwas komplexeren kurzfristigen Anlageformen. Das zum Teil bei manchen Banken noch in Gebrauch befindliche Guthabenzinsmodell mit einem speziellen Zinskonto, welches nicht direkt zum allgemeinen Zahlungsverkehr verwendet werden darf und daher ständige Umbuchungen zwischen Zahlungsverkehrskonto und Zinskonto erfordert, ist überholt und – jedenfalls bei Verzinsung in üblicher Höhe – nicht mehr tolerierbar.

2. Tagesgeldanlagen im Inland oder am Euromarkt |

Die eigentliche Tagesgeldanlage, oft auch als *Over night* bezeichnet, erfordert an sich jeden Vormittag eine neuen Dispositionsentscheidung und Konditionenvereinbarung zwischen Kunde und Bank. Sie ist daher vom *Kündigungsgeld* (auch *Call-Geld* oder *Call-Money* genannt) zu unterscheiden, das – begrifflich etwas unscharf – oft auch als Tagesgeld bezeichnet wird. Auf das Kündigungsgeld gehe ich im nächsten Abschnitt ein.

Die Anlage erfolgt auf speziellen Tagesgeldkonten, die freilich keinen normalen Zahlungsverkehr zulassen. Die Mindestvolumina für diese Anlagen liegen üblicherweise bei einer Million Mark, sind also – gemessen an der Liquiditätsausstattung der meisten kleinen und mittleren Unternehmen – außerordentlich hoch.

Die Tagesgeldanlage kann im Inland erfolgen, also bei der betreffenden Bank selbst, oder auf dem Euromarkt bei einem Tochterinstitut der Bank mit Sitz in London oder anderswo außerhalb der EWWU. Die Führung des Anlagekontos bei dem Londoner Tochterinstitut hat jedoch keine weiteren Konsequenzen für den deutschen Firmenkunden. Das Konto wird über die Hausbank ganz normal wie jedes andere disponiert.

Die Anlagen haben in der Regel eine tägliche Abrufmöglichkeit, die allerdings gleichtägig nur zu einer bestimmten Uhrzeit vormittags (z. B. 10:30 Uhr) gegeben ist. Früher galt eine Wertstellung von zwei Handelstagen (bei Anlage und Auflösung), die heute lediglich noch für Währungsanlagen üblich ist, nicht jedoch für Anlagen in Mark oder €. Die Verzinsung orientiert sich eng an den Tagesgeld-Geldsätzen, die im *Handelsblatt* veröffentlicht werden, und schwankt täglich. Bei größeren Beträgen ist es üblich, daß der Kundenzinssatz jeden Vormittag zwischen Kunde und Bank neu verhandelt wird, soweit keine Absprachen vorweg getroffen werden. Dadurch entstehen hohe Stückkosten für die Bank. Für inländische Anlagen liegen diese Stückkosten deutlich niedriger als für Euroanlagen.

Sie variieren zwar von Bank zu Bank, dürften aber für inländische Anlagen kaum unter 5 € (für ausländische Anlagen 50 €) betragen. Wenn noch eine Nettomarge von mindestens 20 € pro Anlagevorgang angestrebt wird und man berücksichtigt, daß mit Geldmarktfonds auch in Niedrigzinsphasen fast immer 2% oder mehr zu erwirtschaften sind, wird verständlich, daß Banken für inländische Tagesgelder in aller Regel ein Mindestvolumen von einer Million Mark voraussetzen. Da bei Eurotagesgeldern die kalkulierten Stückkosten viel höher sind, nämlich rund 25 bis 100 €, liegt das Mindestanlagevolumen dort deutlich darüber – zumeist bei zwei Millionen €.

Euroanlagen besitzen gegenüber inländischen verzinslichen Anlagen auch den Vorteil der Nichterhebung der deutschen Zinsabschlagsteuer von derzeit 30%, einer Abschlagszahlung auf die Kapitalertragsteuer bzw. Körperschaft- oder Einkommensteuer. Auch die Vorwegerhebung des Solidaritätszuschlages entfällt bei Euroanlagen. Diese haben deshalb gegenüber inländischen verzinslichen Anlagen einen Steuerstundungs- und Liquiditätsvorteil.

Hingegen ist der gelegentlich angeführte „Vorteil" eines höheren Nominalzinses Unsinn (frz. Zinsrechnungsmethode), da der Nominalzinssatz aus verschiedenen Gründen hier unmaßgeblich ist. Wichtig ist lediglich der €-Zinsertrag für ein gegebenes Investment, welcher je nach Zinsberechnungsmethode zu unterschiedlichen Nominalzinssätzen führt.

Die Laufzeitdisposition erfolgt – wie erwähnt – in der Regel täglich vormittags bis 10:30 Uhr. Folgende Dispositionsentscheidungen sind üblich: erstens die *Over-night-deposit*. Die Anlage gilt nur einen Tag und wird am nächsten Tag inklusive Zinsen auf das laufende Konto zurückgebucht. Eine weitere Laufzeitvariante ist die *Tom-next-deposit:* Bereits heute wird mit Beginn morgen eine eintägige Anlage disponiert. Eine dritte Laufzeitvariante für Tagesgelder ist *Spot-next-deposit:* Bereits heute wird für übermorgen eine eintägige Anlage disponiert.

Selbstverständlich können diese Gelder auf denselben inländischen oder ausländischen Konten auch länger als einen Tag angelegt werden. Dann handelt es sich jedoch nicht mehr um Tagesgelder, sondern um kurzlaufende Termingelder.

3. Termingeldanlagen im Inland oder am Euromarkt

Unter Termingeldanlagen versteht man Guthaben in Mark, Euro oder Währungen mit einer Bis-auf-weiteres-Laufzeit (unbefristet) oder einer Laufzeit von mehreren Tagen bis mehreren Jahren. Auch diese Anlagen werden auf speziellen Depositenkonten unterhalten, die keinen laufenden Zahlungsverkehr erlauben. Termingelder (häufig allgemein *Festgelder* genannt, obwohl Festgelder eigentlich nur eine bestimmte Art von Termingeldern sind) werden von rund drei Viertel aller Firmenkunden genutzt. Sie sind damit die meistverbreitete verzinsliche Anlageform für kleine und mittlere Unternehmen. Ihr größter Vorteil ist ihre Unkompliziertheit, außerdem verursachen sie bei den meisten Banken keine Kontoführungskosten. Folgende Arten werden unterschieden:

- Festgelder versus Kündigungsgelder,
- Inlandstermingelder versus Euroterminanlagen (Euroanlagen).

Festgelder sind Termingelder mit einer von vornherein fest fixierten Laufzeit. Je nach mündlicher oder schriftlicher Vereinbarung zwischen Kunden und Bank wird das Festgeld bei Fälligkeit am Ende dieser Laufzeit auf das laufende Konto zurückgebucht, neu vom Kunden disponiert oder automatisch von der Bank zu neuen Konditionen prolongiert (verlängert).

Inlandstermingelder, in Deutschland in Mark oder € vereinbarte Termingelder, haben folgende Merkmale: Die Mindestlaufzeit beläuft sich bei Beträgen unter 0,5 Mio. € in der Regel auf 30 Tage, für größere Beträge auch darunter. Nach oben sind der Laufzeit praktisch keine Grenzen gesetzt, dennoch wählt man selten mehr als 24 Monate. Die Dispositionswertstellung ist üblicherweise gleichtägig, das heißt, eine Neuanlage, Prolon-

gation, Teilauflösung, Aufstockung oder Vollauflösung wird mit gleichtägiger Wertstellung wie die Entscheidung des Kunden ausgeführt. An eine bestimmte Uhrzeit innerhalb der Bankgeschäftszeiten muß sich der Kunde dabei nicht halten. Inlandsfestgelder sind bereits ab 5.000 € möglich. Die Höhe der Verzinsung ist stark volumensabhängig. Bei konventioneller Zinsstrukturkurve*) steigen mit zunehmender Laufzeit die angebotenen Zinssätze. Die Zinszahlung kann bei Fälligkeit auf das laufende Konto erfolgen oder dem Anlagebetrag zugeschlagen (thesauriert) werden.
Bei jeder Zinszahlung muß die Bank (wie bei allen inländischen verzinslichen Anlagen) die Zinsabschlagsteuer und den Solidaritätszuschlag direkt an das Finanzamt abführen, ausgenommen bei Kunden, die nicht steuerpflichtig sind. Diese Kunden müssen die Steuerbefreiung durch Vorlage einer Nichtveranlagungsbescheinigung, ausgestellt vom zuständigen Finanzamt, dokumentieren. Auf inländische Termingelder findet standardmäßig die deutsche Zinsrechnungsmethode Anwendung.

Eurotermingelder sind hauptsächlich Festgelder, die am Euromarkt gehandelt werden. In der Regel eröffnen die Firmenkunden hierfür bei dem ausländischen Tochterinstitut der Bank in London ein Festgeldkonto, was allerdings eine reine Formalität darstellt. Im einzelnen haben Eurotermingelder folgende Merkmale: Es gibt keine eigentliche Mindestlaufzeit, allerdings akzeptieren die meisten Banken für Dispositionen unter einer Million Mark nur Laufzeiten ab ungefähr 14 Tagen. Die Mindestanlage liegt in der Regel bei rund 250.000 €. Grundsätzlich sind der Laufzeit nach oben hin keine Grenzen gesetzt, aber mehr als 24 Monate sind selten. Die Dispositionswertstellung für Euroanlagen variiert stark und hängt von Volumen, Währung und Laufzeit ab.

---

*) Eine normale Zinsstrukturkurve liegt vor, wenn die Rendite (Zinssatz) mit steigender Laufzeit der Anlagen zunimmt, eine inverse (und unübliche) Zinsstruktur, wenn die Rendite mit steigender Zinsbindung abnimmt.

Gelegentlich finden sich am Markt noch die kundenunfreundlichen zweitägigen Wertstellungszeiträume auch für Nicht-Fremdwährungsanlagen (das bedeutet, zwischen Kundenauftrag und Wertstellung des Auftrages vergehen zwei Werktage). Anders als bei Inlandstermingeldern müssen Dispositionen bis zu einer bestimmten Uhrzeit (oft 10:30 Uhr) bei der Bank in Auftrag gegeben werden. Spätere Dispositionen werden erst für den Folgewerktag in das Orderbuch genommen. Eurofestgelder sind zumeist erst ab Beträgen von 250.000 € möglich. Die Höhe der Verzinsung ist stark volumensabhängig. Bei konventioneller Zinsstrukturkurve steigen die angebotenen Zinssätze mit zunehmender Laufzeit. Die Zinszahlung wird bei Fälligkeit stets dem Anlagebetrag gutgeschrieben. Eurogelder unterliegen nicht der Zinsabschlagsteuer. Auf Euro-Termingelder findet standardmäßig die französische Zinsrechnungsmethode Anwendung.

Kündigungsgelder (auch *Call-Geld* oder *Call-Money* genannt) sind heutzutage weniger verbreitet. Bei Ihnen ist die Laufzeit – Tagesgeldern vergleichbar – unbefristet (b. a. w.), beträgt aber mindestens 30 Tage. Ihre Auflösung (Kündigung) muß mit einer bestimmten Frist angekündigt werden. Zwar ist die Verzinsung an sich tagesvariabel, de facto halten die Banken diese Zinssätze jedoch oft über Monate hinweg stabil. Jedenfalls ist dem Kunden keine von vornherein feste Verzinsung garantiert. Das Call-Geld-Konto läßt keinen laufenden Zahlungsverkehr zu. Auch Call-Gelder können im Inland oder am Euromarkt (z. B. London) angelegt sein. Der Mindestanlagebetrag liegt in der Regel bei rund 50.000 €, die Mindestbewegung bei 10.000 €.

4. Geldmarktfonds im Inland oder am Euromarkt

Geldmarktfonds sind offene Investmentfonds, die gezielt in Geldmarktpapiere und Termingelder investieren. Ihre tagesvariable Verzinsung liegt für „kleine" Beträge (Faustregel: Beträge unter 100.000 €) höher als die Rendite von 30tägigen Festgeldern. Bei Beträgen, die diese Größenordnung deutlich übersteigen, sind Festgelder im allgemeinen rentabler. Verglichen mit Festgeldern haben Geldmarktfonds (wie Tagesgelder) den wesentlichen Vorteil, daß sie beinahe sofort verfügbar sind, sie vereinfachen also die betriebliche Liquiditätsplanung. Andererseits bieten sie keine fixe, sichere Rendite für einen bestimmten Zeitraum, da sie tagesvariabel verzinst werden.

Zu den Details: Geldmarktfonds wurden als kurzfristige, sehr fungible Anlage vor allem als Alternative zum inländischen Termingeld kreiert. In Deutschland sind sie erst seit Ende 1994 zugelassen. Die gewichtet-durchschnittliche Restlaufzeit der Wertpapiere in den meisten von den Banken angebotenen Geldmarktfonds liegt dauerhaft unter 90 Tagen. Die Emittenten der im Fonds enthaltenen Papiere sind üblicherweise von „erster Bonität" (Bund, Länder, Großunternehmen usw.). Wegen dieser beiden Faktoren (Restlaufzeit und Emittenbonität) bewegen sich die Kursschwankungen (das Kursrisiko) des Fonds in engen Grenzen. Nichtsdestoweniger bestehen solche Schwankungen in der Tat; in Zeiten schnell steigender Geldmarktzinsen kommt es für den Anleger, der mit dem Verkauf der Anteile nicht einige Monate warten kann, bis sich das Kursniveau wieder erholt hat, deshalb womöglich zu Kursverlusten. Die *upside* dieses Risikos ist, daß der Fonds die steigenden Geldmarktzinsen quasi sofort „mitnimmt", was ein Termingeld nicht tut. Die üblichen kleinen Kursverluste bei normal schwankenden Geldmarktzinsen werden fast immer durch den Zinsertrag überkompensiert, so daß sich auch bei Kursrückgängen eine positive Gesamtrendite ergibt. Dem Kursrisiko steht natürlich auch eine Kurs-Chance in Form von Kursgewinnen gegenüber, die die Gesamtrendite (Zinsertrag + Kursgewinn) verbessern.

Geldmarktfonds haben aus Sicht des Anlegers keine fixe Fälligkeit, sie laufen bis auf weiteres. Der Mindestanlage- und Dispositionsbetrag liegt bei 5.000 bis 10.000 €. Die Wertstellung für Dispositionsentscheidungen beträgt zumeist zwei Werktage. Wenn der Anleger eine Verkaufsorder beispielsweise am Freitag vor 12:00 Uhr an die Bank gibt, wird ihm der Gegenwert am Dienstag auf sein laufendes Konto gutgeschrieben. Für Orders am Freitag *nach* 12:00 Uhr würde die Gutschrift einen Tag länger dauern.

Wie bei Festgeldern existieren inländische und Euro-Geldmarktfonds. Die Eurofonds sind, wie alle Euroanlagen, nicht zinsabschlagsteuerpflichtig. Die Fondsausschüttungen, die anteilig mit jedem Verkauf und/oder zu einem festen jährlichen Termin erfolgen, setzen sich aus Kursgewinnen und Zinserträgen zusammen. Kursgewinne unterliegen nach Ablauf von sechs Monaten für den Fondsanleger nicht mehr der Steuerpflicht (allerdings ist eine Verlängerung auf zwölf Monate im Gespräch). Diesen Aspekt versuchen bestimmte „steueroptimierte" Investmentfonds mit der Anlage in Niedrig-Coupon-Anleihen (z. B. *Zero Bonds)* im Interesse der Anleger auszunutzen. Solche Fonds zu kaufen macht allerdings nur Sinn für einen Anleger, der mit einer gewissen Wahrscheinlichkeit länger als sechs Monate investiert bleiben kann, da die Kursgewinne nur dann steuerfrei sind. Die meisten Geldmarktfonds sind frei von zusätzlichen Ausgabeaufschlägen, Rücknahmeabschlägen, Verwaltungsgebühren und sonstigen Kosten. Andere als solche kostenbefreiten *No-load-Fonds* sollte der Anleger grundsätzlich nicht akzeptieren.

Die Verbuchung von Fondserträgen in der Finanzbuchhaltung des Firmenkunden ist nicht ganz so einfach wie bei einem Festgeld, da neben der Zinsabschlagsteuer auch Stückzinsen und Kursgewinne oder -verluste berücksichtigt werden müssen. Manche Banken verteilen einfache Merkblätter dazu an ihre Firmenkunden. Ihr Banker oder Steuerberater sollte ebenfalls helfen können. Am Ende des Jahres erhalten Sie von Ihrer Bank auf Verlangen für jedes Depot eine Erträgnisaufstellung, die die einzelnen Wertpapierpositionen und Erträge genau darstellt.

5. Sonstige Wertpapier- und Fondsanlagen

Im kurzfristigen Low-risk-Segment existieren neben den oben genannten Anlagen für Anlagevolumina, über die kleine und mittlere Firmenkunden maximal verfügen können – ich gehe von 2,5 Millionen € im günstigsten Fall aus – lediglich noch folgende Anlageformen:

- *Commercial Papers,*
- *Certificates of Deposit* (Einlagenzertifikate),
- kurzfristige Schuldverschreibungen und Pfandbriefe mit einer (Rest-)Laufzeit von bis zu 24 Monaten.

Commercial Papers (CPs) nennt man über Banken gehandelte, kurzfristige Schuldverschreibungen, die zumeist von Großunternehmen emittiert werden und in Abschnitten von 250.000 € umlaufen. In der Regel sind CPs nicht börsennotiert, das heißt, für Anleger besteht während der Laufzeit keine institutionalisierte Möglichkeit eines vorzeitigen Verkaufs (was nicht heißen soll, daß ein Verkauf unmöglich wäre). Die meisten CPs werden von einer der bekannten amerikanischen Rating-Agenturen benotet. Die Laufzeiten liegen zwischen sieben Tagen und zwei Jahren (zumeist neun Monate). Die Papiere werden abgezinst (unter pari) zu einem Kurs unter 100 ausgegeben, die Zinszahlung erfolgt also nur einmalig bei der Fälligkeit. Der Kurs ist dann wieder 100. Der Vorteil der CPs gegenüber Terminanlagen mit gleicher Laufzeit liegt in der zum einen etwas höheren Rendite und zum zweiten in der jedenfalls prinzipiell jederzeitigen Veräußerbarkeit (mit zweitägiger Wertstellung), während ein Festgeld normalerweise nicht vorfristig aufgelöst werden kann. Diesen Vorteilen steht der Nachteil des Kurs- und Ausfallrisikos gegenüber. Ich empfehle CPs allenfalls Firmenkunden, die sehr sicher sind, die Papiere bis zur Fälligkeit behalten zu wollen; dann entfällt zumindest das Kursrisiko.

Certificates of Deposit (CDs) sind „verbrieftes" und damit fungibles (an den Geldmärkten handelbares) Termingeld. Man versteht darunter bei Banken angelegte Termingelder von institutionellen Anlegern, z. B. Versicherungen, mit Laufzeiten von üblicherweise 30 bis 180 Tagen. Will eine Versicherung nun vor Ablauf der Fälligkeit ihre Anlage wieder verflüssigen (was bei einem herkömmlichen Termingeld nicht ginge), veräußert sie das CD-Zertifikat einfach an einen Dritten. Die Bank schuldet das Termingeld nun diesem Dritten, nicht mehr der Versicherung. Da CDs (anders als Commercial Papers) in Deutschland der Mindestreservepflicht unterliegen und sicherer sind als CPs (weil dinglich besichert), bieten sie eine schlechtere Verzinsung als diese. Die Mindestanlagebeträge liegen sehr hoch (üblicherweise 2,5 Millionen €). Für den Verkauf gilt eine zweitägige Valuta. Aus diesen und anderen Gründen sind CDs hierzulande relativ selten. Dazu kommt, daß die Sekundärmärkte für CDs oft nicht sehr liquide sind und die zweitägige Verkaufsvaluta daher ungewiß ist.

Kurzfristige Schuldverschreibungen und Pfandbriefe – festverzinsliche Wertpapiere von öffentlichen und privaten Emittenten – gibt es in zahlreichen Formen, z. B. als Bundesobligationen, Bundesanleihen, Bundesschatzanweisungen, Bundesfinanzierungsschätze sowie als Schuldverschreibungen und Pfandbriefe von Banken oder großen Industrieunternehmen.

Bei der ursprünglichen Erstemission haben diese Rentenpapiere zum Teil deutlich längere Laufzeiten als 24 Monate, da sie aber an der Börse gehandelt werden, sind praktisch immer auch („gebrauchte") Papiere mit kurzen Restlaufzeiten verfügbar. Zumindest bei den Papieren mit staatlichen Emittenten ist das Risiko (und dadurch auch die Umlaufrendite) deutlich geringer als bei Commercial Papers. Deshalb empfehle ich solche festverzinslichen Wertpapiere im Rahmen des Liquiditätsmanagements ebenfalls nur Firmenkunden, die sehr sicher sind, die Papiere bis zur Fälligkeit behalten zu wollen; dann entfällt das Kursrisiko.

Einen „Sonderfall" stellen **variabel verzinsliche Schuldverschreibungen** *(Floating Rate Notes* oder *Floater)* dar. Bei ihnen ist die Verzinsung an einen allgemein gängigen Referenzzinssatz, z. B. Euribor oder Libor, geknüpft und wird in viertel- oder halbjährlichen Intervallen den dann geltenden Marktverhältnissen angepaßt. Bei diesen Wertpapieren ist die Rendite bis zur Fälligkeit mithin nicht im vorhinein bekannt. Andererseits haben sie bei vorzeitigem Verkauf ein geringeres Kursrisiko als festverzinsliche Wertpapiere mit gleicher Restlaufzeit.

Ein weiteres Spezialprodukt in diesem Zusammenhang sind **Laufzeitfonds,** Rentenfonds mit fester Fälligkeit. Die dem Fonds während der begrenzten Verkaufsphase zugeflossenen Mittel werden in festverzinsliche Wertpapiere mit etwa der gleichen Restlaufzeit wie der Fonds selbst investiert. Am Ende der Laufzeit wird der Fonds aufgelöst und das gesamte Vermögen an die Eigner ausgeschüttet. Zinserträge werden entweder laufend ausgeschüttet oder thesauriert. In manchen Fällen garantiert die Fondsgesellschaft die Verzinsung. Laufzeitfonds bieten wenig spezifische Vorteile, haben dafür den Nachteil des Ausgabeaufschlags. Wer direkt Anleihen mit identischer Restlaufzeit kauft, wird in der Regel eine etwas höhere Rendite erreichen, ohne signifikante Nachteile bei Rendite und Fungibilität einzugehen.

Alle übrigen Anlagen – das Spektrum ist kaum noch überschaubar – kommen aufgrund ihrer Eigenschaften bezüglich Risiko, Laufzeit, Fungibilität und Mindestvolumen für Zwecke des kurzfristigen Liquiditätsmanagements kleiner und mittlerer Unternehmen im Grunde nicht in Frage. In diese Kategorie fallen z. B. in- und ausländische Aktien, Rentenpapiere mit (Rest-)Laufzeiten über 24 Monaten (in Mark, € und Fremdwährung) sowie deutsche oder internationale Investmentfonds (ausgenommen Geldmarktfonds und kurzlaufende Laufzeitfonds). Die mit diesen Papieren verbundene Spekulation hat im kurzfristigen Anlagebereich von kleinen und mittleren Unternehmen nichts zu suchen.

Das heißt jedoch nicht, daß diese Wertpapiere nicht für mittel- und langfristige Anlagehorizonte (länger als 24 Monate) in Betracht kämen – beispielsweise im Rahmen der Bildung von Rückstellungen für bestimmte langfristige Verbindlichkeiten. In diesen Fällen sollten Sie sich von Ihrem Firmenbetreuer, einem seiner Wertpapierkollegen und Ihrem Steuerberater gezielt beraten lassen. Da dieses Geschäft *(Vermögensanlage/ Asset Management)* auf Banken einen großen Reiz ausübt, macht es Sinn, mehrere Anlagevorschläge einholen. Berücksichtigen Sie dabei auch Depotgebühren (die bei manchen Banken happig sind), Ausgabe- und Rücknahmeaufschläge, Kauf- und Verkaufsspesen. Stoßen Sie aber nicht ausgerechnet Ihre „zweitwichtigste" Bank vor den Kopf, indem Sie sie einen aufwendig konzipierten Vorschlag entwickeln lassen, wenn Sie ohnehin bei Bank Nr. 1 abschließen wollen.

6. Wichtiger als Guthabenverzinsung: Debitorenmanagement

Es mag an dieser Stelle überraschend klingen, aber für die Effizienz und Rentabilität Ihres Liquiditätsmanagement ist weniger die Frage wichtig, ob ein Geldmarktfonds oder eine Festgeldanlage im Einzelfall die geeignetere Anlage sind, als vielmehr die Zahlungsverkehrspolitik Ihres Unternehmens. So schreiben Rolf Nitsch und Franz Niebel in *Praxis des Cash Managements:* „Mehr als 75% des potentiellen Einsparvolumens im Zahlungsverkehr resultiert aus einer verbesserten Zahlungsverkehrspolitik. Nur etwa 25% des Rationalisierungspotentials ist auf die Gebühren- und Zinspolitik, die Produktauswahl und die Electronic-Banking-Leistungen der Banken zurückzuführen. Das Hauptaugenmerk der Finanzverantwortlichen sollte deshalb in erster Linie auf das Beschleunigen der Einzahlungen und das Verzögern der Auszahlungen gerichtet sein." Im folgenden daher einige Tips für ein effizientes Management von Barmitteln, Kreditoren und Debitoren.*)

- Lernen Sie als Geschäftsführer und/oder Finanzverantwortlicher die Buchungsschnitte und Wertstellungszeiträume sämtlicher Zahlungsformen für alle Ihre Banken auswendig. Diese Zahlungsformen umfassen: Bareinzahlung, Überweisung (Inland/Ausland, beleghaft/beleglos, konventionell/telegrafisch), Lastschriften (zur Gutschrift), Scheckeinreichungen (zur Gutschrift), Wechselgutschriften. Auch die bundesweiten und bundeslandspezifischen Feiertage, an denen mancher Bankrechner nicht bucht, sind einzuplanen. Nur bei Berücksichtigung dieser Faktoren können Sie Ihre Liquidität mit einem Minimum an Pannen und Streß disponieren.
- Gestalten Sie die Zahlungsbedingungen für Ihre Kunden so, daß ein hoher Anreiz zur schnellen Zahlung besteht (Skontoeinräumung). Schließen Sie Scheckzahlungen von der Skontobegünstigung aus. Schecks bergen ein Unsicherheitspotential, da sie mindestens fünf Werktage lang nach

---

*) In Deutschland werden Rechnungen erst nach durchschnittlich 42 Tagen bezahlt, obwohl sie bereits nach durchschnittlich 24 Tagen fällig waren!

Gutschriftswertstellung noch platzen können. Darüber hinaus verursachen sie beim Zahlungsempfänger höhere Handlingkosten, und durch die postalische Versendung vom Aussteller an Sie dauert die Gutschrift auf Ihrem Konto nochmals rund zwei bis drei Tage länger. Ein Ansatzpunkt hierbei wäre das Lastschrifteinzugsverfahren. Sie lassen sich von Ihrem Kunden pauschal ermächtigen, Lastschriften von seinem Konto einzuziehen. Nachteil: Die Gutschrift auf ihrem Konto ist nicht unwiderruflich und kann noch sechs (unter Umständen mehr) Wochen lang platzen. Sollte Ihre Solvenz bei Ihrer kreditgebenden Bank in Zweifel stehen, läßt sie Sie während dieser sechs Wochen nicht über diese widerruflichen Gutschriften verfügen.

- Führen Sie ein rigoroses Debitorenmanagement, das Sie persönlich überwachen. Sorgen Sie für ein aggressives und straffes Mahnwesen. Lassen Sie Ihren Debitorenmanager in schwierigen Fällen nicht im Stich. Rufen Sie säumige Schuldner selbst an, oder fahren Sie zusammen mit dem Debitorenmanager persönlich zu ihnen. Legen Sie Debitorenstammblätter an, mit denen Sie die Bonität Ihrer Kunden laufend prüfen und dokumentieren. Bestimmen Sie interne Kreditlimits für jeden Kunden, die kompromißlos einzuhalten sind.

- Schreiben Sie als Zahlungsziel auf Ihre Rechnungen „zahlbar innerhalb von soundso viel Tagen nach Rechnungsdatum" anstelle „nach Erhalt der Ware" (was Sie kaum überprüfen können). Stellen Sie den Skontoabzug rigoros wieder in Rechnung, wenn der Zahlungseingang länger als drei Werktage zu spät kam.

- Zahlen Sie Ihrerseits erhaltene Rechnungen grundsätzlich nach dem Eingangsdatum oder nach Erhalt der Ware (je nachdem, was später kam) – es sei denn, dies läßt sich auf keinen Fall vermeiden.

- Senden Sie fehlerhafte Rechnungen stets unbezahlt postalisch zurück (Korrekturen nicht telefonisch oder per Fax abstimmen oder gar selbst vornehmen).

Aber auch die besten Renditen im Liquidiätsmanagement können durch Forderungsausfälle oder eine sich jahrelang hinziehende gerichtliche Eintreibung von Forderungen nicht kompensiert werden. Recherchieren Sie deshalb intensiv über potentielle Neu- oder Bestandkunden, die Ihnen „wacklig" erscheinen, insbesondere bei größeren Aufträgen. Nützliche Quellen für Informationen sind Handelsregister, Gewerberegister, Bankauskünfte, Schufa, Auskünfte von Auskunfteien, Warenkreditversicherungen, Schuldnerregister, Konkursgerichte, IHKs sowie das Nachschlagewerk *Wer gehört zu wem?* und ähnliche. Wie die genannten und andere Institutionen zu kontaktieren sind, ist in dem nützlichen Bändchen von Joachim Mewing, *Mahnen. Klagen. Vollstrecken* (auf Seite 65 ff.) nachzulesen.

Wenn Sie daran zweifeln, daß Ihr potentieller Kunde solvent ist, bestehen Sie auf Vorkasse oder abschnittsweiser Zahlung in engen Intervallen, z. B. 30% Vorkasse, 40% bei Erhalt der Ware zusammen mit der Rechnung (mit entsprechenden Lieferpapieren zu dokumentieren), 30% innerhalb von zehn Tagen danach. Eine Zahlungsgarantie seiner Bank wäre ebenfalls ein effektives Absicherungsinstrument für Sie (dann wird allerdings im Gegenzug wohl eine Vertragserfüllungsbürgschaft von Ihrer Bank verlangt werden). Bei späteren Geschäften – wenn Sie mehr über Ihren Vertragspartner wissen – können Sie diese restriktiven Zahlungsbedingungen immer noch lockern. Seien Sie jederzeit bereit, zugunsten der Risikobegrenzung auf ein verlockendes Geschäft zu verzichten.

Neben den oben genannten Ansatzpunkten zur Effektivierung des eigenen Debitorenmanagements existieren noch einige andere, gewissermaßen weitergehende Lösungen, um die Probleme Liquiditätsbindung und Forderungsausfallsrisiko in den Griff zu bekommen, nämlich:

- Warenkreditversicherung: Abschluß einer Forderungsausfallversicherung,
- Factoring/Forfaitierung: Verkauf von Forderungen aus Lieferungen und Leistungen an ein Factoring-Institut,
- Inkassobüro: Beauftragung eines Dritten, schwer einbringlich erscheinende Forderungen einzuziehen.

Leider bekommen Sie keine dieser drei Lösungen umsonst. Das hat vor allem damit zu tun, daß Ihr Risiko bei den ersten beiden Ansätzen weitgehend eliminiert wird (beim Abschluß einer Warenkreditversicherung typischerweise bis ca. 80% Ihres Ausfallrisikos für die versicherten Forderungen). Wirtschaftlich könnte man eine Warenkreditversicherung mit einer 80prozentigen Bankbürgschaft für Ihren Schuldner vergleichen, und eine solche ist bekanntlich auch nicht umsonst. Bei Factoring und Forfaitierung kommen neben der Beseitigung des Delkredererisikos weitere Vorteile für den Gläubiger hinzu. Das Factoring-Institut bzw. der Forfaiteur übernimmt die Vorfinanzierung, also die Liquiditätsbeschaffung, und das Forderungsinkasso, also den Verwaltungsaufwand für das Debitorenmanagement.

Im Ergebnis führt dies sehr häufig dazu, daß Unternehmen auf Warenkreditversicherung oder Factoring verzichten, weil beides die Marge größtenteils auffrißt. Ob sich das eine oder das andere für Sie rechnet, können Sie wohl nur auf Basis konkreter Angebote entscheiden.

Nachfolgend die Adressen einiger großer Warenkreditversicherer und Auskunfteien. Die Adressen der wichtigsten Factoringgesellschaften finden Sie im Abschnitt „Welcher Kredit für welchen Zweck?" in Kapitel VII. Als Forfaiteure von Auslandsforderungen betätigen sich praktisch alle größeren Banken.

Warenkredit-/Kautionsversicherer:

Name	Adresse	Telefon/Fax
Allgemeine Kreditversicherung AG	Isaac-Fulda-Allee 1, 65124 Mainz	Tel. 06131/3230 Fax 06131/372766
Gerling Konzern Speziale Kreditversicherungs AG	Hohenzollernring 62, 50672 Köln	Tel. 0221/1441 Fax 0221/144-3970
Hermes Kreditversicherungs AG	Friedensallee 254, 22763 Hamburg	Tel. 040/88340 Fax 040/8834-7744
DBV Winterthur Garantie Versicherung	Leopoldstr. 204, 80804 München	Tel. 089/3606-0 Fax 089/368037
R + V Versicherung AG	Taunusstr. 1, 65193 Wiesbaden	Tel. 0611/533-0 Fax 0611/533-9217

Die meisten Warenkredit-Gesellschaften haben weitere Niederlassungen in den größeren Städten der Bundesrepublik.

Inkasso-Büros:
In der Bundesrepublik existieren über 1.000 Inkasso-Büros. Davon sind etwa 400 im Bundesverband Deutscher Inkasso-Unternehmer e. V. (Brennerstr. 76, 20099 Hamburg, Tel. 040/ 280826-0, Fax 040/280826-99) organisiert. Die Zugehörigkeit zu diesem Verband kann als Qualitätskriterium gesehen werden; ferner, ob das Büro durch das zuständige Land- bzw. Amtsgericht zugelassen ist. Lassen Sie sich bei Bedarf vom BDIU ein Mitgliederverzeichnis schicken. Wenn Sie ein lediglich regional tätiges Unternehmen führen, empfiehlt es sich, ein Inkassobüro in unmittelbarer Nähe zu wählen, da dieses im lokalen Wirtschaftsraum gegenüber einem überregionalen Büro einen Informationsvorsprung besitzt. Überregional operierende Unternehmen sind dagegen mit einem größeren Inkassobüro besser bedient. Marktführer für Inkassodienste sind die Creditreform und Dun & Bradstreet (Adresse siehe unten).

Auskunfteien:
Neben den hier genannten drei größten Auskunfteien erteilen die Warenkreditversicherer ebenfalls Bonitätsauskünfte (zumeist via Online-Verbindung oder per Fax).

Name	Adresse	Telefon/Fax
Dun & Bradstreet Schimmelpfeng Deutschland GmbH	Hahnstr. 31–35, 60528 Frankfurt a. Main	Tel. 069/66090, Service-Tel. 0130/7990 Fax 069/6609-2175
Verband der Vereine Creditreform e. V.	Hellersbergstr. 12, 41460 Neuß	Tel. 02131/109-0 Fax 02131/109-176
Bürgel Wirtschaftsinformations GmbH	Gasstr. 18, 22761 Hamburg	Tel. 040/89803-0 Fax 040/89803-777

Neben Ihren Lieferanten existiert noch eine weitere wichtige Kategorie von wiederkehrenden Gläubigern: Ihre Mitarbeiter. In diesem Zusammenhang besteht ein zwar trivialer, aber dennoch gelegentlich übersehener Ansatz, die Liquidität Ihres Unternehmens zu verbessern, darin, die Gehälter statt am Anfang erst am Ende des Monats auszuzahlen. Ohne Frage wird dies Mitarbeitern, die die monatsanfängliche Überweisung gewöhnt sind, nicht schmecken. Rechtfertigen Sie die Umstellung einfach mit der Liquiditäts- und Kostensituation (Kontokorrentzinsen) des Unternehmens. Der Umstieg läßt sich nötigenfalls abfedern, indem Sie ihn in zwei Stufen vollziehen: erst einmal nur bis zur Monatsmitte, sechs Monate später bis zum Monatsende.

IX.
Unscheinbar, aber wichtig:
Kontoführung, Zahlungsverkehr,
Electronic Banking

Dieses Kapitel möchte der eine oder andere Leser vielleicht überspringen, weil Zahlungsverkehr als „Brot- und Buttergeschäft" scheinbar nicht dazu geeignet sei, Wohl und Wehe eines Unternehmens zu bestimmen ...
Doch wer so denkt, unterschätzt die Bedeutung des Zahlungsverkehrs für das immer wichtiger werdende Liquiditätsmanagement auch in kleinen und mittleren Unternehmen. Dies gilt besonders in einer Zeit, da der Kostendruck steigt und sich die Zahlungsmoral verschlechtert. In diesem Kapitel möchte ich Sie vor allem informieren über

- Kostenverursacher und -größenordnungen im Zahlungsverkehr, auf die es wirklich ankommt,
- Leistungskategorien und -level, die kleine und mittlere Unternehmen im beleghaften Zahlungsverkehr und im Electronic Banking heute von ihren Banken erwarten können,
- Fakten und Fiktionen beim immerwährenden Zankapfel Banklaufzeiten und Wertstellungsfristen.

Dem Thema Zahlungsverkehr widmen kleine und mittlere Unternehmen erfahrungsgemäß wenig Aufmerksamkeit. Ge-

legentlich jedoch bricht hie und da ein sonderbares Kostenbewußtsein bei Kontoführung, Kostengebühr usw. aus. Eine wahre Begebenheit möge dies illustrieren:
In der Super GmbH steht es mit der Rentabilität nicht zum Besten. Kosten müssen gesenkt werden. Der Geschäftsführer liest zu diesem Zeitpunkt den x-ten Artikel in einer Verbraucherzeitschrift über die „enormen" Unterschiede zwischen den Zahlungsverkehrsgebühren einzelner Banken. Also beauftragt er die Buchhalterin, die Gebühren der drei Banken des Unternehmens zu vergleichen. Die findet heraus, daß bei der Hausbank die Kontoführungsgebühr zweieinhalbmal so hoch ist wie bei den beiden anderen Instituten. Als sie bei der Bank keine Gebührensenkung erreichen kann, schaltet sich der Chef ein. Nach zwei „energischen" Telefonaten mit dem Firmenkundenbetreuer gibt dieser entnervt nach und reduziert den Kontoführungspreis. Für ihn hat sich zweierlei erwiesen: Erstens ist der Unternehmer ein unangenehmer „Konditionenreiter", und zweitens einer, der die falschen Prioritäten setzt. Warum falsch? Die monierte Kontoführungsgebühr betrug 36 Mark im Jahr gegenüber rund 14 Mark bei den billigeren Konkurrenzinstituten.
Die Moral von der Geschicht'? 1. Wenn schon Gebührenvergleiche, dann bitte umfassend und nicht nur bezogen auf isolierte Einzelkriterien (dazu mehr weiter unten). 2. Wer auf Nebenkriegsschauplätzen Übereifer beim Preisdrücken zeigt, tut sich keinen Gefallen.
Zunächst aber die Antwort auf die Frage, warum es vielen Banken offenbar so schwer fällt, die Konditionen im laufenden Zahlungsverkehr kundenfreundlicher zu gestalten. Wie in der gesamten Wirtschaft besteht auch bei Banken ein gewisser Trend, defizitäre Produkte oder Unternehmenseinheiten nicht mehr hinzunehmen. Dahinter steht die moderne Vorstellung, daß die in der Vergangenheit geduldete *Quersubventionierung* unrentabler Produkte oder Unternehmensteile durch das rest-

liche Unternehmen ein abzustellender betriebswirtschaftlicher Mißstand ist. Nun fallen viele Bankdienstleistungen gerade im Zahlungsverkehr in diese problematische „Defizitkategorie". Hierzu gehören besonders Leistungen, die den physischen Transport von Münzen und Banknoten oder papierbasierten Informationen beinhalten. Den Banken bleiben – wenn sie Kostendeckung für jedes *einzelne* Produkt erreichen wollen - eigentlich nur drei Maßnahmen:

- diese Produkte aus dem Sortiment zu nehmen (Beispiel Nachttresore bei vielen Bankfilialen),
- die Kundschaft durch Preisanreize dazu zu bewegen, diese Produkte durch kostendeckende zu ersetzen (Beispiel beleghafter Zahlungsverkehr und Online-Zahlungsverkehr),*)
- den Preis der defizitären Dienstleistung heraufzusetzen (Beispiel Bareinzahlungen zu Gunsten von Fremdbankkonten).

Insbesondere die letzte Strategie stößt bei den Kunden auf Unverständnis. Das hat damit zu tun, daß man in Deutschland den zumeist ohnehin gutverdienenden Banken eine partielle Preiserhöhung nicht gönnt und daß eine Reihe scheinbar kundenfreundlicher Gerichtsentscheidungen in den letzten Jahren bestimmte Konditionengestaltungen im Zahlungsverkehr verbot. Diese recht medienwirksamen Urteile (z. B. zu den Gebühren oder Wertstellungsfristen für Bareinzahlungen) gelten juristisch jedoch nur für das Privatkundengeschäft. Da die Gerichte im Firmenkundengeschäft eine „besondere Schutzwürdigkeit" des Kunden gegenüber der Bank nicht im gleichen Maße sehen, fällt hier die Konditionengestaltung in die Sphäre der Vertragsfreiheit zwischen Bank und Firmenkunden. Es wäre also wenig hilfreich, mitunter sogar eher peinlich, die Bank mit dem Hin-

---

*) So verursacht z. B. eine beleghafte Überweisung Kosten zwischen einer und zwei Mark je nach den in die Kalkulation einfließenden Gemeinkosten. Der von den Firmenkunden bezahlte Preis für eine solche Überweisung liegt standardmäßig bei 60 Pfennigen, oft auch darunter. Über die Ausweitung des elektronischen (beleglosen) Zahlungsverkehrs versuchen die Banken dieses Problem in den Griff zu bekommen.

weis auf ein solches Urteil zu Preiszugeständnissen bewegen zu wollen.

1. Die Basis für eine einfache Zahlungsverkehrsanalyse

Da jedes Unternehmen eine spezifische Zahlungsverkehrsstruktur aufweist, ist zunächst eine Bestandsaufnahme über die bei den jeweiligen Banken geltenden Konditionen notwendig, wollen wir die maßgeblichen von den unmaßgeblichen Kostenverursachern trennen. Falls Sie eine solche Bestandsaufnahme durchführen wollen, kopieren Sie einfach die nachfolgende Checkliste, und reichen Sie sie zum Ausfüllen der Preisspalte an Ihre Bank(en) weiter. Auf diese Weise stellen Sie sicher, keinen eventuell wichtigen Gebührenverursacher bei der Recherche zu übersehen.

Ob Sie aus der Bestandsaufnahme und dem dann möglichen Vergleich Konsequenzen für die Verteilung Ihrer Umsätze auf die einzelnen Banken ableiten wollen, ist natürlich eine andere Frage. Gewarnt sei jedoch vor der Versuchung, die Aufmerksamkeit bei Kostensenkungen einseitig auf Zahlungsverkehrskonditionen zu richten und dabei wichtigere qualitative Faktoren zu vernachlässigen, wie etwa:

- die Dienstleistungs-/Beratungsqualität der Bank,
- die strategische Verteilung des gesamten Bankgeschäfts (Zahlungsverkehr, Kredite, Anlagen usw.) ihres Unternehmens auf verschiedenen Banken.

Zwar wird die nachfolgende Auflistung nicht in jedem Einzelfall genügen, aber sie kann doch Orientierung verschaffen. Banken sind recht clever, wenn es darum geht, spezielle Leistungen separat zu bepreisen. Die Tabelle deckt den Großteil des Zah-

Die Basis für eine einfache Zahlungsverkehrsanalyse **295**

lungsverkehrs, jedoch nur einen Teil des Kredit- und Anlagegeschäftes ab. Mit zwei „!!" sind die für die meisten Unternehmen besonders ins Gewicht fallenden Kostenarten (bezogen auf den Zahlungsverkehr selbst) markiert.

Checkliste: Zahlungsverkehrsleistungen von Banken

	KOSTENART	PREIS
	Kontoführung	
!!	Kontogrundpreis pro Monat (je nach Kontoart: laufendes Konto, Festgeldkonto, Depot, Währungskonto, Euroanlagekonto, Namenszwischenkonto usw.)	
	Kontoauszug pro Stück (je nach Verschickungsweise und Häufigkeit des Kontoauszuges: Kontoauszugsdrucker, Postversendung, Schalterpost usw.)	
	Zweitschriften für verlorengegangene Kontoauszüge und andere Belege	
	Durchführung einer Nachforschung für Schecks und Überweisungen (wenn der Fehler nicht bei der Bank liegt)	
	Rückruf einer in Auftrag gegebenen Überweisung	
!!	Rückbelastung einer vom Kunden zur Gutschrift eingereichten Lastschrift (Stornierung einer Gutschrift aus einer auf ein fremdes Konto gezogenen Lastschrift)	
	Rückbelastung einer auf das eigene Konto gezogenen Lastschrift mangels Deckung durch die Bank	
	Rückbelastung eines zur Gutschrift eingereichten Schecks	
	Veranlassung oder Verlängerung einer Schecksperre: Einzelscheck oder Scheckserie (Sperrung eines an einen Dritten weitergegebenen Schecks vor Belastung des Schecks auf dem eigenen Konto)	
	Ausgabe eines Scheckheftes Verrechnungsschecks (je Scheckformular)	
	Ausgabe eines Scheckheftes Euroschecks (je Scheckformular)	

KOSTENART	PREIS
Kontoführung	
Ausstellung bankbestätigter Schecks (LZB-Scheck)	
Wechseleinreichung zum Inkasso bei Fälligkeit	
Servicekarte (Karte, die lediglich zur Benutzung des Kontoauszugsdruckers verwendet werden kann)	
EC-Karte p. a.	
Kreditkarte p. a.	
Erträgnisaufstellung pro Stück (für Wertpapierdepoterträge)	
Porto (wird dem Kunden belastet oder eventuell nicht belastet)	
Jahresabschlußbestätigung, Saldenmitteilung (für die Erstellung des Jahresabschlusses an den Steuerberater/ Wirtschaftsprüfer verschickte Bestätigungen)	

	KOSTENART	PREIS
	Beleghafter Zahlungsverkehr	
!!	Buchungspostenpreis, beleghaft = beleghafte Einreichungen (im Unterschied zu beleglosen Posten, siehe belegloser Zahlungsverkehr)	
!!	Sammeleinreichung von Lastschrifteinzügen (Preis pro Einzellastschriftauftrag, Preis pro Sammler)	
	Dauerauftrag (Preis für Anlegen, Ändern und Ausführung p. a.)	
!!	Gebühr für telegrafische Überweisung (beleghafte, taggleiche Eilüberweisung)	
	Auslandszahlungsauftrag < DM 5.000 (Zahlungsgebühr in % und Minimumgebühr)	
	Auslandszahlungsauftrag > DM 5.000 (Zahlungsgebühr in % und Minimumgebühr)	
	Auslandszahlungsauftrag per Swift (Zahlungsgebühr in % und Minimumgebühr)	
	Devisenkauf oder -verkauf (Courtage und Spesen)	

KOSTENART	PREIS
Beleglose Zahlungsverkehr (Electronic Banking)	
!! Buchungspostenpreis, beleglos (a) beleglose Einreichungen (Überweisungen, Schecks, Lastschriften) (b) Gutschriften (nicht selbst veranlaßte)*)	
!! Preis für tagggleiche Online-Überweisung/„Eilüberweisung" (analog zur beleghaften telegrafischen Überweisung in DM oder Euro im Inland)	
Preis der Electronic Banking-Software	
Preis für Installation und Einweisung	
!! Wartungs- und Hotline-Service, Preis p. a.	
!! Mindestpreis pro verschickter Datei	
!! Mindestpreis pro Monat für Kontoabfrage (Auszugsbereitstellung)	
!! Kosten für autom. Saldenübertrag (Cash Pooling)	
Verfügbarkeit des Electronic Banking Systems (Uhrzeiten und Wochentage, in denen Kontoinformationen abrufbar und Aufträge versendbar sind)	

*) Obwohl beide Buchungstypen für die betreffende Bank beleglos sind, zählen viele Banken die vom Kunden nicht selbst veranlaßten Gutschriften auf seinem Konto zu den beleghaften (teuren) Buchungsposten, auch wenn sie tatsächlich für die begünstigte Bank beleglose Posten darstellen.

KOSTENART	PREIS
Wertstellungsfristen (Valuten)	
Zeitraum für Verbuchung nach Einreichung bei der Bank (für beleghafte Überweisungen, Lastschriften, Scheckeinreichungen zur Gutschrift, analog zu auf Datenträgern wie Disketten, Streamern, Magnetbändern usw. gespeicherten Zahlungsaufträgen und für Online-Zahlungsaufträge)	
!! Wertstellung Überweisungsauftrag, beleghaft (Belastungswertstellung)	
!! Wertstellung Bareinzahlung (Gutschriftwertstellung)	
!! Wertstellung Scheckeinreichung zur Gutschrift (Gutschriftwertstellung)	

KOSTENART	PREIS
Wertstellungsfristen (Valuten)	
!! Wertstellung Lastschrifteinreichung zur Gutschrift (Gutschriftwertstellung)	
!! Wertstellung für Gutschriften aus bankinternen Überweisungen (Empfängerwertstellung für Überweisungen innerhalb der betreffenden Bank)	
Dauer des „Scheck-EV" (Zeitraum in Werktagen, bis die widerrufliche Scheckgutschrift EDV-mäßig in eine unwiderrufliche Scheckgutschrift geändert wird)	
Buchungsschnitt für beleghafte Posten (Uhrzeit, bis zu der beleghafte Aufträge gleichtägig verarbeitet werden)	
Buchungsschnitt für beleglose Posten (Uhrzeit, bis zu der beleglose Aufträge gleichtägig verarbeitet werden)	

KOSTENART	PREIS
Zinskonditionen	
!! Avalprovision in % p. a. einschließlich Mindestbetrag (z. B. für Gewährleistungsavale und sonstige Bankbürgschaften)	
!! Avalerstellungsspesen pro Aval (z. B. für Gewährleistungsavale und sonstige Bankbürgschaften)	
!! Sollzinssatz, nominal p. a. (innerhalb der Kreditlinie)	
!! Sollzinssatz, effektiv p. a. (innerhalb der Kreditlinie)	
!! Überziehungszinssatz, nominal p. a. (oberhalb der Kreditlinie)	
!! Überziehungszinssatz, effektiv p. a. (oberhalb der Kreditlinie)	
!! Kreditbereitstellungsprovision p. a. (Grundpreis für die Bereitstellung einer Kontokorrentkreditlinie)	
!! Guthabenzinssatz p. a.	
Pauschalpreis für eventuelle bestehende Zinskompensation pro Monat	
!! Anzahl Freiposten pro Zeiteinheit/Struktur eines etwaigen Freipostenmodells	

Die Basis für eine einfache Zahlungsverkehrsanalyse 299

KOSTENART	PREIS
Sonstiges	
Nachttresorbenutzung p. a.	
Schließfachbenutzung p. a.	
Einholung einer Bankauskunft über einen fremden Dritten	
Einholung einer Auskunft von einer Auskunftei über einen fremden Dritten (z. B. von Creditreform, Schimmelpfeng, Bürgel usw.)	

Nachdem Sie mit Hilfe der Checkliste die Einzelpreise und -merkmale des Zahlungsverkehrs festgestellt haben, brauchen Sie nun noch Volumina und Stückzahlen, um die Gesamtkosten ermitteln zu können.

Liefert Ihnen Ihre Buchhaltung dazu nicht auf Anhieb entsprechendes Zahlenmaterial, können Sie auf die Bank zurückgreifen. Diese müßte in der Lage sein, Ihnen für die vergangenen zwölf Monate oder das Kalenderjahr folgende Daten zu nennen:

- Umsatzübersichten für laufende Konten: Maximal- und Minimalsalden pro Monat, Durchschnitts-Soll- und Habensalden pro Monat,
- Haben- und Sollumsätze je laufendem Konto pro Monat,
- Anzahl Buchungsposten (beleghaft, beleglos, Lastschriften, Überweisungen, Schecks, Bargeldein- und -auszahlungen usw.) pro Monat oder Jahr.

Mit dem so gesammelten Datenmaterial können Sie bereits eine einfache *Zahlungsverkehrsanalyse* durchführen, das heißt, folgendes genau oder näherungsweise ermitteln:

- die tatsächlichen Kosten des Bankzahlungsverkehrs und damit die Fakten, mit denen Sie Ihren Firmenkundenbetreuer um eine Verbesserung bei den Konditionen angehen können,

- die Einspar- oder Ertragspotentiale (Opportunitätskosten), die aus der Umstellung auf ein anderes von Ihrer Bank angebotenes Konditionenmodell herrühren würden,
- Einspar- oder Ertragspotentiale, die z. B. aus der Umstellung von teilweise noch beleghaftem Zahlungsverkehr auf Disketten- oder Online-Zahlungsverkehr herrühren,
- Einspar- oder Ertragspotentiale, die aus der Verlagerung des Zahlungsverkehrs von einem zum anderen Bankinstitut entstünden,
- das Zahlenmaterial, das es Ihnen ermöglicht zu kalkulieren, ob sich eine Investition in Soft- und Hardware zur Modernisierung Ihres Zahlungsverkehrs rechnet,
- Anhaltspunkte dafür, ob es sich lohnt, die Buchhaltung teilweise oder ganz nach außen zu verlegen (z. B. zum Steuerberater oder an einen speziellen Dienstleister), oder umgekehrt die Buchhaltung erstmalig inhouse zu erledigen.

Wie die Erfahrung gezeigt hat, fördert eine solche Zahlungsverkehrsanalyse oft erstaunliche Kostensenkungspotentiale in der allgemeinen Ablauforganisation des Unternehmens zutage. Nicht selten betreffen diese Potentiale die Schnittstellen zwischen den verschiedenen Unternehmensbereichen und Abteilungen.

2. Electronic Banking:
Die Zukunft des Zahlungsverkehrs

Aufgrund intensiver Marketing-Bemühungen der Banken, der Telekommunikationsbranche und einiger Software-Hersteller hat das *Electronic Banking* in den letzten Jahren einen rasanten Siegeszug angetreten. Nachdem die Kosten für Soft- und Hardware dramatisch fielen und die Programme immer benutzerfreundlicher und schlauer wurden, wird es heute von vielen Großunternehmen, Mittelständlern und privaten Verbrauchern praktiziert. In einem solchen, sich fortwährend ändernden Feld ist es schwierig, den Überblick zu behalten. In diesem Abschnitt möchte ich daher die Leistungskategorien und -level darstellen, die ein kleines oder mittelständisches Unternehmen im modernen elektronischen Zahlungsverkehr heute (Stand Oktober 1998) von seinen Banken erwarten kann.

Electronic-Banking-Systeme bieten gegenüber papierbasierter Informationsübertragung im Zahlungsverkehr eine Reihe prinzipieller Vorteile. Pauschal formuliert, bestehen sie in einer Vielzahl kostensenkender Effekte sowie einer wachsenden Anzahl von Leistungsmerkmalen, die das papierbasierte Banking gar nicht oder nur eingeschränkt bietet, darunter:

- geringere variable Kosten (z. B. Postengebühren, Arbeitszeit für Fahrten zur Bankfiliale usw.),
- höhere Produktivität der Anwender (und damit verknüpft vermutlich auch höhere Mitarbeiterzufriedenheit), Reduktion von Fehlerquellen wegen mehrfacher Datenerfassung,
- effizientere Debitoren- und Kreditorenbuchhaltung. Damit verknüpft: Vorteile für Mahnwesen und Liquidität,
- tendenziell kürzere Banklaufzeiten bei Zahlungen und damit mehr Flexibilität und Entscheidungsspielraum für das Unternehmen,
- ein breites Spektrum zusätzlich verfügbarer Features (Fachjargon für „Funktionen") zur Unterstützung des eigenen Cash Managements (Durchschnittssalden, Soll- und Habenumsätze, Minimal- und Maximalsalden usw.),
- eine höhere Rentabilität der Sparte Zahlungsverkehr für die Bank (was indirekt auch für die betreffenden Kunden Vorteile bietet),
- eine Erleichterung des Wechsels von einer Bank zur anderen durch Standardisierung und Bündelung der Abläufe, Daten-

protokolle und Schnittstellen in der Zahlungsverkehrsabwicklung.

Die auf dem Markt befindlichen Electronic-Banking-Systeme der Banken lassen sich in zwei Segmente aufteilen: Systeme mit „Standard-Features", die für alle Unternehmen relevant sind, und gehobene „Profi-Systeme" mit speziell für anspruchsvolle (in der Regel größere) Unternehmen interessanten Features. Fast allen Systemen ist gemeinsam, daß sie *multibankfähig* sind. Das Programm von Bank A ist also auch für das Geschäft mit der Bank B verwendbar (die Benutzung bankspezifischer Programme würde viele Vorteile des Electronic Banking zunichte machen). In der Tat basieren die Systeme einer Reihe großer privater Banken auf der gleichen Software. Lediglich die grafische Gestaltung der Eingabemasken und die Logos unterscheiden sich. Ebenso sind die Programme der meisten Sparkassen institutsübergreifend technisch identisch. Gleiches gilt innerhalb der Genossenschaftsbanken.

Neben der Multibankfähigkeit besitzen auch fast alle Programme eine *Multiuser*-Fähigkeit, sie laufen nach entsprechender Konfiguration also auch in Form von Mehrplatzversionen in einem unternehmensinternen Computernetzwerk. Das gilt sowohl für ein Netz an einem einzelnen räumlichen Standort (*Local Area Network*) als auch für ein standortübergreifendes Netz (*Wide Area Network*).

Eine weitere Gemeinsamkeit der gängigen Bankprogramme ist ihre *Modularität*. In gewissen Grenzen lassen sich weitere Leistungsmerkmale durch ein zusätzliches Modul baukastenartig ergänzen. Dies hat unter anderem auch zum Ergebnis, daß die Unterschiede zwischen den Systemen der einzelnen Banken eher in den Konditionen und im Support liegen als in den Features. Daher sollten Sie, neben dem Systempreis und den laufenden Konditionen (Buchungspostenpreis, Grundpreis für Kontoabfrage usw.), insbesondere die Konditionen des Sup-

ports (Einweisung, Installation, Hotline, Wartung, Wartungsvertrag) der einzelnen Banken miteinander vergleichen.
Es dürfte in der Regel zu Problemen führen, den Support einer Nebenbank intensiv in Anspruch zu nehmen, mit der Sie wenig oder keinen Zahlungsverkehr abwickeln. Diese Leistungen sind zumeist für die Bank nicht kostendeckend, und man wird es nur begrenzt tolerieren, wenn sie indirekt einer anderen Bank zugute kommen. Zwischen den Banken besteht übrigens ein Gentlemen's Agreement, demzufolge die einrichtende Bank die Einbindung der anderen Bankkonten kostenlos mit übernimmt.
Ein wichtiger Gesichtspunkt bei der Einrichtung von Electronic-Banking-Systemen sind die miteinander verknüpften Fragen der Unterschriftenvollmachten und des Manipulationsschutzes. Auch dabei bieten die heutigen Systeme ein Niveau an Sicherheit, das dem traditionellen, belegbasierten Prozedere entweder gleichkommt oder es sogar übertrifft, je nach Verfahren. Hierfür sind unterzeichnete „Freigabeaufträge", die an die Bank gesendet werden (z. B. per Fax), oder elektronische Verfahren üblich. Dabei kommen z. B. die sogenannte *elektronische Unterschrift* (mit unterschiedlichen geheimen Zugangs- und Einzeltransaktionsnummern) oder andere Verfahren zum Einsatz. In diesem Bereich ist der technische Fortschritt zur Zeit besonders schnell.
Neben den Programmen der Banken bieten auch eine Reihe von kaufmännischen Software-Paketen die Möglichkeit, Zahlungsverkehrsdateien zu erstellen, die den genormten Datenformaten des Bankenverbandes entsprechen (Beispiel: DTA-Aus-Standard). Die Benutzung eines solchen Programms anstelle eines von der Bank zur Verfügung gestellten Produktes hat für Sie zunächst den Vorteil, daß Sie Daten Ihres internen Rechnungswesens bequemer in die Zahlungsverkehrsdateien für die Bank „exportieren" können. Andererseits wird der Import von Daten, die Sie online von der Bank „abholen",

tendenziell schwieriger. Außerdem ist der wichtige Support der Bank (in den oftmals sehr zeitkritischen Prolemsituationen) erwartungsgemäß wenig effizient, da ein nicht bankeigenes Programm verwendet wird, für das der Support-Mitarbeiter sowohl aus Wissens- als auch aus Haftungsgründen kaum Hilfestellungen anbieten kann. Ob Sie sich für ein Bankprogramm oder ein Elektronic-Banking-Modul Ihres Fibu-Programms entscheiden sollen, kann nur der Einzelfall klären. Der Tendenz nach dürften kleine Unternehmen besser bedient sein, wenn sie das Bankprogramm verwenden, große Unternehmen, wenn sie auf die internen Systeme zurückgreifen. Auch „Mittelwege" sind möglich. Die Dateierstellung erfolgt dann im bankfremden, internen System, der Dateitransport jedoch mit dem Bankprogramm. In diesem Bereich dürften 1999 technisch deutlich verbesserte Produkte auf den Markt kommen.

Was die Hardware-Voraussetzungen für die Benutzung solcher Systeme angeht, so laufen die Basisversionen vermutlich auf praktisch jedem MS-Windows-fähigen Computer. Für andere Betriebssysteme gilt dies nicht automatisch. Üblicherweise erfolgt die Datenübertragung dabei entweder über das *T-Online-System* (Nachfolger des früheren *BTX*) der deutschen Telekom AG via Telefon- oder ISDN-Leitung. Daneben sind auch andere Übertragungsnetze möglich (besonders für professionelle Anwender).

Die Übertragungsgeschwindigkeit und damit auch die -gebühren hängen vom Übertragungsmedium ab. Analoge Telefonleitungen sind am langsamsten und deswegen in dieser Hinsicht am teuersten. Allerdings muß ein umfassender Kostenvergleich natürlich auch die vielfach höheren Investitionskosten, die mit den moderneren Verfahren (ISDN) einhergehen, berücksichtigen. (Auf das Diskettenverfahren, das zwar noch immer sehr verbreitet ist, obwohl es kaum von den Prozeduren und Regeln des beleghaften Zahlungsverkehrs abweicht, gehe ich hier nicht ein.)

Nun zu den Leistungsmerkmalen im Electronic Banking. Die heute allgemein bekannten und auch im Privatkundengeschäft weitverbreiteten „Basis"-Features umfassen:

- Überweisungen, die einzeln oder als Sammelüberweisung online an die Bank geschickt werden können. Dabei ist eine gesteuerte Terminierung der Ausführung möglich. Somit entfällt eine Bindung an Schalteröffnungszeiten. Üblich ist auch die taggleiche Ausführung (Abbuchung) einer Überweisung, unabhängig vom Standort des Firmenkunden (nicht nur in größeren Städten),
- Kontoabfrage online rund um die Uhr. Der physische Transport der Kontoauszüge z. B. per Post entfällt somit. Sortierung und Suche von Kontoumsätzen nach einer Reihe unterschiedlicher Kriterien (z. B. Betragshöhe, Umsatztyp, Auftraggeberkonto, Datum usw.), Anzeige des valutarischen Saldos (vs. Buchsaldo auf dem Kontoauszug). Grafische Darstellung von Kontobewegungen,*)
- Online-Einrichtung von Daueraufträgen oder (Sammel-) Lastschrifteinzügen.

Folgende Merkmale gehören zu den „gehobenen" Features im Electronic Banking (sie sind in den Basis-Programm-Modulen für kleine und mittlere Unternehmen in der Regel nicht immer enthalten):

- elektronische Eilüberweisungen vom eigenen PC aus (Empfänger erhält die Gutschrift taggleich,
- Online-Depotabfragen mit historischen Einstands- und aktuellen Kursen. Online-Abfragen von Börsenkursen. Einspeisung dieser Daten in ein eigenes Wertpapierverwaltungsprogramm (Asset Management),

---

*) Da noch nicht alle Kontoumsätze in voller Detail-Tiefe elektronisch dargestellt werden, empfiehlt es sich, einmal monatlich Papierauszüge erstellen zu lassen.

- Einrichtung von funktionierenden Software-Schnittstellen zu anderen Programmen, z. B. zum eigenen Debitorenmanagement (Fakturierung) oder zum Liquiditätsmanagement,
- automatischer Saldenübertrag (komplett oder beschränkt auf bestimmte Umsatzarten), Zinskompensation zwischen laufenden Konten mit positiven und/oder negativen Salden,
- Datenbereitstellung und -aufbereitung für die Liquiditätsplanung und das unternehmenseigene Cash Management (valutarische konto- und bankübergreifende Saldendarstellung, Soll-Ist-Vergleiche des Liquiditätsstatus pro Konto/Kontenart/Bank/bankübergreifend – nach Währungen getrennt oder übergreifend, Bereitstellung von Sonderzinsstaffeln für Zinsverrechnungen von unternehmensinternen Kontokorrentkrediten),
- Bereitstellung von Scheckrücklaufprotokollen bzw. -dateien,
- Erstellung von Auslandszahlungsaufträgen (mit Prüfung der Bundesbankmeldepflicht), Erstellung von Export- und Importakkreditivaufträgen.

Die Einrichtung eines Electronic-Banking-Systems im Unternehmen schließt nicht aus, daß das Unternehmen zusätzlich weiterhin den beleghaften Zahlungsverkehr betreibt. Er kann insbesondere bei technischen Problemen in der Bank, beim Unternehmen oder in der dazwischenliegenden Übertragungsleitung genutzt werden. Das gleiche gilt für die Einzelfälle, in denen aufgrund spezieller Konstellationen der beleghafte Zahlungsverkehr ablaufmäßige Vorteile gegenüber dem Electronic Banking aufweist.

3. Zankapfel Wertstellungen und Banklaufzeiten

Eine immerwährende Quelle von Zwist zwischen Bank und Kunden sind die Banklaufzeiten und Wertstellungsfristen. Als Banklaufzeit bezeichnet man die Zeit zwischen dem Eingang eines Zahlungsauftrages bei einer Bank und dem Eingang des Zahlungsbetrages auf dem Empfängerkonto. Diese Zeit kann in Buchungs- oder in Wertstellungstagen *(Valutatagen)* gemessen werden. Regelmäßig werfen die Kunden den Banken vor, diese Zeiträume nicht so zu verkürzen, wie es theoretisch machbar wäre, und regelmäßig rechtfertigen sich die Banken mit dem Hinweis auf technische Gegebenheit und buchungsfreie Sonn- und Feiertage. Lassen Sie uns das Dickicht von Wunschdenken (Kunden), Scheinargumenten (Banken) und Fakten ordnen, um klarzustellen, was Sie von Ihrer Bank erwarten können und was nicht.

Wichtig in diesem Zusammenhang ist zunächst die klare Unterscheidung zwischen Wertstellungsdatum (Valuta) und Buchungsdatum. Die Valuta bestimmt, ab welchem Tag eine bestimmte Zahlung für Zinsberechnungen (kredit- oder anlageseitig) berücksichtigt wird. Die Bank kann die Valuta einer Zahlung an sich frei wählen und z. B. nachträglich korrigieren. Es ist daher möglich, daß Valuta und Buchungsdatum sehr weit voneinander abweichen. Das Buchungsdatum hingegen ist technisch bestimmt. In aller Regel kann die Bank es schon aus gesetzlichen Gründen nicht nachträglich korrigieren.

Da das Buchungsdatum im Zahlungsverkehr praktisch immer vor oder zeitgleich mit der Valuta liegt, ist es für die Liquiditätsdisposition eher von Belang als die Valuta. Denn nachdem die Liquidität zugebucht wurde, steht sie dem Kontoinhaber faktisch zur Verfügung, selbst wenn sie valutarisch noch nicht „eingegangen" ist. Andererseits entspricht bei manchen Banken der *verfügbare Saldo* (auch *Tagesdispositionssaldo* genannt) dem Valutasaldo des betreffenden Tages. Ob Ihre Bank dem verfügbaren Saldo also den Valuta- oder den Buchungssaldo zugrunde legt, müssen Sie individuell feststellen.

Nun zu den Argumenten, die die Banken dafür anführen, ein schnellerer Zahlungsverkehr sei nicht möglich:

- Der Weg einer einzelnen Zahlung ist in aller Regel wesentlich komplizierter, als sich Bankkunden dies vorstellen. Je nachdem, wo Auftraggeberkonto und Empfängerkonto geführt werden, können bis zu vier und mehr Banken aus sieben unterschiedlichen *Gironetzen (Zahlungsverkehrsnetze)* in die Abwicklung eines einzigen Zahlungsvorganges involviert sein. Die räumliche Nähe zweier Banken steht nur in einem sehr losen Zusammenhang mit der Geschwindigkeit der Banklaufzeit.
- *Gironetze* gehören unterschiedlichen Bankengruppen. Die einzelnen Gruppen haben nur ein begrenztes Interesse daran, neben den bestehenden Schnittstellen und Verfahren neuere und schnellere zu entwickeln, da diese – aufgrund der unterschiedlichen Größe der Netze – die kleinen Netze stärker begünstigen würden als die großen.
- Es gelten hohe Standards für Sicherheit, Genauigkeit und Zuverlässigkeit, die gewährleisten, daß unter den mehreren Millionen inländischen Zahlungsvorgängen täglich kaum mehr als ein Promille nicht wunschgemäß ausgeführt werden. Diese Standards gehen bis zu einem gewissen Grade unvermeidlich zu Lasten der Geschwindigkeit.
- Aufgrund der technischen Komplexität des Zahlungsverkehrs und der Vielzahl der involvierten Institutionen gibt es keine immer gleiche und allgemeingültige Dauer für die Ausführung von Zahlungsaufträgen. Daher geht das Argument vieler Bankkunden, eine bestimmte andere Zahlung (z. B. an einen anderen Empfänger) sei viel schneller angekommen, am Thema vorbei. Letztlich liefert nur eine detaillierte Einzelfallprüfung zuverlässige Ergebnisse, wenn es um

die Ursachenanalyse für nicht zufriedenstellend erledigte Zahlungsaufträge geht.
- Ein theoretisch denkbares Verfahren, eine Maximallaufzeit von z. B. zwei Werktagen zu garantieren (und zwar *unabhängig* von den zufällig involvierten Banken und für *jeden* Zahlungsvorgang), würde zu Zusatzkosten führen, die, wie die Banken wohl zu Recht annehmen, bei der Kundschaft nicht durchsetzbar wären. Deswegen wird diese theoretische Möglichkeit nicht verwirklicht. Heutzutage sind zwei Werktage zwischen Auftragsentgegennahme und Gutschrift bereits die Regel. Allerdings ist die Information über die erfolgte Gutschrift erst einen Werktag nach der Gutschrift verfügbar, da keine Real-Zeit-Buchung möglich ist (mehr dazu weiter unten).
- Bei der Bemängelung langer Banklaufzeiten lassen viele Bankkunden außer acht, daß hierbei nur Werktage zählen, da in Deutschland – wie wohl in den meisten industrialisierten Ländern – an Sonn- und Feiertagen im Zahlungsverkehr der Banken nicht gebucht wird. Sofern einzelne Geldinstitute, z. B. um sich einen Wettbewerbsvorteil zu verschaffen, eine Verbuchung an diesen Tagen anstrebten, würden die Arbeitsämter eine Genehmigung für die dann notwendige Wochenendarbeit vermutlich nicht erteilen. Auch die Gewerkschaften würden wohl heftigen Widerstand leisten. (Andererseits läuft die Zinsrechnung sowohl für Kredit- als auch Anlagezinsen an Sonn- und Feiertagen weiter.)
- Im beleghaften Zahlungsverkehr (anders als im beleglosen Electronic Banking) muß der Papierbeleg zunächst mittels spezieller Lesegeräte in einen elektronischen Datensatz umgewandelt werden. Bei den wenigsten Bankfilialen befinden sich diese Geräte innerhalb des Gebäudes. Die Regel ist vielmehr, daß eine Bank für ihr gesamtes deutsches Filialnetz nur wenige Belegbuchungszentren unterhält. Wenn der Beleg aus technischen Gründen nicht bis z. B. zur Mittagszeit

in diesem Zentrum ankommt, ist eine taggleiche Verbuchung nicht mehr möglich. (Dieser Nachteil entfällt bei elektronischen Zahlungsaufträgen, die in der Regel bis am frühen Abend taggleich gebucht werden.)

Wenn die genannten Argumente auch gewiß einleuchten, sind sie doch keine Entschuldigung für die Langsamkeit des Zahlungsverkehrs im digitalen Zeitalter. Gegenüber den in der Praxis vorkommenden Geschwindigkeiten und Fristen im Geschäft mit kleinen und mittleren Firmenkunden sind insbesondere bezüglich der Wertstellung fast immer Verbesserungen möglich. Die Wertstellung findet nämlich bei vielen Gutschriftbuchungen erst mit einem oder zwei Werktagen Verzögerung statt. Hierdurch erwächst der Bank ein *Valutanutzen* (auch *Wertstellungsgewinn* oder *Floatgewinn* genannt), denn die Liquidität steht ihr bereits ab Buchungsdatum zur Verfügung, während z. B. ein Kreditkunde noch Zinsen bis zur Valutagutschrift zahlt oder ein Anlagekunde erst Zinsen ab Valutagutschrift erhält. Dieser Valutanutzen (oder aus Sicht des Kunden *Valutaschaden)* mag für den einzelnen Kunden wenig ins Gewicht fallen, summiert sich aber bankweit zu einer beträchtlichen Größenordnung. Genaue Zahlen hierzu werden aber nicht veröffentlicht.

Für den Giroverkehr mit Privatkunden hat der Bundesgerichtshof die verzögerte Wertstellung für eine Reihe von Transaktionstypen, z. B. Bareinzahlungen oder Lastschrifteneingänge, für unzulässig erklärt. Wie erwähnt, gelten diese Urteile formal jedoch nicht für das Geschäft mit Firmenkunden.

Die Banken erwirtschaften in der Zahlungsverkehrsdienstleistung mit der Mehrzahl der kleinen oder mittleren Firmenkunden Verluste oder weit unterdurchschnittliche Erträge (gemessen am eingesetzten Kapital). Je nach Zahlungsverkehrsstruktur des individuellen Kunden kompensiert oder überkompensiert der Valutanutzen dieses Defizit.

Es dürfte den meisten Firmenkunden recht leicht fallen, für einen repräsentativen begrenzten Zeitraum überschlägig anhand ihrer Kontenumsätze festzustellen, welcher Nutzen ihnen aus der verzögerten Wertstellung der Bank entgeht. Die Frage ist dann nur noch, wie gut oder schlecht die Konditionen der eigenen Bank im Vergleich zu den übrigen sind.

Damit Sie ein Gefühl für das Machbare und einen Maßstab für die Leistung Ihrer Bank bekommen, sind nachfolgend die oberen Benchmarks aufgelistet, die teilweise im Großkundengeschäft oder bei bestimmten kundenfreundlichen Banken gelten. Dabei sind Zahlungen, bei denen der Kunde Auftraggeber ist, von denen zu unterscheiden, bei denen er Empfänger ist:

(a) Kunde ist Auftraggeber der Zahlung (Schuldner):

Typ des Zahlungsvorgangs	Buchungsdatum	Wertstellungsdatum (Valuta)	Bemerkung
Einreichung beleghafter Zahlungsaufträge oder elektronischer Zahlungsaufträge auf Disketten, Streamern, Magnetbändern usw.	Abbuchung am Tag des Eingangs bei der Bank (Einreichertag)	Belastungsvaluta stets identisch mit Buchungsdatum	taggleiche Abbuchung i. d. R. nur, sofern die Aufträge der Bank bis zum Annahmeschnitt (oft ungefähr 11.00 Uhr werktäglich) vorliegen, ansonsten ist evtl. eine Verzögerung um einen Werktag tolerierbar
Einreichung elektronischer Zahlungsaufträge via T-Online oder Datenfernübertragung	Abbuchung am Tag des Eingangs bei der Bank (Einreichertag)	Belastungsvaluta stets identisch mit Buchungsdatum	sofern die Aufträge bis ungefähr 17 Uhr werktäglich bei der Bank eingehen (Uhrzeit variiert zum Teil nach Art der Aufträge)

(b) Kunde ist Empfänger der Zahlung (Gläubiger):

Typ des Zahlungsvorgangs	Buchungsdatum	Wertstellungsdatum (Valuta)	Bemerkung
bankinterne Überweisungen	taggleiche Abbuchung und Zubuchung	taggleiche Valuta für Belastung und Gutschrift	„Bankintern" heißt in diesem Zusammenhang innerhalb des Filialnetzes der betreffenden Bank, auch zwischen Konten unterschiedlicher Kontoinhaber
Gutschriften aus empfangenen Zahlungen	–	Valuta identisch mit Zubuchungsdatum	Hier besteht für die Bank des Zahlungsempfängers kein Unterschied zwischen Zahlungsaufträgen, die vom Auftraggeber bei seiner Bank beleghaft oder beleglos eingereicht wurden
Scheckeinreichungen zur Gutschrift	Zubuchung nach einem Werktag (sofern rechtzeitig bis zum Annahmeschnitt in der Filiale vorliegend, ansonsten einen Werktag später)	Valuta zwei Werktage nach Buchungstag (drei Werktag nach Einreichungstag)	Sofern Schecks – bei Einreicher-Kunden schlechter Bonität – nur nach Inkasso gutgeschrieben werden, erfolgt die Zubuchung erst rund fünf Werktage nach Einreichung
Bareinzahlungen	Zubuchung taggleich	Gutschriftsvaluta taggleich	–

Abschließend sind noch zwei Fragen zu beantworten: 1. Bis zu welchem Grad sollen Sie darauf bestehen, daß Ihre Bank Ihnen die oben genannten, kundenfreundlichen Konditionen einräumt? 2. Warum habe ich hier keine Aussage zur Banklaufzeit (bezogen auf die Buchungstage) zwischen Abbuchung bei Zahlungsauftraggeber A bei Bank Alpha und Gutschrift bei Zahlungsempfänger B bei Bank Beta gemacht?

In einem ersten Schritt sollten Sie die überschlägigen Opportunitätskosten (entgangener Erträge) aus den für Sie tatsächlich geltenden Wertstellungszeiten errechnen. Wenn sich hieraus eine nennenswerte Summe ergibt, werden Sie versuchen, die Bank zur Verbesserung der Konditionen zu bewegen. Sollte sich diese unnachgiebig zeigen, müssen Sie abwägen, ob es Sinn macht, weiteren Druck auszuüben oder mit dem Status quo bzw. einem Kompromiß zufrieden zu sein. Behalten Sie dabei im Hinterkopf, daß Sie einer gegenwärtig oder künftig kreditgebenden Bank nicht die Pistole auf die Brust setzen sollten. Auch ist wichtig, genau zu ermitteln, wie hoch der €-Vorteil einer bestimmten Verbesserung der Zahlungsverkehrskonditionen für Ihr Unternehmen ist, *bevor* Sie die Bank um eine Umstellung bitten. Konzentrieren Sie sich ausschließlich auf die vermutlich wenigen Punkte, die wirklich einen Unterschied machen (und das geht nicht ohne rechnerische Analyse).

Die Antwort auf die zweite Frage ergibt sich größtenteils aus den am Anfang dieses Abschnittes genannten ersten drei Argumenten: Der Zahlungsverkehr ist technisch sehr komplex, an einem Zahlungsvorgang sind fast immer mehrere eigenständige Banken beteiligt, die involvierten, unterschiedlich großen Gironetze gehören verschiedenen Bankengruppen an, und die Sicherheits- und Qualitätsstandards sind sehr hoch. Daher lassen sich für gironetzübergreifende Zahlungen (abgesehen von telegrafischen gleichtägigen Überweisungen) allenfalls Faustregeln für die Banklaufzeit à la Abbuchungsdatum einer Überweisung + zwei Werktage = Gutschriftsbuchungsdatum aufstellen. Soweit auf diesem Gebiet in Deutschland noch Verbesserungspotential besteht, könnte die Einführung des Euro dieses Potential freisetzen, da die diversen nationalen Zahlungsverkehrssysteme und Banken in Euroland dann in einen härteren Wettbewerb treten.

Auf alle Fälle empfiehlt es sich, die Zeiten für Buchungsschnitte (die eventuell nach Beträgen, Filialen und Zahlungsmedium variieren) zu kennen. Außerdem sollten Sie die Dauer der Banklaufzeit für die wichtigsten Standardzahlungsvorgänge und Hauptgeschäftspartner durch systematische Beobachtung und Befragung der eigenen Bank feststellen. Davon profitiert die Qualität Ihres Debitorenmanagements, oder Sie sparen Sollzinsen, weil Sie auf diese Weise spätestmöglich (aber nicht zu spät!) zahlen können.

4. Spezialtips zu Kontoführung und Zahlungsverkehr

Zum Abschluß dieses Kapitels noch einige Tips für den Zahlungsverkehr:

- Wenn Sie eine Zahlung leisten wollen, die tagglich auf dem Empfängerkonto eingehen soll, tätigen Sie eine telegrafische Überweisung (gelegentlich auch *Blitzüberweisung* oder *Blitzgiro* genannt). Diese kostet allerdings zwischen fünf und 15 €. Viele Banken bieten inzwischen auch eine elektronische Online-Eilüberweisung an, vermarkten sie jedoch nur an Großkunden aktiv, da die Rechnerkapazitäten geschont werden sollen. Die Kosten liegen bei fünf bis 30 Mark pro Überweisung. Fragen Sie Ihren Banker danach. Für tagggleiche bankinterne Überweisungen bieten manche Banken auf Anfrage im beleghaften Zahlungsverkehr spezielle Vordrucke mit normalem Postenpreis an. Der Benutzer spart die höheren Kosten für eine andernfalls notwendige telegrafische Überweisung.

- Die meisten Banken akzeptieren es, wenn Sie ausnahmsweise auf einem Überweisungsformular handschriftlich (und mit Leuchtstift markiert) eine bis zu zwei Tage vordatierte Buchungsdatumsvorgabe machen. (Daraus leitet sich dann auch die Valuta ab.) Wenn Sie vordatieren, erhält der Empfänger die Zahlung entsprechend später. Im Online-Zahlungsverkehr ist die Terminierung einer Buchung unabhängig vom Auftragsdatum ohnehin in Grenzen frei wählbar.
- Der Widerspruch gegen Belastungen aus Lastschrifteinzügen ist unter bestimmten Umständen weit über die allgemein bekannte Sechs-Kalenderwochen-Frist hinaus möglich. (Erfolgt ein Widerspruch innerhalb der Sechs-Wochen-Frist, ist die Angabe eines Grundes nicht notwendig. Danach muß der Kontoinhaber darlegen, daß die Kontobelastung unberechtigt war, weil er keine Einzugsermächtigung erteilte.) Hieraus ergibt sich eine interessante taktische Überlegung: Wenn Sie einen Lieferanten oder sonstigen Gläubiger bezahlen, sich aber gleichzeitig die Möglichkeit offenhalten möchten, Ihr Geld leicht wieder zurückzubekommen, erteilen Sie ihm mündlich oder schriftlich eine Einzugsermächtigung. So haben Sie die Möglichkeit, Ihre erfolgte Zahlung problemlos sechs Wochen lang (oder eventuell noch darüber hinaus) zurückzuholen. Diese Möglichkeit hätten Sie bei Barzahlung, Überweisung und Scheckzahlung nicht, und bei einer Wechselzahlung würde eine an sich mögliche Nichteinlösung Ihre Reputation stark schädigen. Wegen der theoretischen Gefahr der Stornierung derartiger Gutschriften können Banken bei Kunden schlechter Bonität die Verfügung über solche Beträge für sechs Wochen nach Zubuchung blockieren. Ähnliches gilt für Gutschriften aus Verrechnungsschecks. Sollte ein Scheck platzen, weil das bezogene Kreditinstitut ihn fristgerecht zurückgegeben oder der Aussteller den Scheck bereits vor Belastung auf seinem Konto gesperrt hatte, wird eine erfolgte Gutschrift wieder storniert,

d. h. durch eine Gegenbuchung ausgeglichen. Dieses Storno darf bis zu sechs Werktage nach der Gutschrift erfolgen. Bis dahin ist der Scheck deswegen nur *vorbehaltlich* gutgeschrieben, er befindet sich im sogenannte *Scheck-E.V.*, d. h. „Einzug vorbehalten". Sofern die Bank Zweifel an der Bonität des Kontoinhabers hat, läßt sie ihn während dieser Zeit nicht über die Scheckgutschrift verfügen.

Die Banken verfügen über die technische Möglichkeit, das *Lastschriftobligo* eines Kontos zu ermitteln. Dies ist der theoretische Maximalausfall, sollten alle Gutschriften aus Lastschrifteinzügen innerhalb der letzten sechs Wochen platzen.

- Die Verbuchung des Bankzahlungsverkehrs erfolgt normalerweise nicht *real time* (unmittelbar sofort). Daraus ergibt sich die Notwendigkeit der *Vordisposition,* die manchen Firmenkunden gelegentlich irritiert. Ein Beispiel: auf einem laufenden Konto beträgt der am 18. August ausgewiesene Guthaben(buch)saldo (vom Vortag) 115.000 €. Ein Mitarbeiter des Kunden schickt morgens um 9:00 Uhr online Überweisungen in Höhe von 110.000 € an die Bank. Nachmittags versendet ein anderer, nicht über die erste Zahlung informierter Mitarbeiter Überweisungen über 50.000 €, da in diesem Moment der vom Bankrechner gemeldete, online ausgewiesene Buchsaldo nach wie vor +115.000 € beträgt. Damit keine von der Bank ungewollte Überziehung zustande kommt, löst der zweite Zahlungsauftrag über 50.000 € eine Meldung an den zuständigen Kundenbetreuer aus, der sie gutheißen muß, bevor sie *aufgenommen* (akzeptiert) wird. Dennoch ist der ausgewiesene Buchsaldo – wie gesagt – den ganzen 18. August über +115.000 €, lediglich der *vordisponierte* Guthabensaldo sank unmittelbar nach 9:00 Uhr auf 5.000 €. Eine sofortige Real-time-Verbuchung aller Verfügungen würde die Kapazität der Rechner bei großen Banken hoffnungslos überfordern. Im beleghaften Zahlungsverkehr wäre sie auch organisatorisch und logistisch kaum zu bewältigen. Eine Real-time-Verbuchung erfolgt bei manchen nur lokal tätigen Genossenschaftsbanken und Sparkassen, für die diese logistischen und organisatorischen Hürden nicht bestehen. Soweit dies der Fall ist, sind solche Banken für viele Zahlungsvorgänge dann einen Tag schneller.

- Bei dem auf einem Auszug für ein laufendes Konto ausgewiesenen Saldo handelt es sich um den Buchsaldo. Für Zinsberechnungen ist aber bekanntlich der valutarische Saldo maßgeblich. Es können daher Sollzinsen entstehen, obwohl auf Ihrem Konto im fraglichen Zeitraum nie ein negativer Saldo ausgewiesen wurde. Der valutarische Saldo läßt sich bequem mit der Online-Zahlungsverkehrs-Software der Banken anzeigen.

X.
Derivative Zins- und Währungsinstrumente

1. Was sind Derivate?

In der Vergangenheit waren Derivate – oft auch als *Finanzinnovationen* bezeichnet – überwiegend Großkunden vorbehalten, doch mehr und mehr halten sie Einzug ins mittelständische Firmen- und sogar das Privatkundengeschäft. Manchem Leser wird das Wort Derivat vielleicht noch im Zusammenhang mit Zeitungsmeldungen über den Milliardenverlust der deutschen Metallgesellschaft AG, Frankfurt, aus Warentermingeschäften (1993), den plötzlichen Untergang der britischen Barings-Bank (1996) oder den Beinahebankrott des kalifornischen Landkreises Orange County (1995) unheilvoll im Ohr klingen. Spektakuläre „Pannen" mit Derivaten geschahen in Deutschland in den 90er Jahren auch bei Volkswagen, Klöckner und der Balsam AG, im Ausland z. B. bei Procter & Gamble und der Sumitomo-Bank. All dies waren Fälle, in denen unkundige oder betrügerische Anwender Derivate in weit überhöhtem Umfang zu spekulativen Zwecken einsetzten. Erfreulicherweise ist aber auch das Gegenteil von Spekulation möglich – der Einsatz von Derivaten zur Risikoreduktion. Das werde ich in diesem Abschnitt anhand von Beispielen zeigen.
Summa summarum kann man Derivate so einschätzen: „In gewisser Weise, sind [sie] wie Elektrizität. Fachgerecht genutzt,

stiften sie großen Nutzen. Werden sie falsch eingesetzt oder verstanden, können die Resultate katastrophal sein." (Aus einer Veröffentlichung der Pennsylvania Securities and Exchange Commission, zitiert nach Rolf Beike, *Risk-Management mit Finanzderivaten*, S. 1; eigene Übersetzung.) Das Wort „Derivat" geht auf das englische Verb *derive* („ableiten") zurück und bezeichnet im Fachjargon ein Finanzprodukt, dessen Wert (Preis) von einem anderen, sozusagen *originären* Vermögenswert abhängt, also von ihm abgeleitet ist. Derivate sind *Termingeschäfte*, das heißt, die Zeitpunkte von Vertragsabschluß und Erbringung der Leistungen der Vertragsparteien fallen auseinander. Eine ziemlich abstrakte Definition lautet: Ein Derivat ist „eine vertragliche Vereinbarung zwischen zwei oder mehr Parteien, aus der sich *zukünftig* Zahlungen ergeben, wenn ein bei Vertragsabschluß festgelegter Zustand (z. B. die Preisänderung eines originären Instruments) eintritt." (Ebd., S. 2)

Ganz wichtig ist, sich zu vergegenwärtigen, daß Derivate vertragliche Vereinbarungen sind, die losgelöst und unabhängig von dem sogenannten *originären* Geschäft abgeschlossen werden können. Beispiel: *Zinskappe* oder *Zins-Cap*, ein Derivat zur Festlegung einer Zinsobergrenze für einen variabel verzinslichen Kredit. Wenn ein Unternehmen den Kredit bei Bank A aufgenommen hat, kann das Unternehmen den Zins-Cap durchaus auch bei Bank B kaufen. Selbst die Existenz des Kredites wäre nicht notwendig.

Wann die ersten Derivate auf den Markt kamen, läßt sich nicht genau sagen, denn die Abgrenzung zu traditionellen Finanzdienstleistungen ist fließend. So ist z. B. eine Kaufoption mit einem fixierten Kaufpreis, wie es sie seit Entstehen des Tauschhandels vor einigen tausend Jahren gibt, nichts anderes als ein Finanzderivat, genauer gesagt ein *Call*. Wenn der Begriff „Derivat" etwas enger ausgelegt wird, dann sind die ersten Derivate in der Form von Finanztermingeschäften ab 1851 in Chicago börsenmäßig gehandelt worden. So neu ist diese

„Finanzinnovation" also auch wieder nicht. In Europa dauerte es allerdings etwas länger, nämlich bis 1978, als in Amsterdam die *European Options Exchange (EOE)* eröffnet wurde. In Deutschland begann der börsenmäßige Handel mit Derivaten nach der Gründung der *Deutschen Terminbörse (DTB)* 1990.

Einen explosionsartigen Aufschwung, der sich bis heute fortsetzt, erfuhren Derivate in den 70er Jahren, als die beiden amerikanischen Wirtschaftswissenschaftler Fischer Black und Myron Scholes 1973 eine mathematische Formel zur näherungsweisen Berechnung des Wertes bestimmter Derivate (Kauf- und Verkaufsoptionen) entwickelten. Die Formel ist noch heute in Gebrauch; sie hat seitdem Heerscharen von BWL-Studenten fasziniert (oder zur Verzweiflung getrieben), ihren beiden Schöpfern ein erkleckliches Vermögen und einem der beiden den Wirtschaftsnobelpreis eingebracht (der andere war vorher verstorben).

Die Vielfalt von Derivaten ist inzwischen nur noch für Profis überschaubar. Auf dem beschränkten Raum, der uns hier zur Verfügung steht, kann ich Ihnen nur einen Überblick über dieses interessante, aber nicht einfache Thema geben. Deshalb beschränke ich mich auf wenige gängige, für kleine und mittlere Unternehmen relevante Derivate und beschreibe deren spezifische Zielsetzungen sowie ihre wesentlichen Vor- und Nachteile.

Wenn Sie sich mit Derivaten beschäftigen, dürfen Sie sich von der etwas obskuren Derivate-Terminologie nicht abschrecken lassen. So ist z. B. die fachübliche *Quotierung* (Darstellungsweise der Produktmerkmale und -preise) für Laien nicht ohne weiteres verständlich und erfordert anfangs eine „Übersetzung" in normales Deutsch. Daher sollten sich interessierte Leser von ihrem Firmenbetreuer eine der zumeist gutgemachten, umfangreicheren Bankbroschüren zum Thema Zins- und Währungsderivate geben lassen.

Um Derivate zu verstehen, muß man sie zunächst klassifizieren. Eine erste Unterscheidung erfolgt in Derivate, die an der Börse gehandelt, und solche, die quasi „maßangefertigt" werden (so wie ein Kredit im Grunde eine Maßanfertigung der Bank für den Kreditnehmer ist). Börsengehandelte Derivate sind *standardisierte* Verträge *(Kontrakte* im Börsendeutsch). Diese Standardisierung macht Produkte fungibel und dadurch schnell und einfach an der Börse handelbar. Dort wird nur noch über die Menge (Anzahl der Kontrakte) und den Preis der Ware entschieden, alle anderen Spezifikationen liegen bereits durch die Standardisierung fest. Börsengehandelte Derivate kommen im kleinen und mittleren Firmenkundengeschäft selten vor. Auch insgesamt machen sie weniger als ein Drittel des weltweiten Derivateumsatzes aus. Gehen wir deshalb nicht weiter auf sie ein und beschäftigen wir uns statt dessen nur mit den nichtbörslich gehandelten, „einzelgefertigten" Derivaten. Diese nennt man auch *Over-the-counter-Derivate* (OTC-Derivate), weil sie quasi maßangefertigt „über den Ladentisch" gehen.

Außerdem lassen sich Derivate in *bedingte* und *unbedingte* Termingeschäfte einteilen. Unbedingte Geschäfte sind für beide Vertragsparteien zwingend zu erfüllen. Beispiel: das Devisentermingeschäft (mehr dazu weiter unten). Bedingte Geschäfte lassen – in der Regel dem Käufer – die Wahl, ob er seinen Part erfüllen will oder nicht. Für diese Wahlmöglichkeit *(Option)* zahlt der Verkäufer dem Käufer eine Stillhalter- oder Optionsprämie. Beispiel: Kaufoption *(Call)* für eine Aktie (siehe unten).

Eine dritte Unterscheidung betrifft den allgemeinen Zweck von Derivaten. Sie lassen sich grundsätzlich für drei verschiedene Zielsetzungen einsetzen, nämlich:

- *Sicherungsgeschäfte* (auch *Hedging* genannt, d. i. englisch für „abschirmen"). Hierbei wird eine mögliche Verlustquelle (ein bestehendes Risiko) teilweise oder ganz beseitigt. Damit

geht allerdings auch eine Senkung des Ertragspotentials einher. Eine Hedging-Entscheidung fällt zwangsläufig unter Unsicherheit – ob sich die Hedge bezahlt gemacht hat, erweist sich erst später.
- *Spekulationsgeschäfte.* Ein Spekulant versucht, die vermuteten Preisunterschiede zwischen zwei verschiedenen Zeitpunkten auszunutzen. Die Spekulation führt zu einer Erhöhung von Ertrags- und Verlustpotential. Auch eine Spekulation ist immer eine Entscheidung unter Unsicherheit.
- *Arbitragegeschäfte.* Sie bestehen in der Ausbeutung (zumeist sehr geringer) Preisunterschiede, die im gleichen Zeitpunkt für ein bestimmtes Objekt an unterschiedlichen Handelsorten auftreten. Im Unterschied zu Hedgern und Spekulanten treffen Arbitrageure ihre Entscheidung immer unter Sicherheit. Da Arbitragegeschäfte an den Finanzmärkten normalerweise nur für institutionelle Teilnehmer (Banken, Großunternehmen, Broker usw.) möglich sind, lassen wir sie außen vor.

Man kann sagen, daß die meisten Derivatgeschäfte in der Grundkonstellation eines Spekulanten auf der einen und eines Hedgers auf der anderen Seite abgewickelt werden. Meines Erachtens ist im mittelständischen Firmenkundengeschäft jedoch nur die letztere, risikoreduzierende Zielsetzung angebracht, da sie zwei wichtige unternehmerische Grundprinzipien miteinander verbindet: die kaufmännische Vorsicht und den Grundsatz der Kernkompetenzen (spekulative Finanzgeschäfte gehören gewiß nicht zur Kernkompetenz von kleinen und mittleren Unternehmen). Deshalb behandle ich hier ausschließlich solche OTC-Derivate, die kleine und mittlere Unternehmen zur *Senkung* ihres Änderungsrisikos für Zinsen und Devisenkurse einsetzen können *(Zinsrisiko- und Währungsrisiko-Management).* Risikoabschirmung (Hedging) kann sowohl auf Kredite als auch auf Anlagen angewendet werden. Zunächst einige allgemeine Beispiele. Für einen Kreditnehmer bestehen in folgenden Konstellationen Zinsänderungsrisiken:

(a) bei einem Kredit mit variabler Zinsbindung in den theoretisch uneingeschränkt steigenden Kreditzinsen,
(b) bei einem Kredit mit fixer Verzinsung in einem Rückgang des Zinses (in dessen Genuß er nicht kommen wird).

Für einen Anleger bestehen Zinsänderungsrisiken in folgenden Konstellationen:

(c) Der Anleger eines variabel verzinsten Wertpapiers steht dem Risiko fallender Geldmarktzinsen gegenüber.
(d) Bei einem Wertpapier mit fixer Verzinsung dagegen hat er das Risiko von Kursrückgängen zu tragen, wenn das Zinsniveau steigt.

Konstellation (b) wird mancher Leser intuitiv vielleicht nicht als „Risiko" empfinden, da hier „nur" potentielle Kostensenkungen verpaßt werden. Aber Derivate-Experten unterscheiden zu Recht kaum zwischen verpaßten Erträgen oder Kostensenkungen *(Opportunitätskosten)* und tatsächlichen Kosten.

Nun als erstes zur Frage, warum und wozu Zins- und Währungsderivate eingesetzt werden können. Schließlich mußte man mit Zins- und Währungsrisiken auch schon vor ihrer Erfindung leben. Seit Beginn der 70er Jahre haben Zins- und Währungskursschwankungen deutlich zugenommen und damit auch das Zins- und Währungskurs*änderungs*risiko. Diese Risiken können mit Hilfe von Derivaten begrenzt oder eliminiert werden; und zwar – das erscheint zunächst sonderbar – *unabhängig* von der eigentlichen Kreditaufnahme bzw. Geld-/Kapitalanlage. Das Grundgeschäft (Kredit, Anlage usw.) und das dazugehörige Derivat werden getrennt gehandelt. Mehr noch: Derivate erfordern gar kein Grundgeschäft. Deswegen können sie entweder im nachhinein, gleichzeitig oder vor dem Grundgeschäft abgeschlossen werden und auch mit anderen Partnern als das Grundgeschäft.

Im folgenden finden Sie eine Art „Kleines Lexikon der Derivate", eine kurze, überblicksartige Darstellung der wichtigsten Merkmale einiger verbreiteter, jeweils zwischen den Vertragsparteien individuell „maßgeschneiderter" Derivate *(OTC-Derivate)* für kleine und mittlere Unternehmen. Diese kleine Theoriedosis läßt sich nicht vermeiden, da die sehr knapp gehaltenen Fallstudien zu viele Fragen offen ließen. Die „Minifallstudien" beschränken sich auf beispielhafte Einsatzmöglichkeiten für Derivate zu Hedging-Zwecken (Risikosenkung oder -beseitigung). Sie können dieses kleine Lexikon als „Spickzettel" bei einem möglichen Angebot Ihrer Bank heranziehen.

2. Derivate zur Risikobegrenzung einsetzen

Nachdem wir nun die Basics zu den Derivaten kennen, zeigt der folgende Abschnitt anhand kurzer Steckbriefe zu den wichtigsten OTC-Derivaten (jeweils ergänzt durch Fallstudien), wie Sie Zins- und Währungsderivate für Hedging-Zwecke einsetzen können. Diese Derivate umfassen:

- Zins-Cap und Forward Zins-Cap,
- Zins-Floor und Forward Zins-Floor,
- Forward Rate Agreement (FRA),
- Zins-Swap und Forward Zins-Swap,
- Zins-Swaption,
- Devisentermingeschäft,
- Devisenoption (Call und Put).

Auf spekulative Konstruktionen gehe ich nicht weiter ein.

Zins-Cap und Forward Zins-Cap

Definition: Ein Zinsbegrenzungsvertrag für einen variabel verzinslichen Kredit, der dem Käufer (Inhaber) des Cap während der Cap-Laufzeit das Recht gibt, bei Überschreiten der vereinbarten Zinsobergrenze vom Verkäufer eine entsprechende Ausgleichszahlung zu verlangen. Für dieses Recht (Versicherung) zahlt der Käufer dem Verkäufer eine Prämie pro Cap. Caps kann man als eine *Zinsobergrenzenversicherung* auffassen. Der Verkäufer des Caps ist häufig eine Bank, der Käufer ein Bankkunde. Der Cap setzt die Existenz eines abzusichernden Kredites *nicht* voraus. Als Referenzzinssatz dient ein allgemein publizierter Zinssatz, z. B. der Sechs-Monats-Euribor. Die Spezialform des Forward Cap funktioniert genauso wie ein normaler Cap, bezieht sich allerdings auf eine erst in der Zukunft beginnende Laufzeit. Caps zählen zu den *bedingten* Termingeschäften (Optionen), sie lassen also einer der beiden Parteien ein Ausübungsrecht (nicht -pflicht).

Typische Zwecksetzungen für Hedger: Käufer von Caps sind oft Unternehmen, die variabel verzinsliche Verbindlichkeiten haben und sich gegen künftig steigende, variable Zinsen absichern, zugleich aber nicht auf die Möglichkeit (Chance) sinkender Zinsen verzichten wollen. In der Form des *Forward Cap* setzt die Absicherungsperiode erst in der Zukunft ein, wenn die ersten künftigen Fixing-Termine verstrichen sind. (Das sind die Termine, an denen die vom Markt vorgegebene Höhe des Referenzzinssatzes zur Bestimmung der Ausgleichszahlung festgestellt wird.)

Wesentliche Vertragsbestimmungen:

- Referenzzinssatz, z. B. Sechs-Monats-Euribor,
- Gesamtlaufzeit, z. B. drei Jahre,
- Roll-over-Termine (Fixing-Termine), z. B. 30.03. und 30.09.,

Zinsstrukturkurve

- Zinsobergrenze, z. B. 6,5% p. a.,
- Volumen, z. B. 0,5 Millionen €, d. h. der unter Umständen fiktive Kapitalbetrag, auf den sich der Cap bezieht.

Kosten: Die Cap-Prämie *(Cap-Preis)* hängt neben diesen Variablen auch vom Verlauf der Struktur der Zinsstrukturkurve und von der erwarteten Zinsvolatilität (Zinsschwankungen) ab. Die Prämie wird normalerweise vorab in einer Summe gezahlt. Sie läßt sich aber auch annualisieren, also auf die Zinszahlungstermine verteilen. (Dies erleichtert auch die Einschätzung der gesamten effektiven Kosten.)

Mindest- und Maximallaufzeiten: praktisch beliebig, jedoch selten über zehn Jahre.

Mindestvolumen: kein festes Mindestvolumen, aber selten unter 250.000 €.

Aufhebung: praktisch jederzeit möglich durch Verkauf der Cap-Option (an oder über die Bank) zum aktuellen Marktpreis

Minifallstudie 1: Ein Unternehmen will einen längerfristigen Kredit aufnehmen. Da die Geldmarktzinsen (Zinsbindungen bis zwölf Monate) deutlich niedriger sind als die längerfristigen Kapitalmarktzinsen, möchte es den Kredit mit einer preisgünstigen sechsmonatigen Zinsbindung, z. B. dem Sechs-Monats-Euribor (also variabel), abschließen. Gleichzeitig ist dem Unternehmen daran gelegen, das Risiko überraschend steigender Geldmarktzinsen zu begrenzen. Ideal wäre, wenn es die Chance behielte, an eventuell weiter sinkenden Geldmarktzinsen zu partizipieren.

Lösung zur Minifallstudie 1: Das Unternehmen kauft einen Zins-Cap mit einer Laufzeit bis zur geplanten kompletten oder teilweisen Tilgung des Krediites. Es vereinbart mit der Bank vertraglich eine fixe Zinsobergrenze. Sollte während der Laufzeit des Caps – um exakt zu sein: an den Fixing-Terminen – der

Sechs-Monats-Euribor über die vereinbarte Grenze steigen, erhält der Kunde von der Bank eine entsprechende Ausgleichszahlung. Die Prämienzahlung für den Cap erfolgt einmalig vorab oder jährlich nachschüssig. Will das Unternehmen den Kredit schneller oder früher als ursprünglich erwartet tilgen, ist dies kein Problem – es tilgt den Kredit am Roll-over-Termin und verkauft den Cap zu den aktuellen Marktkonditionen.

Minifallstudie 2: Ein Unternehmen stellt fest, daß innerhalb seines Darlehensbestandes eine betragsmäßige Häufung von Darlehen vorliegt, die zum gleichen oder ungefähr gleichen Zeitpunkt aus der Zinsbindung herauslaufen. Damit stehen diese Darlehen etwa zur selben Zeit zur Vereinbarung von Anschlußkonditionen an. Diese gefährliche Konzentration auf einen einzelnen Anpassungszeitpunkt bereitet der Unternehmensleitung Sorge.

Lösung zur Minifallstudie 2: Für dieses Problem bietet es sich an, zumindest ein Teilvolumen der Darlehen durch Abschluß mehrerer Forward Caps mit unterschiedlichen Zinsobergrenzen und unterschiedlichen Cap-Laufzeiten (und damit neuen, zusätzlichen Anpassungszeitpunkten) systematisch zu entzerren. Das bisher unnötig hohe Zinsänderungsrisiko kann so nach dem Gesetz der Risikostreuung durch gleichmäßigere zeitliche Verteilung der Anpassungszeitpunkte gesenkt werden. Einen ähnlichen Effekt könnte das Unternehmen durch Abschluß mehrerer *Forward-Payer-Swaps* erreichen (s. Ausführungen zum Forward Swap weiter unten).

Zins-Floor und Forward Zins-Floor

Definition: Zinsbegrenzungsvertrag für eine variabel verzinsliche Geldanlage, die dem Käufer des Floors für eine bestimmte Laufzeit das Recht gibt, bei Unterschreiten der vereinbarten

Zinsuntergrenze vom Verkäufer eine entsprechende Ausgleichszahlung zu verlangen. Für dieses Recht (Versicherung) zahlt der Käufer dem Verkäufer eine Prämie pro Floor. Der Verkäufer ist häufig eine Bank, der Käufer ein Bankkunde. Der Floor setzt die Existenz einer abzusichernden Anlage *nicht* voraus. Als Referenzzinssatz dient ein allgemein publizierter Zinssatz, z. B. der Sechs-Monats-Libor. Die Spezialform des *Forward Floor* funktioniert genauso wie ein normaler Cap, bezieht sich allerdings auf eine erst in der Zukunft beginnende Laufzeit. Ein Floor ist ein *bedingtes* Termingeschäft (Option), er läßt also einer der beiden Parteien ein Ausübungsrecht.

Typische Zwecksetzungen für Hedger: Käufer von Floors sind oft Unternehmen, die variabel verzinsliche Anlagen besitzen und sich gegen künftig sinkende variable Zinsen absichern, aber nicht auf die Möglichkeit (Chance) steigender Zinsen verzichten wollen. In der Form des Forward Floors setzt die Absicherungsperiode erst in der Zukunft nach Verstreichen des ersten künftigen Fixing-Termins ein.

Wesentliche Vertragsbestimmungen:

- Referenzzinssatz, z. B. Sechs-Monats-Libor.
- Gesamtlaufzeit, z. B. zwei Jahre.
- Roll-over-Termine (Fixing-Termine), z. B. 30.03. und 30.09.
- Zinsuntergrenze, z. B. 6,5% p. a.
- Volumen, z. B. 0,5 Millionen €, d. h. (fiktiver) Kapitalbetrag, auf den sich der Floor bezieht.

Kosten: Die Floor Prämie *(Floor-Preis)* hängt neben diesen Variablen auch von der erwarteten Zinsvolatilität (Zinsschwankungen) ab. Die Prämie wird normalerweise vorab in einer Summe gezahlt. Sie läßt sich aber auch annualisieren, also auf die Zinszahlungstermine verteilen. (Dies erleichtert die Einschätzung der gesamten effektiven Kosten.)

Mindest- und Maximallaufzeiten: praktisch beliebig, jedoch selten über zehn Jahre.

Mindestvolumen: kein festes Mindestvolumen, aber selten unter 250.000 €.

Aufhebung: praktisch jederzeit möglich durch Verkauf der Floor-Option (an oder über die Bank) zum aktuellen Marktpreis.

Minifallstudie: Ein Unternehmen verfügt über eine größere Geldanlage. Es ist noch nicht völlig klar, wann exakt diese Geldanlage für eine geplante Investition in der Zukunft eingesetzt wird. Das Unternehmen will in dieser Situation keine Anlage (festverzinslichen Wertpapiere) mit langfristiger Zinsbindung wegen des damit verbundenen Kursrisikos tätigen (sollte der vorzeitige Verkauf der Anlage notwendig werden). Außerdem ist die kurzfristige Drei-Monats-Zinsbindung (Libor) recht attraktiv, und das Unternehmen will sich die Chance auf weiter steigende Zinsen ebenso offenhalten.

Lösung zur Minifallstudie: Das Unternehmen kauft einen Floor (Zinsboden oder Zinsuntergrenze) mit einer Laufzeit bis zum voraussichtlichen Moment der Investition. Es vereinbart mit der Bank eine Zinsuntergrenze. Ferner tätigt das Unternehmen eine variable verzinsliche Terminanlage auf Drei-Monats-Libor-Basis. Sollte an den vereinbarten Stichtagen während der Laufzeit des Floors der Drei-Monats-Libor unter die Zinsuntergrenze sinken, erhält der Kunde von der Bank eine entsprechende Ausgleichszahlung. Die Prämienzahlung für den Floor erfolgt einmalig vorab oder jährlich nachschüssig. Will das Unternehmen die Geldanlage früher als erwartet auflösen, ist dies jederzeit möglich.

Forward Rate Agreement (FRA)

Definition: Vereinbarung über den Zinssatz für einen Kapitalbetrag (Anlage oder Kredit) während einer erst in der Zukunft beginnenden Laufzeit. Liegt der (variable) Referenzzinssatz an den Fixing-Terminen unter dem vereinbarten (fixen) Zinssatz (Forward Rate), zahlt der Käufer*) des FRAs die Differenz an den Verkäufer. Im umgekehrten Fall zahlt der Verkäufer an den Käufer. Ein FRA setzt die Existenz einer abzusichernden Anlage oder eines Kredites *nicht* voraus. Es findet auch kein Tausch der zugrundeliegenden Kapitalbeträge statt. Die sogenannte *Vorlaufzeit* ist die Phase zwischen Vertragsabschluß bis zum Beginn der „eigentlichen" Verzinsungslaufzeit *(Referenzperiode* genannt). Vorlaufzeit und Referenzperiode zusammen ergeben die *Gesamtlaufzeit* des FRAs. Ein FRA ist ein *unbedingtes* Termingeschäft, es läßt also keiner Partei ein Ausübungsrecht.

Typische Zwecksetzungen für Hedger: Hier sind zwei grundsätzliche Konstellationen zu unterscheiden.

- FRAs für Geldanleger: Ziel ist es, den Zinssatz für eine Anlage während eines erst in der Zukunft beginnenden Zeitraumes bereits heute „festzuklopfen". Dadurch ergibt sich ein Schutz vor sinkenden Zinsen. Dies geschieht durch den *Verkauf* eines FRAs an eine Bank. Liegt der Referenzzinssatz an den Fixing-Terminen unter der Forward Rate (vereinbarter Festzinssatz), erhält der Verkäufer vom Käufer eine entsprechende Ausgleichszahlung.
- FRAs für Kreditnehmer: Ziel ist es, den Zinssatz für einen in der Zukunft aufzunehmenden Kredit bereits heute zu fixieren (Schutz vor steigenden Zinsen). Dies geschieht durch

---

*) Es mag auf den ersten Blick sonderbar erscheinen, hier von „Kauf" und „Verkauf" zu sprechen, da im *konventionellen* Sinne keine Güter ausgetauscht werden, sondern nur finanzielle Rechte und Pflichten, und außerdem kein Kaufpreis für das FRA zu zahlen ist.

den *Kauf* eines FRAs von einer Bank. Liegt der Referenzzinssatz an den Fixing-Terminen über der Forward Rate (vereinbarter Festzinssatz), erhält der Käufer vom Verkäufer eine entsprechende Ausgleichszahlung.

Wesentliche Vertragsbestimmungen:

- Vorlaufzeit: Phase bis zum Beginn der eigentlichen Verzinsungsvereinbarung.
- Referenzperiode: Laufzeit der eigentlichen Verzinsungsvereinbarung.
- Volumen: (fiktiver) Kapitalbetrag, der während der Referenzperiode verzinst wird.
- Festzinssatz (Forward Rate), zu dem der (fiktive) Kapitalbetrag während der Referenzperiode verzinst wird.
- Referenzzinssatz, z. B. Sechs-Monats-Libor.

Kosten: Kosten im engeren Sinne fallen für den Käufer des FRAs nicht an.

Mindest- und Maximallaufzeiten: normalerweise maximal 24 Monate. Minimallaufzeit selten unter drei Monaten.

Mindestvolumen: kein festes Mindestvolumen, aber selten unter 250.000 €.

Aufhebung: Eine Aufhebung im engeren Sinne ist nicht möglich, doch sind die Wirkungen des FRAs praktisch jederzeit durch Abschluß eines analogen, aber entgegengesetzen FRAs neutralisierbar. Statt dessen vereinbaren die Vertragsparteien oft auch einfach eine Ausgleichszahlung, die dem Barwert des Vorteils (bzw. Nachteils) der Aufhebung entspricht. Jedenfalls kann die Aufhebung – in Abhängigkeit von der dann aktuellen Zinssituation – nicht immer kostenneutral geschehen.

Minifallstudie 1: Ein Unternehmen will für eine in der Zukunft notwendige Kreditaufnahme zur Finanzierung einer großen Maschine (sagen wir, in sechs Monaten) bereits heute die Zinskonditionen fixieren, um eine unvorteilhafte Erhöhung der Zinssätze bis zur eigentlichen Kreditaufnahme auszuschließen.

Lösung zur Minifallstudie 1: Das Unternehmen kauft heute ein FRA, z. B. den Drei-Monats-Libor, von seiner Bank und nimmt dann in sechs Monaten einen variablen Roll-over-Kredit (ebenfalls auf Basis des Drei-Monats-Libor) auf. Liegt der Referenzzinssatz an den Fixing-Terminen über der Forward Rate (vereinbarter Festzinssatz), erhält der FRA-Käufer von der Bank eine entsprechende Ausgleichszahlung. Für Gesamtlaufzeiten über 24 Monate könnten in einer solchen Konstellation auch ein Forward-Zins-Swap oder ein Forward-Cap zur Anwendung kommen (siehe dort).

Minifallstudie 2: Ein Unternehmen erwartet (z. B. aus dem Verkauf einer Immobilie in zwölf Monaten) einen größeren Geldeingang. Es plant, diese Liquidität danach für eine gewisse Zeit verzinslich anzulegen, weil sie nicht sofort reinvestiert werden soll oder kann. Für diese Anlage will das Unternehmen sich bereits heute einen Mindestzinssatz oder jedenfalls einen Festzinssatz sichern, um das Risiko bis dahin fallender Anlagezinsen auszuschließen.

Lösung zur Minifallstudie 2: Für den Kapitalanleger mit Anlagebedarf in der Zukunft stellt eine mögliche Zinssenkung ein Risiko dar. Das kann er durch den *Verkauf* eines Forward Rate Agreements (FRA) für Gesamtlaufzeiten bis 24 Monate eliminieren. Ein identischer Effekt für Gesamtlaufzeiten zwischen 24 Monaten und zehn Jahren wird durch den Abschluß eines Asset-Forward Swaps (Receiver Swap) erreicht (s. dazu die Ausführungen weiter unten). Sowohl bei FRAs als auch bei Forward Swaps ist die Zinssicherung vom Grundgeschäft (Kredit oder Anlage) unabhängig und könnte zu spekulativen Zwecken auch ohne ein solches geschehen. Es fließen keine zugrundeliegenden Kapitalbeträge.

Zins-Swap

Definition: Vereinbarung über den Austausch (englisch: *Swap*) unterschiedlich gestalteter Zinszahlungen für einen bestimmten Zeitraum. Häufig werden dabei variable Zinszahlungen (Zinsbindungen) gegen fixe getauscht (aber auch unterschiedliche variable Zinszahlungen auf beiden Tauschseiten sind denkbar). Zins-Swaps sind eigenständige Vereinbarungen, die an keine originären Geschäfte (Kredite, Anlagen) gebunden sind, das heißt, sie beziehen sich zwar auf einen zugrundeliegenden Kapitalbetrag, aber die Existenz eines solchen ist nicht unbedingt notwendig. Ein Swap ist ein *unbedingtes* Termingeschäft, er läßt also keiner Partei ein Ausübungsrecht, sondern beide müssen erfüllen. Vertragsparteien sind normalerweise eine Bank und ihr Kunde. Wenn ein Unternehmen A variable Zinszahlungen an den Swap-Partner zahlt und von diesem fixe erhält, ist der Swap aus der Sicht von Unternehmen A ein - *Receiver-Swap*. Zahlt das Unternehmen A hingegen die fixe Zinszahlung und empfängt die variablen, handelt es sich aus seiner Sicht um einen *Payer*-Swap. Eine weitere wichtige Unterscheidung: Wenn Zins*verpflichtungen* getauscht werden, spricht man von *Liability* Swaps, bei Zins*einkünften* hingegen von *Asset* Swaps. Je nach Verlauf der Zinsstrukturkurve wird bei Abschluß eines Swaps, mit dem der Kunde z. B. eine fünfjährige Festzinsbindung erhält, der Festzinssatz (Swap-Satz) niedriger oder höher liegen als für dieselbe fünfjährige Zinsbindung am Kassamarkt (also bei sofortiger Kreditauszahlung) – konkret: bei normaler Zinsstrukturkurve höher, bei inverser Zinsstrukturkurve niedriger.

Typische Zwecksetzungen für Hedger: Hier ist zwischen Asset und Liability Swap zu unterscheiden.

- Liability Swap: Unternehmen mit fixen Zinsverpflichtungen tauschen diese gegen variable, wenn sie sinkende Zinsen erwarten. Unternehmen mit variablen Zinsverpflichtungen tauschen diese gegen fixe Zinsverpflichtungen, wenn sie steigende Zinsen erwarten.

- Asset Swap: Unternehmen mit fixen Zinseinkünften tauschen diese gegen variable, wenn sie steigende Zinsen erwarten. Unternehmen mit variablen Zinseinkünften tauschen diese gegen fixe, wenn sie sinkende Zinsen erwarten.

Wesentliche Vertragsbestimmungen:

- Swap-Volumen (zugrundeliegender Kapitalbetrag), auf das sich die Zinszahlungen beziehen.
- Laufzeit des Swaps, z. B. sieben Jahre.
- Festzinssatz (Swap-Satz).
- Referenzzinssatz, variabler Zinssatz, z. B. Sechs-Monats-Euribor.
- Roll-over-Termine (Fixing-Termine), z. B. 30.03. und 30.09.

Kosten: Kosten im engeren Sinne fallen für die beiden Swap-Parteien nicht an.

Mindest- und Maximallaufzeiten: normalerweise maximal zehn Jahre, in Ausnahmefällen auch länger. Selten unter 24 Monaten.

Mindestvolumen: kein festes Mindestvolumen, aber selten unter 250.000 €.

Aufhebung: Eine Aufhebung im engeren Sinne ist nicht möglich, doch sind die Wirkungen des Swaps praktisch jederzeit durch Abschluß eines analogen, aber entgegengesetzten Swaps neutralisierbar. Allerdings kann dies – in Abhängigkeit von der dann aktuellen Zinssituation – nicht immer kostenneutral geschehen.

Minifallstudie: Ein Unternehmen hat einen größeren variabel verzinslichen Kredit auf Euribor-Basis in seinem Kreditportfolio. Es befürchtet für die nächsten zwei Jahre steigende Geldmarktzinsen.

Lösung zur Minifallstudie: Das Unternehmen schließt einen Liability-Payer-Swap mit seiner Bank für eine Laufzeit von zwei Jahren ab. Für diese Periode fixiert das Unternehmen dadurch seine Belastung aus dem variablen Kredit. Sollte der Euribor an den vereinbarten Fixing-Terminen über dem vereinbarten Festzinssatz (Swap-Satz) liegen, erhält es von der Bank eine Ausgleichszahlung, im umgekehrten Fall zahlt es die Differenz an die Bank. Im Ergebnis hat das Unternehmen einen Festzinssatz, es verliert aber auch die Chance, von sinkenden Kurzfristzinsen zu profitieren.

Forward-Zins-Swap

Definition: Forward Swaps werden gelegentlich als Termin-Swaps bezeichnet. Sie sind Spezialformen der bereits dargestellten Zins-Swaps (siehe dort). Wesentlicher Unterschied zu jenen „einfachen" Versionen: Beim Forward Swap beginnt die Swap-Laufzeit nicht sofort bei Geschäftsabschluß, sondern erst nach Ablauf einer bestimmten *Vorlaufzeit*. Somit ist ein Forward Swap quasi ein konventioneller Swap mit verzögertem Beginn.

Typische Zwecksetzungen für Hedger: Auch hier verweise ich auf die vorherigen Ausführungen zum einfachen Zins-Swap. Auf eine für Forward Swaps recht populäre Anwendungsform möchte ich allerdings noch hinweisen. Sie werden insbesondere in Niedrigzinsphasen oft eingesetzt, um für eine in der Zukunft liegende, relativ sichere Kreditaufnahme bereits heute einen Festzinssatz zu fixieren. Dazu erfolgt der Abschluß eines Forward Liability Payer-Swaps. Nach Ablauf der Vorlaufzeit nimmt das Unternehmen einen Roll-over-Kredit mit variabler Zinsbindung auf (z. B. Sechs-Monats-Euribor). Der Forward Swap, dessen Swap-Laufzeit nun beginnt, gestattet es dem Unternehmen, die variable Roll-over-Finanzierung in eine Festsatz-Finanzierung zum ursprünglich vereinbarten Festsatz (Swap-Satz) zu transformieren.

Wesentliche Vertragsbestimmungen:

- Swap-Volumen (zugrundeliegender Kapitalbetrag), auf das sich die Zinszahlungen beziehen.
- Vorlaufzeit, z. B. 24 Monate.
- Laufzeit des Swaps, z. B. acht Jahre.
- Festzinssatz (Swap-Satz).
- Referenzzinssatz, variabler Zinssatz, z. B. Sechs-Monats-Euribor.
- Roll-over-Termine (Fixing-Termine), z. B. 30.06. und 30.12 (Termine, an denen die vom Markt gegebene Höhe des Referenzzinssatzes zur Bestimmung der Ausgleichszahlung festgestellt wird).

Kosten: Kosten im engeren Sinne fallen für die beiden Swap-Parteien nicht an.

Mindest- und Maximallaufzeiten: normalerweise maximal zehn Jahre Gesamtlaufzeit (Vorlaufzeit + Swap-Laufzeit), in Ausnahmefällen auch länger. Selten unter 24 Monaten.

Mindestvolumen: kein festes Mindestvolumen, aber selten unter 250.000 €.

Aufhebung: Eine Aufhebung im engeren Sinne ist nicht möglich, doch sind die Wirkungen des Swaps praktisch jederzeit durch Abschluß eines analogen, aber entgegengesetzen Swaps neutralisierbar. Allerdings kann dies – in Abhängigkeit von der dann aktuellen Zinssituation – nicht immer kostenneutral geschehen.

Minifallstudie: Ein Unternehmen will für eine in der Zukunft notwendige Kreditaufnahme zur Finanzierung einer großen Maschine (sagen wir, in 20 Monaten) bereits heute die Zinskonditionen fixieren, um eine unvorteilhafte Erhöhung der Zinssätze bis zur eigentlichen Kreditaufnahme auszuschließen.

Lösung zur Minifallstudie: Das Unternehmen schließt mit der Bank einen Forward Zins-Swap ab. Ein solcher Swap beinhaltet den Austausch von Zinszahlungsverpflichtungen (z. B. ein variabler Zinssatz in einen langfristigen Festsatz) zwischen zwei Parteien (z. B. Bank und Firmenkunde) für eine bestimmte Laufzeit. Hinzu kommt beim Forward Swap (im Unterschied zum einfachen Zins-Swap) eine *Vorlaufzeit* (in diesem Beispiel von 20 Monaten), in der zunächst nichts passiert (keine Zahlungsströme). Die sich daran anschließende Kreditlaufzeit *(Swap-Laufzeit)* beträgt in diesem Beispiel vier Jahre. Die Gesamtlaufzeit (Vorlaufzeit + Swap-Laufzeit) kann normalerweise maximal 20 Jahre betragen, in der Regel liegt sie unter zehn Jahren. Nach der Vorlaufzeit zahlt das Unternehmen z. B. halbjährlich nachschüssig den vereinbarten Festsatz. Der Unterschied zwischen einem Forward Swap und einem einfachen Swap besteht eigentlich nur darin, daß letzterer sofort, ohne Vorlaufzeit, beginnt. Wichtig zu wissen ist, daß ein Zins-Swap keinen Tausch der Kapitalbeträge beinhaltet. Er kann deswegen – und das geschieht auch häufig – ohne zugrundeliegenden Kredit oder eine Anlage abgeschlossen werden.[*] In diesem Zusammenhang bleibt noch anzumerken, daß die meisten Banken Konditionenvereinbarungen bis zu 24 Monaten im voraus auch ohne Eintritt in einen Forward Swap bzw. ohne den Kauf eines FRAs anbieten, indem einfach der Auszahlungstermin des Festsatzkredites in die Zukunft verlegt wird. Bis dahin zahlt der Kunde Bereitstellungszinsen, die jedoch ebensogut in die späteren Zinszahlungen nach Auszahlung des Kredites eingebaut werden können, so daß während der Vorlaufzeit keine Liquiditätsbelastung des Kreditnehmers erfolgt. Oft ist diese simple Variante sogar günstiger als ein entsprechender Forward Swap.

---

[*] Genausogut könnte ein zugrundeliegender Kredit bei Bank A aufgenommen worden sein, der „dazugehörige" Swap jedoch bei Bank B.

Devisentermingeschäft (DTG)

Definition: Vereinbarung über die spätere Lieferung eines bestimmten Fremdwährungsbetrages zu einem bereits heute feststehenden Wechselkurs (Terminkurs). Auch bei diesem nicht standardisierten Geschäft (OTC-Geschäft) fallen Vertragsabschluß und Erfüllung auseinander. In der DTG-Vereinbarung sind festzulegen: (a) Volumen des Fremdwährungsbetrages, (b) welche Partei die Fremdwährung kauft, welche verkauft, (c) der Wechselkurs am Fälligkeitstag (Terminkurs), (d) der Erfüllungszeitpunkt, das heißt die Laufzeit des Geschäftes. Devisentermingeschäfte sind *unbedingte* Geschäfte (keine Vertragspartei besitzt ein Ausübungswahlrecht = beidseitig verpflichtend), das heißt, die Parteien (Kontrahenten) schließen nicht nur ihr jeweiliges Wechselkursrisiko aus, sondern verzichten zeitgleich auf einen möglichen Kursgewinn. Der Terminkurs kann über dem aktuellen Kassakurs oder darunter liegen. Dieser *Report* oder *Deport* hängt vom relativen Zinsniveauunterschied der beiden Währungen ab. Der Terminkurs (exklusive Bankmarge) ist somit vom Markt vorgegeben.

Typische Zwecksetzungen für Hedger: Der Wechselkurs für in der Zukunft liegende Fremdwährungsein- oder -ausgänge wird bereits heute (typischerweise zeitgleich mit einem zugrundeliegenden Warengeschäft) fixiert. Wechselkursverluste und -gewinne sind ab diesem Zeitpunkt ausgeschlossen. Daher haben DTG große Bedeutung für Im- und Exporteure.

Wesentliche Vertragsbestimmungen:

- Volumen der zu kaufenden oder verkaufenden Fremdwährung.
- Laufzeit (z. B. zwölf Monate).
- Laufzeit (Erfüllungszeitpunkt).

Kosten: Kosten im engeren Sinne fallen für Unternehmen, die DTGs abschließen, nicht an. Wie bei jedem Devisenkauf- oder -verkauf erhebt die Bank eine Marge auf den vom Markt vorgegebenen Terminkurs.

Mindest- und Maximallaufzeiten: keine bestimmte Mindestlaufzeit, aber selten unter einer Woche, ebenfalls keine bestimmte Maximallaufzeit, aber selten über 24 Monate.

Mindestvolumen: kein festes Mindestvolumen, aber selten unter dem Gegenwert von 10.000 €.

Aufhebung: Eine Aufhebung im engeren Sinne ist nicht möglich, doch lassen sich die Wirkungen des DTG praktisch jederzeit durch Abschluß eines analogen, aber entgegengesetzten Geschäftes neutralisieren. Diese Glattstellung wird jedoch zumeist nicht kostenneutral sein.

Minifallstudie: Ein Produktionsunternehmen kauft regelmäßig für die laufende Fertigung Rohstoffe im Ausland, die mit US-Dollar zu zahlen sind. Im Durchschnitt beläuft sich die Rechnung auf monatlich zwischen 25.000 und 40.000 US-Dollar. Das Unternehmen will sich vor unerwartet drastischen Dollaraufwertungen schützen und eine sichere Kalkulationsgrundlage für die nächsten zwölf Monate bekommen.

Lösung zur Minifallstudie: Das Unternehmen schließt einmalig zwölf einzelne Devisentermin-Dollar-Käufe mit einem jeweiligen Einzelgegenwert von 25.000 Dollar bei seiner Bank ab. Die Fälligkeiten der zwölf Einzelgeschäfte sind in Monatsabständen über ein Jahr verteilt. Liquidität muß das Unternehmen erst bei der jeweiligen Fälligkeit der einzelnen Tranchen aufwenden. Nach einem Monat wird das erste DTG fällig, und das Unternehmen kann zum ursprünglich fixierten Terminkurs 25.000 Dollar kaufen. Gleichzeitig schließt es ein neues Geschäft über den Kauf von 25.000 Dollar ab. So bleibt von nun an der

Wareneinkauf (wenigstens überwiegend, wenn auch nicht ganz) rollierend für zwölf Monate preislich abgesichert. Potentielle Gewinne durch eine Aufwertung des Dollars sind damit auch ausgeschlossen.

Devisenoptionen: Kaufoption (Call)

Definition: Kaufvertrag zwischen zwei Parteien. Der Käufer (Inhaber) eines Calls erwirbt das Recht (aber nicht die Pflicht) zum Kauf einer bestimmten Menge Fremdwährung zu einem im voraus festgelegten Wechselkurs an einem bestimmten späteren Zeitpunkt oder während der ganzen Zeit bis zu diesem Zeitpunkt. Darf er dieses Recht nur an einem einzelnen Zeitpunkt ausüben, spricht man von einer Option *europäischen* Stils, während das Recht zur Ausübung während der ganzen Zeit (bis zu diesem Zeitpunkt) eine Option *amerikanischen* Stils darstellt. Der Verkäufer *(Stillhalter)* der Option nimmt die Gegenposition ein. Er hat die grundsätzliche Pflicht, auf Verlangen die Devisen zu den festgelegten Konditionen zu liefern. Für sein Kaufrecht zahlt der Käufer eine Prämie pro Option an den Verkäufer. Devisenoptionen sind in der Regel nicht standardisierte „Maßanfertigungen" (OTC-Geschäfte). Banken nehmen dabei sowohl die Rolle des Käufers als auch die des Verkäufers ein.

Typische Zwecksetzungen für Hedger: Durch den Kauf eines Calls können in der Zukunft liegende Zahlungsverpflichtungen in Fremdwährung gegen unerwartete Wechselkursverluste (wegen eines angestiegenen Fremdwährungskurses) abgesichert werden. Gleichzeit hält sich der Call-Inhaber die Chance offen, an einer günstigen Wechselkursentwicklung durch Abwertung der Fremdwährung gegenüber der heimischen Währung teilzuhaben. In diesem Fall wird er den Call ungenutzt verfallen lassen. Hierin besteht der wesentliche Unterschied zu einem Devisentermingeschäft.

Wesentliche Vertragsbestimmungen: Bei Vertragsabschluß muß der Käufer je Call-Option einen fixen Stückpreis (Optionsprämie) an den Verkäufer (Stillhalter) zahlen. Die Kosten bemessen sich nach:

- Laufzeit (Erfüllungszeitpunkt), Fremdwährungsvolumen (Betrag).
- Basiskurs (Ausübungskurs, *Strike*).
- Laufzeit (Fälligkeit).
- Optionstyp (europäische oder amerikanische Option).

Neben diesen zu vereinbarenden Größen beeinflussen den konkreten Preis der Option maßgeblich: 1) die Volatilität (Schwankungsintensität) des Fremdwährungskurses im Vergleich zur heimischen Währung (je höher die Volatilität, desto teurer die Option), 2) der relative Unterschied zwischen augenblicklichem Kassa-Wechselkurs und dem Basiskurs (je näher der Basiskurs am Kassakurs, desto teurer die Call-Option).

Kosten: Bei Vertragsabschluß muß der Käufer je Call-Option einen fixen Stückpreis (Optionsprämie) an den Verkäufer (Stillhalter) zahlen.

Mindest- und Maximallaufzeiten: keine bestimmten Mindest- oder Maximallaufzeiten, jedoch selten unter einer Woche bzw. über 24 Monate.

Mindestvolumen: kein festes Mindestvolumen, aber selten unter dem Gegenwert von 10.000 €.

Aufhebung: unproblematisch durch Verkauf zum aktuellen Marktpreis (Optionsprämie), der sowohl über als auch unter dem ursprünglichen Kaufpreis liegen kann.

Minifallstudie: Nehmen wir die gleiche Situation wie in der vorangegangenen Minifallstudie zum Devisentermingeschäft an (bitte lesen Sie dort nach). Da mit dem (verpflichtenden) DTG sinnvollerweise nur der gleichbleibende Mindestbedarf an Dollarkäufen abgesichert werden kann, sucht das Unternehmen nach einer zusätzlichen Lösung auch für die Kurssicherung der schwankenden Spitzen.

Lösung zur Minifallstudie: In manchen Monaten werden bis zu 15.000 Dollar mehr als die Mindestsumme von 25.000 gebraucht. Das Unternehmen rechnet genau nach und ermittelt den durchschnittlichen Zusatzbedarf bei 10.000 Dollar. Es entschließt sich, jeden Monat zusätzlich zu den Terminkäufen Call-Optionen amerikanischen Typs für 10.000 Dollar mit einer Laufzeit von zwölf Monaten zu kaufen. Auf diese Weise sichert es auch den größten Teil des unregelmäßigen Spitzenbedarfs für Dollars, denn es kann die Optionen je nach Bedarf ausüben.

Devisenoptionen: Verkaufsoption (Put)

Definition: Kaufvertrag zwischen zwei Parteien. Der Käufer (Inhaber) eines Puts erwirbt das Recht (aber nicht die Pflicht), einen bestimmten Fremdwährungsbetrag zu einem festgelegten Wechselkurs an den Verkäufer zu verkaufen. Darf er dieses Recht nur zu einem bestimmten Zeitpunkt ausüben, spricht man von einer Option *europäischen* Stils, während das Recht zur Ausübung während der ganzen Zeit (bis zu diesem Zeitpunkt) eine Option *amerikanischen* Stils darstellt. Der Verkäufer (Stillhalter) des Puts nimmt die Gegenposition ein. Er hat die grundsätzliche Pflicht, auf Verlangen die Devisen zu den festgelegten Konditionen zu kaufen. Für sein Verkaufsrecht zahlt der Put-Käufer eine Prämie pro Option an den Verkäufer (siehe auch die Ausführungen zur Devisen-Call-Option).

Typische Zwecksetzungen für Hedger: Durch den Kauf eines Puts können in der Zukunft liegende Zahlungseingänge in Fremdwährung gegen unerwartete Wechselkursverluste (wegen eines gesunkenen Fremdwährungskurses) abgesichert werden. Gleichzeit hält sich der Put-Inhaber die Chance offen, an einer günstigen Wechselkursentwicklung durch Aufwertung der Fremdwährung gegenüber der heimischen Währung teilzuhaben (in diesem Fall wird er den Put ungenutzt verfallen lassen). Hierin besteht der wesentliche Unterschied zu einem Devisentermingeschäft.

Wesentliche Vertragsbestimmungen: siehe Call-Option.

Kosten: Bei Vertragsabschluß muß der Käufer je Put-Option einen fixen Stückpreis (Optionsprämie) an den Verkäufer (Stillhalter) zahlen (ansonsten analog zur Call-Option).

Mindest- und Maximallaufzeiten: keine bestimmten Mindest- oder Maximallaufzeiten, jedoch selten unter einer Woche Mindest- bzw. 24 Monaten Maximallaufzeit.

Mindestvolumen: kein festes Mindestvolumen, aber selten unter dem Gegenwert von 10.000 €.

Aufhebung: unproblematisch durch Verkauf zum aktuellen Marktpreis (Optionsprämie), der sowohl über als auch unter dem ursprünglichen Kaufpreis liegen kann.

Minifallstudie: Ein Unternehmen hat vorübergehend oder längerfristig nennenswerte Einnahmen in einer Fremdwährung, sagen wir, in japanischen Yen, während seine Ausgaben überwiegend in inländischer Währung (€) anfallen. Auch der Jahresabschluß wird in € erstellt. Das Unternehmen will das hieraus resultierende Wechselkursrisiko reduzieren.

Lösung zur Minifallstudie: Das Unternehmen könnte das Währungsrisiko aus den Yen-Erlösen durch Terminverkäufe (Devisentermingeschäft, DTG) oder durch den Kauf von Yen-Put-Optionen (Devisenverkaufsoptionen) reduzieren. (Zum DTG siehe die Ausführungen weiter oben.) Der Käufer einer Put-Option hat das Recht (nicht aber die Pflicht), innerhalb eines bestimmten Zeitraums oder am Ende des Zeitraums einen festgelegten Währungsbetrag zu einem fixierten Kurs an den Put-Verkäufer zu verkaufen. (Der – zumindest nach außen – in Erscheinung tretende Verkäufer dürfte normalerweise die Bank sein.) Sollte der Yen-Kurs bis zum Verfalltag der Option steigen, kann der Optionsinhaber noch einen Währungsgewinn realisieren.

Zins-Swaption

Definition: Swaption ist eine verkürzte Schreibweise für *Swap-Option*. Daraus wird bereits deutlich, was eine Swaption ist, nämlich eine Kombination von Option (Call oder Put) und Zins-Swap. Der Käufer einer Swaption ist berechtigt (aber nicht verpflichtet), bei Ausübung seines Rechtes mit der anderen Partei zu den vorher festgelegten Bedingungen in einen Zins- oder Währungs-Swap einzutreten. Für dieses Recht zahlt der Käufer (Inhaber) der Swaption dem Verkäufer (Stillhalter) eine Optionsprämie. Eine Swaption ist ein bedingtes Termingeschäft (nicht beidseitig verpflichtend), das einer der beiden Vertragsparteien ein Ausübungsrecht beläßt. Sie besitzt somit eine Gesamtlaufzeit, die sich in eine anfängliche Optionslaufzeit und – sofern die Option ausgeübt wird – eine anschließende Swap-Laufzeit aufteilt. Alle vorstehenden Ausführungen zum einfachen Zins-Swap gelten für die Swaption analog. Falls und wenn der Swaption-Inhaber die Option ausübt, erhält er üblicherweise eine auf diesen Tag abdiskontierte Ausgleichszahlung in Höhe der Differenz zwischen dem vereinbarten Festzinssatz und dem aktuellen Festzinssatz *(cash settlement),* er kann aber auch ganz „normal" in den Zins-Swap eintreten (effektive Andienung).

Typische Zwecksetzungen für Hedger: Eine Zins-Swaption bietet sich dann an, wenn der künftige Finanzierungs- oder Anlagebedarf unsicher ist (ansonsten siehe die Ausführungen zum einfachen Zins-Swap).

Wesentliche Vertragsbestimmungen: siehe nachfolgende Ausführungen zu den Kosten.

Kosten: Der Käufer (Inhaber) der Swaption zahlt für sein Recht, in einen Swap einzutreten, eine Optionsprämie (pro Geldeinheit des Swap-Volumens) an den Verkäufer der Swaption. Die Höhe dieser Optionsprämie bemißt sich nach:

- Laufzeit der Option, z. B. 18 Monate.
- Swap-Laufzeit, z. B. fünf Jahre.
- Referenzzinssatz, variabler Zinssatz, z. B. Sechs-Monats-Euribor.
- Roll-over-Termine (Fixing-Termine), z. B. halbjährlich zum 30.03. und 30.09.
- Strike, d. i. der Festzinssatz (Swap-Satz).
- Swap-Volumen (zugrundeliegender Kapitalbetrag), auf das sich die Zinszahlungen beziehen, z. B. 380.000 €.
- Optionstyp (europäische oder amerikanische Option).

Mindest- und Maximallaufzeiten: keine feste Maximallaufzeit der Option, jedoch selten über 36 Monate. Für den Swap ebenfalls keine feste Laufzeitobergrenze, jedoch selten über 20 Jahre.

Mindestvolumen: kein festes Mindestvolumen, aber selten unter 250.000 €.

Aufhebung: Für den Optionsinhaber ist der Verkauf der Swaption (vor Ausübung) jederzeit zum aktuellen Marktpreis (Optionsprämie) möglich. Dieser Marktpreis kann sowohl über als auch unter dem ursprünglichen Kaufpreis liegen. Nach Beginn der Swap-Laufzeit (Ausübung der Option vorausgesetzt) ist zwar eine Aufhebung im engeren Sinne nicht mehr möglich, doch eine Neutralisierung durch ein analoges, entgegengesetztes Geschäft. Diese Glattstellung wird jedoch zumeist nicht kostenneutral sein.

Minifallstudie 1: Ein Unternehmen plant mittelfristig den Verkauf einer Geschäftssparte und erwartet daher in der Zukunft einen größeren Geldeingang. Wenn alles nach Plan läuft, soll der Kaufpreis in rund $2^1/_2$ Jahren fließen. Aufgrund noch offener rechtlicher Fragen sind Zeitpunkt der Kaufpreiszahlung und exakte Höhe aber noch ungewiß. Auf jeden Fall soll die Summe nach Zahlung für eine gewisse Zeit verzinslich angelegt werden, weil sie nicht sofort reinvestiert werden kann. Für diese Anlage will das Unternehmen sich bereits heute einer Mindestzinssatz oder – denkbare Alternative dazu – einen Festzinssatz sichern, um das Risiko bis dahin fallender Anlagezinsen auszuschließen.

Lösung zur Minifallstudie 1: Da der Vorlaufzeitraum über zwei Jahre beträgt, kommt der Verkauf eines FRAs zur Absicherung gegen eine mögliche Zinssenkung nicht in Betracht. Es böte sich daher der Kauf einer *Receiver-Put-Swaption* (Put-Option kombiniert mit Receiver-Zins-Swap) an. Dieses Derivat sichert dem Anleger einen Festsatz für die Zukunft. Anders als beim normalen Zins-Swap oder Forward Swap kann infolge des Ausübungswahlrechtes zusätzlich auf die Ungewißheit, ob die Anlage zustande kommt, Rücksicht genommen werden. Falls nicht, fällt das Zinssicherungsgeschäft mangels Ausübung der Option weg. Je nach Restlaufzeit der Swaption kann diese dann noch zu Marktkonditionen veräußert werden. Der Preis einer Swaption richtet sich nach Optionslaufzeit, dem vereinbarten Festzinssatz, der Volatilität dieser Zinssätze und dem aktuellen Niveau des Swap-Marktes.

Minifallstudie 2: Auch hier möchte ein Unternehmen für eine in der Zukunft notwendige Kreditaufnahme zur Finanzierung eines Investitionsobjektes bereits heute die Zinskonditionen fixieren, um eine Erhöhung der Zinssätze bis zur eigentlichen Kreditaufnahme auszuschließen. In diesem Fall ist aber noch nicht sicher, ob die Kreditaufnahme wirklich notwendig sein wird. Das könnte z. B. folgenden Hintergrund haben: Ein Unternehmen bewirbt sich mit anderen bei einer größeren Auftragsausschreibung. Es rechnet sich zwar gute Chancen aus, aber der Zuschlag ist natürlich ungewiß. Das derzeitige Zinsniveau für eine eventuell notwendige Auftrags- und Produktionsfinanzierung (Laufzeit 18 Monate) erscheint attraktiv. Die Zinsen dürften eher steigen. Das Unternehmen will die Zinsen bereits jetzt für die möglicherweise notwendige, 18monatige Finanzierung fixieren, ohne zugleich dazu gezwungen zu sein, den Kredit tatsächlich aufzunehmen.

Lösung zur Minifallstudie 2: Das Unternehmen kauft eine *Payer-Swaption* (Call-Option auf einen Zins-Swap) und fixiert damit heute einen Festsatz für eine erst in der Zukunft beginnende Kreditlaufzeit. Diese Swaption gibt ihrem Besitzer für eine vertraglich definierte Phase das Recht, bei Ausübung in einen Zins-Swap einzutreten. So kann das Unternehmen ein Angebot abgeben, ohne daß bei Nichterteilung des Auftrags ein Zinsrisiko entsteht. Falls es den Auftrag nicht erhält, kann es die Swaption verfallen lassen oder – besser – zum gültigen Marktpreis verkaufen.

3. Worauf Sie bei Derivaten besonders achten müssen

Eine ganze Reihe wichtiger Gesichtspunkte eines Derivatgeschäftes stellen Firmenbetreuer bei ihren Kundengesprächen gern „hinten an". Auf sie möchte ich hier kurz eingehen.

Zur wichtigen Frage der vorzeitigen Aufhebung oder Stornierung von Derivaten: Um den tatsächlichen Nutzen eines Derivates angemessen einschätzen zu können, ist diese Frage natürlich zu prüfen. Recht problemlos kann das bei den oben beschriebenen Kauf-Optionsgeschäften (Währungsoptionen, Swaptions während der Optionslaufzeit sowie Caps und Floors) geschehen. Bei den Swaps und FRAs vollzieht sich die im Grunde jederzeit mögliche vorzeitige Auflösung, indem ein analoges, aber entgegengerichtetes Derivat oder eine Barwertberechnung für die Differenz der Zahlungsströme des alten, entgegengerichteten Derivates abgeschlossen wird. Inwieweit die vorfristige Auflösung den Bankkunden Bares kostet, hängt allerdings von dem dann aktuellen Stand der kostenbeeinflussenden Faktoren für Swaps und FRAs ab, also Verlauf der Zinsstrukturkurve, Höhe des neuen Festzinssatzes (Forward Rate, Swap-Satz), aktuellem Stand des Referenzzinssatzes, Volatilität des Referenzzinssatzes, Laufzeit und Volumen des Geschäftes. Da eine Auflösung in aller Regel nur dann gewünscht wird, wenn eine Finanzierung auf dem normalen Kassamarkt für die Restlaufzeit billiger wäre, werden die schlußendlichen Kosten mindestens dem Barwert des relativen Kostenvorteils des Kassageschäftes entsprechen (zuzüglich des Verwaltungsaufwandes der Bank für die Auflösung). Mit anderen Worten: Rein finanztheoretisch lohnt es sich nicht, den Swap vorzeitig zu beenden.

Anhand der wenigen Beispiele aus dem vorangegangenen Abschnitt wird die praktisch unbegrenzte Vielfalt und Kombinierbarkeit von Derivaten deutlich. Aufgrund der Komplexität dieses Fachgebietes zieht so gut wie jeder Firmenbetreuer, wenn es um Derivate geht, einen Spezialisten hinzu. Die Beispiele lassen ferner erahnen, daß auch sehr ausgefallene Kurs- oder Zinsänderungsrisiken mit Derivaten reduziert werden können. Je nach Konstellation kostet dieses Hedgen jedoch kein, wenig oder viel Geld, ähnlich wie eine Versicherung Geld kostet.

Manchmal bestehen diese Kosten nur im Verzicht auf mehr oder weniger sichere Ertragschancen (Opportunitätskosten), manchmal auch in tatsächlichen Zahlungen, entweder in Form einer Einmalgebühr *(Flat Fee)* am Anfang des Geschäftes oder in Form von in die laufenden Zinsraten hineinkalkulierten Prämien.

Aber egal, ob die Hedge „nur" den Verzicht auf Ertragschancen kostet, oder tatsächliche „Versicherungsprämien" zu zahlen sind („verpackt" als Flat Fee oder als laufende Zahlung): Der Kunde (Hedger) sollte es nicht bedauern, wenn sich im Rückblick herausstellt, daß die Absicherung (Hedge) nicht nötig gewesen wäre. Warum eine solche Reue widersinnig wäre, macht ein naheliegender Vergleich deutlich. Ein Häuslebesitzer hat (vernünftigerweise) seine Immobilie gegen Feuer versichert. Nach einigen Jahren verkauft er das zwischenzeitlich *nicht* abgebrannte Objekt. Es wäre unsinnig, wenn er den Abschluß der Versicherung wegen ihrer Kosten im nachhinein bereute ... Schließlich hatte er während der ganzen Zeit Risikoschutz gegen Feuerschäden, und für diesen Versicherungsschutz bezahlen zu müssen ist nur recht und billig.

Um die Abgrenzung der hier gezeigten „guten" Einsatzmöglichkeiten für Derivate zu Hedging-Zwecken von den „schlechten" (nämlich das Finanzrisiko erhöhenden) Konstruktionen zu illustrieren, stelle ich Ihnen noch zwei Beispiele für den spekulativen Einsatz von Zins- und Währungsderivaten vor: den spekulativ eingesetzten *Währungs-Zins-Swap* und den spekulativ eingesetzten *Receiver-Zins-Swap.**)

Da die Zinsstrukturkurve des Schweizer Franken (jedenfalls bis zur Fertigstellung dieses Manuskriptes) viele Jahre lang über alle Zinsbindungen hinweg um bis zu 2,5 Prozentpunkte unter den DM-Sätzen lag, begannen Mitte der 90er Jahre zunehmend

---

*) Dabei ist nochmals zu unterstreichen, daß Derivate *an sich* weder Spekulations- noch Hedging-Charakter haben, sondern sich diese Wirkungen erst aus der Konstellation ergeben, in der sie verwendet werden.

mehr Banken, ihren Firmenkunden DM/Franken-Währungs-Swaps anzubieten (mit Zinsbindungen zwischen einem und zehn Jahren).
Zur Funktionsweise dieses nur scheinbar narrensicheren Geschäftes ein Beispiel aus der Praxis: Der Kunde zahlt an die Bank den Zinsdienst für eine fünfjährige Zinsbindung in Franken von z. B. 2,23 % p. a. auf einen Betrag von z. B. 807.103 Franken (= 1,0 Millionen Mark zum Kurs von 1,239 DM/CHF bei Vertragsabschluß). Im Gegenzug erhält der Kunde von der Bank 4,13 % p. a. aus 1,0 Mio Mark. Die Zinsdifferenz von 1,9 Prozentpunkten entspräche bei unveränderten Kursen einer DM-Ersparnis von 19.000 Mark p. a., bei fünf Jahren Laufzeit also ca. 95.000 Mark Ersparnis.
Die vielfach übersehene Gefahr bei dieser Konstruktion besteht in der möglichen Verteuerung des Franken. Es genügt bereits, wenn der Franken am Ende von zweieinhalb Jahren um diese 1,9 % (das sind rund 2,5 Pfennige) aufgewertet wird, um den gesamten Zinsertrag dieser Jahre aufzufressen. Noch schlechter sieht die Rechnung aus, wenn die Aufwertung schon früher einsetzt oder stärker ist. Eine zwar drastische, aber durchaus mögliche Aufwertung um fünf Pfennige würde beispielsweise einen Verlust von 90.000 Mark verursachen. Trauen Sie sich zu, den Frankenkurs für fünf Jahre zu prognostizieren?
Ein ähnliches Roulette-Spiel stellt der populäre, weil einfach zu verstehende *Receiver-Swap* dar (wenn er nicht zu Absicherungszwecken eingesetzt wird). Der Kunde tauscht mit der Bank seine fixe Zinsbindung gegen eine variable Zinsbindung, z. B. den Sechs-Monats-Euribor (+ Bankmarge). In einer Phase mit konventioneller Zinsstrukturkurve (die kurzfristigen Zinsen sind niedriger als die langfristigen) entsteht logischerweise eine Ersparnis. Der Kunde wird seine (z. B.) 8,5 %-Zinsbindung (für einige Jahre) los und erhält eine variable Zinsbindung, die ohne weiteres zwei Prozentpunkte günstiger sein kann. Sobald allerdings die Kurzfristzinsen steigen, gerät er in

den „Schwitzkasten". Da zuverlässige Zinsprognosen für einen längeren Zeitraum aussichtslos sind, handelt es sich hier um ein Glücksspiel, das in den meisten Fällen zudem den Grundsatz der Fristenkongruenz (Goldene Finanzierungsregel) auf den Kopf stellt.

So gefährlich solche spekulativen Einsätze von Derivaten besonders für mittelständische Unternehmen auch sind, sie kommen immer wieder vor, weil sich manche Geschäftsführer dadurch eine „schnelle" zusätzliche Mark erhoffen. Im Unterschied dazu können Derivate, die zu Hedging-Zwecken eingesetzt werden, ein Segen für die Unternehmen sein.

Noch ein paar Worte zur technischen Abwicklung der hier dargestellten Over-the-counter-Derivate. Da die Konditionen für Derivate oft stark schwanken, werden sie zumeist erst im letzten Augenblick via Telefon und Fax zwischen Firmenbetreuer und Kunde verbindlich fixiert. Danach erfolgt eine schriftliche Bestätigung.

Für börsengängige wie zum Teil auch für OTC-Derivate werden zwischen Bank und Kunde bereits *vor* konkreten Geschäftsabschlüssen Aufklärungs- und Rahmenverträge vereinbart – üblicherweise in einer brancheneinheitlichen Fassung des Bankenverbandes. Erstere sind eine gesetzliche Vorschrift und sollen den Kunden vor den Risiken von Derivaten warnen, letztere sind eine Art Allgemeine Geschäftsbedingungen (AGB) für Derivate, also Standardklauseln, die Basis aller Einzelgeschäfte sind und nicht jedes Mal gesondert vereinbart werden müssen.

Für einige der hier beschriebenen Derivate spielt aus Sicht der Bank (als einem der beiden Vertragspartner) die Bonität des Kunden eine Rolle. Bei solchen Produkten muß diese Bonität mindestens ausreichen, um die sogenannten Kurs- und Erfüllungsrisiken aus den Derivat-Vertragsverpflichtungen abzudecken. Zwei Beispiele: Ein Firmenkunde erwirbt von seiner Bank US-Dollar-Kaufoptionen (Calls), um in einigen Monaten zu einem bereits heute feststehenden Maximalkurs US-Dollars kaufen zu können. Hier entfallen für die Bank jegliche Bonitätserwägungen, zumindest dann, wenn der Kunde den zwei Tage später fälligen Kaufpreis vorher bei der Bank deponiert hat. Der Kunde hat ja gegenüber der Bank nach Bezahlung der Optionen keine weiteren Verpflichtungen (lediglich Rechte). Kauft er hingegen diese Dollars per Devisentermingeschäft auf Termin, wird die Bank einen von Währung, Laufzeit und Volumen abhängigen Risikowert ansetzen, z. B. 20% des €-Gegenwertes des Geschäftes. Warum geschieht dies? Sollte der USD-Kurs gegenüber dem € am Erfüllungstag deutlich gefallen und zudem der Kunde zahlungsunfähig sein, muß die Bank die Dollars zum dann niedrigeren Kassa-Kurs anderweitig verkaufen (da es sich hier um ein beidseitig verpflichtendes Geschäft handelt). Der Risikoansatz von 20% repräsentiert dieses Risiko des Kursverlustes.

Die Bank berücksichtigt dieses Kursrisiko kreditmäßig in folgender Weise: Hatte der Kunde eine Kreditlinie von einer Million € und kaufte Dollars im Gegenwert von 500.000 €, wird die Bank 20% von 500.000 €, also 100.000 € auf seine Kreditlinie anrechnen. Somit reduziert sich die Linie auf 900.000 € (für die Laufzeit des Termingeschäftes). Hatte der Kunde keine Kreditlinie, verlangt die Bank eine Bargeldverpfändung von 100.000 €. Die jeweiligen Risikoansätze variieren von Derivat zu Derivat und von Bank zu Bank deutlich. Auf alle Fälle sollte Sie Ihr Firmenbetreuer über den jeweiligen Risikoansatz informieren.

Als schwebende Geschäfte sind Derivate an sich bilanzneutral, das heißt, über ihren Einsatz muß nicht (kann aber) im Anhang der Bilanz berichtet werden. Das bedeutet z. B., daß der oben erwähnte Receiver Swap, mit dem eine langfristige in eine kurzfristige Zinsbindung getauscht wird, die Darstellung der Fristigkeiten der Bankverbindlichkeiten in der Bilanz nicht tangiert, obwohl diese Fristigkeiten faktisch verändert wurden.

(Dessenungeachtet ist ein drohender Verlust nach § 249,1 HGB zu berücksichtigen.)

Derivate sind in einer gewissen Weise aus Einzelkomponenten zusammengebaute Finanzprodukte. Die Struktur der darin enthaltenen Produktkombinationen und der (sich zum Teil gegenseitig aufhebenden) Zahlungsströme kann auf den Betrachter anfänglich verwirrend wirken. Aus Platzgründen habe ich hier darauf verzichtet, diese Strukturen offenzulegen, da es mir nur darauf ankam, die Nettoeffekte darzulegen. Diese Effekte und ihre Abhängigkeit von verschiedenen Einflußfaktoren vollständig zu überblicken muß Ihr Ziel sein, wenn Sie Derivate für Hedging-Zwecke anwenden wollen. Daher sollten Sie – wie eingangs erwähnt – eine der umfangreicheren Bankbroschüren zum Thema zu Rate ziehen.

Zusammenfassend läßt sich sagen: Wer Derivate nutzt – und dies gilt ganz besonders für die spekulativen Konstruktionen – sollte sich über folgende Aspekte klar sein:

- Derivate sollten nur Unternehmen einsetzen, die die Mechanik des Produktes durchschauen. Dafür ist eine gehörige Portion Fachwissen erforderlich – mehr, als es dieser Abschnitt vermittelt. Die intensive Lektüre einer guten Bankpublikation zu Zins- oder Währungsderivaten ist das Minimum.
- Kleine und mittleren Unternehmen sollten Derivate vernünftigerweise nur für Hedging-Zwecke einsetzen. Falls Derivate spekulativ verwendet werden, muß dem Unternehmen bewußt sein, daß es damit sein originäres Spielfeld (den Markt für Produkt oder Dienstleistung X) verläßt und sich auf unbekanntes Terrain begibt. Dort wird es nur mit viel Glück eine blutige Nase vermeiden können.
- Der Anwender spekulativ eingesetzter Derivate sollte seine *Risiko-Exposure* (Risikoanfälligkeit) einschätzen können. Mit diesem englischen Begriff sind Ausmaß und Wahr-

scheinlichkeit der Wirkung ungünstiger Zins- und Kursänderungen für das Unternehmen in seiner spezifischen Finanzposition gemeint. Der Worst Case sollte beziffert werden und das Unternehmen nicht ernsthaft gefährden können. Damit sind – salopp definiert – der maximale Verlust oder die maximalen Kosten unter *sehr* pessimistischen Annahmen gemeint.
- Der Anwender spekulativ eingesetzter Derivate sollte eine Zinsmeinung haben, d. h. er muß eine (hoffentlich begründbare) Auffassung dazu formulieren können, wo die Zinstendenz mit welcher Intensität und Geschwindigkeit während der geplanten Laufzeit des Derivates hingeht. Daß konsistent richtige Zinsprognosen unmöglich sind, habe ich erwähnt (siehe „Zins-Research" im Glossar).
- Ein gesundes Mißtrauen gegenüber dem verkäuferischen Impuls des Firmenkundenbetreuers für Derivate ist stets angebracht. Wenn Ihnen Ihr Firmenkundenbetreuer ungewöhnlich begeistert zum Einsatz rät, fragen Sie sich, ob und wie der Einsatz des Derivates *Ihren* Interessen dient.

Daran schließt sich zwangsläufig eine Frage an: Warum offerieren Banken Derivate auch für spekulative Zwecke, statt nur für Hedging? Nun, erstens bringen auch spekulativ eingesetzte Derivate Geld in die Kasse der Bank. Zweitens müssen die Banken ihre teuren Derivatespezialisten und Investitionen in die Derivateabteilungen auslasten. Drittens gelten Derivate unter Bankern als „in", das heißt, Kundenbetreuer, die viele Derivate an den Mann bringen, haben bessere Karrierechancen. Und viertens: Kennt der Kunde die Worst-Case-Folgen eines spekulativen Derivates und ist er in der Lage, sie gegebenenfalls zu tragen, braucht die Bank keinerlei Bedenken gegen dessen Einsatz zu haben.

Dieser Abschnitt hatte das Ziel, den Sicherungscharakter von Derivaten herauszustellen. Es versteht sich, daß viele Hedging-

Geschäfte einen Spekulanten oder Arbitrageur auf der anderen Seite *zwingend* voraussetzen (wenngleich diese Rolle nicht von einem mittelständischen Betrieb übernommen werden sollte). Auch sind die Grenzen zwischen Hedging, Arbitrage und Spekulation im Einzelfall fließend. Aus diesen Gründen appelliere ich an Sie, sich der oftmals oberflächlichen und unberechtigten Diffamierung sogenannter *Spekulanten* durch Presse und Stammtische nicht anzuschließen. Schließlich ist jeder, der zu einem gegebenen Preis einkauft (oder produziert), in der Hoffnung, später zu einem höheren Preis verkaufen zu können, nichts anderes als ein Spekulant – oder, mit einem etwas gängigeren Terminus ausgedrückt, ein Unternehmer.

XI.
Langfristige Trends im Bankgeschäft

Das Bankgewerbe wird sich in den nächsten fünf Jahren mehr als die meisten anderen Branchen verändern. Das ist eigentlich erstaunlich, denn gerade dieser Bereich war traditionell ein Ruhepol im rasanten Struktur- und Technologiewandel unseres Jahrhunderts.
So manches, was im Großkundengeschäft heute schon gang und gäbe ist, wird allmählich auch in das darunterliegende Segment Einzug finden. Folgende Trends werden künftig im kleineren und mittelständischen Firmenkundengeschäft der Banken zu beobachten sein.

Bankenlandschaft

- Die bisher extrem geringe Konzentration im deutschen Bankensektor wird durch eine beispiellose Fusionswelle (nicht immer zum Vorteil des einzelnen Kunden) zunehmen. Voraussichtlich werden mindestens ein Drittel aller 2.500 Genossenschaftsbanken und viele kleinere Sparkassen in den nächsten fünf Jahren mangels Rentabilität ihre Selbständigkeit verlieren.*)
- Es ist nicht auszuschließen, daß langfristig – z. B. aufgrund von wettbewerbspolitischen Vorgaben der EU oder Spar-

---

*) Sollte Ihre Bank mit einer anderen fusionieren und entstehen dadurch Zusatzkosten für Ihr Unternehmen (Änderung Ihrer EDV, Neudruck Briefpapier usw.), sind viele Banken bereit, diese Kosten ganz oder teilweise zu übernehmen.

zwängen der Gebietskörperschaften – die Spitzeninstitute der Sparkassen (Landesbanken) und/oder ein Teil der Sparkassen selbst privatisiert werden.
- Die Spezialisierung auf ein bestimmtes Kundensegment (z. B. Firmenkunden oder Privatkunden), ein Produktsegment (z. B. Baufinanzierung oder Anlagegeschäft) oder einen bestimmten Vertriebsweg (z. B. Direktbanken) wird in der Bankenlandschaft langsam zunehmen. Zugleich werden diese Spezialbanken fast ausnahmslos zu großen Universalbank-Konzernen gehören.
- Soweit nicht bereits geschehen, werden Sparkassen und Genossenschaftsbanken ihre Geschäfts- und Kreditpolitik derjenigen der „konventionellen" Banken angleichen. Strukturpolitische oder vom Selbsthilfegedanken motivierte Kreditentscheidungen werden deshalb seltener werden.
- Ausländische Banken und *near banks**) werden erfolgreich in den Markt für das Privat- und mittelständische Firmenkundengeschäft eindringen, nachdem dies trotz vieler Versuche bisher kaum der Fall war. (Triebkräfte hierbei sind insbesondere der Euro, die Liberalisierung der Finanzmärkte und der technologische Wandel.)

Zentralisierung

- Back-Office-Tätigkeiten, die keinen unmittelbaren Kundenkontakt erfordern, werden von starken Zentralisierungstendenzen geprägt sein. Diese Funktionen werden an wenigen Standorten pro Bank konzentriert, z. B. Kreditsachbearbeitung, Aktenverwaltung, Archivierung, Kontoführung, Belegverarbeitung und die übrige „Transaktionsabwicklung" (v. a. im Zahlungsverkehr).

---

*) Mit *near banks* wird die weltweit wachsende Gruppe von Unternehmen bezeichnet, die formalrechtlich keinen Bankenstatus besitzen, aber klassische Bankendienstleistungen anbieten, z. B. der ADAC (Kreditkarten).

- Auch die Betreuung wird von Zentralisierungstendenzen betroffen sein. Die Standorte der Firmenbetreuer werden noch stärker auf wenige räumliche Knotenpunkte konzentriert, wo mehrere Betreuer Know-how und Ressourcen teilen können. „Einzelkämpfer-Betreuer" in der Filiale „draußen vor Ort" werden verschwinden.

Betreuung

- Die Anzahl der Kunden pro Betreuer wird steigen.
- Die Fluktuation der Betreuer wird zunehmen und damit die durchschnittliche Dauer einer Betreuungsbeziehung sinken. Das auf langer, persönlicher Bekanntschaft basierende Betreuungsverhältnis wird allmählich der Vergangenheit angehören.
- Die Teamorientierung in der Betreuung wird intensiviert werden, das heißt, die Betreuung des Kunden erfolgt tendenziell durch eine kleine Gruppe von Ansprechpartnern, statt durch einen einzigen Betreuer.
- Bei den Betreuern wird (zum größten Teil, ohne daß es die Kunden merken) eine Branchenspezialisierung stattfinden. Das Prinzip „Zuordnung der Kunden nach räumlichen Kriterien" wird an Bedeutung verlieren.
- Die Akademikerquote unter den Betreuern wird wachsen.
- Banken werden regelmäßig „Qualitätscontrolling" und Marktforschung durchführen, z. B. in Form von Meinungsumfragen bei ihrer Kundschaft oder bei allen Firmen einer bestimmten Region.
- Video-Conferencing wird auch in die Firmenkundenbetreuung Einzug halten. Produktspezialisten werden bei Bedarf per Online-Bildschirmverbindung in ein Kundengespräch eingeschaltet. Teure Reisen entfallen. Spezialisten kommen häufiger zum tatsächlichen Einsatz.

- Der oft prognostizierte Niedergang des *Relationship banking* (dauerhafte und umfassende Beziehungen eines Unternehmens zu wenigen Banken) zu Gunsten des *Transactional banking* (je nach Einzeltransaktion oder Transaktionstyp werden Banken primär auf Konditionenbasis ausgewählt) wird nicht stattfinden.

Konditionen und Preise

- Die Konditionen und Preise von Bankdienstleistungen werden geringer steigen als die allgemeine Teuerungsrate.
- Die Konditionenlandschaft wird transparenter.
- Die Konditionenspreizung zwischen attraktiven und nicht attraktiven Kunden wird sehr viel markanter, im Kreditbereich z. B. in Form des risikoorientierten Pricings. Das heißt, Unternehmen mit mittlerer Bonität und mehr noch jene mit schlechter Bonität werden wesentlich höhere Kreditmargen zahlen müssen als bisher.
- Das Bank-Controlling wird so leistungsfähig werden, daß die Rentabilität jeder einzelnen Kundenbeziehung und jeder einzelnen Geschäftssparte innerhalb dieser Beziehung genauestens gemessen werden kann.
- Konditionen (offengelegte Margen), die an allgemein publizierte Referenzzinssätze gebunden sind, werden sowohl im Anlage- als auch im Kreditbereich häufiger.
- Der Konditionenwettbewerb um attraktive Kunden wird heftiger.
- Die Quersubventionierung zwischen ertragreichen Bankdienstleistungen und verlustbehafteten Dienstleistungen wird abnehmen. Nicht-kostenadäquate Preise (wie bislang im papierbasierten Zahlungsverkehr) werden deshalb seltener auftreten.
- Zinskompensationen und Cash Pooling als Elemente des Cash Managements werden sich stark verbreiten.

Zahlungsverkehr

- Der papierbasierte (beleghafte) Zahlungsverkehr wird auf Nischengröße schrumpfen.
- Dagegen wird der Online-Zahlungsverkehr bald das vollständig dominierende Zahlungsverkehrsmedium sein. Er wird noch billiger, komfortabler und schneller; die Banklaufzeiten und Wertstellungsfristen werden sich deutlich verkürzen.
- Das Diskettenverfahren wird weitgehend verschwinden.
- Direkte Schnittstellen zwischen Bankzahlungsverkehr und Finanzbuchhaltung des Kunden sowie anderer Systeme des internen Rechnungswesen werden die Norm werden.
- Ab dem Jahr 2000 wird Edifact[*]) rasche Verbreitung auch im konventionellen Zahlungsverkehr über die Banken finden.
- Komplexe Cash-Management-Systeme mit Cash Pooling und Liquiditätsplanungs-Features werden die Liquiditätsdisposition tiefgreifend verändern.
- Wechsel und Schecks als Zahlungsmittel werden in der Europäischen Währungsunion an Bedeutung verlieren.

Bonitätsprüfung

- Das Risiko-Controlling und speziell die Bonitätsprüfung der Banken wird systematischer und wissenschaftlicher werden. Streng standardisierte Rating-Systeme, die dem Banker nur wenig individuellen Entscheidungsspielraum belassen, kommen vermehrt zum Einsatz. Die Konsequenz ist, daß die Kreditentscheidung zwangsläufig negativ ausfällt, wenn be-

---

[*]) Edifact *(electronic data interchange for commerce and trade)* ist ein von den Vereinten Nationen entwickeltes, elektronisches Datenformat, das den elektronischen Austausch von technischen und finanziellen Daten in der Wirtschaft erleichtern soll.

stimmte Informationen nicht vorliegen. Persönliche Beziehungen zwischen Unternehmensleitung und Leitung der örtlichen Bankfiliale werden an Bedeutung verlieren.
- Das Informationsbedürfnis der Banken wird weit intensiver und standardisierter. Kleine und mittelständische Unternehmen werden z. B. vermehrt strukturierte Fragebögen zu ihren wirtschaftlichen Verhältnissen und Plänen ausfüllen müssen.
- „Bauchentscheidungen" des Betreuers im Kreditgenehmigungsverfahren mit der Pseudobegründung, „Wir halten die Geschäftsführung für vertrauenswürdig und kompetent", werden abnehmen. Firmenkunden werden sich bei Finanzierungswünschen immer weniger darauf verlassen können, daß Betreuer und Bank ihn „gut kennen".
- Im Kreditgeschäft mit mittleren und größeren Firmenkunden werden zunehmend sogenannte *Covenants* Verbreitung finden. Das sind im Kreditvertrag enthaltene Bedingungen für die Aufrechterhaltung bestimmter Bilanzkennzahlenverhältnisse des Kreditnehmers (z. B. eine Eigenkapitalquote von mindestens 25% oder eine Umsatzrentabilität von mindestens 3%). Verletzt der Kreditnehmer diese Vorgaben während der Laufzeit des Kredites, hat die Bank das Recht zur vorzeitigen Kündigung.
- Die Bonitätsprüfung wird stärker zukunftsorientiert ausfallen, weniger auf die Bilanz und mehr auf die Gesichtspunkte Produkt, Markt, Vertrieb, ökologischer Impact (bei Produktionsunternehmen), Qualität des Rechnungswesens und Branche abstellen.

Neue Finanzierungformen und Derivate

- Bestimmte neue, nicht-traditionelle Finanzierungsformen, die heute in den USA schon relativ verbreitet sind, werden nicht mehr vornehmlich im Großkundengeschäft, sondern auch im Geschäft mit kleinen und mittelständischen Firmenkunden Usus werden: Wagniskapitalfinanzierungen (durch spezielle Venture-Capital-Gesellschaften), Konventionelles Beteiligungskapital, Immobilienleasing, Sale-und-Lease-Back-Finanzierungen, Industrieobligationen, Factoring und Forfaitierung.

- Der Einsatz von Derivaten für Hedging (Absicherungszwecke) und gelegentlich auch Spekulation im Zins- und Devisenbereich wird dramatisch wachsen. Die Produkte hierfür: Zins-Swaps, Caps, Floors, Forward Rate Agreements, Forward Swaps, Währungsoptionen, Währungsswaps.

XII.
Schlußfolgerungen

Aus der Summe der in Kapitel XI. genannten Trends ergeben sich die folgenden Schlußfolgerungen – womit wir wieder bei den Ausgangsthesen dieses Buches wären:

1. Für Erfolg und Effizienz von Geschäftsführern und -finanzleitern kleiner und mittelständischer Unternehmen wird es zunehmend wichtiger, sich systematisch mit den modernen Methoden und Neuerungen im Controlling und Finanzierungsbereich vertraut zu machen sowie zu wissen, wie Banken und das Bankgeschäft „funktionieren".
2. In der Zukunft werden es sich kleine und mittelständische Unternehmen immer weniger leisten können, ihre Bankbeziehungen nicht *strategisch* zu managen.

Was „strategisches Management" in unserem Zusammenhang heißt, haben Sie im ersten Kapitel dieses Buches erfahren. Weil es eminent wichtig ist, sei es an dieser Stelle noch einmal wiederholt:

- *Alle* für das Unternehmen relevanten Aspekte der Bankbeziehungen, z. B. Kosten, Qualität, Risikokontrolle (Reduktion der Abhängigkeit von einzelnen Banken), fließen in die Gestaltung der Bankbeziehungen mit ein.
- Dabei werden sowohl Vergangenheit als auch Zukunft berücksichtigt.
- Emotionale oder rein augenblicksbezogene Faktoren bleiben strikt außen vor.

- Die Bankinteressen bezüglich Risiko und Ertrag der Geschäftsbeziehung zu Ihrem Unternehmen werden in die Gestaltung der Bankbeziehungen mit einbezogen, weil dies indirekt auch Ihnen nützt.

Wenn Sie bereit sind, die notwendigen Schlußfolgerungen aus den beiden genannten Ausgangsthesen zu ziehen und umzusetzen, wird sich der entsprechende Erfolg einstellen: Sie werden dauerhaft Zitterpartien im Bankgeschäft vermeiden und bedürfnisgenauere Dienstleistungen zum angemessenen Preis erhalten. Ihr Banker wird sich (wenn auch manchmal zähneknirschend) freuen, in Ihnen einen professionellen Geschäftspartner zu haben.

Glossar

Fachbegriff	Erläuterung
A.o.-Faktoren	„Außerordentliche" Vorgänge in Ihrer Gewinn- und Verlustrechnung, d. h. Vorgänge, die mit dem „eigentlichen" betrieblichen Geschehen, wie es normalerweise verläuft, nicht direkt zusammenhängen. A.o.-Faktoren sind tendenziell unregelmäßig und von ungewöhnlicher Größenordnung, Beispiel: Buchgewinne beim Abgang von Anlagevermögen.
Abdrängen	Bankerjargon: einen unerwünschten Firmenkunden mit miesem Service und schlechten Konditionen zu einer anderen Bank treiben. Wird häufig bei Kreditkunden mit sich verschlechternder Bonität versucht. Kann sich über Jahre hinziehen, ohne daß es der Kunde begreift. Trotzdem oft erfolglos, da die Konkurrenz „abwinkt".
abstrakte Sicherheit	Abstrakte Kreditsicherheiten sind in ihrem Bestand nicht an den Bestand der besicherten Kreditforderung geknüpft. Das heißt, das Nebenrecht (der Sicherheitenvertrag) ist nicht vom Hauptrecht (Kreditvertrag) abhängig. Grundschulden und Garantien sind abstrakte Sicherheiten, während z. B. alle herkömmlichen Pfandrechte, Bürgschaften und Hypotheken vom Bestehen einer Forderung gegen den Pfandgeber abhängen und daher als *akzessorische* Sicherheiten bezeichnet werden.
Abtretung	Vertragliche Übertragung einer Forderung von einem bisherigen Gläubiger auf einen neuen Gläubiger, z. B. im Rahmen der stillen oder offenen Forderungszession vom Bankkreditnehmer an die Bank (§ 398 BGB). Allgemeine Bezeichnung der Abtretung von Rechten = Zession.
Abwickler	Kreditnehmer, dessen Kredit von der Bank rechtswirksam gekündigt wurde und gegen die rechtliche Zwangsmaßnahmen eingeleitet wurden.
AGB-Pfandrecht	Kurzbezeichnung für das in den Allgemeinen Geschäftsbedingungen enthaltene Pfandrecht der Banken. Es handelt sich um ein pauschales Pfandrecht, das der Kunde dem Kreditinstitut mit

Fachbegriff	Erläuterung
	jedem standardisierten Kontoeröffnungsantrag einräumt. Es gewährt der Bank ein Pfandrecht an sämtlichen Wertpapieren und Sachen, an denen eine ihrer inländischen Geschäftsstellen im bankmäßigen Geschäftsverkehr Besitz erlangt. Das gilt z. B. für Kontoguthaben und Depotvermögen (nicht für Schließfachinhalte). Die Verwertung des Pfandrechtes setzt die Pfandreife voraus.
AKA	Ausfuhrkredit-Gesellschaft mbH mit Sitz in Frankfurt/M. Spezialinstitut, dessen Gesellschafter zahlreiche private Banken und die Landesbanken sind. Aufgabe der AKA ist es, die mittel- bis langfristige Finanzierung der deutschen Exporte zu unterstützen. Dazu hat sie mehrere sogenannte Kreditplafonds (Kreditlinien bei den Mutterbanken) eingerichtet, die zur Finanzierung von Exportkrediten mit bestimmten Laufzeiten und in bestimmte Zielregionen dienen.
Aktivgeschäft	Das Kreditgeschäft der Banken. Kredite sind Forderungen aus der Sicht der Bank und stehen auf der Aktivseite ihrer Bilanz. Hingegen sind Kundeneinlagen und emittierte Wertpapiere aus der Perspektive der Bank Verbindlichkeiten und stehen auf der Passivseite ihrer Bilanz, daher *Passivgeschäft*.
Aval	Sammelbegriff für Bürgschaften und Garantien. Die Bank übernimmt für den Avalkreditnehmer (Avalauftraggeber) die Haftung für seine Verpflichtungen gegenüber einem Dritten. Da im Unterschied zu konventionellen Krediten bei einem Avalkredit – solange die Bank aus dem Aval nicht in Anspruch genommen wird – kein Geld fließt, spricht man von einem *Eventualkredit*. Bürgschaften sind akzessorische Sicherheiten (siehe abstrakte Sicherheiten). Rechte und Pflichten des Bürgen regelt das BGB. Garantien sind dagegen abstrakte Sicherheiten, also losgelöst von einem zugrundeliegenden Schuldverhältnis. Sie werden nicht vom BGB geregelt und bieten dem Begünstigten einen weitergehenden Sicherheitswert als die Bürgschaft. Eine „Bürgschaft auf erstes Anfordern" ist tatsächlich eine Garantie.
Barwert	Auch als „Gegenwartswert" (englisch *present value* oder *cash value*) bezeichnet: der auf die Gegenwart abgezinste Wert einer in der Zukunft anfallenden Zahlung. Erst die Barwertberechnung macht Zahlungen, die zu unterschiedlichen Zeitpunkten anfallen, wertmäßig vergleichbar. Wer die Grundlagen der Barwertberechnung nicht kennt, kann bei Verhandlungen mit Banken gravierende Nachteile erleiden.

Fachbegriff	Erläuterung
B.a.w.	„Bis auf weiteres", d. h. ohne bestimmte Fristigkeit oder Fälligkeit. B.a.w.-Kredite sind jederzeit kündbar, B.a.w.-Zinssätze durch die Bank jederzeit veränderbar.
Basispunkt	Zinssätze und -margen werden in Basispunkten „quotiert" (angegeben). Ein Basispunkt entspricht einem hundertstel Prozentpunkt. Fünf Basispunkte sind z. B. 0,05%.
Blankoanteil	Der nicht durch sogenannte „harte" (d. h. von der Bank bewertete, in der Regel dingliche) Sicherheiten abgedeckte (abgesicherte) Teil eines Kredites. Ein Kredit ohne jede Sicherstellung ist ein Blankokredit.
Break-even-Analyse	Bezeichnung für eine Nutzschwellen- oder Gewinnschwellenanalyse auf der Basis von Daten aus einer Deckungsbeitragsrechnung (Teilkostenrechnung). Ein unverzichtbares Instrument zur Durchführung von Szenario- und Wirtschaftlichkeitsberechnungen. Gehört zum „kleinen Einmaleins" des Kaufmanns.
Buchsaldo	Der Saldo eines laufenden Kontos, der auf dem Kontoauszug ausgewiesen wird und sich aus der Saldierung aller Buchungen bis zu einem bestimmten *Buchungs*datum ergibt (im Unterschied zum Valutasaldo, der für die Zinsberechnung maßgeblich ist). Der Valutasaldo ergibt sich aus der Saldierung aller Buchungen bis zu einem bestimmten Wertstellungsdatum.
Business-Plan	Englische Bezeichnung für „Unternehmenskonzept" oder „Geschäftsplan". Die Bestandteile eines Business-Plans sind Unternehmensbeschreibung, Unternehmensstrategie, Marktanalyse, Informationen zu Management und Organisation, finanzwirtschaftliche Eckdaten, insbesondere Planrechnungen.
Cash-flow	Englische Bezeichnung für „Finanzmittelfluß". Der Nettozufluß an liquiden Mitteln aus betrieblichen, Finanzierungs- und Investitionsaktivitäten des Unternehmens innerhalb einer Periode. Im Geschäftsverkehr mit der Bank wichtiges, aber oft falsch oder nur diffus verstandenes Konzept.
Cash-Pool-Konto	Auch „Dispoübertrag" oder „automatischer Saldenausgleich" genannt. Beim *Cash Pooling* werden die Salden mehrerer bei derselben Bank (aber eventuell unterschiedlichen Filialen) geführten Konten täglich durch negative oder positive Überträge von einem Pool-Konto auf Null gestellt. Nur das Pool-Konto hat einen von Null abweichenden Saldo. Cash Pooling ist – im Unterschied zur Zinskompensation – auch zwischen Konten unterschiedlicher Rechtspersonen möglich.

Fachbegriff	Erläuterung
Ceteris paribus	Lateinisch sinngemäß für „unter sonst gleichen Bedingungen". Gemeint ist, wie sich eine Wirkung ändert, wenn man einen einzelnen, ursächlichen Faktor verändert und alle anderen Faktoren konstant hält. Wenn Ihr Firmenbetreuer BWL studiert hat, wird Ihnen der Gebrauch dieses Ausdruckes in seinen Ohren „wissenschaftliche Weihen" verleihen; hat er nicht studiert, werden Sie ihn damit noch mehr beeindrucken.
Corporate Finance	Englischer Ausdruck für bestimmte, nichttraditionelle Finanzdienstleistungen im Firmenkundengeschäft, z. B.: Kapitalbeschaffung über die Börse (Eigen- und Fremdkapital), Unternehmenskäufe und -fusionen, Portfoliomanagement für institutionelle Kunden (Versicherungen, Rentenkassen usw.). Überwiegend identisch mit den Aktivitäten im Rahmen des sogenannten *Investment Banking*.
Delkredererisiko	Das Risiko des Forderungsausfalls. Zumeist sind damit Forderungen aus Lieferungen und Leistungen gemeint.
Derivat	Sammelbegriff für Finanztermin- und Optionsgeschäfte, z. B. Optionen, Futures, Forward Rate Agreements, Swaps, Swaptions, Caps, Floors u. a. m. Der Begriff geht auf das lateinischen Verb *derivare* („ableiten") zurück, weil der Wert dieser Finanzprodukte vom Wert eines zugrundeliegenden anderen Finanzproduktes, etwa einer bestimmte Aktie, beeinflußt wird.
Drittschuldner	Natürliche oder juristische Person, gegen die der eigentliche Schuldner (gepfändete) Forderungen hat. Ist die Bank Drittschuldner, so schuldet ein Kontoguthaben nicht mehr dem Kontoinhaber, sondern dessen Gläubiger(n).
Drittsicherheitengeber	Jeder, der zur Besicherung eines Kredites an einen anderen Kreditnehmer eine Kreditsicherheit (z. B. eine Bürgschaft) bereitgestellt hat. Banken lassen Drittsicherheitengeber gerne auf Kreditverträgen (obwohl zumeist nicht juristisch erforderlich) mit unterzeichnen.
DtA	Deutsche Ausgleichsbank. Neben der Kreditanstalt für Wiederaufbau (KfW) eines der beiden großen Sonderkreditinstitute des Bundes, mit denen struktur- und wirtschaftspolitische Ziele verfolgt werden.
Einstandsatz	Der Zinssatz, der die „Zins-Selbstkosten" der Bank darstellt. Bei Krediten der Satz, der Anlegern für diese Mittel bezahlt werden muß (Refinanzierung), bei Anlagen der Satz, zu dem dieses Geld an Kreditnehmer weiterverliehen werden kann.

Fachbegriff	Erläuterung
Engagement	Bezeichnung im Bankwesen für den Gesamtumfang des mit einem Kunden abgewickelten Volumens an Bankgeschäften, insbesondere seiner Verbindlichkeiten. Dabei ist ein Kreditkunde in diesem Verständnis durch den Begriff der Kreditnehmereinheit (nach § 19 des Gesetzes über das Kreditwesen) definiert, welcher eine Vielzahl von haftungsmäßig und/oder wirtschaftlich zusammenhängenden separaten Rechtspersonen umfassen kann. Zum Teil werden die Begriffe Engagement und Engagementverbund nicht sauber getrennt.
Engagementverbund	Gedankliche Zusammenfassung aller wirtschaftlich unmittelbar miteinander verbundenen Kreditrisiken (Kreditkunden) einer Bank aus risikopolitischen oder aus gesetzlichen Gründen (§ 19, Gesetz über das Kreditwesen). Das bedeutet, daß Kredite und andere Risiken rechtlich unterschiedlicher Rechtspersonen, die wirtschaftlich miteinander verknüpft sind (z. B. Mutter- und Tochterunternehmen), in der Risikoanalyse der Bank zusammengefaßt werden.
ERP-Programm	„European Recovery Program". Mittel, die ursprünglich aus der Nachkriegswirtschaftshilfe der USA stammten und bis heute revolvierend zur Förderung der deutschen Wirtschaft, vor allem in Form zinsverbilligter ERP-Sonderkredite, eingesetzt werden. Rechtsgrundlage ist das ERP-Entwicklungshilfegesetz, mit dem das ERP-Sondervermögen des Bundes geschaffen wurde. Die ERP-Mittel werden über die beiden Sonderkreditinstitute KfW und DtA sowie über den gewerblichen Bankensektor ausgereicht.
Euroanlage	Termingeldanlage in DM oder ausländischer Währung, die am Euromarkt, z. B. in Luxemburg oder London, getätigt wird. Hat mit dem € unmittelbar nichts zu tun.
Eurokredit	Kurzfristiger Kredit in DM, € oder ausländischer Währung, der am Euromarkt, z. B. in London, aufgenommen wird. Hat mit dem € nichts zu tun.
Euromarkt	Historisch bedingter, eigentlich falscher Ausdruck (da er sich nicht ausschließlich auf Europa bezieht). Kein Zusammenhang mit der Währung €. Der Begriff „Weltfinanzmarkt" (in Abgrenzung zu den nationalen Finanzmärkten mit ihren nationalen Regulatorien) wäre zutreffender. Auf dem Euromarkt finden Geschäfte (Anlagen, Kredite, Derivate) statt, die nicht in dem Land kontrahiert werden, in dem die zugrundeliegende Währung gesetzliches Zahlungsmittel ist. Am Euromarkt gelten viele nationale gesetzliche und aufsichtsrechtliche Bestimmungen

Fachbegriff	Erläuterung
	nicht, die andererseits auf den diversen nationalen Märkten Kosten für die Banken verursachen. Diesen Kostenvorteil des Euromarktes geben die Banken an ihre Kunden weiter. Die beiden derzeit wichtigsten Finanzplätze des Euromarktes für deutsche Bankkunden sind Luxemburg und London.
Euribor	siehe Referenzzinssatz.
Exit	Unter „Exit" versteht man hier den (langfristig) geplanten, möglichst ertragreichen Verkauf eines Unternehmens, z. B. an einen Wettbewerber oder an leitende Angestellte.
Extrapolieren	Das Prognostizieren einer betriebswirtschaftlichen Größe, etwa des Jahresgewinns, durch einfaches, lineares Fortführen einer Zeitreihe. Beispiel: Der Gewinn sank um 20% von Jahr 1 zu Jahr 2. Dann wäre im Sinne der einfachen Extrapolation im Jahr 6 der Gewinn = 0. So naiv und methodisch fragwürdig eine solche Vorgehensweise ist, so verbreitet ist sie doch in manchen Kreditabteilungen der Banken.
Factoring (Forderungsankauf)	Der regreßlose, laufende Ankauf kurzfristiger Forderungen aus Lieferungen und Leistungen durch einen Forderungskäufer (Factor). Dieser übernimmt beim sogenannten *echten* Factoring das gesamte Delkredererisiko (Forderungsausfallsrisiko). Beim unechten Factoring verbleibt das Risiko beim Forderungsverkäufer. Ferner unterscheidet man stilles und offenes Factoring. Bei letzterem wird der Schuldner informiert und kann mit schuldbefreiender Wirkung nur noch an den Factor zahlen.
Finanz-Leverage	Englisch für finanzielle „Hebelwirkung" (auch *leverage effect* genannt). Bezeichnung dafür, daß mit abnehmender Eigenkapitalquote (zunehmender Verschuldung) ein gegebener Gewinn (nach Abzug der Finanzaufwendungen) sich immer positiver auf die Eigenkapitalverzinsung auswirkt. Dieser Zusammenhang gilt natürlich auch in umgekehrer Richtung. Je höher der Finanz-Leverage, desto höher das Risiko des Unternehmens, d. h. desto höher die Volatilität seines Cash-flows (und damit das Risiko).
Forfaitierung	Der regreßlose Ankauf mittel- und langfristiger (größerer) Einzelforderungen aus Exportgeschäften durch einen Forderungskäufer (Forfaiteur). Dient als Exportfinanzierungsinstrument, reduziert oder eliminiert das Delkredererisiko des Exporteurs und führt ihm frühzeitig Liquidität zu. Häufig wird der Ankauf durch eine Bank- oder Staatsgarantie bzw. ein bankavaliertes (bankgarantiertes) Wechselakzept, das der Importeur besorgen muß, abgesichert.

Fachbegriff	Erläuterung
Forward Rate Agreement	Abgekürzt FRA. Vereinbarung zwischen zwei Parteien (eine davon ist häufig eine Bank) über einen zukünftigen Zinssatz für einen festgelegten Zeitraum in der Zukunft, also ein Terminkauf bzw. -verkauf von Termingeld. Es findet keine Kapitalbewegung statt (kein Liquiditätseffekt). Das FRA setzt sich aus einer Vorlaufperiode von einem bis 18 Monaten und der Periode der eigentlichen Absicherung von drei bis 12 Monaten zusammen. Falls dann die Kassazinssätze von den vereinbarten abweichen, finden Ausgleichszahlungen zwischen den Geschäftsparteien statt.
Forward Swap	Vereinbarung zwischen zwei Parteien (eine davon ist häufig eine Bank) über den Tausch (Swap) unterschiedlicher Zinszahlungsverpflichtungen, z. B. variable Drei-Monats-Zinssätze gegen einen zehnjährigen Festsatz, für einen bestimmten Zeitraum. Dieser Zeitraum beginnt beim Forward Swap (im Unterschied zum einfachen Zinsswap) erst in der Zukunft. Häufig werden Forward Swaps dazu eingesetzt, langfristige Festzinssätze für eine in der Zukunft liegende Kreditaufnahme zu fixieren.
Geld	Volkstümlicher Ausdruck für eine Reihe unterschiedlicher Phänomene, z. B. Liquidität, liquide Mittel, Fremdmittel, Fremdkapital, Kreditmittel, Bankmittel, Eigenmittel, Eigenkapital, Cash, Kasse, Devisen, Sorten usw. Dieses Wort wird von Bankern nach Möglichkeit nicht benutzt, da es naiv und unpräzise klingt (Ausnahmen „Bargeld", „Schwarzgeld"). Kein Witz!
Geldkurs/ Geldsatz	Kurs bzw. Zinssatz, zu dem die Bank Devisen verkauft oder Anlagen verzinst (Gegenteil: Briefkurs/Briefsatz = Kurs bzw. Zinssatz, zu dem die Bank Devisen ankauft oder Geld verleiht).
Geldmarktfonds	Geldmarktfonds sind Investmentfonds, die gezielt in Geldmarktpapiere und Termingelder mit sehr kurzer Restlaufzeit investieren. Sie bieten dem Anleger eine tagesvariable Verzinsung, ein relativ geringes Kursrisiko und sind mit zwei Valutatagen handelbar.
Going-concern-Prinzip	Angloamerikanische Bezeichnung für eine wichtige Prämisse, die das Handelsrecht (§ 252 Abs. 1 HGB) für die Bewertung (Bilanzierung) von Unternehmensvermögen vorschreibt. Demzufolge wird für die Zwecke der Bewertung angenommen, daß das Unternehmen über den Bilanzstichtag hinaus fortgeführt wird. Dagegen legen Banken bei der Bewertung derselben Vermögensgegenstände, wenn diese als Kreditsicherheiten dienen, eine Li-

Fachbegriff	Erläuterung
	quidationsprämisse zugrunde, also das Gegenteil der Going-concern-Prämisse. Eine Bewertung unter dieser Liquidationsprämisse wird im Normalfall zwangsläufig zu niedrigeren Wertansätzen führen.
Gremienvorbehalt	Gängige Bezeichnung für die „Escape-Klausel" (Flucht- oder Ausstiegsklausel) in bedingten, d. h. freibleibenden (unverbindlichen) Finanzierungszusagen oder Kreditangeboten („eine verbindliche Kreditzusage erfordert noch die Zustimmung der zuständigen Gremien in unserem Hause"). Eine solche freibleibende Zusage ist de jure und de facto für die Bank völlig unverbindlich. Sie ist im besten Falle eine wohlwollende Absichtserklärung, häufig nicht einmal das.
Grundsatz I	Bestimmung im Gesetz über das Kreditwesen (und ergänzende Vorschriften des Bundesaufsichtsamtes für das Kreditwesen), derzufolge Banken Kredite nur bis zu einem bestimmen Vielfachen ihres Eigenkapitals ausreichen dürfen (bei Standardkrediten das 18fache). Diese Bestimmung wird immer wichtiger, da Banken zunehmend stärker ihr Eigenkapital als „knappe Engpaß-Ressource" betrachten und die Kreditmarge so gestalten, daß eine gewisse Ziel-Eigenkapitalrendite resultiert.
Hedging	Englische Bezeichnung für das Absichern einer risikobehafteten finanziellen Position durch ein entgegengesetztes Geschäft. Devisentermingeschäfte sind zumeist Hedging-Geschäfte. Durch den heute fixierten Verkauf künftig eingehender Devisen zum heute unwiderruflich vereinbarten Terminkurs vermeidet der Exporteur potentielle Wechselkursverluste. Allerdings verschenkt er auch potentielle Wechselkursgewinne. Je nach Konstruktion kann eine Hedge das Preisänderungsrisiko ganz oder nur teilweise kompensieren.
Hermes-Deckung	Umgangssprachliche Bezeichnung für die Ausfuhrgewährleistungen des Bundes für Exportfinanzierungen durch die Hermes Kreditversicherungs AG, Hamburg.
In Anspruch nehmen	Eine Bürgschaft oder Garantie nutzen (verwerten) wird in der Fachsprache als „den Bürgen/Garant aus der Bürgschaft/Garantie in Anspruch nehmen" bezeichnet.
Indikation	Orientierungsgröße, unverbindliche Konditionenangabe.
Inkasso	Einziehung fälliger Forderungen (aus Schecks, Wechseln, Rechnungen, Dividendenscheinen usw.).

Fachbegriff	Erläuterung
Kapitaldienst	Die Summe aus Zins- und Tilgungsleistungen, die ein Kreditnehmer während einer bestimmten Periode leisten muß. Viele Kreditnehmer sprechen unpräzise von „Zinsen", wenn Sie tatsächlich Zins- *und* Tilgung, also Kapitaldienst, meinen.
Kapitalmarkt	Markt für mittel- und langfristige Liquidität (voraussichtliche Bindung der Anlage oder des Krediteslänger als ein Jahr). Gegenteil: Geldmarkt = Markt für kurzfristige Liquidität (voraussichtliche Bindung der Anlage oder des Kredites bis zu einem Jahr).
Kompensation	Eigentlich: Zinskompensation. Die Aufrechnung von Guthaben und Sollsalden auf verschiedenen Konten ein- und derselben Rechtsperson bei einer bestimmten Bank. Somit fallen de facto nur für den Nettobetrag Zinsen an. Die Kompensation zwischen unterschiedlichen Rechtspersonen ist gesetzlich untersagt. Verwandt hiermit ist der automatische Saldenausgleich (Cash Pooling).
Kompetenz	Im Kreditgeschäft der Banken bezeichnet man damit verkürzt die Kreditgenehmigungskompetenz eines Mitarbeiters. Diese beziffert einen bestimmten Betrag, bis zu dem der betreffende Mitarbeiter alleine oder gemeinsam mit einem anderen Mitarbeiter bestimmte Kredite in einer bestimmten operativen Einheit genehmigen kann.
Kompetenzwert	Der Kompetenzwert eines Kreditengagements ist für die Genehmigungsebene in der Bank maßgeblich. Er stellt grob das Gesamtobligo der Bank mit einer bestimmten Kreditnehmereinheit dar. Seine Höhe ergibt sich aus der Gesamthöhe der eingeräumten Kreditlinien, hinzu kommen Zuschläge für spezielle Zusatzrisiken, wie z. B. Kurs- und Emittentenrisiken und Abschläge für den Wert bestimmter Sicherheiten.
Korrespondenzbank	Aus Sicht einer inländischen Bank eine ausländische Bank, mit der erstere in ständigem Zahlungs- und Verrechnungsverkehr steht und auch darüber hinaus engere Beziehungen unterhält. Beide Banken führen in der Regel Konten beieinander. Korrespondenzbanken sind quasi ein Ersatz für eine bankeigene Filiale im Ausland.
Learning Curve	Etwas banaler „Lern-" oder „Erfahrungskurve" genannt. Empirisch oft bestätigtes Phänomen (nicht nur in Produktionsunternehmen), demzufolge die Stückkosten mit jeder Verdopplung der kumulierten Ausbringung seit Aufnahme der Produktion um einen bestimmten Prozentwert sinken. Mit dem Hinweis auf die

Fachbegriff	Erläuterung
	Lernkurve klingt manche Erläuterung erfreulicher Kostensenkungen oder (noch immer) unerfreulich hoher Kosten gegenüber der Bank gleich viel kompenter.
Libor	siehe Referenzzinssatz.
Liquidationswert	Der Verkaufspreis für eine einer Bank gewährte Sicherheit (bzw. jedes zu veräußernde Vermögensgut), der bei einer *zwangsweisen* Verwertung zu erlösen wäre; also nicht der vermutlich höhere, im regulären laufenden Geschäft zu erzielende Wert (siehe auch Stichwort „Going-concern-Prinzip/Wert").
Mindestreserve	Nach einer gesetzlichen Vorschrift müssen Banken einen bestimmten Prozentsatz (die Mindestreserve) ihrer Sicht-, Termin-, Spareinlagen und anderer hereingenommener Gelder verzinslich bei der Bundesbank halten. Die Mindestreserve dient der Zentralbank zur Geldmengensteuerung. Im Rahmen der weiteren Entwicklung der Europäischen Währungsunion wird es wahrscheinlich zu einer Vereinheitlichung der Mindestreserveregelung innerhalb der EWWU-Länder kommen.
Mission Statement	Angloamerikanisch für (sinngemäß) „Unternehmensleitlinien". Die in wenigen, allgemein verständlichen Worten formulierten operativen und/oder strategischen Ziele des Unternehmens. Wird bei amerikanischen Unternehmen üblicherweise an für Mitarbeiter und Kunden einsehbaren Plätzen und Medien publik gemacht.
Multi-Cash	Markenname für die am meisten verbreitete professionelle Zahlungsverkehr-Software, die Banken ihren Firmenkunden anbieten. Die meisten Banken vertreiben das Produkt jedoch unter einem jeweils eigenen Namen. Multi-Cash und die Datenformate, die es erzeugt, stellen gewissermaßen einen Branchenstandard da.
Nachhaltige Werthaltigkeit	Konzept, nach dem eine Bank eine Sicherheit so bewertet, daß der geschätzte Sicherheitswert im Falle einer Verwertung (Verkauf) der Sicherheit selbst unter äußerst ungünstigen Umständen von der Bank erlöst werden kann. Mit diesem Konzept stellt die Bank sicher, daß sie an einen Kreditnehmer nicht deshalb zu viel Kreditvolumen gewährt, weil sie den Wert der gewährten Sicherheiten eventuell zu optimistisch angesetzt hat.
Obligo	Italienisch, (sinngemäß) „Verantwortungsbereich", „Risiko". Das Obligo einer Bank aus einem zu 50% festgeldbesicherten Kredit über 100.000 Mark beträgt 50.000 Mark.

Fachbegriff	Erläuterung
Offenlegung	Abgetretene (zedierte) oder verkaufte Forderungen (Factoring, Forfaitierung) können (müssen aber nicht) offengelegt werden. Das heißt, der Schuldner wird darüber informiert, daß er schuldbefreiend nur noch an den neuen Forderungseigentümer zahlen darf.
Off-Shore-Finanzplatz	Mit *off-shore* (englisch für „außerhalb der Küste") bezeichnet man Finanzplätze, an denen weniger kostenverursachende aufsichtsrechtliche Bankbestimmungen gelten (z. B. London, New York, die Cayman-Inseln usw.).
Operativer Leverage	Ein Unternehmen mit einem hohen Fixkostenblock (relativ zu den Gesamtkosten) hat einen hohen operativen Leverage. Eine geringfügige Erhöhung seines Umsatzes (bei gegebenen Verkaufspreisen) erhöht den Gewinn (bzw. reduziert den Verlust) deutlich überproportional. Umgekehrt wirkt eine relativ geringe Senkung des Umsatzes. Ein hoher operativer Leverage trägt zu einer starken Volatilität des Netto-Cash-flows bei (und damit zum Unternehmensrisiko und zu den Ertragschancen).
Opportunitätskosten	Begriff aus der Investitionsrechnung. O. ist der entgangene Ertrag oder Nutzen, der sich bei einer alternativen (eigentlich der nächstbesten) Verwendung eines Gutes oder Produktionsfaktors ergäbe.
Over night	Kurzbezeichnung für eine eintägige Anlage oder einen Eintageskredit.
Preisangabenverordnung	Abgekürzt *PAngV*. 1985 ergangene Rechtsverordnung zur Regelung von Preisangaben, u. a. auch für Finanzdienstleistungen. Insbesondere schreibt die PAngV den Berechnungsmodus und die Nennung des effektiven Jahreszinses für Kredite an Privatpersonen vor. Der Geschäftsverkehr mit Gewerbe- und Firmenkunden unterliegt nicht der PAngV.
Performance	Englisch u. a. für „Rendite"; gemeint ist häufig die Rendite eines Unternehmens, Investitionsvorhabens oder eines Wertpapiers.
Pfändungs- und Überweisungsbeschluß	Salopp oft auch als „Kontenpfändung" bezeichnet. Eine der gesetzlich zulässigen amtlichen Vollstreckungsmaßnahmen im Rahmen der Zwangsvollstreckung wegen einer Geldforderung in Kontoguthaben und andere Vermögenswerte des Schuldners. Erhält die Bank einen solchen Beschluß, darf sie (als Drittschuldner) bis zu seiner Aussetzung, Aufhebung oder Befriedigung eine Kontoverfügung des Kontoinhabers (ausgenommen zur Befriedigung) nicht mehr zulassen. Damit ist der Konto-

Fachbegriff	Erläuterung
	inhaber in seinem geschäftlichen Agieren zunächst außerordentlich stark beeinträchtigt, selbst wenn der Pfändungsbetrag vergleichsweise unbedeutend ist.
Plafond	Rein bankinterne Kreditlinie für einen Kreditnehmer, die im voraus, i. d. R. ohne spezielle Anfrage des Kunden und ohne sein Wissen das maximale Kreditvolumen bei dieser Bank bestimmt. Weitere Kreditausreichungen *innerhalb* dieser Linie sind relativ schnell und unbürokratisch möglich. Fragen Sie, ob ein solcher Plafond für Ihr Unternehmen existiert!
Portfolio	Vieldeutiger Begriff, z. B. für ein Kundendepot, das mehrere unterschiedliche Anlageformen enthält. Firmenkundenbetreuer sprechen auch von ihrem Kundenportfolio.
Produkt-Portfolio-Matrix	Vor mehr als zwei Jahrzehnten von der Unternehmensberatung Boston Consulting Group entwickeltes, einfaches Schema zur Analyse von Marktwachstum und Marktanteil für ein bestimmtes Produkt. Ziel ist die Formulierung von Produktvermarktungsstrategien. Basiert auf einer verbreiteten Marketinghypothese, derzufolge ein Produkt einen Lebenszyklus mit phasenweise verschiedenen Implikationen für die Preis- und Produktionspolitik des Anbieters durchläuft. Dabei werden das relevante Marktwachstum und der Marktanteil bestimmt. Das Schema krankt an methodischen Problemen (beispielsweise: Was ist der relevante „Markt"? Was genau ist das „Produkt"? Welche Beweise liegen für die Einstufung in einen bestimmten Zeitpunkt des Produktlebenszyklus vor?). Dennoch nutzen viele Banker und Unternehmensberater es in Investitionsplänen und Unternehmenskonzepten.
Projektfinanzierung	Finanzierung, bei der die Finanzierungszusage in erster Linie auf die Cash-flows, die aus dem finanzierten Investitionsobjekt erwartet werden, abgestellt ist und nur in zweiter Linie (oder überhaupt nicht) auf die Bonität des Kreditnehmers selbst. Beispiel: Kraftwerke, Flughäfen, große Mehrfamilienhäuser usw. In einer gewissen Perspektive sind Immobilienfinanzierungen von vermieteten Objekten oft kleine Projektfinanzierungen.
Prolongieren/ Prolongation	Verlängerung eines Kredites nach dessen Fälligkeit am Ende der Zinsbindung oder der Laufzeit. Die Prolongation erfolgt entweder auf Basis einer bestehenden oder auf Basis neu verhandelter Konditionen.
Prozentpunkt	Es ist eine Unsitte vieler Menschen (die übrigens oft genug zu gefährlichen Mißverständnissen führt), „Prozent" zu sagen,

Fachbegriff	Erläuterung
	wenn sie „Prozentpunkt" meinen. Beides ist nicht dasselbe. Wenn sich die Personalaufwandsquote eines Unternehmens innerhalb eines Jahres von 14,6 auf 18,8% erhöht, ist der Personalaufwand entweder um 4,2 Prozent*punkte* oder aber um 28,8 *Prozent* gestiegen. Glänzen Sie durch eine saubere Ausdrucksweise.
Quotierung	Quotierung bedeutet, Preise für Finanzprodukte (Kredite, Wertpapiere, Devisen usw.) zu nennen.
Rating	Bonitätsbeurteilung eines Kreditschuldners nach einem systematischen Verfahren, das heutzutage vor allem die Kennzahlenanalyse des jüngsten Jahresabschlusses *(Hard Facts)* und die Beurteilung des Managements sowie anderer *Soft Facts* beinhaltet.
Referenzzinssatz	In führenden Wirtschaftszeitungen publizierter Zinssatz, der als neutrale Bezugsbasis für Bankgeschäft dienen kann. In Deutschland sind derzeit *Libor* und *Euribor* gängige Referenzzinssätze. Die beiden Abkürzungen stehen für *London Interbank Offered Rate* und *Euro Interbank Offered Rate*. Beides sind Geldmarkt-(brief-)zinssätze, die es für Ein-Monats- bis Zwölf-Monats-Gelder im Geschäftsverkehr zwischen Banken gibt. Sie werden börsentäglich aus den Briefsätzen einiger großer Banken errechnet und in vielen Medien veröffentlicht.
Refinanzierung	Beschaffung von Liquidität durch die Bank in Form (z. B.) von Kundeneinlagen, Emission festverzinslicher Wertpapiere und Kreditaufnahme bei anderen Banken, um damit die eigene Kreditgewährung zu finanzieren. Der Begriff wird von vielen Unternehmen im Zusammenhang mit der Bankfinanzierung ihrer Vorhaben (falsch) verwendet, obwohl die einfache Bezeichnung „finanzieren/Finanzierung" richtiger wäre.
Risikokosten	Viele Banken errechnen kalkulatorische Risikokosten für die von ihnen ausgereichten Kredite. Die Höhe dieser Kosten hängt von der Besicherung des Krediets, vom Unternehmensrating (Bonität) und u. U. dem Rating der Branche ab. Die einzelnen Risikosätze für jede der möglichen Kombinationen werden aus diesen Kriterien auf Basis der historischen Kreditausfälle berechnet. Der einzelne Firmenkundenbetreuer muß die Kreditmarge so verhandeln, daß sie die zu erwartenden Risikokosten für den Kredit zuzüglich einer Gewinnmarge abdeckt. Die Summe aller Risikokosten pro Betreuer oder pro Betreuungseinheit soll möglichst die tatsächlichen späteren Risikokosten (Ist-Risiko) aus Kreditausfällen nicht überschreiten.

Fachbegriff	Erläuterung
Repräsentanz	Geschäftsstelle einer Bank, die keine eigenen Bankgeschäfte betreiben darf, sondern nur Geschäfte anbahnt, Kontakte herstellt, Informationen liefert usw. Häufig im Ausland der Fall.
Roll-over	Englische Bezeichnung für Kredite und Anlagen, bei denen die vereinbarte Laufzeit deutlich länger ist als die vereinbarten Zinsbindungsintervalle. Ein Roll-over-Kredit kann z. B. für fünf Jahre verbindlich zugesagt sein. Alle drei Monate findet eine neue Konditionenanpassung für weitere drei Monate statt (zum Roll-over- oder *Fixing*-Termin). Als zur Anwendung kommender Zinssatz wird zumeist ein öffentlich publizierter Referenzzinssatz (z. B. der Drei-Monats-Euribor) plus eine Marge von z. B. 0,45 Prozentpunkten vereinbart. Normalerweise sind lediglich die Zinsen zum Fixing-Termin zu zahlen. Eine laufende Tilgung findet nicht statt.
Schufa	Abkürzung für *Schutzgemeinschaft für allgemeine Kreditsicherung*. Gemeinschaftseinrichtung der Banken und anderer kreditgebender Unternehmer. Die Schufa gibt und bekommt von ihren Vertragspartnern (und nur von ihnen) Auskünfte über Privatpersonen (nicht Firmen), wenn diese als Privatperson Girokonten eröffnen, Kredite aufnehmen oder Bürgschaften übernehmen. Die Daten werden nach Erledigung, z. B. Kredittilgung, oder spätestens nach drei Jahren gelöscht. Bei unbeglichenen Schulden verbleibt dann ggf. der Vermerk „Rückstand nach Zwangsmaßnahmen".
Schuldnerliste, Schuldnerverzeichnis	Das beim Amtsgericht geführte Verzeichnis von Personen, die eine eidesstattliche Versicherung abgegeben haben oder gegen die Haftanordnung zur Erzwingung einer solchen besteht.
Sicherheitenverstärkung	Hereinnahme zusätzlicher Sicherheiten, wenn die Bonität des Kreditnehmers aus der Sicht der Bank für einen unbesicherten Kredit nicht (mehr) ausreichend ist.
Soll und Haben	So erstaunlich es klingt, hier gibt es gelegentlich Mißverständnisse, die daher rühren, daß aus der Sicht des Kunden Zugänge auf dem laufenden Bankkonto „Soll"-Buchungen sind, während ein entsprechender Guthabensaldo rein buchhalterisch ein „Haben"-Saldo ist. Genau umgekehrt verhält es sich, wenn auf demselben Konto ein Kontokorrentkredit in Anspruch genommen wird. Krediterhöhungen sind Habenbuchungen, ein Kreditsaldo ist ein Sollsaldo. Um die Konfusion noch zu erhöhen: Aus Banksicht ist das alles jeweils genau umgekehrt. „Im Soll (sein)" kann bei laufenden Konten alles bedeuten, je nach Kontostand

Fachbegriff	Erläuterung
	und Perspektive des Betrachters, und stimmt allenfalls zufällig mit der umgangssprachlichen Verwendung von Soll und Haben überein. Daher kommt es bei Kontokorrentkonten, die gewohnheitsmäßig um einen Null-Saldo herumpendeln, tatsächlich immer mal wieder zu peinlichen Mißverständnissen zwischen Bank und Firmenkunde. Benutzen Sie also die etwas weniger unklaren Ausdrücke „Zugang", „Guthaben" (oder „Guthabensaldo") bzw. „Abgang", „Minus" oder „Negativsaldo".
Sonderkredit	Gängige Bezeichnung für Förderkredite („Programmkredite") des Staates mit strukturpolitischer Zielsetzung, die gegenüber herkömmlichen Krediten gelockerte Vergabekonditionen aufweisen, z. B. niedrigere Zinssätze. Die wichtigsten beiden Förderbanken des Bundes sind die Deutsche Ausgleichsbank, Bonn, und die Kreditanstalt für Wiederaufbau, Berlin. Beide reichen die meisten ihrer Sonderkredite über gewöhnliche Banken aus (Hausbankenprinzip).
Stellen	Im Devisenhandel gebräuchliche Bezeichnung für ein Zehntausendstel einer Währungseinheit. 153 Stellen sind dem entsprechend z. B. 0,0153 DM.
Spread	Spanne zwischen Geld- und Briefkurs im Devisenhandel, die die Bank vereinnahmt; z. B. ca. 0,2% beim US-Dollar = 40 „Punkte" oder „Stellen"; ein Punkt/eine Stelle entspricht 0,001 US-Dollar.
Swap	Vereinbarung über den Tausch von Zinszahlungsverpflichtungen (Zins-Swap) und/oder Währungspositionen. Zins-Swap: Aus der Sicht dessen, der seine bisherige langfristige Zinsbindung in eine kurzfristige tauscht, handelt es sich um einen Receiver Swap, aus umgekehrter Sicht um einen Payer Swap. Beim Receiver Swap gibt ein Unternehmen für eine bestimmte Zeitspanne eine langfristige fixe ab und erhält eine kurzfristige variable. Ein Tausch der eventuell zugrundeliegenden Kapitalbeträge findet nicht statt. Währungs-Swap: Tausch von Festsatzverbindlichkeiten in unterschiedlichen Währungen einschließlich der damit verbundenen Zinszahlungen. Am Ende der Swap-Laufzeit erfolgt Rücktausch der Beträge zum ursprünglich vereinbarten Kassakurs.
SWIFT	*Society for Worldwide Interbank Financial Telecommunication.* Kommunikationssystem für den Auslandszahlungsverkehr, an das praktisch alle wichtigen Banken weltweit angeschlossen sind.
Termingeschäft	Ein bereits heute zum heute bekannten *Terminkurs* abgeschlossenes Handelsgeschäft zur Erfüllung an einem späteren Termin.

Fachbegriff	Erläuterung
	Für beide Parteien bindend. Geschäft z. B. über den Kauf einer bestimmten Menge einer Devise (Devisentermingeschäft). Im Unterschied dazu sind Kassageschäfte zum Kassakurs zur sofortigen Erfüllung fällig.
Überziehungsliste	Computerliste, die jeder Kundenbetreuer zu Arbeitsbeginn morgens quasi als erstes auf dem Tisch hat. Die Liste weist sämtliche Überziehungen innerhalb seines Kundenstamms aus. Überziehungen sind Minussalden, die die eingegebene Kreditlinie überschreiten, bei Konten ohne Kreditlinie jeder Minussaldo.
Valutierung	Auszahlung von Krediten (nicht aber die Zwischenfinanzierung eines langfristigen Darlehens durch eine Kontokorrentkreditlinie).
Verwertung	Veräußerung von Sicherheiten durch die Bank nach erfolgter rechtswirksamer Kreditkündigung und Erhalt eines Pfändungstitels.
Volatilität	Schwankung von Kursen, Umsätzen und Erträgen usw. innerhalb eines bestimmten Zeitintervalls. Bei Wertpapieren, Devisen und anderen Vermögensanlagen wird die Volatilität (zumeist gemessen durch das statistische Streuungsmaß *Varianz*) als Maß für das Risiko der Anlage verwendet. Je größer die Volatilität, desto größer das damit verbundene Risiko, aber auch die Chance. Bei Kreditnehmern verschlechtern stark volatile Umsatz-, Ertrags- und Cash-Flow-Werte die Bonität.
Vorfälligkeitsentschädigung	Im Falle einer außerplanmäßigen (vertragswidrigen) teilweisen oder vollständigen Tilgung eines Darlehens vor Ende der Zinsbindung fallen für die Bank diverse Kosten an, die sie sich normalerweise vom Kreditnehmer erstatten läßt. Diese Kosten enthalten i. d. R. (a) den sogenannten Zinsschaden (die Bank muß die zurückerhaltenen Mittel für die ursprüngliche Restlaufzeit zu einem niedrigeren Zinssatz anderweitig verleihen), (b) den sogenannten Margenschaden (den entgangenen Gewinn) und (c) den mit der Sondertilgung verbundenen zusätzlichen Verwaltungsaufwand.
Wagniskapital	Auch *Venture Capital* oder *Risikokapital* genannt. Beteiligungskapital, das innovativen und besonders risikobehafteten Unternehmen (z. B. anstelle von Fremdkapital) zur Verfügung gestellt wird. Mit der Bereitstellung sind jedoch auch besonders hohe Renditeerwartungen verbunden.

Fachbegriff	Erläuterung
Warenkreditversicherung	Versicherung gegen das Ausfallrisiko von Forderungen aus Lieferungen und Leistungen (Delkredererisiko). Im Falle eines nachgewiesenen Forderungsausfalls ersetzt die Versicherung den Forderungsausfall bis zu einem vereinbarten Selbstbehalt von z. B. 20%. Dergestalt versicherte Forderungen werden als Kreditsicherheit in Form einer Forderungszession von den Banken höher (werthaltiger) bewertet.
Wertstellung	Das Kalenderdatum, zu dem ein Zahlungsvorgang wertmäßig (im Unterschied zu buchungsmäßig) geschieht. Wertstellung (oft auch *Valuta* genannt) und Buchungsdatum können, müssen aber nicht divergieren. Für Zinsberechnungszwecke ist nur die Wertstellung maßgeblich.
Worst-case-Szenario	Englisch für das schlechtest mögliche Szenario (im Unterschied zu Most-likely-case und Best case). Szenariobetrachtung/-kalkulation unter Zugrundelegung extrem pessimistischer Annahmen.
Zins-Cap	Auch *Zinskappe* genannte. Ein Zins-Cap ist ein derivatives Zinsinstrument, mit dessen Kauf für einen bestimmten Zeitraum eine maximale Obergrenze für einen variabel verzinslichen Kredit (zumeist Euribor-/Libor-basierte Festsatzkredite, gelegentlich auch Kontokorrentkredite) vereinbart werden kann. Die Kosten für die „Zinsversicherung" können als Einmalzahlung oder als laufende Zahlung vereinbart werden. Das Gegenstück dazu heißt *Zins-Floor* und kommt vorwiegend zur Absicherung von Mindestverzinsungen von Anlagen zur Anwendung. Im Rahmen komplexerer Spekulations- oder Hedgingstrategien ist es ebenfalls möglich, nicht als Käufer, sondern als Verkäufer dieser Derivate aufzutreten.
Zins-Research	Trotz schöngemachter Broschüren und vieler scheinbar plausibler Berechnungen und Grafiken gelingen den Bankexperten keinerlei langfristige Zinsprognosen, die auch nur marginal erfolgreicher sind als Würfeln. Was nicht ausschließt, daß einzelne Prognosen (zufällig) auch richtig sind. Dies haben unzählige wissenschaftliche Studien in den letzten 30 Jahren immer und immer wieder gezeigt.
Zinsstrukturkurve	Damit wird das Zinssatzgefüge zwischen kurz-, mittel- und langfristigen Zinsen bezeichnet, also z. B. zwischen Zinssätzen mit eintägiger Zinsbindung (Tagesgeld) und Zinssätzen mit 30jähriger Zinsbindung. Üblicherweise steigen die Sätze von kurzfristigen zu langfristigen Bindungen mehr oder weniger kontinuierlich an (normale Zinsstruktur). In bestimmten (eher

Fachbegriff	Erläuterung
	seltenen) historischen Perioden verläuft das Gefälle jedoch umgekehrt (inverse Zinsstruktur). Dann sind die kurzfristigen Geldmarktzinsen höher als die mittel- oder langfristigen Kapitalmarktzinsen.
Zweckbestimmungserklärung	Auch „Zweckerklärung" genannt. Eine Sicherungsabrede, die eine Vereinbarung darüber darstellt, auf welche Forderungen sich eine bestimmte Kreditsicherheit erstrecken soll. Besonders bei Grundschulden üblich.
§ 18 KWG	Bezieht sich auf § 18 des Gesetzes über das Kreditwesen (KWG). Diese Bestimmung schreibt den Banken vor, sich von privaten und gewerblichen Kreditnehmern ab 500.000 Mark die wirtschaftlichen Verhältnisse durch dazu geeignete Unterlagen/Informationen offenlegen zu lassen (Ausnahme: das gesamte Kreditvolumen ist zu 100% – nach Bankbewertungsregeln – voll werthaltig besichert).

Verzeichnis empfehlenswerter Bücher

Autor	Titel	Kommentar
Beike, Rolf	*Risk-Management mit Finanzderivaten.* Oldenbourg Verlag. München 1987. 220 Seiten.	Praxisorientiertes, solides Übungsbuch mit Lösungen für Leser, die sich als Anwender systematisch mit Finanzderivaten vertraut machen wollen.
Beike, Rolf/ Schlütz, Johannes	*Finanznachrichten lesen, verstehen, nutzen. Ein Wegweiser durch Kursnotierungen und Marktberichte.* Schäffer-Poeschel. Stuttgart 1996. 748 Seiten.	Die beste Veröffentlichung zum Thema. Orientiert sich in erster Linie an der wichtigsten deutschen Wirtschaftszeitung, dem *Handelsblatt*. Sehr benutzerfreundlich. Für jeden Kaufmann empfehlenswert.
Bido, Hans-Joachim	*So hole ich mein Geld zurück. So schützen Sie sich vor skrupellosen Schuldnern.* Ueberreuter. Wien 1996. 240 Seiten.	Nützliches Buch zu dem in kleinen Unternehmen vielfach erschreckend unprofessionellen Debitorenmanagement.
Braun, Karl	*Konflikte mit Banken und Sparkassen. Wie man sie vermeidet – wie man sie löst.* dtv. München 1993. 308 Seiten.	Solide gemachtes Buch eines Fachanwaltes. Gut geeignet als Ergänzung zum vorliegenden Werk. Nachschlagewerk vor allem für Situationen, in denen das Kind bereits in den Brunnen gefallen ist (oder kurz davor steht).
Busse von Colbe, Walter (Hg.)	*Lexikon des Rechnungswesens. Handbuch der Bilanzierung und Prüfung, der Erlös, Finanz-, Investitions- und Kostenrechnung.* Oldenbourg Verlag. München 1994. 680 Seiten.	Kompetent verfaßtes, modernes Nachschlagewerk. Sollte in keiner „Geschäftsführer-Handbibliothek" fehlen.

Autor	Titel	Kommentar
Commer, Heinz	*Manager-Knigge. Moderne Umgangsformen im Alltag. Das Erfolgs-ABC für Unternehmen, Verbände, Behörden, Vereine und alle Mandatsträger.* Econ. 3. Auflage. Düsseldorf 1991. 256 Seiten.	Lexikon fürs Querlesen und Nachschlagen. Sowohl für den Geschäftsführer als auch für die Sekretärin geeignet.
Commerzbank AG (Hg.)	*Wer gehört zu wem. Beteiligungsverhältnisse in Deutschland.* 19. Auflage. Frankfurt a. Main 1997. 1399 Seiten.	Standardwerk, das die Kapital- und Beteiligungsverhältnisse der 13.000 Unternehmen Deutschlands darstellt, die ein Nominalkapital von mindestens einer Million Mark ausweisen. Für DM 10,– in jeder Commerzbank-Zweigstelle erhältlich (auch als CD-ROM).
Käßl, Franz Josef	*Das Wechsel-ABC. Ihr praktischer Ratgeber in allen Wechselfragen.* dtv. 2 Auflage. München 1994. 132 Seiten.	Nützliches, knappes Nachschlagewerk. Allerdings haben sich Anfang 1999 einige in dieser Auflage noch nicht berücksichtigte gesetzliche Änderungen ergeben (siehe Seite 164 ff.).
Köhler, Gottfried	*Management von Klein- und Mittelstandsbetrieben. Praktischer Leitfaden zur Führung, Planung, Organisation.* Ueberreuter. Wien 1994. 279 Seiten.	Praxisnahes und anschaulich illustriertes Buch insbesondere zum Thema Planung, einem gerade für Banken wichtigen Bonitätskriterium, an das viele kleine und mittlere Unternehmen gefährlich amateurhaft herangehen.
Kralicek, Peter	*MBA Pocket-Guide. Praktische Betriebswirtschaft immer dabei. Fälle. Checklisten.* Ueberreuter. Wien 1996. 464 Seiten.	Peppig aufgemachtes Nachschlagewerk vor allem zu Fragen des Rechnungswesens mit vielen Checklisten. Das Buch kommt ohne Umschweife auf den Punkt. „MBA" steht für den amerikanischen Universitätsabschluß *Master of Business Administration*.

Autor	Titel	Kommentar
Mewing, Joachim	*Mahnen. Klagen. Vollstrecken.* Ein Leitfaden für Gläubiger und Schuldner im geeinten Deutschland. dtv. 4. Auflage. München 1994. 201 Seiten.	Solide gemacht und auf das Wesentliche beschränkt. Sehr hilfreich.
Nitsch, Rolf/ Niebel, Franz	*Praxis des Cash Managements.* Mehr Rendite durch optimal gesteuerte Liquidität. Gabler. Wiesbaden 1997. 171 Seiten.	Gut geschriebenes, kurz gehaltenes Buch von Bankpraktikern für Firmenkunden zu einem bei Mittelständlern vernachlässigten Thema mit wachsender Bedeutung.
Peemöller, Volker H.	*Bilanzanalyse und Bilanzpolitik.* Einführung in die Grundlagen. Gabler Verlag. Wiesbaden 1993. 363 Seiten.	Die Bücher zu diesem Sachgebiet füllen Bibliotheken. Dieses überzeugt als knappes, aber ordentliches Lehr- und Nachschlagewerk mit ausreichend theoretischem Tiefgang.
Pepels, Werner	*Außenhandel.* Cornelsen/Girardot. 1. Auflage. Berlin 1997. 168 Seiten.	Didaktisch gut aufgemachte und knapp gehaltene Darstellung der wichtigsten Finanzaspekte des Außenhandels.
Prahalad, C. K./ Hamel, G.	„Nur Kernkompetenzen sichern das Überleben". In: *Harvard Business Manager,* Nr. 2, 1991, Seite 66–78.	„Klassiker"-Aufsatz, der die Theorie der Kernkompetenzen allgemein verbreitete. Als Lektüre für jeden Geschäftsführer sehr empfehlenswert. Lesen Sie den Text einige Tage vor dem nächsten Grundsatzgespräch mit Ihrem Banker.
Rassner, Karsten u. a.	*Das Existenzgründerbuch.* Verlag Moderne Industrie, Landsberg a. Lech 1997. 434 Seiten.	Umfassendes Existenzgründerbuch mit Softwarediskette. Als Nachschlagewerk und Leitfaden für Businneßpläne, Investitionskonzepte geeignet; stellt sicher, daß Sie nichts vergessen.

Autor	Titel	Kommentar
Schmolcke, N.	*Das ABC der frisierten Bilanz. Grundlagen, Feinheiten und Unfeinheiten des Buchens.* OPS-Verlag, München 1997, 223 Seiten.	Flott gemachtes Buch zum Thema Bilanzierung und Bilanzpolitik, das viel seriöser ist, als der Titel vermuten läßt. Außerordentlich lesbar geschrieben. Beschränkt sich auf das Wesentliche. Exzellent für Praktiker mit wenig Zeit.
Waldner, Wolfram/ Wölfel, Erich	*So gründe und führe ich eine GmbH.* dtv. 3. Auflage. München 1993. 180 Seiten.	Solides Büchlein, das die wesentlichsten *juristischen* Aspekte der Gründung und Führung einer GmbH knapp darstellt. Von denselben Autoren ist auch ein entsprechendes Buch zu Personengesellschaften vorhanden.
Zickendraht, Veronika	*Persönlichkeitsprofil. Identity vom Scheitel bis zur Sohle.* Verlag Moderne Industrie. Landsberg a. Lech 1991, 247 Seiten.	Eines von vielen Büchern zu einem in Deutschland vernachlässigten Gegenstand. Die Lektüre stünde mancher Führungskraft im wahrsten Sinne des Wortes gut zu Gesicht ...
Zimmermann, Walter	*Das Recht des Schuldners von A–Z.* dtv, München 1996, 269 Seiten.	Preisgünstiges kleines Lexikon zu einem unangenehmen, aber wichtigen Thema. Schmökern Sie darin, *bevor* Sie es brauchen. Auch für Ihr Debitorenmanagement relevant.
(Ohne Autor)	*Bankrecht. Wichtige Gesetze und Verordnungen.* dtv, München 1997. 501 Seiten.	Nützliche Gesetzessammlung, die unter anderem das Gesetz über das Kreditwesen (KWG) und die Banken-AGBs enthält.

Index

A
80/20-Regel 27
A.o.-Aufwand 147
A.o.-Faktoren 367
abdrängen 367
abgelaufene-Kredite-Liste 34, 36
Absicherungsperiode 326, 329
Absonderungsrechte des Konkursverwalters 263
abstrakte Sicherheit 367
Abtretung(en) 230, 239 238–239, 241, 252, 367
Abtretung von Arbeitseinkommen 252
Abwickler 12, 367
AGB-Kündigungsrecht der Banken 205
AGB-Pfandrecht 241, 253, 263, 367
AGBs 19
AKA 368
Akkreditive 173
Akquisitionsprozeß 156
Aktivgeschäft 368
Aktivierung 111, 115–118
– von Herstellungskosten 118
Akzeptant 164
Akzeptkredit 67, 164, 167, 173
akzessorisch 169, 232, 238
Alkoholika 39
amerikanische Methode 212
Änderungsrisiko 323
anfänglicher effektiver Jahreszins 210
Anhaltspunkte für Marktzinsen 176, 217
Anlagendeckung 91, 93, 122, 126
  Anlagendeckung II 91, 93, 122
annualisieren 327, 329
Annuitätendarlehen 177–178, 214
Anschlußkonditionenvereinbarung 203, 205

Ansprüche
– auf Darlehensauszahlung 239
– auf Steuererstattung 239
– auf Bausparverträgen 239
– aus Risiko- oder Kapitallebensversicherungen 239
Anträge auf Fördermittel 150
Anzahl von angemessenen Bankverbindungen 50
Anzahlungsgarantie 171
Arbitragegeschäfte 323
Asset Management 284, 305
Asset Swaps 334
Asset-Forward Swaps 333
Auflistung der Konkurrenten 149
Aufsplittung in zwei rechtliche Einheiten 126
Auftragsbestandsliste 148
Aufwendungen für die Ingangsetzung und Erweiterung des Geschäftsbetriebes 76, 116
Ausfallbürgschaft(en) 184–185, 187, 189, 192, 234, 234, 254
Ausgabeaufschlag 280, 283
Auskünfte von Auskunfteien 153, 287
Auskunfteien 153, 287–288, 290
Auslandszahlungsaufträge 306
Auslandszahlungsverkehr 27, 381
aussagefähiges Zahlenmaterial 147
Außenhandel 32, 51, 55, 63–65, 67, 154, 194, 267
Außenhandelsspezialisten 64–65
Äußerlichkeiten 38–39, 41, 43, 45, 47
außerordentliches Kündigungsrecht 234
außerplanmäßige Tilgung (Sondertilgung) 192, 200
Ausübungskurs 342

Index

Auszahlungszeitpunkt/-datum 211
Auszehrungsstrategie 133
automatischer Saldenausgleich 369
Aval 168, 170–171, 262, 298, 368
Avalauftraggeber 168, 170, 368
Avalkredit 167–168, 173, 368
Avalkreditnehmer 168, 368
Avalprovisionen 170
Avalzinsen 170
avisieren 35

B

Bank – die richtige Bank finden 49–67
B.a.w. 101, 161, 202, 269, 278, 369
Back-Office-Tätigkeiten 358
Bankakzept 167
Bankauskünfte 153, 287
Bankbeziehungen strategisch managen 365
Bankbranche 17–18
Banken-AGBs 24
bankinterne Überweisungen 312, 314
Banklaufzeit 307–308, 313–314
Bar- oder Barvorlagekredit 160
Bardeckung 124, 173, 223
Bareinzahlungen 293, 310, 312
Barwert 181, 191, 200, 223, 332, 349, 368
Basiskurs 342
Basispunkt 369
Baubeschreibung 151
Baugenehmigung 151
Baupläne 151
Bausparvertrag 178–179
Bauvertrag 151
Bearbeitungsgebühren 215
Bedeutung von Sicherheiten für das Rating 98
bedingte
 – Termingeschäfte 322
 – Verbindlichkeiten 232
beleghafte
 – Überweisung 293
 – Zahlungsaufträge 311
beleghafter Zahlungsverkehr 293, 296
Beleihungswert 143
Bereitstellungsprovision 215

Bereitstellungszinsen 179–180, 214, 338
Berücksichtigung der Anschaffungsnebenkosten 118
Besicherung eines Investitionskredites 179
Betreuerprinzip 30
Betriebsanwesen 40
Betriebsaufspaltung 57, 101, 105–106, 132
Betriebsimmobilie 57, 62, 105, 143
Betriebsleistungsrentabilität 79, 90
betriebswirtschaftliche Auswertung (BWA) 147
Bewertung 72, 96, 99, 111, 119–120, 241–242, 245–246, 248–251, 373–374
 – von Bürgschaften, Garantien und Patronatserklärungen 241, 245
 – von Geldvermögen und Wertpapieren 249
 – von Grundpfandrechten auf Immobilien 246
 – von sicherungsübereignetem beweglichem Vermögen 251
Bewertungsverfahren 115, 259
Bietungsgarantie 169, 171
Bilanzgliederungs- und -darstellungspolitik 121
Bilanzierungshilfen 88
Bilanzkosmetik 111
Bilanzpolitik 26, 78, 86, 92, 111–132, 134, 136
Bilanzsummenverkürzung 111, 124–126, 128
Bis auf weiteres 36, 101, 159, 202, 207, 262, 268, 280, 369
Blankoanteil 72–73, 247, 258, 369
Blankokredit 99, 159, 180, 369
Blitzüberweisung 314
Bodensatzfinanzierung 160, 177
Bonität 12–14, 26, 36–37, 69–70, 72, 74–76, 78, 80, 82, 84, 86, 88, 90, 92, 94, 96, 98–100, 102–104, 106, 108, 112–114, 157–158, 165, 167–168, 170, 175, 180, 183, 191, 197, 199, 206–207, 224, 245, 260, 268, 271, 279, 286, 312, 315–316, 352, 360, 367, 378–380, 382

Bonitätsprüfung 26, 36, 90, 98–101, 126, 139–140, 149, 361–362
Branchenvergleichswerte 153, 155
Brandversicherungsurkunde 151
Break-even-
- Analyse 369
- Berechnungen 150
- Punkte 156
Briefkurse 218
Briefsätze 218–219
Buchsaldo 305, 316–317, 369
Buchungsdatum 307, 311–312, 369, 383
Buchungsschnitte 285, 314
Bundesanleihen 282
Bundesfinanzierungsschätze 282
Bundesobligationen 282
Bundesschatzanweisungen 282
Bundesverband deutscher Kapitalbeteiligungsgesellschaften German Venture Capital Association e. V. (BVK) 228
Bürgschaft(en) 13, 28, 105, 109, 129, 154, 168–169, 171–172, 183, 187, 191, 229–230, 232–236, 241, 244–246, 254, 258–259, 367–368, 370, 374, 380
Bürgschaftsbank(en) 170, 185, 187, 194, 254
Büro 38–40, 289
Business-Plan 152, 228, 369

C

Call 320, 322, 325, 341, 345
Call-
- Geld 273, 278
- Money 273, 278
Cap 326–328, 349, 363, 370
Cap-
- Prämie 327
- Preis 327
Cash
- concentration 272
- Management 306
- Pooling 272, 297, 360–361, 369, 375
- settlement 345
Cash-value 368
Cash-flow 78–86, 89, 123, 227, 257, 369
- 1 80–81, 84, 89, 123

- aus Investitionstätigkeit 83
- Statement 81–82
Cash-Management-Systeme 361
Cash-Pool-Konto 369
Cash-Rendite 79, 89
Certificates of Deposit 281–282
Ceteris paribus 370
CF-Ermittlung 82
Checkliste für die Kreditentscheidung 142
Commercial Papers (CPs) 250, 281–283
Corporate Finance 370
Covenants 362

D

Damenkleidung 47
Damnum 88, 116, 215
Darlehen nicht persönlich haftender Gesellschafter 88
Darlehenstyp 214
Debitoren 148, 285
Debitorenbuchhaltung, Mahnwesen 127
Debitorenmanagement 103, 124, 173, 196, 284–289, 306
Debitorenstammblätter 286
Deckungsbeitragsrechnung 369
Delkredererisiko 196, 370, 372, 383
Deport 339
Derivat 32, 55, 57, 154, 180, 319–325, 327, 329, 331, 333, 335, 337, 339, 341, 343, 345, 347–355, 362, 363, 371, 383
derivativer Geschäfts- oder Firmenwert 116
Deutsche Ausgleichsbank (DtA) 184, 188, 194, 370, 381
deutsche Bankbranche 17–18
Devisenoptionen 341, 343
Devisentermingeschäft 322, 325, 339, 342–344, 353, 382
Dienstwagen 40
Dilemma der Bilanzpolitik 112
dingliche Sicherheiten 230, 369
Direktbanken 271, 358
Disagio 116, 215
Discounted-Cash-flow-Methode 226
Diskettenverfahren 304, 361

Index

Diskontinuitäten 147
Dispoübertrag 369
Diversifizierung 102, 132
Drittschuldner 239, 248, 370, 377
Drittsicherheiten 253
Drittsicherheitengeber 253, 370
DtA 184, 186–188, 194, 227, 255, 370–371
durchgeleitete Kredite 186
durchlaufende Kredite 186
durchschnittliche Debitorenlaufzeit in Tagen 94
durchschnittliche Kreditorenlaufzeit in Tagen 94
durchschnittlicher Lagerumschlag 91, 95

E

Edifact 361
effektive Andienung 346
Effektivzins 178, 209–210, 213, 215
Effektivzinssatz 181, 188, 209–211, 217, 221
Ehegattenbürgschaft 235
Eigenkapital 22, 28, 52, 78, 87–89, 93, 111–112, 119, 125, 128, 132, 255, 373–374
Eigenkapitalhilfe-Darlehen 254
Eigenkapitalquote 79, 87, 111, 115, 122–126, 128–129, 178, 181, 197, 227, 255, 362, 372
Eigenkapitalrentabilität 88
Eigenmittelnachweise 141, 152
Eigentumsvorbehalt 239, 251
Eigentumsvorbehalte 230
eingeschränkte Zweckbestimmung 252
Einkommensteuerbescheide 151, 206
Einlagen 88, 125, 128, 162
Einlösungsauftrag 166
Einnahme-/Überschußrechnungen (EÜR) 70, 114
Einstandsatz 269, 370
Einzug 64, 166, 196, 316, 319, 357, 359
Electronic Banking 32, 56, 154, 217, 291–294, 296–298, 300–306, 308–310, 312, 314, 316

Electronic-Banking-Software 153
elektronische Unterschrift 303
elektronische Zahlungsaufträge 311
endfällige Darlehen 214
Engagement 371
Engagementverbund 105, 107–109, 370–371
enger Sicherungszweck 231, 252
Erfahrungskurve 375
Erfüllungsrisiko 351
Erhaltungsaufwand 120
Erhöhungen des Vorratsvermögens 147
ERP-Eigenkapitalhilfedarlehen (EKH) 184, 186
ERP-Programm 371
Erstellung konsolidierter Jahresabschluß 129
Erträgnisaufstellung 281, 296
Ertragsglättungseffekt 117
Ertragswert 247
Ertragswertverfahren 226, 246
Escape-Klausel 374
ESt-Erklärung 151
Euribor 159, 219, 283, 336, 372, 379, 383
Euroanlagen 212–213, 274–276, 280
Eurokredit 67, 160, 162–164, 173, 179, 213, 371
Euromarkt 268, 273–279, 371
European Venture Capital Association 228
Eurotagesgelder 274
Euroterminanlagen 276
Euroterminmgelder 277
Eventualkredit 168, 368
Existenzgründungsvorhaben 146
Exit 132, 226, 372
Export- und Importakkreditivaufträge 306
Exportforderungen 196, 198
extrapolieren 129, 372

F

Fachliteratur 39, 130, 141
Factoring 67, 103, 126, 195–199, 288, 363, 372, 377
Factoring (Forderungsankauf) 372

feilschen 13, 222
Festdarlehen 214
fester Ansprechpartner in der Bank 56
Festgelder 99, 223, 249, 276–277, 279
Festpreisangebote 150
Festsatzkredite 161–162
Fifo 119, 147
Finanz-Leverage 372
Finanzierungszusagen 216, 374
Finanzinnovationen 319
Fiona 269–270
Firmenkundenkreditantrag 69, 137, 139, 141, 143
fixe Guthabenverzinsung 267, 269
fixe Staffelzinssätze 269
fixer Sichtguthabenzinssatz 268
Fixing-Termin 326, 329, 335, 337, 346, 380
Flat Fee 350
Floatgewinn 310
Floors 328–330, 349, 363, 370
Förderhöchstgrenzen 191, 193
Fördermittel 150, 182, 191, 194
Forderungen an nicht persönlich haftende Gesellschafter 88
Forderungen aus Lieferungen und Leistungen 81, 83, 94, 126, 160, 195–196, 238–239, 248, 288, 370
Forderungsausfallversicherung 103, 288
Forderungsbestandsliste 148, 248
Forderungsverkauf 197
Forfaitierung 67, 104, 195–196, 198–199, 288, 363, 372, 377
Forward Rate Agreement (FRA) 180, 325, 331, 333, 363, 370, 372
Forward
– Cap 333
– Swap 328, 336, 338, 347, 373
– Zins-Cap 325–326
– Zins-Floor 325, 328
– Payer-Swaps 328
– Zins-Swap 180, 333, 336
FRA 325, 331, 333, 373
Fragenkatalog 43
französische Methode 212–213
freibleibende Zusage 374
Freigabeklausel 259, 261

Fremdkapital ÷ CF1 95
Fristenkongruenz 93, 126–127, 175, 352
Fristigkeit der Zinsbindung 159
Frühwarnliste 36
Fungibilität 251, 265–267, 270, 283–284

G

Garantie 28, 61, 64, 109, 168–169, 171, 183, 199, 229, 232–233, 236, 241, 245–246, 289, 367–368, 374
Geldkurs/Geldsatz 372
Geldkurse 218
Geldmarkt 267, 375, 379
Geldmarkt-Zinsniveau 267
Geldmarktfonds 250, 268, 274, 279–280, 284–285, 373
Geldmarktzinssätze 161
Geldsätze 218
Generalisten 31–32
Genossenschaftsbanken 12, 29, 54–55, 65, 198, 302, 317, 357–358
Gesamtkapitaldienst 177, 214
Gesamtkapitalrendite 79, 89, 267
Gesamtkapitalumschlag 79, 90
Gesamtkreditvolumen 70, 127
gesamtschuldnerisch 230, 233–234
Geschäftsführergehälter 147–148
Geschäftskonzept 152
Geschäftskunden 29, 31
Geschäftsplan 369
Gesellschafterdarlehen 111
Gesellschafts- oder Geschäftsanteile 239
Gespräche mit Ihrer Bank 41
Gesprächskonstellation 2:1 41
gestreute Bankschulden 108
Gewährleistungsaval 124, 170, 173, 298
Gewährleistungseinbehalt 171
GIGO-Prinzip 61
Gironetze 308, 313
Glattstellung 340, 347
Gläubigergefährdung 260
Gleichbehandlungserklärung 240, 252
Going-concern-Prinzip 372, 376
Going-concern-Wert 242
Goldene Finanzierungsregel 93–94, 352

Goodwill-Erklärung der Bank 202
Gremienvorbehalt 374
Grundbuchauszug 151
Grunddienstbarkeiten 248
Grundpfandrechte 237, 245
Grundrißzeichnung 151
Grundsatz der Fristenkongruenz 175, 352
Grundsatz I 374
Grundschuld 144, 151–152, 191, 223, 230, 237–238, 243–244, 246–247, 259, 367, 384
Güterstand 151
Guthabenverzinsung 103, 124, 173, 265–269, 271, 284–285, 287, 289
Gutschriften aus empfangenen Zahlungen 312

H

haftendes Eigenkapital (HEK) 87–88
Haftungsfreistellung 186, 189, 192, 255
Handelsbilanz 112–113, 115, 117, 119, 129
Handelstage 274
Handelswareneinsatz 92, 94, 117
harte Patronatserklärung 232, 236, 246
harte versus weiche Sicherheiten 244
Hauptbanken 50
Hausaufgabenliste 42
Hausbank 15, 24–25, 50–51, 66, 162, 186–192, 254–255, 274, 292
Hausbankenprinzip 185, 381
Hayek, Friedrich von 16
Hedging 322–323, 355–356, 363, 374
Hermes-Deckung 374
Herstellungsaufwand 120–121
Hifo 119
High-Tech-Projekte 227
historische Durchschnittszinssätze 176
Hypothek 230, 233, 237, 246, 259, 367
Hypothekenbanken 54

I

Immobilieninvestitionen 151, 158, 163
Indikation 374
Indossanten 164–165

Informationen
– zu den Eigentümern 146, 151
– zum Unternehmen 146
– zum Vorhaben/Objekt 146, 150
Informationsbedürfnis der Bank 22, 362
Inkasso 67, 166, 296, 312, 374
Inkassobüro 288–289
Inlandstermingelder 276
Innendarlehensbeziehungen 129
Innenumsätze 101, 129
interner Zinsfuß 210
inverse Zinsstruktur 384
inverse Zinsstrukturkurve 176, 334
Investitions- und Finanzierungsplan 152
Investitionskredit 106, 141, 159, 174–175, 178–180
Investitionsplan 150
Investitionszulage 185–186, 189–190, 192–193
Investitionszuschuß (GA-Mittel) 186
Investment Banking 28, 370
Investor Relations 19, 108

J

Jahresabschluß der Bank 123, 154

K

kalkulatorische Kosten 147
Kapitaldienst 69, 80, 85, 105–106, 151, 155, 157, 179, 227, 256–257, 375
Kapitaldienstfähigkeit 69–70, 72, 85, 99, 157, 257
Kapitaldienstintervall 211
Kapitaldienstpläne für die ausgereichten Darlehen 153
Kapitalflußrechnung 81–82, 85
Kapitalgeber 12, 22–23, 112, 144, 227, 256
Kapitallebensversicherung 178–179
Kapitalmarkt 186–187, 218, 267, 375
Kassageschäfte 382
Kaufpreisaval 171
Kaugummi 39
Kautionsversicherer 124, 173, 289
Kekse 39

Kennzahlen 74–75, 77–80, 85, 87, 90–91, 93, 111, 122, 126, 128–129, 155, 181
Kennzahlenanalyse 74–75, 77, 79, 81, 83, 85, 87, 89, 91, 93, 95, 122, 379
Kernkompetenzen 102, 323
Kleidungsfragen 44
Kleidungsstil 45
Knebelung 260–261
Know-how-Diffusion 30
Kommunikation 19, 38, 41, 44, 85
Kompensation 375
Kompetenz 32, 45, 52, 63, 154, 375
Kompetenzprinzip 32
Kompetenzwert 375
Konditionenreiter 224, 292
Konditionenspreizung 73, 360
Konkursgerichte 287
Konkursverschleppung 260
Konsolidierungsdarlehen 192
Konsolidierungsfälle 192
Kontenpfändung 377
Kontoeröffnungsverträge 18
Kontoführung 35, 37, 72, 96, 217, 291–296, 298, 300, 302, 304, 306, 308, 310, 312, 314–317, 358
Kontoführungs-Checkliste 34, 36
Kontokorrentkredit 36, 106, 127, 159–161, 163–164, 166, 173, 179, 195, 219, 221, 235, 380
Kontostellenprinzip 33
Kontrakte 322
konventionelle Eigenkapitalquote 79
Korrespondenzbank 66, 249, 374–375
Kostenvoranschläge 150
Kreditanstalt für Wiederaufbau (KfW) 184, 194, 370
Kreditauftrag 109
Kreditbesicherungsaval 172
Kreditbetrug 260
Kreditgarantiegemeinschaft (KGG) 185
Kreditgenehmigungskompetenz 62, 140, 375
Kreditgeschäft 65, 67, 137–138, 140, 142, 144, 146, 148, 150, 152, 154, 156, 158–160, 162, 164, 166, 168, 170, 172, 174, 176, 178, 180, 182, 184, 186, 188, 190, 192, 194, 196, 198, 200, 202, 204, 206, 208, 210, 212, 214, 216, 218, 220, 222, 224, 226, 228, 230, 232, 234, 236, 238, 240, 242, 244, 246, 248, 250, 252, 254, 256, 258, 260, 262, 362, 368, 375
Kreditkonditionen 73, 137, 142, 187, 199, 224
Kreditlaufzeiten 202–203, 205, 207
Kreditleihe 168
Kreditnehmereinheit (Risikoeinheit) 105, 107, 109, 371
Kreditoren 148, 285
Kreditpolitik 17, 55, 72, 358
Kreditprovision 215
Kreditsachbearbeiter 31–32, 34, 37, 96–97, 99, 113, 136, 140
Kreditspesen 215
Kreditspezialist 31
Krisen 17, 208
Krisengespräche 41
Kumulierungsfähigkeit 188–189, 192
Kundenkalkulation 28
Kundenportfolio 21, 27, 38, 378
Kundensegment 38, 56–61, 358
Kündigungsgeld 273, 276, 278
Kündigungsrecht 202–205, 207
– der Bank 205–206
– des Kreditnehmers 204
Kursgewinne 280
Kursrisiko 279–280, 282–283, 351, 353, 373
kurzfristige Erfolgsrechnung (KER) 24, 147
kurzfristige Schuldverschreibungen 281–282

L

Lagebericht 123
Lageskizze 151
Landesbanken 53, 198, 358, 368
Landesförderinstitute 184, 188–189
langfristige Unternehmensplanung 135
langjährige Durchschnittszinssätze 220
Lastschrifteinzüge 296, 305, 315–316
Lastschrifteinzugsverfahren 286
Lastschriftobligo 316
latente Steuern 116

Index

Laufzeit 157, 159–160, 162, 167, 171, 174–175, 178, 195, 202–203, 207, 210–212, 214, 226, 268, 276–278, 281–284, 326–332, 335–339, 342–343, 346, 348–349, 351, 353, 355, 362, 378, 380
Laufzeitfonds 283–284
Learning Curve 375
Leasing 32, 124–125, 180–182
Leasing-Verbindlichkeiten 43, 125
Leasingfinanzierung 141, 174
Lebenslauf 152
Lebensversicherung 152, 178, 210, 238
Lebenszyklus 378
Leibgedinge 248
Leistungsaval 171
Leistungsbestandsveränderungen 90, 147
leverage effect 372
Liability Swaps 334
Liberalisierung der Finanzmärkte 29, 358
Libor 159, 219, 283, 330, 376, 379
Lifo 119, 147
Liquidationswert 242–243, 259, 376
Liquiditätsausstattungszusage 236
Liquiditätsengpässe 192
Liquiditätsplangrößen 155
Liquiditätsvorschau 149, 152

M

Mahnwesen 94, 127, 155, 286, 301
Margenschaden 382
Materialaufwand 92, 94, 112, 119, 147
Materialverbrauchskonto 148
Mietertragsaufstellung 151
Mietforderungen 239
Mindestreserve 376
Mission Statement 40, 376
Mittelsatz 218
Multi-Cash 376
multibankfähig 302
Multibankfähigkeit 302
Multiuser-Fähigkeit 302

N

Nachfolgeproblematik 100
nachhaltige Werthaltigkeit 242, 376
Nachkalkulation 156
nachschüssig 212, 328, 330, 338
Nachteile des Factoring 197
near banks 358
Nebenbank 24–27, 50, 257, 303
Negativerklärung 240, 252
nicht passivierte Pensionsverpflichtungen 88
nicht-bilanzierende Firmenkunden 70
Nicht-Passivierung 115
nicht-traditionelle Finanzierungsformen 362
Nichtaktivierung 111–112, 115
Nichtveranlagungsbescheinigung 277
Niedrig-Coupon-Anleihen 280
Niedrigzinsphasen 180, 192, 203, 274, 336
No-load-Fonds 280
Nominal- versus Effektivwert 243
Nominalzinssatz 209, 213, 275
Notenbankfähigkeit 164
Notional Pooling 272

O

Obergrenze 25, 197, 383
Obligo 126, 186, 188–189, 199, 254–255, 376
Off-Shore-Finanzplatz 162, 376
Offene-Posten-Liste 148
Offenlegung 377
Online-Eilüberweisung 314
Online-Zahlungsverkehr 33, 293, 300, 315, 361
operativer Cash-flow 81
operativer Leverage 376–377
Opportunitätskosten 300, 313, 324, 350, 376
Option amerikanischen Stils 341, 343
Option europäischen Stils 341, 343
Optionsprämie 322, 342, 344–346
ordentliche Kontoführung 35
Organschaftserklärung 240–241, 252
Organschaftsverträge 109
OTC-Derivate 322–323, 325, 352
Over night 269, 273, 377
Over-night-deposit 275
Over-the-counter-Derivate 322, 352

P

PAngV 209–210, 215, 377
papierbasierte Informationsübertragung 301
§ 14 KWG 107
§ 18 des Gesetzes über das Kreditwesen 36, 74, 384
§ 18 KWG 384
§ 19 des Gesetzes über das Kreditwesen (KWG) 105, 206
§ 19 KWG 106
Passivierung 115, 117, 119
Patronatserklärung 229, 232–233, 236, 241, 245–246, 252
Payer-Swap 334
Pensionsrückstellungen (und Rückdeckungsversicherungen) 119
Performance 377
permanente Inventur 148
Personalabbau 26
Personaleinsatzquote 91–92
Personensicherheiten 229, 232, 245
Pfandbriefe 249, 281–282
Pfandrechte 230, 238, 259, 367
Pfandreife 242, 262–263, 368
Pfändungs- und Überweisungsbeschluß 377
Plafond 141, 378
Plandaten: Umsatz- und Ertragsvorschau 149
Pool-Kontos 272
Portfolio 60, 378
Positiverklärung 240, 252
Preisangabenverordnung (abgekürzt PAngV) 209, 377
present value 368
Presseartikel 148
Produkt-Portfolio-Matrix 378
Produktionsfinanzierung 194, 348
progressive Tilgung 214
progressives Tilgungsdarlehen 178
Projektfinanzierung 157–158, 378
Prolongation 36, 202–203, 378
Prolongieren/Prolongation 378
Prozentpunkt 257, 369, 378–379
Prozeßbürgschaften 172
Put 325, 343–345

Q

Qualität
– Ihres Betreuers 61
– Ihres Forderungsbestandes 103, 148
Quersubventionierung 292, 360
quotiert 369
Quotierung 216, 222, 321, 379

R

Rahmenkreditlinie 173–174
Rangrücktritts- und Darlehensbelassungserklärung 240, 252
Rangrücktrittserklärung 111, 128
Ratendarlehen 214
Ratenrückstände 205
Rating 69–70, 72–75, 77, 79, 81, 83, 85, 87, 89, 91, 93, 95–99, 101, 103–105, 117, 122, 125–126, 128, 379
Rating
– der Branche 73, 97, 379
– der weichen Faktoren (Soft Facts) 96
– des Jahresabschlusses 74–75, 77, 79, 81, 83, 85, 87, 89, 91, 93, 95, 122
Ratingverfahren 69
Real-time-Verbuchung 316–317
Real-Zeit-Buchung 309
Realsicherheiten 230, 237–238
realwirtschaftliche Ansätze für die Bilanzpolitik 123, 125, 127, 129
Receiver Swap 201, 333–334, 351, 353, 381
Rechtsform 58–59, 122, 230, 258
Referenzperiode 331–332
Referenzzinssatz 269–270, 283, 326, 329, 331–333, 335, 337, 346, 360, 372, 376, 379–380
Refinanzierung 161–162, 194, 370, 379
Regenschirmtheorie 18
Regionalprinzip 32
Reihenfolge der Interessen, denen Banken verpflichtet 15
Relationship Banking 32, 360
relative Liquidität 91, 93–94, 122, 126
relative Liquidität II 91, 93–94, 122
Rendite 13, 209, 226, 265–267, 277, 279, 282–283, 377
Rentenfonds 250, 283
Report 339

Index

Repräsentanz 66, 380
Risiko-Controlling 361
Risiko-Exposure 354
Risikobegrenzung 180, 287, 325, 327, 329, 331, 333, 335, 337, 339, 341, 343, 345, 347
Risikogehalt 112, 266
Risikokapital 382
Risikokosten 379
Risikolebensversicherung 178
risikoorientiertes Pricing 36, 73
Roll-over 380
Roll-over-Basis 162
Rücknahmeabschläge 280

S
Sachsicherheiten 230
Sale-and-Lease-Back 125
Sammelüberweisung 305
Schätzkosten 210, 215
Schätzspielräume 121
Scheck-E.V 316
Scheck-Wechsel-Verfahren 167
Scheckeinreichungen 285, 297, 312
Scheckrücklaufprotokolle 306
Schecks 35, 153, 164, 285, 295–297, 299, 312, 361, 374
Scheinaktiva 87
Schließfachinhalte 238, 241, 368
Schufa 287, 380
Schuldnerliste 380
Schuldnerregister 287
Schuldnerverzeichnis Sicherheitenverstärkung 380
Schuldverschreibungen 249, 281–283
Selbstauskunftsbogen 151
selbstschuldnerisch 164, 233, 254
Sicherheiten 13, 19, 23, 72–73, 98–99, 140, 155, 158, 174, 180, 185, 187–189, 191, 206, 216, 223, 227, 229–235, 237, 239–245, 247, 249, 251–263, 367–369, 375–376, 380, 382
Sicherheitsabtretung 238
Sicherungsgeschäfte 322
Sicherungsübereignungen 191, 230, 239, 244, 259
Sichtguthabenverzinsungen 268

Skonto 160, 167
Sockelfinanzierung 163
Sofortabschreibung von geringwertigen Wirtschaftsgütern 120
Software-Schnittstellen 306
Solawechsel 198
Solidaritätszuschlag 275
Soll und Haben 380–381
Sonderabschreibung 184
Sonderabschreibungsbestimmungen 181
Sonderfaktoren für das Rating 99, 101, 103, 126
Sonderkredit 126, 137, 182, 184, 186, 188–189, 191–192, 216, 255, 381
Sonderposten mit Rücklagenanteil 88, 119
Sondertilgungen 192, 216
Sonderzinsstaffeln 306
sonstige betriebliche Erträge 43, 76, 147
Sparbriefe 249, 268
Sparbücher 268
Sparkassen 12, 29, 52–55, 65, 207, 228, 241, 263, 268, 302, 317, 357–358
Sparkonten 268
Spartenvertriebsorganisation 56
Spekulationsgeschäfte 323
Spezialistenprinzip 31
Spot-next-deposit 275
Spread 381
staatliche Investitionszuschüsse 181
Stellen 13, 15, 33, 39, 43, 50, 62, 67, 71, 78, 92, 135, 139, 141–142, 144, 146, 149, 154–155, 172, 177, 188, 191, 199, 204, 206, 215, 224, 255, 262, 283, 286, 294, 348, 381
Stellungnahme der IHK 150
Steuerberater 70, 85, 111–115, 119, 121–122, 128, 130–136, 141, 145, 184, 231–232, 235, 239, 281, 284, 296, 300
Steuerbilanz 112, 115–116, 121
Steuergeheimnisses 136
steuerliche Betriebsaufspaltung 101, 106
stille Globalzession 248
stille Reserven im Wertpapiervermögen 127

Stillhalter 322, 341–345
strategische Neuorientierungen 26
strategisches Management der Bankbeziehungen 12
Strike 342, 346
Stückzinsen 281
Subordinationserklärung 240
Subventionswert 191
Swap 201, 328, 333–336, 338, 346–347, 349, 353, 373, 381
Swap-
– Laufzeit 336–338, 345–347, 381
– Satz 334–337, 346, 349
SWIFT 296, 381
SWOT-Analyse 149, 156

T
T-Online-System 304
Tagesdispositionssaldo 307
Tagesgeldanlage 219, 268, 273–274
Teilkostenrechnung 155, 369
telegrafische Überweisung 223, 296, 314
Termin für die Einreichung schlechter Zahlen 130
Termingeld 179, 266, 268, 279, 282, 373
Termingeldanlagen 219, 276–277
Termingeschäft 320, 322, 329, 331, 334, 345, 381
Tilgungs- und Zinsverrechnung 212
Tilgungsdarlehen 177–178, 214
Tilgungsfreijahre 188–189, 211
Tilgungssatz 211
Tom-next-deposit 275
Trends im Bankgeschäft 357–363
Treuhänderpflicht 15

U
Überschaubarkeit der Unternehmensstrukur 100
Übersicherung 243, 259, 261
Überziehungen 22, 35, 96, 229, 382
Überziehungsliste 34, 38, 382
überzogenes Konto 34
übliche Bankmargen 217
Umgliederung des Jahresabschlusses 75

Umsatz- und Ergebnisentwicklung 128–129
Umsatz- und Ertragsplangrößen 155
Umsatzrentabilität 90, 362
Umsatzüberwachungsliste 34, 38
Umschuldungen 137, 183, 186, 200–201
unbedingte Termingeschäfte 322
unbefristete Avale 170
uneingeschränkte Zweckbestimmung 252
unliebsame Überraschungen 27
Unterhaltsansprüche 238
Unterlagenwünsche 144–146
Unternehmensberatungsprojekte 26
Unternehmensbeteiligungen 25, 183, 240
Unternehmenskonzept 369
Unternehmensleitlinie (Mission Statement) 40
Unternehmensnachfolge 132
Unternehmernachfolge 149
Unterschriftenvollmachten 303
Unterschriftsprobenblatt 33

V
Valuta 282, 307, 311–312, 315, 383
Valutanutzen 310
valutarischer Saldo 317
Valutasaldo 307, 369
Valutaschaden 310
Valutatage 307, 373
Valutierung 211, 382
variabel verzinsliche Schuldverschreibungen (Floating Rate Notes oder Floater) 283
variable Guthabenverzinsung 267–269, 271
Varianz 382
Venture Capital 228, 382
Veränderungen der Fertigungsverfahren 25
Veränderungen der Kapitalausstattung 25
Veränderungen des Verbrauchsfolgeverfahrens (Lifo, Fifo usw.) 147
Veränderungen im Gesellschafterkreis 25

Veränderungen in der Geschäftsleitung 26
Veränderungsrate Betriebsergebnis 91–92
Veränderungsrate CF1 86
Veränderungsrate Umsatz 91
Verbesserungen im Rechnungswesen 26
Verbindlichkeit des Angebotes 216
Verbindlichkeiten gegenüber rechtlich verbundenen Unternehmen 127
Verbindlichkeitenliste 148
Verbraucherkredit 204
Verbrauchsfolgeverfahren 119, 147
Verfalltag 166, 345
verfügbarer Saldo 307
Vergleich unterschiedlicher Kreditangebote 216
Verlagerung Bilanzstichtag 128
Vermögensaufstellung 114, 151
Vermögensübernahme 261
Vermögensverfall 206
Vermögensverschiebungen 235
Verpfändung von Gesellschaftsanteilen 252
Vertragserfüllungsaval 171
Vertriebsweg 26, 56, 156, 358
Verwaltungsgebühren 280
Verwendungsnachweis 191
Verwertung 144, 181, 235, 243–245, 251–252, 256, 262–263, 368, 376, 382
Vieraugenprinzip 31
Volatilität 101, 129, 266, 342, 347, 349, 372, 377, 382
volumensabhängige Verzinsung 270
Vor-, Zwischen- und Produktionsfinanzierungen 163
Vordisposition 316
Vorfälligkeitsentschädigung 192, 200–201, 204, 216, 382
vorfristige Tilgungen 200–201
Vorkasse 287
Vorlaufzeit 331–332, 336–338
vorschüssig 212
Vorteile des Factoring 196

W
Wagniskapital 382
wahlweise Nutzungsmöglichkeit 162

Währungskredite 67, 194
Währungsoptionen 349, 363
Währungsrisiko-Management 323
Wareneinsatz 147
Wareneinsatzquote 91–92, 95
Warenkreditversicherung 103–104, 287–288, 383
Warenverbrauch 147
Wechsel 56, 135–136, 164–167, 198–199, 361
Wechsel des Steuerberaters 136
Wechselaussteller 164–167
Wechseldiskontkredit 67, 164, 167, 173, 219
Wechseleinreicher 166
Wechselgläubiger 165
Wechselprotestliste 165
Wegerechte 248
weiche Patronatserklärung 236, 241, 252
weiter Sicherungszweck 231, 252
Weltwirtschaftskrise 18
Werbeslogans 15
Wertberichtigungen 21, 76
Wertpapier- und Fondsanlagen 268, 281, 283
Wertstellung 274, 277–278, 280, 282, 297–298, 310–311, 383
Wertstellungsdatum 307, 311–312, 369
Wertstellungsfristen (Valuten) 297–298
Wertstellungsgewinn 310
Wertstellungstage 307
Wertstellungszeiträume 278, 285
wesentliche Investitionen 25
wirtschaftliches Eigenkapital 87–88, 111, 128
wirtschaftliche Eigenkapitalquote 79, 87
wirtschaftliche Verhältnisse 24, 36–37, 123, 206, 384
Wirtschaftlichkeitsberechnung 139, 150, 156, 216
Wirtschaftsprüfer 131, 133–136, 296
Wohnrechte 248
Worst- und Best-Case-Szenarien 150
Worst-case-Szenario 42, 383

Z

zahlbar gestellt 166
Zahlenwerk des Unternehmens 155
Zahlungsbedingungen 64, 285, 287
Zahlungsgarantie 173, 287
Zahlungsverkehr 12, 14, 27–28, 33, 51, 54, 56, 62–64, 74, 217, 222–224, 273, 276, 278, 285, 291–310, 312–317, 358, 360–361
Zahlungsverkehrsanalyse 294–295, 297, 299–300
Zahlungsverkehrsgebühren 292
Zahlungsverkehrsnetze 308
Zahlungsversprechen 164, 198–199
Zahlungsziele 155
zehn größte (nach der Bilanzsumme) Banken 52
zeitlich befristete Avale 170
Zeitreihentableau 74
Zero Balancing 272
Zero Bonds 280
Zertifizierungen 26
Zertifizierungsurkunden 148
Zessionsliste 248
Ziel-Eigenkapitalquote 155
Ziele 41, 112, 225, 370, 376
– des Firmenbetreuers 21–22
Zielkonto 272
Zigaretten 39
Zins-Cap 320, 325–327, 383
Zins-Floor 325, 328, 383
Zins-Research 355, 383
Zins-Swap 325, 334, 336, 338, 345–348, 381
Zins-Swaption 325, 345–346
Zinsabschlagsteuer 163, 275, 277–278, 281
Zinsänderungsrisiko 176, 180, 324, 328, 349
Zinsanhang 237, 247
Zinsbegrenzungsvertrag 326, 328
Zinsbindung 155, 159–160, 175–177, 179, 195, 200, 202–205, 207, 210–211, 214, 216, 221, 277, 324, 327–328, 330, 334, 336, 351, 353, 378, 381–383
Zinsbindung eines Investitionskredites 175
Zinsbindungszeitraum 210, 215, 223
Zinsfestschreibung 210
Zinskappe 320, 383
Zinskompensation 125, 272–273, 298, 306, 369, 375
Zinskonditionen 155, 298, 337, 348
Zinsmeinung 176, 355
Zinsobergrenzenversicherung 326
Zinsrechnungsmethoden 212–213
Zinsrisiko-Management 323
Zinsschaden 200, 382
Zinsstrukturkurve 176, 277–278, 327, 334, 349–351, 383
Zinsveranlagungszeitpunkt 211
zinsverbilligte Kredite 183
Zinsvolatilität 327, 329
Zollavale und Steueravale 172
Zugewinnausgleichsansprüche 238
Zulagen mit Rechtsanspruch 183
Zuschüsse ohne Rechtsanspruch 184
Zwangsvollstreckung 172, 233–234, 237, 377
Zweckbestimmungserklärung 231, 252, 384
Zweckerklärung 252, 384
Zwischenfinanzierung 141, 159, 179, 192, 194, 382